A History
of Middle Eastern Countries

中东国家史
610—2000

哈全安 ◎ 著

哈里发国家史

天津出版传媒集团
天津人民出版社

图书在版编目(CIP)数据

哈里发国家史 / 哈全安著. —— 天津：天津人民出
版社, 2016.3(2021.11 重印)
　　(中东国家史：610~2000)
　　ISBN 978-7-201-10113-2

　　Ⅰ.①哈… Ⅱ.①哈… Ⅲ.①阿拉伯帝国–历史
Ⅳ.①K135

中国版本图书馆 CIP 数据核字(2016)第 023061 号

哈里发国家史
HALIFA GUOJIA SHI

出　　版　天津人民出版社
出 版 人　刘　庆
地　　址　天津市和平区西康路 35 号康岳大厦
邮政编码　300051
邮购电话　(022)23332469
电子信箱　reader@tjrmcbs.com

责任编辑　张　璐
特约编辑　金晓芸
装帧设计　卢炀炀

印　　刷　高教社(天津)印务有限公司
经　　销　新华书店
开　　本　787 毫米×1092 毫米　1/16
印　　张　25.25
字　　数　330 千字
版次印次　2016 年 3 月第 1 版　2021 年 11 月第 3 次印刷
定　　价　69.00 元

目 录

中东国家史概述

　　中东地处欧亚非大陆的中央地带,自古以来便是东西方交往的重要通道。四通八达的地理位置导致中东人口分布的复合结构和多元色彩,闪含语系、印欧语系和阿尔泰语系的诸多分支在中东漫长的历史进程中留下了各自的印记。不同文明的汇聚与冲突,构成中东历史的鲜明特征。

　　中东地区的古代文明可以上溯到公元前 3500 年,两河流域南部的苏美尔人在美索不达米亚建立了最初的城邦文明。继苏美尔人之后,闪含语系的阿卡德人、阿摩利人、亚述人和迦勒底人先后征服诸多的敌对势力,在美索不达米亚及其周边地带建立起具有相当规模的统一国家。与此同时,闪含语系的古埃及人崛起于尼罗河流域,吉萨的金字塔和卢克索的神庙群构成古埃及文明的集中体现。埃兰人、克塞人、喜克索斯人、腓力斯丁人、腓尼基人、希伯莱人、赫梯人亦曾粉墨登场,角逐于中东的历史舞台。至公元前6世纪，称雄中东的闪含语系诸多分支日渐衰微，印欧语系的重要分支波斯人异军突起，成为主宰中东命运的统治民族；在阿黑门尼德王朝的鼎盛阶段，波斯人一度控制西起尼罗河、东至阿姆河的辽阔疆域。公元前3世纪，马其顿国王亚历山大自希腊起兵，东征波斯帝国，阿黑门尼德王朝寿终正寝。此后数百年间，波斯帝国的安息王朝和萨珊王朝领有伊朗高原和美索不达米亚大部，同为印欧语系分支的希腊人和罗马人相继控制东地中海沿岸，进而在中东地区形成东西对峙的态势。

阿拉伯半岛由于特定的地理环境，虽为三大古代文明发源地所环绕，却在相当长时期内仿佛被喧嚣的文明社会所遗忘。伊斯兰教诞生前的百余年间，为了夺取有限的生活资源和必要的生存空间，阿拉伯人之间的相互劫掠连绵不断，血族厮杀旷日持久，部落战争遍及整个半岛。公元7世纪初，地处阿拉伯半岛西部荒漠的麦加和麦地那犹如两颗冉冉升起的新星，照耀着"两洋三洲五海"世界的古老大地。610年至622年间，先知穆罕默德在麦加以安拉的名义传布启示，遭到古莱西人的抵制，初兴的伊斯兰教面临夭折的危险。622年，先知穆罕默德及其追随者离开麦加前往麦地那。先知穆罕默德与麦地那的居民订立一系列协议，政教合一的穆斯林公社"温麦"在麦地那建立。徙志标志着伊斯兰国家的起点，温麦构成伊斯兰国家的最初形态。徙志是早期伊斯兰教历史上的重大转折，它开启了伊斯兰教历史的新纪元。伊斯兰教摆脱了濒临夭折的境地，文明的萌芽开始植根于麦地那绿洲的沃土之中。先知穆罕默德作为伊斯兰文明的缔造者，成为伊斯兰国家无可替代的唯一领袖。先知穆罕默德发动对麦加古莱西人、阿拉伯半岛的犹太人以及贝都因人的圣战，伊斯兰文明在阿拉伯半岛初步确立。

632年，先知穆罕默德在麦地那与世长辞。经过穆斯林核心人物的协商，麦地那的穆斯林共同拥戴阿布·伯克尔作为先知穆罕默德的继承人"哈里发"，担任教俗合一伊斯兰国家的领袖，伊斯兰世界从此进入哈里发国家的时代。哈里发国家历经麦地那哈里发国家、倭马亚王朝和阿拔斯王朝三个发展阶段。

麦地那哈里发国家(632—661年)以麦地那为首都,阿拉伯半岛西部的希贾兹地区是国家的政治中心。麦地那哈里发国家采用共和政体,四位哈里发均由选举或协商产生,新兴伊斯兰贵族的统治是共和政体的实质所在。阿布·伯克尔当政时期,"里达"风波得以平息,整个阿拉伯半岛的政治统一遂成定局。新兴的伊斯兰文明一旦在阿拉伯半岛取得胜利,便开始以不可阻挡的迅猛势头冲击半岛周围的广大地区。阿布·伯克尔于633年正式发动了震撼世界的军事扩张运动,将圣战的矛头首先指向富庶的叙利亚地区。穆斯林战士兵分数路向东西两个方向进军,分别攻入叙利亚和伊拉克地区,与拜占廷帝国和波斯帝国的军队展开激烈的战争。

麦地那哈里发国家的第二任哈里发欧默尔是继先知穆罕默德之后伊斯兰国家的第二位奠基人,他继续推行军事扩张政策,并为哈里发国家确定了基本的政治制度,即伊斯兰教神权统治与阿拉伯人的民族统治合而为一。欧默尔在麦地那设立称作"迪万"的财政机构,统一管理国库收支,并且根据与先知穆罕默德的亲缘关系和宗教资历,实行年金的差额分配。他还颁布法令,将先知穆罕默德徙志之年作为伊斯兰教历的纪元,以阿拉伯传统历法的该年岁首(即公元622年7月16日)作为伊斯兰教历元年的开端。

麦地那哈里发国家的第三任哈里发奥斯曼统治前期,哈里发国家的征服和扩张运动达到高潮。阿拉伯军队在西部攻入马格里布和努比亚,东部横扫伊朗高原直至河中地区。奥斯曼当政后期,哈里发国家的攻势逐渐减弱,阿拉伯社会内部的矛盾对立开始出现。奥斯曼成为圣门弟子和部族势力的共同敌人,全国范围内都出现了反对奥斯曼统治的浪潮,阿拉伯战士发动叛乱并进入麦地那围攻哈里发奥斯曼。哈里发奥斯曼的死亡揭开了穆斯林内战的序幕,他的坟墓埋葬了穆斯林国家内部的和平。

　　麦地那哈里发国家的第四任哈里发阿里即位之初，哈里发国家核心政治集团之间发生了激烈的权力争夺，原本统一的伊斯兰国家政权一度三分天下。一些伊斯兰教贵族不承认阿里出任哈里发的合法地位，于是聚集到巴士拉与阿里分庭抗礼。"骆驼之战"在伊斯兰历史上首开穆斯林内战之先河，近万名阿拉伯战士和众多圣门弟子阵亡。此外，倭马亚氏族领导人穆阿威叶拥兵自立，并以为奥斯曼复仇的名义，与阿里抗衡。661年阿里在库法遭到暗杀，标志着麦地那哈里发时代的结束。麦地那哈里发时代是一个充满虔敬安拉之宗教激情的时代，浓厚的平等色彩和强烈的民主倾向是这个时代的突出特征。信仰伊斯兰教的阿拉伯人在圣战的旗帜下走出贫瘠的家园，作为崭新的统治民族登上中东的历史舞台，以武力征服建立了一个地域广阔的阿拉伯帝国。

　　大约在阿里遇难的同时，穆阿威叶出任哈里发并定都大马士革，开始了倭马亚王朝(661—750年)的统治，叙利亚地区是倭马亚哈里发国家的政治中心。阿里的长子哈桑放弃争夺哈里发权位，穆斯林内战结束，伊斯兰世界恢复了统一。穆阿威叶即位以后，适应哈里发国家大多数臣民尚未皈依伊斯兰教的社会现实，改变麦地那时代信仰至上和神权统治的原则，着力淡化穆斯林与非穆斯林之间的差异和对立，实行非伊斯兰教化色彩的世俗统治。穆阿威叶统治时期，哈里发国家的内部恢复了和平和秩序，阿拉伯帝国的疆域得到进一步的扩展。679年，穆阿威叶宣布废除哈里发选举产生的传统原则，指定其子叶齐德作为继承人，从而开创哈里发家族世袭的政治制度，穆阿威叶因此区别于麦地那时代诸哈里发，成为伊斯兰历史上的第一位君王。680年，穆阿威叶病逝于大马士革，其子叶齐德承袭父职，出任哈里发。叶齐德即位后，反对倭马亚人的社会势力拒绝承认叶齐德出任哈里发的合法地位，并迎请先知穆罕默德的外孙，阿里的次子侯赛因前往库法出任哈里发。侯赛因在卡尔巴拉遇难导致伊斯兰世界内战再起。希贾兹传统势力的代表阿卜杜拉·祖拜尔以"圣族保护者"的名义在麦加被拥立为哈里发,公开反对倭马亚王朝,阿拉伯帝国出现两个哈里发并存的局面,伊斯兰世界处于分裂的状态,倭马亚王朝面临严重的政治危机。692年,倭马亚王朝哈里发马立克派遣军队攻击麦加,双方对抗达半年之久,最终阿卜杜拉·祖拜尔战败被杀,穆斯林内战得以平息。阿卜杜拉·祖拜尔的失败,意味着圣门弟子政治势力的衰落和共和政体的彻底崩溃。马立克的胜利,不仅重建了伊斯兰世界的政治统一,而且标志着君主制排斥和否定共和制之历史进程的最终完成。君主制明确了权位的继承,避免了内战的隐患,有助于和平的实现,有助于社会的稳定和社会的发展。倭马亚时代的君主制取代麦地那时代的共和制,在当时的历史条件下,是一场政治革命,是历史的巨大进步。马立克统治时期,完善国家的官僚体制,强化哈里发对行省的控制,组建了哈里发国家的常备军。马立克还实施语言改革和币制改革,有力地推动了伊斯兰世界的阿拉伯语化进程,为伊斯兰世界各地的交往提供了必要的条件。马立克当政期间,穆斯林内战平息,伊斯兰世界重新统一,哈里发国家随之开始发动新的扩张。至韦里德和苏莱曼当政期间,倭马亚王朝的军事征服达到顶峰。穆斯林军队向东攻入中亚和印度,向西征服西班牙并挥戈进入法国。倭马亚王朝进入鼎盛的时期,大马士革的哈里发统治着西起马格里布和伊比利亚半岛、东至锡尔河流域和印度河流域的广大地区。

伴随着倭马亚王朝疆域的拓展,伊斯兰教的传播范围不断扩大。至倭马亚王朝后期,波斯人和柏柏尔人等被征服民族中的伊斯兰教皈依者在数量上已经超过阿拉伯血统的穆斯林。倭马亚王朝沿袭麦地那哈里发国家的历史传统,强调阿拉伯人与伊斯兰教合而为一的政治原则,实行阿拉伯穆斯林对于非阿拉伯血统异教人口的统治。非阿拉伯血统的异教臣民改宗伊斯兰教以后,却得不到相应的权利和地位。他们不肯长期屈居阿拉伯人之下,柏柏尔人和突厥人屡屡反叛。此外,与先知穆罕默德具有亲缘关系的阿拔斯人指责倭马亚哈里发抛弃先知穆罕默德的教诲和背离伊斯兰教的准则，否定倭马亚人出任哈里发的合法地位，要求重新确立先知穆罕默德的家族在伊斯兰世界中的核心地位和神圣权力。743年哈里发希沙姆死后，倭马亚哈里发国家进入动荡时期。倭马亚人相互倾轧，哈里发频繁更替。倭马亚王朝众叛亲离，四面楚歌，往日辉煌的基业只剩下断壁残垣。同时，阿拔斯家族在呼罗珊建立了反对倭马亚王朝的根据地，发动了以"归权先知家族"和实现穆斯林平等为宗旨的大规模起义。750年，倭马亚王朝哈里发麦尔旺二世在埃及被阿拔斯人杀死，倭马亚王朝灭亡。倭马亚王朝的覆灭，标志着伊斯兰历史上阿拉伯人统治时代的结束。

阿拔斯王朝(750—1258年)的建立，标志着伊斯兰世界的历史进入崭新阶段。阿拔斯王朝营建新都巴格达，伊斯兰世界的政治重心逐渐东移，伊拉克成为哈里发国家的中心所在，呼罗珊地区获得举足轻重的地位。阿拉伯人垄断国家政权的时代宣告结束，非阿拉伯血统的穆斯林贵族成为伊斯兰世界的重要政治势力。信仰的差异逐渐取代民族的对立，成为哈里发国家社会矛盾的重要表现形式，进而导致伊斯兰神权政治的重建，国家制度具有浓厚的宗教色彩。阿拔斯王朝建立之初，国内局势尚不稳定，哈里发的首要任务是铲除政治隐患和排斥异己势力。倭马亚家族的80余人悉遭杀害，库法的哈希姆派首领被处死，阿里家族的成员也遭到追捕和迫害，起兵反抗的阿里家族成员全部被处死。阿布·阿拔斯在位期间，哈里发国家的政治格局表现为东西分治的倾向。格罗斯山的东西两侧分属呼罗珊总督阿布·穆斯林和哈里发阿布·阿拔斯统辖。哈里发曼苏尔击败阿卜杜拉·阿里领导的叙利亚叛军之后，又处死了阿拔斯王朝的开国元勋阿布·穆斯林，从此以后，哈里发一统天下，建立了高度集中的中央政权。曼苏尔的励精图治为阿拔斯王朝奠定了坚实的基业。哈里发马赫迪强调阿拔斯人与先知穆罕默德的血亲关系，进而奠定了阿拔斯哈里发国家权力合法性的理论基础。马赫迪还采取安抚的手段，极力缓解什叶派与阿拔斯人的对立。哈里发哈迪即位以后，以武力镇压了什叶派在哈里发国家腹地发动的最后一次起义。哈里发哈伦当政期间,哈里发国家进入伊斯兰帝国历史上的鼎盛时期。哈伦致力于征讨拜占廷的圣战,统领庞大军队远征小亚细亚,攻陷赫拉克利亚、泰阿纳、伊科纽姆和以弗所等地,迫使拜占廷皇帝尼斯福鲁斯纳贡乞和。阿拔斯王朝与欧洲西部的法兰克王国交往与合作,双方多次遣使互访,互赠礼品以示友好。哈伦还曾接待过来自印度的使团,他们向哈里发赠送了许多贵重的礼品。阿拔斯王朝前期,哈里发的集权统治借助于教俗合一的形式达到顶峰。哈里发俨然成为国家权力的化身,通过规模庞大的官僚体系和四通八达的驿政体系实现对中央和地方的控制。日益完善的税收制度为阿拔斯王朝前期的集权政治提供了重要基础,行省权力分割的制度则是哈里发集权政治的重要保障,职业化军队的建立是哈里发集权政治的重要工具。

哈伦之子艾敏与马蒙之间的战争,是阿拔斯王朝政治嬗变的重要分界线。9世纪以后,来自伊斯兰世界边缘地带的外籍势力开始涉足哈里发国家的政坛,土著政权相继割据自立,阿拔斯王朝的辖地日渐缩小,阿拔斯哈里发的集权统治日渐衰微,教俗合一的权力体制趋于废止。外籍新军的政治势力不断扩展,逐渐威胁到哈里发的地位。穆台瓦基勒是第一位被外籍将领谋杀的哈里发。穆格台迪尔是最后一位领有伊拉克、叙利亚、埃及和伊朗西部诸地的阿拔斯王朝哈里发。嘎希尔当政期间,哈里发所领有的疆域只剩下伊拉克中部一带。936年,哈里发拉迪正式赐封瓦西兑守将穆罕默德·拉伊克"总艾米尔"的称号,赐予他兼领艾米尔的军事权力与维齐尔的行政权力。总艾米尔的设置,标志着哈里发国家教俗合一权力体制的结束。此后历任哈里发仅仅被视作伊斯兰世界的宗教领袖,其原有的世俗权力丧失殆尽。

复合的政治结构和多元的政治基础,是阿拔斯哈里发国家区别于麦地那哈里发国家和倭马亚哈里发国家的重要特点。阿拔斯时代,包括波斯人、突厥人、柏柏尔人、库尔德人、塞加西亚人在内的非阿拉伯人中皈依伊斯兰教者日渐增多,尤其是波斯人和突厥人的政治势力迅速膨胀,中东伊斯兰世界随之出现群雄逐鹿的分裂局面。阿拔斯王朝从建立之初,其管辖区域与伊斯兰教区域就是不相吻合的。756年,倭马亚王朝后裔阿卜杜勒·拉赫曼在伊比利亚首创独立于阿拔斯王朝的伊斯兰教政权后倭马亚王朝(756—1031年)。后倭马亚王朝在第八位艾米尔阿卜杜勒·拉赫曼三世当政期间达到鼎盛状态,北起比利牛斯山区南至直布罗陀海峡尽属其地。909年,自称是先知穆罕默德之女法蒂玛与阿里后裔的伊斯马仪派首领赛义德·侯赛因被起义军拥立为哈里发,法蒂玛王朝(909—1171年)由此建立。法蒂玛王朝自建立伊始便公开反对作为正统穆斯林宗教领袖的巴格达哈里发,否认阿拔斯家族在伊斯兰世界的核心地位。继法蒂玛王朝的统治者采用哈里发的称号之后,西班牙的后倭马亚王朝艾米尔阿卜杜勒·拉赫曼三世亦于929年改称哈里发。法蒂玛王朝哈里发与东方的阿拔斯哈里发、西方的后倭马亚哈里发三足鼎立,分庭抗礼,标志着伊斯兰世界的进一步分裂。10世纪末至11世纪初,法蒂玛王朝处于鼎盛状态,从大西洋沿岸到幼发拉底河上游和阿拉伯半岛都是其属地。法蒂玛王朝的哈里发肩负着与拜占廷帝国作战的重任,保护着希贾兹的两座圣城,阿拔斯哈里发和后倭马亚哈里发的权威相比之下黯然失色。

穆斯林诸民族之间的对抗和伊斯兰教诸派别的差异,成为助长伊斯兰世界政治格局多元化和导致哈里发国家解体的深层社会背景。穆斯林的政治分裂,开始于伊斯兰世界的东西两端,逐渐波及哈里发国家的腹地。10世纪中期,白益家族三位王公分别据有伊拉克、法尔斯和吉巴勒,形成三足鼎立的政治格局。信仰什叶派的白益家族称雄伊斯兰世界的腹地长达一个世纪之久,巴格达的哈里发成为白益王公任意摆布的玩偶,不仅世俗权力丧失殆尽,其作为宗教领袖的威严也荡然无存。11世纪中叶,阿拔斯王朝进入塞尔柱苏丹国统治时期。塞尔柱人一度实现了西亚伊斯兰世界的政治统一,恢复了逊尼派伊斯兰教的尊严。然而,阿拔斯王朝的根基已经坍塌,只剩下断壁残垣,阿拔斯哈里发依然处于他人的摆布之下,苟且偷生。11世纪末开始,伊斯兰世界相继经历十字军东征和蒙古西征的浩劫,日趋衰落。1258年,蒙古铁骑攻陷巴格达,阿拔斯王朝灭亡。

13世纪的蒙古西征,构成中东伊斯兰世界之历史长河的重要分水岭。巴格达的陷落标志着哈里发国家的覆灭和哈里发时代的终结。定居社会的衰落、游牧群体的泛滥、部族势力的膨胀和政治局势的剧烈动荡,成为此后中东伊斯兰世界的普遍现象。自14世纪起,尊奉逊尼派伊斯兰教的奥斯曼土耳其人借助于圣战的形式在小亚细亚半岛和巴尔干半岛攻城略地,结束拜占廷帝国的千年历史,降服阿拉伯世界,成为中东地区举足轻重的政治力量。奥斯曼苏丹以麦加和麦地那两座伊斯兰教圣城的监护者自居,东南欧与西亚、北非广大地区成为奥斯曼苏丹的属地,红海和黑海俨然是奥斯曼帝国的内湖,多瑙河、尼罗河以及底格里斯河与幼发拉底河则被视作奥斯曼帝国横跨三洲之辽阔疆域的象征。然而,奥斯曼帝国对于中东诸多地区的控制,在很大的程度上取决于地方势力与伊斯坦布尔之间的关系。奥斯曼帝国的北部即安纳托利亚和巴尔干半岛构成苏丹统治的重心所在,南部阿拉伯人地区长期处于相对自治的地位。奥斯曼帝国沿袭哈里发国家的历史传统,采用教俗合一的政治制度,政治生活具有浓厚的宗教色彩。奥斯曼帝国采用君主政体,苏丹的权位遵循奥斯曼家族世袭的继承原则。奥斯曼苏丹自诩为信士的长官,俨然是阿拔斯王朝哈里发的继承人,兼有世俗与宗教的最高权力。保卫伊斯兰世界的疆域、统率穆斯林对基督教世界发动圣战和维护伊斯兰教法的神圣地位,是奥斯曼苏丹的首要职责。奥斯曼帝国鼎盛时期,甚至远在苏门达腊诸岛和伏尔加河流域的穆斯林亦将伊斯坦布尔的苏丹视作伊斯兰世界的保卫者。

16世纪初,萨法维王朝兴起于伊朗高原,尊奉什叶派伊斯兰教为官方信仰,与奥斯曼土耳其人分庭抗礼。17世纪上半叶,萨法维王朝的统治达到顶峰,其疆域北起里海,南至波斯湾,西部边境与奥斯曼帝国接壤,东部边境与莫卧尔帝国毗邻。萨法维王朝衰落以后,诸多游牧群体相继入主伊朗高原,政权更替频繁,局势动荡。恺伽王朝建立后,一定程度上遏止了部落政治的泛滥,伊朗高原由此进入相对稳定的时期。

18世纪,奥斯曼帝国面临近代欧洲崛起的巨大压力,来自基督教世界的战争威胁促使奥斯曼苏丹开始推行自上而下的新政举措。塞里姆三世和马哈茂德二世推行的新政举措以及19世纪中叶的坦泽马特运动,始终围绕着完善中央集权的鲜明主题,旨在强化奥斯曼苏丹的专制独裁和遏制地方势力的离心倾向,进而维持奥斯曼土耳其人对于诸多被征服民族的封建统治。1800年前后的奥斯曼帝国,尽管衰落征兆逐渐显现,对外战争屡遭败绩,依然统治着巴尔干半岛、安纳托利亚和阿拉伯世界的广大地区。自19世纪开始,西方的冲击挑战着伊斯兰世界的传统政治秩序,奥斯曼帝国成为西方殖民列强蚕食和瓜分的"东方遗产",伊朗则是英国与沙皇俄国的势力范围。奥斯曼帝国和恺伽王朝呈逐渐衰落的趋势,财政岁入枯竭,对外战争接连失利,地方离心倾向增长,王权日渐式微。中东伊斯兰世界逐渐丧失传统时代的自主地位,卷入资本主义的世界体系,进而成为西方列强的原料供应地和工业品市场,自给自足的封闭状态不复存在。奥斯曼帝国和恺伽王朝的衰落并非意味着中东伊斯兰世界的全面衰落,而是包含新旧经济秩序的更替、新旧社会势力的消长、新旧思想的冲突、民主与独裁的抗争等现代化进程中的特有现象,体现中东伊斯兰世界的长足进步。

进入20世纪,奥斯曼帝国的崩溃和恺伽王朝的寿终正寝构成中东伊斯兰世界现代化进程的重要历史内容,诸多新兴的民族国家崛起于奥斯曼帝国的废墟之上,标志着中东伊斯兰世界之新生的开始。中东伊斯兰世界的现代化进程发端于奥斯曼帝国统治下的小亚细亚半岛和埃及,继而向新月地带和伊朗高原逐步扩展,直至延伸到阿拉伯半岛。民族矛盾与宗教矛盾的错综交织、世俗主义与伊斯兰主义的此消彼长、民主与专制的激烈抗争、农本社会的衰落、工业化与城市化的长足发展以及国有化改革与非国有化运动,构成中东现代化进程的基本内容。政治的动荡和经济社会领域的深刻变革,贯穿 20 世纪的中东历史。

伊朗高原是波斯人世世代代生活的家园。伊斯兰教兴起后,阿拉伯人长驱东进,延续千年的波斯帝国寿终正寝,伊朗高原被纳入哈里发国家的版图。9 世纪后期,萨法尔王朝(867—900 年)崛起于伊朗高原东南部的锡斯坦,波斯人称雄一时。萨曼王朝(874—999 年)统治的极盛时期,疆域北起咸海、南至波斯湾、西起里海南岸、东至怛罗斯,波斯文化在历经 3 个世纪的衰落之后渐趋复兴。白益家族统治时期,法尔斯进入历史上的黄金时代。此后数百年间,伊朗历经突厥人迁徙浪潮的冲击和蒙古铁骑的践踏,游牧势力膨胀,部落政治泛滥,经济凋敝,社会动荡。16 世纪初,萨法维王朝实行教俗合一的政治制度,国王兼有什叶派宗教领袖与世俗君主的双重权力。萨法维王朝实行强制皈依的宗教政策,迫使伊朗高原的土著居民放弃逊尼派伊斯兰教的传统信仰,改宗什叶派伊斯兰教。萨法维王朝衰落以后,伊朗相继处于阿富汗人、阿夫沙尔王朝、桑德王朝的统治之下。游牧群体的扩张和定居区域的萎缩以及部落政治的膨胀和官僚政治的衰微,构成 18 世纪伊朗历史的突出现象。

1796 年建立的恺伽王朝沿袭萨法维王朝教俗合一的统治模式,却始终未能建立起强有力的集权政治。恺伽王朝诸多省区的长官和游牧部落的首领各自为政,号令一方。德黑兰是宫廷的所在和世俗政治的标志,库姆则是什叶派欧莱玛的精神家园和宗教政治的象征。恺伽王朝时期,资本主义世界体系的扩张和西方的冲击导致伊朗传统秩序的解体,进而揭开了伊朗现代化进程的序幕。伊朗的现代化改革,开始于 19 世纪 20 年代,最初涉及的领域主要是军事层面,表现为自上而下的形式。19 世纪下半叶,模仿西方成为伊朗社会的时尚,器物层面、制度层面和思想层面的西化倾向则是此间伊朗现代化的重要内容。知识分子作为新兴的社会阶层在伊朗初露端倪,宪政主义、世俗主义和民族主义思想在伊朗社会广泛传播,贾马伦丁·阿富汗尼(1839—1897年)和米尔扎·马尔库姆汗(1834—1898年)是新知识分子的主要代表。反对国王出让烟草专卖权的民众运动(1890—1892年)和宪政运动(1905—1911年)根源于伊朗传统社会的深刻危机,表现为现代模式的政治运动。民族主义和民主主义的共同目标,促使伊朗诸多的社会群体走向政治联合,预示着伊朗作为现代民族国家的整合与新生。宪政运动将议会和宪法首次引入伊朗政治舞台,赋予民众以选举的权利,对于国王至高无上的统治地位加以限制,规定自由和平等的政治原则,标志着伊朗政治现代化进程的启动。

宪政运动结束以后,错综交织的内忧外患,使伊朗陷入民族危亡的生死关头。1925年12月,伊朗第五届议会投票表决,废黜恺伽王朝的末代君主,建立巴列维王朝(1925—1979年)。巴列维王朝的建立,标志着西方君主立宪的政治形式与伊朗专制主义的历史传统两者的结合。礼萨汗当政期间,实行极权主义的统治政策,致力于国家机器的强化。国王是至高无上的绝对君主,议会不再具有任何实质性的作用而徒具形式。礼萨汗长期奉行民族主义和世俗主义的政治原则,强调伊朗的历史传统取代强调伊斯兰的历史传统,进而以强调国王的权力和尊严取代强调安拉的权力和尊严,政治改革、司法改革、教育改革和社会改革构成巴列维王朝排斥教界传统势力的重要举措。礼萨汗当政期间,伊朗的现代化主要表现为现代工业的兴起和工业化进程的启动。1941年穆罕默德·里萨·巴列维即位以后,王权衰微,社会动荡,诸多政治势力激烈较量,进而形成议会政治、政党政治和君主政治多元并存的复杂局面。穆罕默德·摩萨台领导的石油国有化运动包含民族主义和民主主义的双重倾向,实现了广泛的社会动员和诸多社会群体的广泛联盟,却因内部的分裂和国外势力的介入而以失败告终。巴列维国王重新控制国家权力以后,凭借丰厚的石油收入和美国政府的支持,着力强化极权政治,极力排斥民众的政治参与,装备精良的军队和庞大的官僚机构则是巴列维国王实行极权政治的有力工具。巴列维国王于1963

年至 1971 年发起白色革命，主观目的是巩固巴列维家族的权力垄断，客观结果却是经济领域的剧烈变革和新旧势力的消长。巴列维王朝与在外地主的传统政治联盟是伊朗君主制度的社会基础，却因白色革命而趋于瓦解，诸多社会阶层和教俗各界因反对君主独裁而形成广泛联盟。巴列维国王的政治独裁使之成为众矢之的，政治革命的客观条件逐渐成熟。

1977 年至 1979 年自下而上的伊斯兰革命，标志着伊朗君主制度的寿终正寝。霍梅尼时期(1979—1989 年)，伊斯兰化是伊朗社会的突出现象，法基赫制度和神权政治具有极权主义的明显倾向。霍梅尼作为克里斯玛式的宗教领袖，俨然是伊斯兰革命的象征和伊斯兰共和国的化身，凌驾于国家和社会之上，行使绝对的统治权力，而议会和总统处在从属于宗教领袖的软弱地位。1989 年 6 月霍梅尼去世后，哈梅内伊继承法基赫职位。后霍梅尼时期，伊朗现代化进程的主要特征在于政治多元化、经济自由化和社会生活开放化。法基赫制度依旧构成伊朗政治生活的基本框架，然而法基赫的绝对权力逐渐削弱，议会地位提高，民众选举的政治影响不断扩大，民选总统开始成为政治舞台的核心人物，法基赫、议会与总统之间的权力分配呈多元化的趋势。伊朗出现诸多政治势力分庭抗礼的局面，进而形成宗教政治与世俗政治的对抗与消长。90 年代末期，伊朗政坛的不同政治声音日趋显见。伊朗政坛出现自由化和政治改革的强烈呼声，其波及范围之广和影响之大，前所未有。

麦地那哈里发时代，阿拉伯人征服埃及，埃及成为东方伊斯兰世界的重要组成部分。7 世纪中叶至 9 世纪中叶的两百年间，埃及处于行省的地位，是哈里发国家重要的粮食产地和税收来源，亦是伊斯兰教在北非和地中海世界得以广泛传播的重要据点。土伦王朝(868—905 年)统治时期，是埃及历史发展的黄金时代。土伦王朝灭亡以后，外籍将领相继出任埃及总督。法蒂玛王朝击败伊赫希德王朝占领埃及以后，营建新都曼苏尔城(今埃及首都开罗)，建造爱资哈尔清真寺作为宣传伊斯马仪派思想的中心。

1153 年,十字军经地中海进攻埃及。阿尤布王朝(1171—1250 年)统治时期正值十字军东征的鼎盛阶段,穆斯林与基督徒之间的战争贯穿阿尤布王朝的始终。阿尤布王朝军队能征善战,拱卫埃及并屡次收复耶路撒冷,令欧洲基督教世界震惊。马木路克王朝(1250—1517 年)是外籍将领在埃及建立的寡头政权,尊奉逊尼派伊斯兰教,承认阿拔斯王朝哈里发作为全体穆斯林的宗教领袖,接受哈里发的赐封。1258 年蒙古军攻陷巴格达以后,马木路克王朝共拥立 16 位阿拔斯家族成员在开罗就任哈里发。哈里发的主要职责是为新的苏丹主持就职仪式,马木路克苏丹通过哈里发的权力册封,极大提高了自身在伊斯兰世界的地位,开罗俨然成为伊斯兰世界的权力中心。马木路克王朝抵御蒙古军和十字军的攻击,在埃及维持了相对稳定的局势。1517 年,奥斯曼帝国的军队占领开罗,马木路克王朝灭亡,埃及被纳入奥斯曼帝国的版图。埃及在奥斯曼帝国具有特殊的地理位置,远离圣战前沿,长期处于相对自治的状态。帕夏与马木路克之间的权力分享,构成奥斯曼帝国统治时期埃及历史的突出现象。至 18 世纪,奥斯曼帝国在埃及的统治逐渐削弱,马木路克势力呈上升趋势,由奥斯曼苏丹任命的帕夏形同虚设甚至被赶出埃及,奥斯曼苏丹在埃及的统治权力名存实亡。

1798 年,拿破仑率军入侵埃及,马木路克在埃及的统治基础趋于崩溃,奥斯曼帝国对于埃及的直接统治趋于瓦解,欧莱玛和贵族乡绅在埃及社会的地位和影响明显提高。法军入侵和占领埃及,导致埃及传统政治势力的急剧衰落和尼罗河流域的权力真空状态,进而为穆罕默德·阿里家族政权的崛起创造了重要条件。自 1805 年起,埃及开始摆脱长期依附于奥斯曼帝国苏丹的状态,初步奠定埃及作为现代民族国家的历史基础。穆罕默德·阿里在开疆拓土的同时,积极实施新政举措,着力强化中央集权的政治制度。19 世纪,埃及现代化进程启动。埃及经济生活的重要内容是地权的非国有化、农业生产的市场化和初步的工业化。1882 年,英军占领埃及,埃及政府名存实亡。传统经济结构的解体和西方的冲击导致埃及社会矛盾的错综交织。随着殖民侵略的加深和殖民统治的建立,民族对立日趋尖锐,民族矛盾逐渐上升为埃及现代化进程中社会矛盾的主要形式。埃及的智力觉醒与现代政治思想的萌生,首先表现为以贾马伦丁·阿富汗尼和穆罕默德·阿卜杜为主要代表的伊斯兰现代主义的兴起,其次表现为世俗色彩的阿拉伯民族主义初露端倪。1922 年,埃及进入宪政时代,殖民主义与封建主义的错综交织构成宪政时代的历史特征。埃及政府处于英国高级专员的操纵和控制之下,宪法的制定和议会选举的实践初步体现着现代模式的民众政治参与,而国王随意践踏宪法和解散议会则是极权政治排斥民主政治的基本手段。

1952 年自由军官发动的"七月革命",掀开了埃及历史的崭新篇章,埃及进入共和制时代。纳赛尔作为国家独立和民族尊严的象征,拥有绝对的统治权力,将民族尊严置于民众自由之上,进而形成极权主义的政治倾向。阿拉伯民族主义成为影响埃及社会各个层面的首要因素,埃及自居为阿拉伯世界的领袖,纳赛尔则被视作阿拉伯世界的旗手和阿拉伯民族尊严的象征。纳赛尔主义包含民族主义、极权主义和国家资本主义三重倾向,是埃及社会发展的客观需要和现代化的历史选择。纳赛尔时代封建主义的衰落、新旧社会势力的消长和工业化的巨大进步,为其后自由资本主义的发展和政治生活的民主化铺平了道路。自 20 世纪 70 年代开始,国家资本主义向自由资本主义转变,阿拉伯民族主义日渐衰微,现代伊斯兰主义呈明显上升的趋势,埃及进入民主与专制激烈抗争的崭新阶段。萨达特时代,极权主义的政治模式出现衰落的征兆,自由化政治改革进程启动。随着一党制的衰落和多党制的初步实践,政党政治、选举政治和议会政治成为不同社会群体角逐权力的政治形式,埃及的政治生活呈现多元化趋势,民主化进程初露端倪。穆巴拉克时代,司法权力的独立化标志着埃及政治领域的明显变化,诸多反对派政党作为合法的政治组织构成民众政治参与的重要势力,议会选举则是政党政治的外在形式,埃及政治生活的多元格局日益凸显。进入 90 年代,埃及的民主化进程出现逆转的趋势,政府操纵的选举程序导致议会内部政党席位的相应变化。穆斯林兄弟会与穆巴拉克政府的关系逐渐恶化,穆斯林兄弟会的主流派别逐渐由温和反对派演变为激进反对派,最终政府禁止穆斯林兄弟会的活动。穆巴拉克试图通过政府与反对派之间的对话,寻求广泛的政治支持,共同对抗伊斯兰主义的挑战,却拒绝与反对派讨论诸如宪政和政治改革等敏感问题,政治对话无果而终。2000 年的议会选举中,穆斯林兄弟会成为议会内部最大的反对派。

倭马亚王朝和阿拔斯王朝时期,肥沃的新月地带曾经是哈里发国家和伊斯兰世界的政治中心。自 16 世纪起,肥沃的新月地带被纳入奥斯曼帝国的版图,隶属于伊斯坦布尔的苏丹。第一次世界大战结束后,肥沃的新月地带脱离奥斯曼帝国的统治,处于协约国的保护之下,其中伊拉克、巴勒斯坦和约旦构成英国的委任统治区域,叙利亚和黎巴嫩构成法国的委任统治区域。第二次世界大战结束后,委任统治制度退出历史舞台,伊拉克、叙利亚、黎巴嫩、约旦相继独立。肥沃的新月地带诸国的社会结构大都具有明显的多元色彩,民族矛盾与教派对立错综交织,政治局势长期处于动荡的状态。

伊拉克的哈希姆王朝在英国政府的操纵下建立,其间明确划定领土疆域,引入君主制、议会制、宪法、政府和军队,初步奠定伊拉克国家的政治基础。伊拉克共和国成立于 1958 年,自由军官组织发动政变废除英国支持的哈希姆王朝,标志着民族主义运动的广泛胜利,进而揭开伊拉克历史的崭新一页。阿卜杜勒·卡里姆·嘎希姆执政期间,国家权力高度集中。1963 年 2 月,伊拉克复兴党在巴格达发动军事政变,建立起纳赛尔主义者和复兴党军官的联合统治。1968 年复兴党政权建立后,伊拉克政治生活的突出变化在于国家职能的强化、复兴党势力的膨胀、一党制统治模式的形成、政党政治与政府政治的合一。萨达姆于 1979 年掌握国家权力以后,大规模清洗政治异己,重组复兴党,控制武装力量,凌驾于社会和民众之上,个人独裁极度膨胀。80 年代末,伊拉克启动政治自由化进程,承诺举行多党制和议会选举。伊拉克的反对派组织虽成立国民大会,但其内部派系林立,缺乏统一的政治立场和行动纲领。伊拉克经历了两伊战争、海湾战争和国际社会的经济制裁,直至2003年被美军占领,经济长期处于萧条状态,社会生活水准急剧下降。

叙利亚共和国成立于1932年,1944年获得主权独立,经历了从议会民主制到威权政治的演变过程。战后初期,叙利亚共和国实行议会民主制的政治制度,多党制的议会选举构成政治参与和权力角逐的基本框架。议会民主制时代,叙利亚共和国经历长期的政治动荡,权力更迭频繁,现代化进程的方向表现为明显的不确定性。1963年复兴党政权的建立构成叙利亚共和国政治演变的重要分水岭。复兴党的统治,掀开叙利亚经济社会领域自上而下的深刻变革和现代化进程的崭新一页。议会民主制的衰落和威权政治的确立、复兴党内部领导层的新旧更替、逊尼派军人与宗教少数派军人之间的激烈角逐、阿拉维派复兴党军人的政治崛起,构成此间政治生活的核心内容。1970年,哈菲兹·阿萨德发动政变执掌政权,阿萨德、阿拉维派和复兴党依次主导政治舞台和政治生活,家族政治、教派政治与政党政治的三位一体以及军人政治的浓厚色彩则是阿萨德政权的突出特征。阿萨德政权致力于通过自上而下的方式,以牺牲政治层面的自由和民主作为代价,实现新旧秩序的更替。经济社会秩序的剧烈变动与民主政治的严重缺失,导致叙利亚现代化进程的明显悖论。进入90年代,叙利亚国内出现改变现行政治制度和扩大民众政治参与的强烈呼声,民主化进程暗流涌动,威权政治面临严峻的挑战。与此同时,阿萨德政权开始调整国内政策,扩大议会的权限,允许非复兴党成员进入议会,承诺扩大与伊斯兰主义者的政治对话,试图满足民众日益高涨的政治诉求,实现国内的政治稳定。然而,阿萨德政权无意从根本上放弃威权政治和推动民主化进程,只是推行政治减压的相应举措,将吸收新阶层进入复兴党主导的政府机构作为民主化改革的替代,旨在维持经济社会秩序变动进程中的政治稳定。2000年,阿萨德去世,其子巴沙尔继任复兴党总书记和总统,延续威权统治模式,叙利亚国内的政治形势较为稳定。

黎巴嫩共和国成立于 1926 年,马龙派、逊尼派和什叶派在黎巴嫩共和国的政治舞台上长期处于三足鼎立的状态,政治生活具有浓厚的教派色彩。战后黎巴嫩共和国长期实行多党制的政治制度,教派政治与政党政治错综交织,议会选举是国家权力更替的基本形式。战后黎巴嫩政治生活的突出现象,是教派势力的膨胀、国家权力的软弱和社会局势的长期动荡。卡米勒·查蒙执政时期(1952—1958 年),推行亲西方的外交政策,排斥穆斯林的政治参与和权力分享,穆斯林与基督徒之间的教派对立进一步加深。福阿德·什哈卜执政时期(1958—1964 年),实行中立的外交政策,黎巴嫩出现左翼和右翼两大相互对立的政治派系。查理·希路执政时期(1964—1970年),延续福阿德·什哈卜的内外政策,马龙派基督徒和逊尼派穆斯林长期控制议会和政府,政治生活具有浓厚的贵族色彩,什叶派穆斯林游离于政治舞台的边缘。黎巴嫩内战(1975—1976 年)构成黎巴嫩共和国政治生活和现代化进程的重要转折点,穆斯林与基督徒形成直接的对立和冲突,外部势力的干预加剧了黎巴嫩国内错综复杂的矛盾,黎巴嫩由此进入动荡的时代。黎巴嫩内战和 1982 年的以色列入侵,导致黎巴嫩政治秩序的剧烈变动。教派人口比例的变化,挑战着国家权力的传统分配原则。什叶派的政治崛起和黎巴嫩政治秩序的重建,成为 80 年代以来黎巴嫩现代化进程的突出现象。1989 年《塔伊夫协议》签署以后,总统的地位明显削弱,总理和内阁逐渐取代总统成为国家权力的重心所在。黎巴嫩政府逐步解除各教派政党的民兵武装,黎巴嫩内战至此才真正结束。

约旦哈希姆王国的前身是英国委任统治时期建立的外约旦埃米尔国,1952 年建立君主立宪制,国王有权颁布法律、任免首相、解散议会和统率武装部队,来自约旦河东岸的外约旦贵族逐渐取代来自约旦河西岸的巴勒斯坦贵族主导约旦的政治舞台。侯赛因国王实行"亲美"的外交政策,极力强化君主政治,议会、内阁和安全机构成为执行国王旨意、控制民众社会的御用工具。1951—1989年,国王任命首相,内阁更替频繁,每届内阁平均不足1年。巴勒斯坦人和约旦河东岸原有的约旦人组成二元性的人口结构,两者之间存在明显的经济社会差异。第三次中东战争以后,埃及、叙利亚和伊拉克支持的巴解组织在约旦境内建立民兵武装,其与约旦政府之间的矛盾日渐加剧。1971年,侯赛因国王驱逐巴解武装,取缔约旦境内的巴解组织基地,伊拉克和叙利亚驻军亦撤出约旦。1988年,侯赛因国王正式宣布约旦政府放弃对约旦河西岸的主权和领土要求,然而,在约旦河东岸的约旦王国,巴勒斯坦人约占总人口的二分之一,约旦政府依然面临巴勒斯坦问题的巨大压力。80年代末,约旦经济衰退,失业率上升,民众生活水准下降,国内局势日趋动荡。迫于国内外形势和民众的政治压力,侯赛因国王在维持原有基本政治制度和政治秩序的前提下,推行有限的自由化改革举措。90年代,《国民宪章》和《政党法》的颁布以及《选举法》的修改,在强调君主制政体的前提下,承诺扩大国民的政治参与范围和议会的权力,确立以多党制为基础的议会选举制度。约旦的议会政治、选举政治和政党政治日渐活跃,民主化进程随之启动。然而,自上而下的民主化改革旨在扩大统治基础和缓解政治压力,民主化进程表现为摇摆不定的状态。

巴勒斯坦地区的人口构成具有多元性,英国委任统治时期,犹太人移民的迅速增长成为巴勒斯坦的突出现象。30年代,阿拉伯人与犹太人之间的矛盾逐渐加剧。二战期间犹太人的移民高潮改变了巴勒斯坦阿拉伯人与犹太人之间的力量对比。至二战结束时,阿拉伯人与犹太人处于战争的边缘。联合国大会通过决议,在巴勒斯坦实行阿以分治,以色列国宣布成立,中东战争爆发,巴勒斯坦的阿拉伯难民人数不断增加。1964年,巴勒斯坦解放组织成立,致力于通过武装斗争的方式解放巴勒斯坦。巴解组织系巴勒斯坦阿拉伯人的世俗政治组织,包括埃及、叙利亚、伊拉克等阿拉伯国家支持的诸多派别,政治立场各异,兼有温和色彩和激进倾向。"巴勒斯坦民族解放运动"(简称法塔赫)是巴解组织的主流派别,而"解放巴勒斯坦人民阵线"和"解放巴勒斯坦民众民主阵线"是巴解组织内部持激进立场的重要派别。70年代,巴解组织调整战略目标,在强调对于整个巴勒斯坦地区享有主权的前提下,致力于在约旦河西岸和加沙地带建立巴勒斯坦国。1988年,巴解组织承认以色列的合法存在,同时宣布在东耶路撒冷、约旦河西岸和加沙地带建立巴勒斯坦国,亚希尔·阿拉法特出任总统。1987—1990年巴勒斯坦人与以色列政府激烈对抗的政治环境,导致激进政治组织哈马斯和吉哈德的形成。进入90年代,随着巴解组织与以色列的和平谈判,哈马斯和吉哈德等激进组织开始挑战巴解组织的政治权威,其与巴解主流法塔赫之间的矛盾日渐加剧。

以色列国建立于1948年,采用共和制政体,实行多党制的议会选举,总统由议会选举产生,总理和内阁成员对议会负责。以色列政治制度的突出特征,在于议会的广泛权力。以色列的议会制度,培育出发达的选举政治和为数众多的议会政党。多党制的议会竞选长期构成以色列政治生活的核心内容,阿以关系与中东和平进程则是议会竞选的焦点所在。工党是以色列政坛最重要的左翼政党,其社会基础是来自东欧的犹太人移民,在阿以冲突与中东和平进程的问题上持相对温和的立场。利库德集团是以色列政坛最重要的右翼政党,其社会基础主要是亚非裔移民,反对"以土地换和平"的政治原则,拒绝归还第三次中东战争期间以色列占领的阿拉伯人土地,强调包括约旦河西岸和加沙地带在内的整个巴勒斯坦地区具有不可分割性。犹太教政党长期处于合法地位,强调犹太教法律在以色列国家的统治地位,构成以色列政治生活的突出特征。1949—1977年,工党作为议会第一大党,与宗教政党长期保持政治合作,宗教政党成员多次加入工党主导的多党联合政府。1977年起,工党与利库德集团在议会竞选中平分秋色,宗教政党作为第三方势力构成影响以色列政治生活的重要因素。宗教政党大都持保守立场,支持利库德集团为首的右翼政党,要求实行犹太教法的统治,强调犹太教信仰作为获得以色列公民权利的先决条件,反对"以土地换和平"的政治原则,主张将第三次中东战争以后占领的阿拉伯土地纳入以色列的版图。以色列政府长期推行种族歧视和种族隔离的政策,驱逐边境地带的阿拉伯人,剥夺阿拉伯人的私人土地,限制阿拉伯人的行动自由,禁止阿拉伯人加入以色列军队,排斥阿拉伯人的政治参与。1967年第三次中东战争后,以色列占领包括约旦河西岸和加沙地带在内的整个巴勒斯坦,宣布耶路撒冷是以色列国的永久首都。90年代,马德里会议初步确定巴以和谈的政治框架,然而以色列政府态度摇摆不定。沙龙执政后放弃长期以来的巴以和谈,致力于高压政策,巴以局势骤然紧张。

阿拉伯半岛作为伊斯兰教的发源地,在先知穆罕默德和麦地那哈里发时代曾经出现过历史的辉煌。倭马亚王朝建立以后,伊斯兰世界的政治重心逐渐转移。除希贾兹的两座圣城即麦加和麦地那以外,阿拉伯半岛的绝大部分地区重新成为贫瘠和荒凉的去处。由于闭塞的地理位置、恶劣的自然环境和落后的生产技术,阿拉伯半岛经济和社会的发展进程长期处于相对停滞的状态。自16世纪初开始,阿拉伯半岛被纳入奥斯曼帝国的版图。奥斯曼帝国占领了阿拉伯半岛西部的希贾兹和阿拉伯半岛东部的哈萨,其他诸多地区只是在名义上承认奥斯曼帝国的宗主权,部落传统根深蒂固,原始民主制的传统与舍赫的权力错综交织,政治生活徘徊于野蛮与文明之间。

伊本·瓦哈卜倡导的宗教革命,构成18世纪阿拉伯半岛社会革命和政治革命的先导和理论工具。瓦哈卜家族与沙特家族建立宗教政治联盟,沙特家族的军事扩张与瓦哈卜派的宗教传播相辅相成。沙特家族政权德拉伊叶埃米尔国和利雅得埃米尔国两度兴亡。1902年,伊本·沙特在利雅得重建沙特政权,恢复沙特家族与瓦哈卜家族的宗教政治联盟,通过伊赫瓦尼运动拓展沙特国家的疆域,于1932年建立了沙特阿拉伯王国。伊本·沙特当政期间,沙特王国的经济生活与社会结构尚未出现明显的变化,血缘政治与地域政治并存,部族传统与国家制度错综交织。石油经济时代,沙特王国经历了君主制度强化和官僚机构完善的历史进程。沙特王国长期延续家族社会的血缘传统,进而形成家族政治的浓厚色彩。王室长老委员会协商确定王位的更替,历代国王皆系伊本·沙特的嫡子,君主独裁无从谈起。沙特阿拉伯的政治制度与政治生活具有浓厚的宗教色彩,沙特家族政治与瓦哈卜派官方宗教政治的密切结合构成沙特王国的重要政治基础,沙特家族与瓦哈卜派欧莱玛长期保持广泛的合作关系。70年代以后,现代伊斯兰主义运动逐渐兴起,民间宗教政治运动成为挑战沙特家族政治和官方宗教政治的主要形式。90年代,民众力量的崛起与沙特家族的独裁统治之间经历了激烈的抗争。沙特王国政治改革的核心内容是制定基本法和成立国家协商会议,然而自上而下政治改革旨在巩固现存的政治秩序和强化君主制度。政治反对派势力无疑呈明显上升的趋势,其政治影响不断扩大,政治风暴的诸多征兆日趋显见。

北也门经历了从也门王国到阿拉伯也门共和国的发展历程。阿里·阿卜杜拉·萨利赫执政期间,推行威权政治,致力于强化国家职能和削弱栽德派部落贵族的传统势力。1967年,南也门独立,南也门人民共和国宣告成立,随后又更名为也门民主人民共和国,建立高度集权的政治模式,推行激进的经济社会改革举措。1990年5月,南北也门正式合并,也门共和国宣告成立。也门共和国是迄今为止阿拉伯半岛唯一采用共和制政体和实行多党选举制的国家,这是也门区别于阿拉伯半岛诸君主国的明显特征。由于也门北部与南部长期经历不同的发展道路,在诸多方面存在明显差异,也门共和国面临严重的政治危机。1994年,也门爆发内战,也门共和国随之分裂为亚丁政权和萨那政权,萨那政权出兵占领亚丁,也门内战结束。内战结束后,也门南北之间的政治平衡不复存在,全国人民大会党主导的议会通过宪法修正案,明确规定伊斯兰教法是国家立法的基础,废除总统委员会制,实行总统制,阿里·阿卜杜拉·萨利赫出任总统。议会逐步处于总统的控制之下,全国人民大会党作为执政党的地位逐步强化。伊斯兰改革党和也门社会党作为在野党,呼吁推进政治民主化进程。

海湾诸国地处相似的自然环境,相互之间具有密切的历史渊源,蕴藏丰富的石油资源和根深蒂固的血缘传统构成海湾诸国的共同特征。伴随着石油财富的增长,海湾诸国相继崛起,海湾地区的传统秩序逐渐解体,现代化进程随之启动。海湾诸国现代化进程中政治生活的突出现象,是传统部落贵族与王室之间力量对比的剧烈消长以及国家职能的不断完善和威权政治的逐渐强化。石油时代,海湾诸国延续君主制的政治制度,科威特的萨巴赫家族、巴林的哈利法家族、卡塔尔的萨尼家族、阿联酋和阿布扎比的纳赫延家族、阿曼的阿布·赛义德家族长期垄断国家权力和经济命脉。海湾诸国的统治者凭借丰厚的石油收入,不断强化君主制度,普遍实行党禁,排斥民众的政治参与。1971年《特鲁希尔条约》的终止,标志着英国主宰海湾地区的时代落下帷幕,美国逐渐成为影响海湾地区的主要外部势力。80年代末90年代初,海湾诸国的民主化运动日渐高涨,自由化改革进程逐渐启动。

青年土耳其党执政期间(1913—1918年),奥斯曼帝国的传统政治秩序遭受重创,苏丹制度和哈里发制度名存实亡,政治环境剧烈动荡。1918年,奥斯曼帝国战败投降,土耳其人的家园面临被肢解的危急局面。深刻的民族矛盾导致土耳其民族主义运动的高涨,安纳托利亚高原成为土耳其国家重建和民族复兴的政治舞台。1923年《洛桑和约》的签署,标志土耳其作为主权国家的诞生。土耳其共和国建立,凯末尔当选总统,大国民议会是兼有立法和行政双重职能的国家最高权力机构,伊斯兰教是土耳其共和国的国教。凯末尔时代,民族主义、共和主义、世俗主义、民众主义、国家主义和革命主义成为土耳其共和国的官方意识形态,土耳其共和国的政治模式在于政府、共和人民党与凯末尔的三位一体。土耳其共和国现代化进程的早期阶段表现为独裁统治的加强和极权化的倾向,世俗化构成极权政治的重要手段。

二战以后,绝对主义的政治模式逐渐衰落,民主化进程随之启动。建立在多党制基础之上的政党政治和议会政治,构成土耳其共和国政治民主化进程的外在形式。50 年代,伴随着普选制的完善与多党制的广泛实践,总统权力逐渐削弱,议会成为国家政治生活的核心舞台。60 年代,多党政治日趋完善,多党联合政府成为土耳其政治生活的突出现象,政治环境进一步宽松,保障公民权利的法律体制进一步完善,新闻媒体和大学获得自治的地位,政府权力处于法律和社会舆论的制约之下。在多党制议会选举的历史条件下,诸多政党极力争取宗教群体的选票支持,导致土耳其政治领域的非世俗化倾向,现代伊斯兰主义随之登上土耳其的政治舞台,伊斯兰复兴运动由文化领域逐渐延伸至政治领域。进入 90 年代,伊斯兰复兴运动日渐高涨,伊斯兰政党异军突起,进而挑战世俗政党在土耳其政坛的主导地位。与此同时,政党政治出现明显的变化,诸多小党在议会选举中的政治空间呈扩大的趋势,议会非多数党的联合组阁再次成为土耳其政坛的突出现象。土耳其的政治民主化进程经历从社会上层和精英政治向社会下层和民众政治的扩展以及从城市范围的政治参与向乡村地区的政治动员的延伸,日趋完善的政党政治是土耳其现代化进程中的突出现象和明显特征。

前言

1

　　"中东"一词源于西方殖民扩张的时代背景,原本具有"欧洲中心论"的历史痕迹和政治色彩。自 19 世纪 50 年代开始,英属印度殖民当局将介于所谓"欧洲病夫"奥斯曼帝国与英属印度殖民地之间的伊朗以及与其毗邻的中亚和波斯湾沿岸称作"中东",用于区别奥斯曼帝国统治下的近东和包括东亚诸国在内的远东。[1] 1900 年,"中东"一词正式出现于英国的官方文件,进而为西方列强普遍采用。第一次世界大战结束后,奥斯曼帝国退出历史舞台,所谓近东与中东之间的政治界限不复存在,中东随之逐渐成为泛指西亚北非诸多区域的地缘政治学称谓,包括埃及、肥沃的新月地带、阿拉伯半岛在内的阿拉伯世界以及土耳其和伊朗则是中东的核心所在。

---

① 　Wagstaff,J.M.,*The Evolution of the Middle East Landscapes*,New Jersey 1985,p.1.

中东地区幅员辽阔,自然环境复杂多样,高原、山脉与大河流域构成基本的地貌形态。高原、山脉与大河流域错综相间的地貌分布,导致截然不同的经济活动与生活方式的长期并存。高原和山区大都地广人稀,适合牧养牲畜的经济活动。幼发拉底河、底格里斯河和尼罗河水流量充沛,河水流经之处形成人口分布相对稠密的定居社会。游牧群体与定居社会之间的矛盾冲突,贯穿着中东历史的进程。

中东作为东半球的地理中心所在,地跨亚非欧三洲,处于地中海、黑海、里海、红海、阿拉伯海以及波斯湾、阿曼湾、亚丁湾、亚喀巴湾、苏伊士湾诸多水域的环绕之中,是联结印度洋与大西洋的桥梁和纽带,堪称"两洋三洲五海之地",自古以来便是东方与西方之间相互交往的重要通道。黑海与爱琴海之间的达达尼尔海峡和博斯普卢斯海峡、地中海与红海之间的苏伊士运河、红海与亚丁湾之间的曼德海峡、阿曼湾与波斯湾之间的霍尔木兹海峡,具有举足轻重的战略地位。

中东诸地不仅在自然环境方面差异甚大,其人口构成亦极为复杂。四通八达的地理位置导致中东人口分布的复合结构和多元色彩,"两洋三洲五海之地"可谓闪米特—含米特语系、印欧语系和阿尔泰语系诸多分支的共同家园。闪米特—含米特语系、印欧语系和阿尔泰语系的不同分支皆曾生活在"两洋三洲五海之地",在中东漫长的历史进程中留下各自的印记。不同文明的汇聚与冲突,构成中东历史的鲜明特征。统治民族的交替出现,无疑是中东历史长河的突出现象。伴随着诸多统治民族的相继兴衰,统一与分裂的政治格局频繁更替,向心倾向与离心倾向长期处于激烈抗争的状态,政治疆域经历剧烈的变动过程。

2

中东地区的文明具有十分久远的历史传统,幼发拉底河—底格里斯河流域中下游即美索不达米亚堪称人类文明的重要发祥地。美索不达米亚的北部称作亚述,南部称作巴比伦尼亚;巴比伦尼亚的北部称作阿卡德,南部称作苏美尔。欧贝德人亦称原始幼发拉底人,是巴比伦尼亚地区的早期居民。大约自公元前4300年起,苏美尔人进入巴比伦尼亚南部地区。公元前3500年开始,苏美尔人城邦渐露端倪,美索不达米亚文明的序幕由此徐徐拉开。继苏美尔人之后,阿卡德人于公元前24世纪登上美索不达米亚文明的舞台,两河流域进入闪米特化的时代。古巴比伦王国的建立者是阿摩利人。国王汉谟拉比(约公元前1792—前1750年在位)当政期间,巴比伦王国的疆域囊括整个巴比伦尼亚地区。亚述地处美索不达米亚的北部山区,亚述城邦大约形成于公元前2000年。国王提格拉特·帕拉沙尔三世(约公元前744—前727年在位)当政期间,亚述人统治着北起乌拉尔图(小亚细亚半岛东部)、南至巴比伦尼亚、西起地中海东岸、东至扎格罗斯山西麓的广大地区。公元前7世纪,伽勒底人兴起于巴比伦尼亚,进而取代亚述人成为美索不达米亚的统治者。伽勒底人建立的政权称作新巴比伦王国,是为古代西亚闪米特人文明的最后阶段。

公元前2000年,文明的曙光在地中海东岸逐渐显现,包括推罗、西顿和乌伽里特在内的诸多腓尼基人城邦相继建立。腓尼基人是古代世界的著名商人,腓尼基人的商船航行于地中海、爱琴海和黑海的广大水域。腓尼基人曾经在古代埃及象形文字的基础上创立字母文字,腓尼基文包括22个辅音字母。腓尼基字母首开人类字母文字的先河,对于其后出现的希腊字母和阿拉马字母皆有重要的影响。巴勒斯坦位于地中海东岸与约旦河之间的狭长区域,早期居民是迦南人和喜克索斯人。公元前2000年后期,闪米特语的分支希伯莱人移居巴勒斯坦。希伯莱人移居巴勒斯坦初期,分为十二个部落,相传源于希伯莱人祖先亚伯拉罕嫡孙雅各的十二子,其中生活在巴勒斯坦北部的希伯莱人部落联盟名为以色列,生活在巴勒斯坦南部的希伯莱人部落联盟名为犹太。扫罗是希伯莱人的第一位国王,来自以色列部落联盟。扫罗死后,来自犹太部落联盟的大卫统一巴勒斯坦的希伯莱人,定都耶路撒冷。大卫之子所罗门当政期间,在耶路撒冷建造圣殿,史称"第一圣殿",亦称"所罗门圣殿",耶路撒冷由此成为希伯莱人的宗教中心。所罗门死后,巴勒斯坦分裂为北部的以色列国和南部的犹太国,分别都于撒玛利亚和耶路撒冷。

位于北非东部的尼罗河流域亦是人类文明的重要发祥地;定期泛滥的尼罗河水灌溉着周边的区域,承载着古老的埃及文明。希腊化时代的埃及祭司曼涅托曾经将古代埃及的历史划分为 31 个王朝,第 1 王朝的历史则可追溯到公元前 3100 年的统治者美尼斯当政期间。古王国(公元前 2686—前 2181 年)包括第 3—6 王朝,都于尼罗河三角洲南端的白城(第 6 王朝时改称孟斐斯,今埃及首都开罗附近),是古代埃及文明的鼎盛阶段。新王国(公元前 1570—前 1085 年)包括第 18—20 王朝,都于上埃及的底比斯(底比斯亦称"诺威",意为主神阿蒙的城市,位于今开罗以南 670 千米处),是古代埃及文明的另一鼎盛阶段。新王国的历代法老致力于开拓疆土的扩张战争,在南方溯尼罗河而上征服努比亚,在东部越过西奈半岛攻入巴勒斯坦和叙利亚。新王国结束之后,利比亚人和努比亚人相继入侵尼罗河流域,古代埃及文明日渐衰落。

公元前 6 世纪,称雄中东的闪米特—含米特语系诸多分支日渐衰微,印欧语系的重要分支波斯人异军突起,成为主宰中东命运的统治民族。"波斯"一词在波斯语中读作法尔斯,源于伊朗高原西南部的地域名称法尔斯,希腊人称之为波息斯。法尔斯是伊朗古代文明的发源地之所在,阿黑门尼德王朝和萨珊王朝皆由此崛起,波斯帝国和波斯语亦由此得名。[1]波斯帝国的创立者是居鲁士(约公元前 558—前 529 年在位),后人称之为"波斯之

_____

① 1935 年,礼萨汗将巴列维王朝统治的国家正式更名为伊朗,"波斯"一词此后仅仅作为伊朗人的语言称谓。

父"。居鲁士属于波斯人的阿黑门尼德氏族,居鲁士创立的政权故称阿黑门尼德王朝。居鲁士自称"巴比伦王、苏美尔和阿卡德王、四方之王",居鲁士之子冈比西斯(约公元前 529—前 522 年在位)曾经远征尼罗河流域,建立埃及历史上的第 27 王朝。大流士(约公元前 522—前 486 年在位)当政期间,波斯人越过中亚,占领印度河流域,巴尔干半岛南部的色雷斯亦被纳入阿黑门尼德王朝的版图。大流士创立行省制、军区制、驿政制和贡赋制,统一币制和衡制,初步形成中央集权的政府体系,有效巩固了波斯帝国的统治基础。在阿黑门尼德王朝的鼎盛阶段,波斯帝国统治着西起尼罗河、东至印度河的辽阔疆域。波斯文化与希腊文化交相辉映,曾经是古代世界的亮丽风景。

公元前 4 世纪初,马其顿国王亚历山大自希腊起兵,东征波斯帝国,中东地区进入希腊化的时代。亚历山大死后,尼罗河流域、地中海东岸、两河流域和小亚细亚半岛分别处于托勒密王国、塞琉古王国和帕加马王国的统治之下。公元前 2 世纪,罗马人灭亡托勒密王国、塞琉古王国和帕加马王国,尼罗河流域、地中海东岸和小亚细亚半岛成为罗马人的属地。公元前 3 世纪,帕奈人建立安息王朝。安息王朝鼎盛时期,领有伊朗高原和美索不达米亚诸地,进而在中东地区与罗马人分庭抗礼。公元 3 世纪,萨珊王朝兴起于阿黑门尼德王朝的发祥地法尔斯。萨珊王朝的创立者阿尔达希尔(224—241 年在位)灭亡安息王朝,自称"诸王之王",领有伊朗高原和美索不达米亚的广大地区。此后四百年间,萨珊王朝与罗马帝国及拜占廷帝国交战频繁,中东地区形成东西对峙的政治格局。

中东地区是诸多宗教的摇篮。人类历史的早期阶段普遍存在多神崇拜的宗教形式,而一神信仰排斥多神崇拜的漫长历程则是古代中东历史进程的突出现象和显著特征。古代埃及人笃信诸多神灵,其中称作拉神和阿蒙神的太阳神以及称作奥西里斯的冥神最负盛名。早在公元前 14 世纪,埃及第 18 王朝的著名法老阿蒙霍特普四世废止多神崇拜,独尊阿吞神作为主宰尼罗河流域直至整个世界的神灵,首开一神信仰的先河。希伯莱人原本信奉多神教,主神耶和华被希伯莱人视作诸多神灵中地位最高的神灵。自公元前10世纪初开始,希伯莱人逐渐放弃多神崇拜的宗教传统,独尊耶和华的犹太教始露端倪。至公元前6世纪"巴比伦之囚"期间,犹太教的神学体系随之日臻成熟。琐罗亚斯德教相传系公元前6世纪的波斯人查拉图士特拉(希腊人称其为琐罗亚斯德)创立,亦称拜火教,中国史书称之为祆教,是古代波斯的主要宗教。大流士当政期间,尊奉琐罗亚斯德教作为阿黑门尼德王朝的国教。萨珊王朝建立后,琐罗亚斯德教俨然成为波斯传统文化的标志和象征。公元初年,基督教兴起于罗马帝国统治下的地中海东岸。基督教沿袭犹太教的诸多宗教信条,犹太教法利赛派的神学思想对于基督教的影响尤为明显。基督教诞生的初期,罗马帝国统治者视之为犹太教的分支,迫害基督徒。公元4世纪以后,基督教成为拜占廷帝国最具影响的意识形态,尊奉所谓尼西亚信条即圣父、圣子、圣灵三位一体说的官方信仰盛行于爱琴海地区,基督教的异端派别阿里乌斯派以及其后出现的科普特派、雅各派和聂斯脱里派在埃及、叙利亚和美索不达米亚广泛传播。

公元7世纪初,地处阿拉伯半岛西部荒漠的麦加和麦地那犹如两颗冉冉升起的新星,照耀着"两洋三洲五海"世界的古老大地。伴随着伊斯兰教的诞生,阿拉伯人悄然崛起于仿佛被喧嚣的文明社会所遗忘的角落,进而在圣战的旗帜下走出贫瘠的家园,作为崭新的统治民族登上中东的历史舞台。先知穆罕默德去世后,哈里发国家征服了西起伊比利亚半岛和马格里布、东到阿姆河和锡尔河流域的辽阔疆域,伊斯兰教取代基督教和琐罗亚斯德教而成为中东地区占统治地位的意识形态。麦地那时代和倭马亚时代,阿拉伯人垄断伊斯兰世界的军政要职,非阿拉伯人尚无缘分享国家权力。阿拔斯时代,包括波斯人、突厥人、柏柏尔人、库尔德人、塞加西亚人在内的非阿拉伯人中皈依伊斯兰教者日渐增多,尤其是波斯人和突厥人的政治势力迅速膨胀,中东伊斯兰世界随之出现群雄逐鹿的分裂局面。

第一章

麦地那哈里发国家

一、阿布·伯克尔即位

1

先知穆罕默德作为伊斯兰文明的缔造者,是温麦之无可替代的唯一领袖。穆斯林敬畏安拉,景仰先知穆罕默德,从而接受伊斯兰国家权力的约束。先知穆罕默德溘然长逝,一度使穆斯林茫然无措。先知穆罕默德与其妻赫蒂彻曾经生有两个男孩,但均幼年夭折。他的几个女儿,除法蒂玛外,此时亦皆不在人世。严格意义的血亲世袭制度,对于当时的阿拉伯人来说,还是十分陌生的概念。况且,先知穆罕默德临终之际并没有明确指定继承人选。[①]先知穆罕默德去世后,其权力的继承成为穆斯林关注的焦点。

作为麦地那绿洲的土著居民,众多辅士聚集在哈兹拉只部落赛耳德氏

---

① 穆罕默德·穆斯塔法·齐亚德:《阿拉伯世界的历史与文明:古代与伊斯兰时代》,开罗,1964年,第169页。

族的住处商讨先知继承者的人选，试图推举哈兹拉只部落的首领赛耳德·欧拜德出任温麦的领袖。迁士中的核心人物阿布·伯克尔、欧默尔和阿布·欧拜德闻讯赶来，与辅士竭力争辩。辅士认为，先知穆罕默德在麦加传教12年，屡遭迫害，未能得到应有的保护，徙志以后，正是由于奥斯部落和哈兹拉只部落成员的广泛皈依和有力支持，先知穆罕默德得以降服麦加，使半岛各地的阿拉伯人望风归顺，辅士劳苦功高，理应出任先知穆罕默德的继承人。阿布·伯克尔等人则认为，迁士率先皈依伊斯兰教，他们既与先知穆罕默德同出一族，又曾与先知穆罕默德患难与共，继先知穆罕默德之后领导温麦的神圣事业乃是天经地义的当然选择。于是，辅士中有人提议，由迁士和辅士各选一人共同出任温麦的领袖，遭到阿布·伯克尔等人的断然拒绝。欧默尔和阿布·欧拜德竭力推举阿布·伯克尔作为先知穆罕默德的继承人，并且劝说奥斯部落的辅士改变态度。最后，阿布·伯克尔被与会者共同拥戴为温麦的领袖，成为伊斯兰历史上的第一位哈里发。①此次会议史称"赛基法会议"（赛基法在阿拉伯语中意为有篷的场院），赛基法会议关于拥戴阿布·伯克尔出任哈里发的内容史称"特别誓约"②。翌日，在欧默尔的倡议下，麦地那的穆斯林来到先知寺，就先知穆罕默德的继承人选进行公开表态。他们接受了赛基法会议的结果，承认阿布·伯克尔作为先知穆罕默德的继承人，史称"公众誓约"③。赛基法会议实现了先知穆罕默德逝世后温麦权力的顺利过渡，掀开了伊斯兰历史的崭新一页。伊斯兰世界从此进入了哈里发国家的时代。

---

① Ibn Khaldun,*The Muqaddimah*,Vol.1,Princeton 1980,pp.396–397.

② Engineer,A.A.,*The Origin and Development of Islam*, Bombay 1980,pp.145–146.

③ 穆罕默德·穆斯塔法·齐亚德：《阿拉伯世界的历史与文明：古代与伊斯兰时代》，第170页。

2

阿布·伯克尔(632—634 年在位)本名阿卜杜拉·奥斯曼·阿米尔,属于古莱西部落泰姆氏族,曾是麦加的布匹商,家境殷实,阅历丰富。阿布·伯克尔自 610 年起长期追随先知穆罕默德,是最早皈依伊斯兰教的成年男性自由人。阿布·伯克尔是先知穆罕默德的挚友,亦是先知穆罕默德的岳父,其女阿以莎是先知穆罕默德晚年最为宠爱的妻子。阿布·伯克尔曾经于 622 年只身陪伴先知穆罕默德从麦加移居麦地那,并且于 631 年受先知穆罕默德的委派在麦加主持朝觐仪式。先知穆罕默德弥留之际,阿布·伯克尔奉命领导麦地那穆斯林的聚礼活动,从而在温麦中颇具殊荣。①因此,阿布·伯克尔在先知穆罕默德逝世后出任哈里发,不仅受到麦地那穆斯林的拥戴,而且为其他地区的穆斯林所广泛承认。

"哈里发"一词在阿拉伯语中系"在……之后"的名词形式,意为"继承人"。该词曾经两次出现于《古兰经》中,意为"安拉在大地设置的代理人"②。阿布·伯克尔出任之哈里发,特指"安拉的使者的继承人",即先知穆罕默德的继承人。③然而,这种继承只是有限度的继承。"哈里发并非先知,只是温麦的首领,而不是安拉的使者,亦不可能成为启示的传布者。"④《古兰经》明确规定先知穆罕默德是"封印的先知"⑤,其先知的身份和传布启示的使命绝非他人所能继承。因此,阿布·伯克尔作为哈里发,并非继承先知穆罕默德的全部权力,亦不可能继承先知穆罕默德的全部权力,而只是继承先知

---

① Ibn Khaldun,*The Muqaddimah*,Vol.1,p.418.

② 《古兰经》,马坚译,中国社会科学出版社,1978 年,2∶30,38∶26。

③ Watt,W.M.,*Early Islam*,Edinburgh 1990,p.60.

④ Hourani,A.,*A History of the Arab Peoples*,London 1991,p.22.

⑤ 《古兰经》,33∶40。

穆罕默德的一部分权力,即作为先知和传布启示以外的其余权力。先知穆罕默德作为安拉的使者,在整个温麦拥有无可争辩的绝对权力,深受全体穆斯林的景仰。相比之下,阿布·伯克尔仅仅被视作穆斯林中的普通一员。阿布·伯克尔作为哈里发的权力和地位,来自其对安拉的虔敬、对伊斯兰事业的贡献和相应的威望。遵从《古兰经》和《圣训》是阿布·伯克尔行使权力的前提条件,其言行必须符合《古兰经》和《圣训》的规定。阿布·伯克尔在即位演说中向穆斯林宣布:"现在,我成为你们中的首领……如果我的言行是正确的,你们应当支持我;如果我的言行是错误的,你们务必纠正我……要是我遵从安拉和他的使者,那么,你们必须遵从我;要是我违背了安拉和他的使者,那么,你们有权力反对我。"[①]阿布·伯克尔经常由于他人称赞自己的言语而感到窘迫,表示:"主啊!你明察我的能力胜过我自己,我对自己的了解胜过他人的想象。你饶恕我的罪过吧!不要由于众人对我的不应有的称赞而责怪我。"他还曾经说过:"先知穆罕默德受到安拉的启示的引领,而我却只是一个微不足道的普通人。"[②]由此可见,阿布·伯克尔出任的哈里发职位具有特定的历史内涵。将阿布·伯克尔与西方的教皇或东方的君主相提并论,显然是不正确的。

---

① 泰伯里:《历代先知与君王史》,第 1 卷,开罗,1908 年,第 1845—1846 页。

② Husain,S.A.,*The Glorious Caliphate*,Lucknow 1974,p.39.

二、"里达"的平息

1

阿布·伯克尔即位以后,面临着十分严峻的政治形势。当时的阿拉伯半岛充斥着诸多的敌对势力,危机四伏,狼烟遍野,哈里发国家大有摇摇欲坠之势,先知穆罕默德缔造的事业濒临夭折的边缘。这就是伊斯兰史上著名的"里达"。

首先发难的是分布在希贾兹东侧的贝都因人阿布斯部落和祖布彦部落。他们派出使团来到麦地那进行谈判,要求阿布·伯克尔放弃向他们征纳天课的权力。[1]

在纳季德高原,阿萨德部落首领图莱哈曾于631年赴麦地那谒见先知穆罕默德,佯言皈依伊斯兰教,不久却自诩"先知",讹传自己得到天使哲布勒伊莱颁降的启示,鼓动骚乱。先知穆罕默德去世后,图莱哈攻击阿布·伯克尔,拒绝向麦地那缴纳天课。塔米姆部落与阿萨德部落相邻,该部落的女首领赛查哈原奉基督教,先知穆罕默德去世后伪称"先知",追随者人数颇多。[2]

哈尼法部落是纳季德高原东部叶麻麦一带的农耕群体,其首领穆赛里玛曾于631年随该部落使团来到麦地那,试图继承先知穆罕默德的圣位。穆赛里玛返回叶麻麦后,声称与先知穆罕默德同为"安拉的使者",甚至模仿《古兰经》的文辞风格伪造启示,宣布叶麻麦为朝觐圣地,企图以叶麻麦

---

[1] Glubb,J.,*The Great Arab Conqust*,London 1963,p.109.

[2] Muir,W.,*The Caliphate,Its Rise,Decline and Fall*,Edinburgh 1963,p.21,p.25.

为中心控制纳季德高原的贝都因人,进而与麦地那国家分庭抗礼。[①]

半岛南部沿海地区的政治形势错综复杂。在也门,安斯部落首领艾斯沃德于631年自命"先知",采用"拉赫曼"的称号,占据纳季兰和萨那,驱逐来自麦地那的穆斯林传教士,杀害麦地那国家支持的波斯血统王公舍赫尔·巴赞,控制也门的大部分地区。数月以后,艾斯沃德被部属暗杀,穆斯林支持的波斯血统王公菲罗泽·戴勒米成为也门的统治者。不久,菲罗泽·戴勒米被赶出也门,祖拜德部落首领凯斯·阿卜杜勒·雅古斯取而代之,占据萨那。[②]在阿曼,阿兹德部落的首领拉其特·马立克在先知穆罕默德去世后伪称"先知",驱逐该部落中的穆斯林成员。在巴林,巴克尔部落首领侯塔姆·杜拜阿聚众占据盖提夫和哈贾尔,驱赶皈依伊斯兰教的阿卜杜勒·凯斯部落。[③]

此时,阿布·伯克尔刚刚即位,立足未稳。尤其严重的是,希贾兹一带忠于伊斯兰事业的穆斯林战士大都遵照先知穆罕默德的遗愿,跟随栽德·哈里萨之子欧萨玛征讨北方的叙利亚边境,麦地那兵力空虚,而阿布斯部落和祖布彦部落扬言要袭击哈里发的驻地,形势危急。紧要关头,阿布·伯克尔的态度十分坚决。他表示,即使有人拒纳缴纳一个迪尔罕的天课,也要向拒纳者宣战,同拒纳者战斗到底。他从希贾兹的穆斯林中募集兵员,首先在祖尔·卡萨和拉巴击溃阿布斯部落和祖布彦部落。[④]

632年底,阿布·伯克尔将哈里发国家的几乎所有战士交由哈立德·瓦里德率领,自祖尔·卡萨进军纳季德高原。[⑤]哈立德·瓦里德的队伍在布扎卡

① Watt,W.M.,*Muhammed at Medina*, Oxford 1956,p.135.

② Shaban,M.A.,*Islamic History,A New Interpretation 600–750*, Cambridge 1971,p.21.

③ Shoufany,E.,*Al-Riddah and the Muslim Conquest of Arabia*, Toronto 1972,pp.85–88.

④ Shoufany,E.,*Al-Riddah and the Muslim Coquest of Arabia*,p.112.

⑤ 穆罕默德·穆斯塔法·齐亚德:《阿拉伯世界的历史与文明:古代与伊斯兰时代》,第175页。

击溃伪先知图莱哈的追随者，降服阿萨德部落。①伪先知图莱哈逃往叙利亚，后来悔过自新，皈依伊斯兰教，并且参加了哈里发国家对伊拉克的征服，屡建战功，642 年在尼哈温战役中阵亡。②

继布扎卡战役之后，哈立德·瓦里德的队伍在布塔袭击了伪先知赛查哈的主要追随者塔米姆部落叶尔布亚氏族的营地，处死叶尔布亚氏族首领马立克·努威拉。③伪先知赛查哈偕残部逃往叶麻麦，投奔哈尼法部落。

633 年春，哈立德·瓦里德率领穆斯林战士 5000 余人攻入叶麻麦，与伪先知穆赛里玛的追随者 4 万余众在阿喀拉巴相遇。阿喀拉巴战役是自徙志以来穆斯林进行的历次战役中最为激烈和残酷的一次，穆斯林付出了巨大的代价，1200 人阵亡，其中包括数以百计的迁士和辅士。④哈尼法部落据守的最后阵地被称作"死亡的花园"；伪先知穆赛里玛及其追随者负隅顽抗，悉遭杀戮。阿布·伯克尔一度下令处死哈尼法部落的所有战俘。然而，哈立德·瓦里德赦免了他们的死罪，只是遵循先知穆罕默德生前的做法，征缴哈尼法部落全部财产的二分之一作为穆斯林的战利品。

633 年初夏，阿布·伯克尔自麦地那派出两支穆斯林队伍前往南部沿海。一支队伍由阿拉·哈达拉米率领攻入巴林，击败巴克尔部落，杀死侯塔姆·杜拜阿。另一支队伍由侯宰法·米赫珊率领直取阿曼，击败伪先知拉其特·马立克及其追随者，降服阿兹德部落。接着，穆哈吉尔·阿比·倭马亚和伊克里玛·阿比·贾赫勒分别率领穆斯林战士自希贾兹和阿曼夹击也门，占领萨那，俘获凯斯·阿卜杜勒·雅古斯。⑤至 633 年秋，"里达"风波在整个半岛范围内得到平息。

---

① Shoufany,E.,*Al-Riddah and the Muslim Conquest of Arabia*,p.117.

② Shaban,M.A.,*Islamic History,A New Interpretation 600–750*, Cambridge 1971,p.21.

③ Shoufany,E.,*Al-Riddah and the Muslim Conquest of Arabia*,p.120.

④ Muir,W.,*The Caliphate,Its Rise,Decline and Fall*,p.29.

⑤ Shoufany,E.,*Al-Riddah and the Muslim Conquest of Arabia*,p.125,pp.134–138.

2

  "里达"一词在阿拉伯语中本意为背叛。然而,"里达"风波作为阿布·伯克尔在位时期特有的历史现象,具有特殊的含义和特定的内涵,研究者曾经对此做出种种不同的解释。传统的穆斯林学者大都认为,阿拉伯半岛在先知穆罕默德晚年业已完成伊斯兰教化的进程,所谓的"代表团之年"标志着伊斯兰教在整个阿拉伯半岛的普遍皈依,"里达"是先知穆罕默德去世后诸多阿拉伯人部落放弃伊斯兰教信仰和恢复多神崇拜的叛教运动,"里达"的平息则是阿布·伯克尔即位后哈里发国家对叛教者的重新征服。然而,根据一些西方学者的估计,在先知穆罕默德晚年,伊斯兰教的皈依者人数尚少,麦地那国家的疆域大体局限于希贾兹一带。"实际上,先知穆罕默德临终时并未统一阿拉伯半岛,更未实现整个阿拉伯半岛的伊斯兰教化。只有阿拉伯半岛西海岸中部的希贾兹及其周围地区,在政治上与麦地那和麦加组成国家,其原因所在亦非相同的宗教信仰而是共同的政治利益。分布在阿拉伯半岛中部的盖特方部落、巴希拉部落、泰伊部落和阿萨德部落,仅仅与先知穆罕默德组成松散的政治联盟,伊斯兰教化的程度相当有限。在阿拉伯半岛北部和叶麻麦一带,阿拉伯人的部落各有自己的先知。在阿拉伯半岛南部,先知穆罕默德始终未能建立有效的控制,只是与个别部落中的少数人订立盟约。"[1]因此,"里达"并非阿拉伯人部落的叛教运动,"里达"的平息乃是阿布·伯克尔当政期间哈里发国家对希贾兹以外诸多地区的初次征服。显然,确定先知穆罕默德晚年麦地那国家的版图范围和阿拉伯半岛的伊斯兰教化程度,是探讨"里达"之性质的前提条件。

  希贾兹位于阿拉伯半岛的西侧,既是伊斯兰文明的发祥地,亦是麦加

---

[1] Bury,J.B.,*The Cambridge Medieval History*,New York 1924,Vol.2,p.334.

和麦地那两座圣城的所在。徙志以后,先知穆罕默德通过缔约结盟和武力讨伐的方式,逐渐控制与麦地那相邻的游牧地区,直至降服麦加和塔伊夫。先知穆罕默德晚年,生活在希贾兹的阿拉伯人大都皈依伊斯兰教,麦地那国家在这一地区建立起较为稳固的信仰基础和政治基础。先知穆罕默德时代麦地那国家的另一重要的扩展目标,是希贾兹以北至叙利亚边境的广阔地带。627年壕沟之战结束后,先知穆罕默德与朱扎姆部落订立盟约,继而在北方重镇杜麦特·詹达勒击败凯勒卜部落。628年,先知穆罕默德自麦加郊外的侯德比耶移兵北进,降服海拜尔、法达克、泰马、瓦迪库拉等地的犹太定居者。630年,先知穆罕默德再度挥师北上,兵抵叙利亚边境重镇泰布克,迫使埃拉、麦格纳、阿兹鲁和贾尔巴等地的犹太人纳贡称臣。[1]

穆斯林征服麦加以后,麦地那国家的势力开始深入阿拉伯半岛南部。在也门,麦地那国家承认和支持波斯血统王公巴赞的原有权力,巴赞则允许和保护伊斯兰教在其辖地的传播;631年巴赞死后,其子舍赫尔·巴赞继续接受先知穆罕默德的册封,穆阿兹·贾巴勒则代表先知穆罕默德向也门的穆斯林征纳天课。在阿曼,阿兹德部落首领贾法尔·朱伦达和阿卜杜拉·朱伦达于630年率众皈依伊斯兰教,阿慕尔·阿绥代表先知穆罕默德向阿兹德部落中的穆斯林征纳天课。在巴林,阿卜杜勒·凯斯部落首领穆恩吉尔·萨沃于630年率众皈依伊斯兰教;先知穆罕默德去世前夕,作为天课征纳的8万迪尔罕从巴林运抵麦地那。[2]

位于半岛中央的纳季德高原,分布着三个颇有势力的强大部落:阿萨德部落、塔米姆部落和哈尼法部落。在所谓的"代表团之年",阿萨德部落和塔米姆部落都曾派出使团来到麦地那,与先知穆罕默德缔约结盟,只有哈

---

[1] Watt,W.M.,*Muhammed at Medina*,pp.66–96,pp.354–369,p.34,p.218,pp.115–116.

[2] Shoufany,E.,*Al-Riddah and the Muslim Conquest of Arabia*,p.37.

尼法部落拒绝承认先知穆罕默德的权力。① 先知穆罕默德曾经向阿萨德部落和塔米姆部落派遣使者征纳天课，说明伊斯兰教已经传入这一地区。②

由此可见，在先知穆罕默德晚年，麦地那国家的疆域已经远远超出希贾兹的范围，先知穆罕默德通过传播伊斯兰教、征纳贡税和缔约结盟等不同方式，控制阿拉伯半岛的大部分地区。另一方面，相当数量的阿拉伯人此时并没有放弃原来的信仰，伊斯兰教尚未在整个半岛的范围内取得最后的胜利。平息"里达"的战争既非哈里发国家对希贾兹以外地区的初次征服，亦非哈里发国家在整个半岛范围内对叛教者的重新征服。"里达"的平息在一些地区表现为穆斯林与叛教者之间的宗教冲突，而在另一些地区则表现为哈里发国家与土著传统势力之间的政治对抗。哈里发国家在平息"里达"的过程中所攻击的目标，不仅有放弃伊斯兰教的反叛者，而且包括诸多非穆斯林政治势力。

3

"里达"的平息固然发生于阿布·伯克尔当政时期，然而导致"里达"的原因却要追溯到先知穆罕默德生前关于课税的规定。自徙志起，完纳天课逐渐成为所有穆斯林必须履行的当然义务。在当时教俗合一的条件下，天课的征收不仅具有宗教意义，而且是国家权力得以实现的重要形式。包括阿布斯部落和祖布彦部落在内的诸多部落在先知穆罕默德去世后拒绝履行完纳天课的宗教义务，不仅构成背叛伊斯兰教信仰的行为，而且包含摆脱国家权力约束的政治倾向。在要求所有穆斯林完纳天课的基础上，先知穆罕默德于631年朝觐期间委派阿里在麦加颁布启示，解除麦地那国家与

① Al-Baladhuri,*Kitab Futuh al-Buldan*, New York 1968,p.105.

② Watt,W.M.,*Muhammed at Medina*,p.367.

尚未皈依伊斯兰教的阿拉伯人之间原有的盟约,规定非穆斯林或者皈依伊斯兰教并完纳天课, 或者向麦地那国家缴纳人丁税以换取相应的政治保护,别无选择的余地。新的启示和严格的课税规定,标志着麦地那国家与异教阿拉伯人之间相互关系的明显转变,表明先知穆罕默德决心在整个半岛的范围内实现麦地那国家对阿拉伯人的控制。阿拉伯人只能在顺从和反抗两者中进行选择,半岛形势骤然紧张。因此,早在先知穆罕默德去世前夕,伪先知图莱哈、赛查哈和穆赛里玛已经蠢蠢欲动,而先知穆罕默德的去世只是使得许多地区的敌对行为演变为对哈里发的公开反抗。

传统的穆斯林往往强调"里达"战争的宗教倾向,认为"里达"战争的性质在于穆斯林与叛教者之间的暴力冲突,"里达"战争的结局则是伊斯兰教在阿拉伯半岛的最后胜利。然而,穆斯林与叛教者之间的暴力冲突并未构成"里达"战争的全部内容,相当数量的阿拉伯人甚至在"里达"战争结束后很久尚未皈依伊斯兰教, 却长期保留原有的信仰。某些西方学者强调"里达"战争的实质在于阿拉伯半岛内部定居人口与游牧部落之间的对抗。"阿布·伯克尔的目的是将伊斯兰国家的霸权扩大到整个阿拉伯半岛, 进而统治所有的游牧部落。"[1] "'里达'战争体现阿拉伯半岛的定居人口与游牧部落之间传统世代矛盾对抗的延续。游牧部落将麦地那国家视作定居人口的代表;他们不仅要摆脱麦地那国家的控制,而且力图毁灭麦地那国家。"[2]然而, 上述观点无法解释哈尼法部落的定居人口与麦地那国家之间的冲突;"里达"战争中最惨烈的厮杀发生于哈尼法部落的定居者与穆斯林战士之间,而哈尼法部落中为数不多的穆斯林却系该部落的贝都因人。[3]

所谓的"里达"发生于阿拉伯社会剧烈变革的历史阶段,这场变革的核

---

① Donner,F.M.,*The Early Islamic Conquest*, Princeton 1981,p.86.

② Shaban,M.A.,*Islamic History,A New Interpretation 600–750*,p.22.

③ 泰伯里:《历代先知与君王史》,第 1 卷,第 1910 页。

心内容是阿拉伯人从野蛮向文明的过渡。伊斯兰教在麦加的诞生和伊斯兰国家在麦地那的建立，无疑标志着阿拉伯社会变革的开始。然而，由于自然环境和生活方式的明显差异，阿拉伯半岛各地的社会发展水平不尽相同。一些部落固然出现了濒临解体的征兆，亦有许多部落尚不具备步入文明社会的物质条件，野蛮势力根深蒂固，个别地区甚至保留着母权制的婚姻形式。先知穆罕默德时代，初兴的伊斯兰文明未能在整个半岛范围内建立起稳固的社会基础，氏族部落制度依然在诸多地区产生着广泛的影响，甚至支配着人们的生活。传统的野蛮势力并没有随着伊斯兰文明的诞生而自行退出历史舞台，必然进行顽强的反抗。

"长久以来，他们只忠于自己的氏族，至多忠于他们的部落。现在，他们破天荒地统一在一个宗教首领之下，必须执行他的命令，即使在日常事务方面也不例外……这意味着社会生活方式的一场变革，并非所有的阿拉伯人都不无反抗地接受这种新的生活方式。"①因此，"里达"尽管在不同的地区表现各异，却无疑包含着原始的氏族部落制度与新兴的伊斯兰国家激烈抗争的社会倾向，体现野蛮与文明之间的深刻对立。"里达"的平息，其实质在于阿布·伯克尔通过战争的手段确立麦地那哈里发与半岛各地诸部落之间广泛的贡税关系，迫使放荡不羁的阿拉伯人接受国家权力的约束，从而在根本上摧毁野蛮势力延续的基础。阿拉伯人失去了原有的自由，却迎来了崭新的文明。"里达"的平息，完成了先知穆罕默德生前未竟的事业，整个半岛范围内的阿拉伯人最终实现了由原始社会迈向文明时代的深刻的历史变革。

---

① 马茂德：《伊斯兰教简史》，吴云贵等译，中国社会科学出版社，1981年，第36页。

三、麦地那哈里发国家的扩张:背景分析

1

新兴的伊斯兰文明一旦在阿拉伯半岛取得胜利,便开始以不可阻挡的迅猛势头冲击半岛周围的广大地区。麦地那哈里发国家发动的军事扩张震撼着中东的广大地区,具有千年文明传统的波斯帝国如同秋风下之落叶而寿终正寝,雄踞地中海的霸主拜占廷帝国亦遭受重创而急剧衰落。往日挣扎于贫困和饥渴的边缘而屡遭凌辱的阿拉伯人骤然间如日中天,以统治民族的姿态登上中东地区的历史舞台,成为举足轻重的社会势力。伊斯兰文明从此自阿拉伯半岛走向世界,进入了崭新的发展阶段。

麦地那哈里发国家的扩张无疑具有深刻的背景原因,绝非偶然的现象。长期以来,学术界对此进行了广泛的探讨,仁者见仁,智者见智。传统的穆斯林学者大都从宗教神学的角度解释麦地那哈里发国家的扩张,将这一现象归结为虔敬安拉之宗教激情的产物。一些西方学者亦着眼于宗教的原因,将麦地那哈里发国家的扩张归结为伊斯兰教在阿拉伯半岛诞生以后所导致的政治影响和意识形态的变化。更多的西方学者或许出于信仰的偏见,忽略伊斯兰教的诞生与麦地那哈里发国家的扩张两者之间的内在联系,强调麦地那哈里发国家的扩张根源于阿拉伯半岛恶劣的生存环境与人口的增长所形成的压力。穆尔从民族迁徙的角度解释麦地那哈里发国家的扩张,强调麦地那哈里发国家的扩张根源于阿拉伯人对财富的贪婪和抢劫的传统习俗。[1]贝克尔认为,麦地那哈里发国家扩张的原因在于阿拉伯半岛

---

[1]　Muir,W.,*The Caliphate,Its Rise,Decline and Fall*,p.45.

的自然环境和经济状况,饥饿和贫困构成麦地那哈里发国家扩张的内在动力。①杜耐尔则从阿拉伯半岛定居人口与游牧群体之间矛盾冲突的角度解释麦地那哈里发国家的扩张。他认为,定居人口与游牧群体之间的冲突极大地威胁着新兴的伊斯兰国家,麦地那的哈里发力图通过实现游牧群体的定居化消除两者的对立,而征服半岛周边区域是促使分布在沙漠瀚海的游牧群体走向定居生活的有效途径。②

毋庸置疑,阿拉伯半岛恶劣的生存环境与人口增长所形成的压力、伊斯兰教的兴起以及定居人口与游牧群体之间的矛盾,皆与麦地那哈里发国家的扩张具有密切的联系。但是,导致征服的诸多因素并非孤立的存在,而是处于相互制约的状态。将麦地那哈里发国家的扩张归结为宗教的原因和意识形态的作用, 这种观点忽略了阿拉伯半岛的客观物质环境和历史传统,显然不尽正确。过于强调恶劣的生存环境和人口的压力,无法说明伊斯兰教的兴起与麦地那哈里发国家的扩张之间内在的逻辑联系, 亦难成立。至于阿拉伯半岛定居人口与游牧群体之间的矛盾由来已久,伊斯兰教的传播和新兴国家权力的约束无疑削弱而不是加剧了两者的对立。因此,上述观点尽管各有一定的道理,但均失之片面,未能完整阐明麦地那哈里发国家扩张的原因。

2

阿拉伯人世世代代生活在辽阔而贫瘠的家园,水源奇缺,牧场有限,耕地稀少,荒原满目,生计资源极度匮乏。在这样的环境下,人口的增长导致无尽无休的迁徙浪潮;过剩的人口只能移至半岛以外,去寻求新的生存空

① Bury,J.B.,*The Cambridge Medieval History*,Vol.2,pp.333–339.

② Donner,F.M.,*The Early Islamic Conquest*,p.265.

间。自远古以来,人口迁徙的浪潮接连不断,构成阿拉伯半岛生态平衡得以维持的基本条件。

然而,在查希里叶时代,拜占廷帝国和波斯帝国在半岛北部分别构筑起坚固的屏障,迫使阿拉伯人改变传统的流向。过多的人口拥挤在半岛内有限的生存空间,相互攻袭,劫掠生计资源。半岛内部益发激烈的劫掠和仇杀淘汰着无路可走的过多人口,成为特定的历史条件下生态平衡赖以维持的必要形式。

伊斯兰教的诞生和伊斯兰国家的建立,给混沌无序的阿拉伯半岛带来文明的曙光,给饱受苦难的阿拉伯人带来和平的希望。普遍处于敌对状态的诸多部落,借助于信仰的纽带和温麦的政治形式,建立起较为稳定的地域联系,开始了社会聚合的过程。

徙志以后,先知穆罕默德接连颁布一系列启示,旨在通过严格的宗教规定,约束漫无原则的劫掠和仇杀,消除血族群体之间的对立,实现温麦内部的和平状态。《古兰经》说:"你们原是仇敌,而安拉联合你们的心,你们借他的恩典才变成教胞","信士们皆为教胞,故你们应当排解教胞间的纷争","信士不至于杀害信士,除非是误杀"。①先知穆罕默德在"告别演讲"中明确宣布:"你们相互残杀伤命,相互侵犯财产,均在严禁之列……蒙昧时期的血债一律不予清算……蒙昧时期的习俗一律废止……穆民都是弟兄,若非本人同意而霸占自己弟兄的财产,对于任何人都是非法的。"②

先知穆罕默德自徙志开始,便规定了温麦的圣战原则:所有的异教徒,首先是反对伊斯兰教的麦加保守势力,被视作温麦全体成员的共同敌人。信仰的差异和宗教意义的圣战开始取代血族群体的对立和传统的劫掠仇杀,上升为阿拉伯半岛社会矛盾的主要形式。630年穆斯林征服麦加以后,

---

① 《古兰经》,3:103,49:10,4:92。

② 穆罕默德·胡泽里:《穆罕默德传》,秦德茂、田希宝译,宁夏人民出版社,1983年,第265—267页。

先知穆罕默德颁布进一步讨伐异教阿拉伯人的启示："当禁月逝去的时候，你们在哪里发现以物配主者，就在哪里杀戮他们，俘虏他们，围攻他们，在各个要隘侦候他们"，"当抵抗不信安拉和末日，不遵安拉及其使者的戒律，不奉真教的人，即曾受天经的人，你们要与他们战斗，直到他们依照自己的能力，规规矩矩地交纳丁税"。①至先知穆罕默德去世前夕，皈依伊斯兰教已是众望所归，形同散沙的诸多部落纷纷加入温麦。

伊斯兰教的传播和由此产生的阿拉伯社会结构的深刻变革，使阿拉伯人相互间劫掠仇杀的野蛮习俗趋于废止，阿拉伯半岛生态平衡所赖以维持的原有方式遭到广泛的排斥，恶劣的自然条件下相对稠密的人口与有限生存环境之间的矛盾无法继续通过半岛内部的淘汰方式得到缓解，于是转化为对外扩张的明显趋势。

630 年底，先知穆罕默德亲率三万余众大举北进，兵抵叙利亚边境重镇泰布克。632 年，先知穆罕默德在弥留之际再次委派栽德·哈里萨之子欧萨玛筹划北伐叙利亚。②先知穆罕默德的上述举措，反映了麦地那国家以对外扩张取代半岛内部劫掠仇杀的初步意向。然而，在先知穆罕默德时代，温麦成员之间的相互联系主要借助于信仰的纽带，初兴的公共权力往往只是表现为宗教信条的约束和宗教意义的顺从。诸多部落尽管已被纳入温麦，但是仍旧具有明显的离心倾向，仅仅在形式上顺从麦地那的宗教领袖。更有一些部落尚无意加入温麦，甚至负隅顽抗。野蛮势力的延续制约着温麦的举措，使得麦地那国家对外扩张的初步趋向在先知穆罕默德生前未能演变为成熟的动势。

阿布·伯克尔当政期间平息"里达"的战争，是先知穆罕默德时代阿拉伯半岛统一进程的延续。"里达"的平息最终完成了先知穆罕默德生前未竟的事业，结束了长期以来阿拉伯人相互劫掠和彼此攻杀的状态，在历史上

---

① 《古兰经》，9：5，9：29。

② Donner,F.M.,*The Early Islamic Conquest*,p.101.

第一次实现了整个半岛的内部和平。"以往,他们时常劫掠其他的部落以维持自己的生活。现在,整个半岛的阿拉伯人联合为统一的整体。由于新的伦理观念和社会经济原则,他们不得不停止劫掠其他部落的传统行为。但是,在半岛内部却又无法采取其他的方式来替代这种行为。人口的增长对有限的生活资源所形成的压力益发加剧,使原有的经济生活失去了平衡。"①

"里达"的平息和半岛统一的最终完成,彻底否定了野蛮状态下阿拉伯半岛生态平衡赖以维持的传统行为。阿拉伯人在温麦形式下的社会聚合,导致人口与生存空间的深刻矛盾转化为对外征服的巨大能量。以圣战的名义讨伐周边区域的异教人口,进而夺取新的生存空间,成为当时特定的历史条件下维持半岛生态平衡的唯一出路,体现阿拉伯人自野蛮向文明转变过程中客观的社会需要。阿布·伯克尔当政期间平息"里达"的战争诚然与其后发生的对外征服具有本质的差别,但是两者之间无疑具有内在的逻辑联系。平息"里达"战争的胜利揭开了麦地那哈里发国家扩张的序幕,而麦地那哈里发国家的扩张乃是平息"里达"战争之胜利的必然结局。

有人说,麦地那哈里发国家的扩张是出于获得"面包"和谋取生计的需要。也有人说,麦地那哈里发国家的扩张是为了踏上通向天堂的道路。实际上,无论世俗的需要还是宗教的情感,都是导致麦地那哈里发国家扩张的重要因素。然而,这些因素并非孤立的存在,而是处于相互制约的状态。从前,阿拉伯人追随各自的部族去半岛周围寻求生路,势单力孤,往往受制于外族强敌。后来,阿拉伯人无路可走,只能徘徊在半岛各地,通过相互间的劫掠仇杀淘汰过多的生灵。伊斯兰文明的兴起唤醒了挣扎于苦难之中的阿拉伯人,圣战的思想体现着世俗需要与宗教情感的结合。阿拉伯人不再自相残杀,亦不再乞求外族的恩赐。他们作为哈里发国家的战士,高举着圣战的旗帜,踏上了讨伐异教徒的征程,从而掀开了中东历史的崭新一页。

---

① Engineer,A.A.,*The Origin and Development of Islam*,p.152.

3

麦地那哈里发国家的扩张不仅具有内在的社会动因，而且需要相应的外部条件。

在阿拉伯人即将走出半岛的时代，拜占廷帝国和波斯帝国统治着中东的广大地区。拜占廷帝国和波斯帝国长期以来激烈角逐，争夺中东霸主的地位，至7世纪初达到高潮。602年，拜占廷皇帝毛利斯被害，福卡斯取而代之。波斯皇帝胡斯洛二世趁拜占廷帝国政局混乱之机，率军西进，攻入叙利亚和埃及，兵抵小亚细亚沿海一带。610年，驻守北非的拜占廷将领希拉克略废黜福卡斯，即位称帝。622年，希拉克略指挥拜占廷军队大举反击，收复埃及和叙利亚，继而攻入美索不达米亚，攻陷波斯帝国首都泰西封。旷日持久的厮杀，使拜占廷帝国和波斯帝国元气大伤，军事实力消耗殆尽。

其次，在叙利亚南部和美索不达米亚西部，分布着许多游牧和半游牧的部落群体，他们既是拜占廷帝国或波斯帝国的藩属，亦是拜占廷帝国和波斯帝国借以遏制阿拉伯人自半岛向外部冲击的重要屏障。然而，在7世纪初，他们与两大帝国之间的关系渐趋恶化。602年，波斯皇帝胡斯洛二世处死莱赫米国王努尔曼三世，任命泰伊部落首领伊雅斯取而代之，至614年委派波斯总督直接统治幼发拉底河流域。无独有偶，629年，拜占廷皇帝希拉克略停止向叙利亚南部的部落群体发放补助金，引起后者的强烈不满。

此外，叙利亚和美索不达米亚的土著居民大都属于塞姆族的分支，与拜占廷帝国和波斯帝国的统治者之间存在明显的种族差异，而与阿拉伯人却有较为密切的亲缘关系。他们尽管信仰基督教，然而分别遵奉雅各派或聂斯脱里派的信条，拜占廷帝国视之为异端，波斯帝国视之为异教，宗教分歧颇深。上述情况动摇了两大帝国在叙利亚和美索不达米亚的统治基础，麦地那哈里发国家向半岛周围发动扩张的时机业已成熟。

四、麦地那哈里发国家的扩张:战争进程

1

　　叙利亚[①]在地理上是阿拉伯半岛的自然延伸,亦是自希贾兹进入"肥沃的新月地带"和地中海东岸的主要通道。叙利亚的富庶物产素来令阿拉伯人心向神往;希贾兹一带的阿拉伯人,尤其是麦加的古莱西人,早在前伊斯兰时代与叙利亚之间已有频繁的贸易往来,甚至在叙利亚购置地产。[②]位于叙利亚的耶路撒冷曾经是穆斯林在徙志以后最初 16 个月中礼拜的朝向,并被视作诸多古代先知的家园,耶路撒冷的叶尔孤卜石则是先知穆罕默德在徙志前夕"升宵"的起点。在穆斯林的心目中,耶路撒冷是仅次于麦加和麦地那的宗教圣地。因此,先知穆罕默德在生前便初步确定征服叙利亚的军事方略,并且多次自希贾兹举兵北伐。628 年,先知穆罕默德自侯德比耶移师北进,降服希贾兹北端的犹太人居住地海拜尔、法达克、泰马、瓦迪库拉。629 年,先知穆罕默德委派栽德·哈里萨率领 3000 名穆斯林战士攻击死海南端重镇的穆耳塔,与拜占廷帝国的藩属加萨尼部落发生激战。630 年,先知穆罕默德统兵 3 万余众攻击泰布克,游牧于叙利亚边境的阿拉伯人部落望风归降,埃拉、麦格纳、阿兹鲁和贾尔巴等地的犹太人被迫向麦地那国家纳贡称臣。阿布·伯克尔即位以后,继续将叙利亚视作哈里发国家的首要攻击目标。

　　早在平息"里达"的初期,当哈立德·瓦里德在纳季德高原鏖战之际,阿布·伯克尔即派遣阿慕尔·阿绥和哈立德·赛耳德分别率军攻击叙利亚

---

①　此处所指的叙利亚,亦称沙姆,包括今叙利亚、黎巴嫩、巴勒斯坦和约旦诸地。

②　Donner,F.M.,*The Early Islamic Conquest*,p.96.

边境的异教阿拉伯人胡扎尔部落和凯勒卜部落。这两支队伍的攻击尽管并未取得明显的战绩,却成为叙利亚征服战争的前奏。633年秋,平息"里达"的战事接近尾声,整个半岛的政治统一已成定局,阿布·伯克尔于是将圣战的矛头正式指向叙利亚。穆斯林战士兵分数路,自希贾兹攻入叙利亚南部。其中,叶齐德·阿比·苏福彦偕其弟穆阿威叶率军经泰布克攻击死海东岸的巴尔加,舒尔哈比勒·哈萨纳率军经泰布克攻击约旦河谷,阿慕尔·阿绥率军取道埃拉攻击加沙,阿布·欧拜德率军沿着通往大马士革的古代商路攻击戈兰高地。[①]穆斯林战士最初的攻击目标,主要是分布在叙利亚南部乡村的异教阿拉伯人,仅在瓦迪阿拉巴和达辛两地与拜占廷军队偶有遭遇。[②]

634年夏,穆斯林战士的攻击目标逐渐由乡村转向城市,进而直接威胁拜占廷帝国在叙利亚的统治。于是,驻守叙利亚的拜占廷军队开始从各地向巴勒斯坦南部集结,各自为战的穆斯林战士亦汇聚在加沙以东。恶战在即,哈里发急调哈立德·瓦里德自伊拉克战场驰援叙利亚。哈立德·瓦里德率领数百名穆斯林战士自幼发拉底河下游的希拉出发,首先到达杜麦特·詹达勒,然后绕过布斯拉,穿越人迹罕至的沙漠,在几乎无水可饮的情况下长途跋涉,18天后奇迹般地出现在叙利亚前线,与那里的穆斯林队伍会师,并出任统帅。同年7月,哈立德·瓦里德指挥穆斯林联军发动攻势,在耶路撒冷与拉姆拉之间的艾只纳代因击溃拜占廷皇帝希拉克略的弟弟希奥多洛斯统率的拜占廷军队。[③]拜占廷军队损失的兵力超过万人,穆斯林战士仅数百人阵亡。[④]艾只纳代因战役中拜占廷军队的溃败,使叙利亚门户顿开,

---

① Kennedy,H.,*The Prophet and the Age of the Caliphate*, London 1986,p.60.

② Donner,F.M.,*The Early Islamic Conquest*,p.111.

③ 穆罕默德·穆斯塔法·齐亚德:《阿拉伯世界的历史与文明:古代与伊斯兰时代》,第176页。

④ Donner,F.M.,*The Early Islamic Conquest*,p.129.

穆斯林扫清了通向历史名城大马士革的道路。胜利的捷报传到麦地那；此时，阿布·伯克尔已经病逝。根据阿布·伯克尔临终时的提议，欧默尔继任哈里发(634—644年在位)。

635年1月，穆斯林军队在约旦河谷再次获胜，夺取拜占廷帝国重兵防守的战略要地菲赫勒。同年2月，拜占廷军队在大马士革以南30千米处的苏法尔草原战败，穆斯林军队兵抵大马士革城下。大马士革的居民在拜占廷军队业已逃离的情况下固守半年，终因力不能支，于635年9月投降。[①]哈立德·瓦里德与大马士革的投降者订立了著名的条约，其文如下："奉至仁至慈的安拉之名，哈立德·瓦里德向大马士革的居民许诺，穆斯林进城以后，保证他们的生命、财产和教堂(不被侵犯)。他们的城墙不被拆除，穆斯林不驻扎在他们的家中。我们给予他们安拉的契约，以及先知、哈里发和信士们的保护。只要他们缴纳人丁税，他们就会享受福利。"[②]这个文本后来成为穆斯林处置被征服者的范例，并被载入史册，保留至今。

大马士革陷落以后，穆斯林势如破竹，攻占巴勒贝克、霍姆斯、哈马诸城。拜占廷皇帝希拉克略在惊恐之余，再度调集重兵，以数万之众发动反攻，企图将穆斯林逐出叙利亚。哈立德·瓦里德旋即撤军，屯兵于约旦河支流雅姆克河谷，与拜占廷军队对峙数月。636年8月，穆斯林在炎炎的烈日之下，利用夹杂着沙土的狂风作为掩护，向拜占廷军队发动猛烈的攻击。拜占廷军队使用铁索相连，组成坚固的方阵，教士竖起十字架，诵读《圣经》，祈祷助威。然而，无论坚固的方阵还是教士的祈祷都无济于事。穆斯林战士奋勇拼杀，攻势锐不可当。拜占廷士兵阵脚大乱，溃不成军，或葬身于陡峭的河谷，或在渡河逃窜时溺水而死。拜占廷军队的统帅希奥多洛斯阵亡，侥

---

① 穆罕默德·穆斯塔法·齐亚德：《阿拉伯世界的历史与文明：古代与伊斯兰时代》，第176页。

② Hill,D.R.,*The Termination of Hostilities in the Early Arab Conquest 634-656*,London 1971,p.76.

幸生还者寥寥无几。①

拜占廷帝国在雅姆克战役的失败,使其在叙利亚的军事力量丧失殆尽,叙利亚征服战争遂进入最后的阶段。穆斯林自雅姆克河谷兵分四路,长驱直入:阿慕尔·阿绥率一军攻占加沙、约帕、利帕诸城,控制巴勒斯坦;舒尔哈比勒·哈萨纳率一军攻占贝塞恩和底利亚斯诸城,降服约旦;叶齐德·阿比·苏福彦率一军攻占阿克、提尔、赛达和贝鲁特诸城,夺取地中海东岸;阿布·欧拜德和哈立德·瓦里德率一军攻取大马士革、霍姆斯、巴勒贝克、哈马、基奈斯林、阿勒颇、安条克和耶路撒冷,占领叙利亚中部和北部。②638年,哈里发欧默尔亲临耶路撒冷巡视圣地,任命阿布·欧拜德为叙利亚总督。不久,阿布·欧拜德身染重病,死于阿穆瓦斯。叶齐德·阿比·苏福彦及其弟穆阿威叶相继接替其职,出任叙利亚总督。哈立德·瓦里德曾经被先知穆罕默德誉为"安拉之剑",并且深受阿布·伯克尔的倚重,颇具将才,在平息"里达"和征服叙利亚及伊拉克的过程中战功卓著。然而,欧默尔与哈立德·瓦里德素来不睦。雅姆克战役结束后,欧默尔撤销哈立德·瓦里德担任的穆斯林军队统帅的职位,638年巡视耶路撒冷期间又将哈立德·瓦里德革除军职。640年,依靠海上援助而负隅顽抗达7年之久的凯撒利亚被穆斯林攻陷,拜占廷帝国丧失了其在叙利亚的最后据点,陶鲁斯山以南地区尽属哈里发国家。③

2

穆斯林对埃及的进攻是从叙利亚征服战争末期开始的。埃及是地中海

---

① Glubb,J.,*The Great Arab Conquest*,pp.174–175.

② Al-Baladhuri,*Kitab Futuh al-Buldan*,pp.116–159.

③ Hill,D.R.,*The Termination of Hostilities in the Early Arab Conquest 634–656*,p.77.

沿岸重要的粮食产地,素有"拜占廷帝国的粮仓"之称,并且与阿拉伯半岛有着传统的贸易往来,是哈里发国家梦寐以求的猎取目标。另一方面,拜占廷帝国的军队虽然在叙利亚战场屡屡败绩,但是在埃及尚有较强的实力;拜占廷舰船从埃及的亚历山大驶出,袭击叙利亚西部的沿海地带,对穆斯林构成严重的威胁。因此,只有征服埃及,才能确保穆斯林对叙利亚的占领。然而,叙利亚的战事尚未结束,哈里发国家无暇顾及开辟新的战场。

进攻埃及的军事行动,最初并非哈里发的意愿,而是出自阿慕尔·阿绥的个人野心。阿慕尔·阿绥出身于古莱西部落舍姆斯氏族(即倭马亚氏族),足智多谋,勇猛善战,早年曾经多次随麦加商队旅行埃及,深谙尼罗河流域的地理和风习。在穆斯林征服叙利亚的过程中,阿慕尔·阿绥未能像哈立德·瓦里德那样出尽风头,亦未能像阿布·欧拜德等人那样被委以重任。阿慕尔·阿绥与其他将领争雄心切,急欲开辟新的战场,建功立业。在638年欧默尔巡视耶路撒冷期间,阿慕尔·阿绥请求哈里发允许他率军进攻古代法老曾经统治的国度。欧默尔似乎同意了阿慕尔·阿绥的请求,但是态度十分冷淡。哈里发或许认为穆斯林远离故土去进攻埃及是过于冒险的行动,因此告诫阿慕尔·阿绥:倘若他的队伍在踏上埃及的土地之前接到撤军的命令,务必停止前进,如果此时穆斯林已经进入埃及境内,一切行动可由阿慕尔·阿绥自行决定。①

639年底,穆阿威叶承袭其兄叶齐德·阿比·苏福彦的职位,出任叙利亚总督。阿慕尔·阿绥不肯屈居穆阿威叶之下,于是从凯撒利亚城下擅自撤军,在缺乏充足兵力的情况下,率领3500余名骑兵,沿着地中海东岸的古代商路西进,越过阿里什,攻入埃及。②640年1月,阿慕尔·阿绥的队伍首战

---

① 希提:《阿拉伯通史》,商务印书馆,1979年,第186页。

② 穆罕默德·穆斯塔法·齐亚德:《阿拉伯世界的历史与文明:古代与伊斯兰时代》,第177页。

告捷,攻占埃及东部门户菲尔马仪。同年 2 月,穆斯林再次击败拜占廷守军,夺取尼罗河东岸重镇比勒贝斯,威逼埃及腹地。随后,阿慕尔·阿绥绕过拜占廷帝国重兵防守的巴比伦堡(即古代的孟斐斯),率军南下,进入上埃及的法尤姆地区,骚扰乡村,劫掠财物,伺机攻袭拜占廷守军。不久,先知穆罕默德曾经以天园相许诺的十大圣门弟子之一祖拜尔·阿沃姆,奉欧默尔的将令,率军 1.2 万人进入埃及,兵抵巴比伦堡附近的艾因·舍姆斯。于是,阿慕尔·阿绥率军离开法尤姆,返回尼罗河东岸,与祖拜尔·阿沃姆合兵一处。

640 年 7 月,阿慕尔·阿绥指挥穆斯林联军将拜占廷军队诱至旷野并发起攻击,一战获胜,夺取艾因·舍姆斯,进而完成对巴比伦堡的包围。巴比伦堡是拜占廷帝国在埃及驻军的主要营地,城池坚固,易守难攻。穆斯林以骑兵为主,擅长野战,面对坚固的城池却无计可施。双方僵持数月,并曾遣使议和。被围困在城内的埃及总督居鲁士派遣的议和使者目睹他们的敌人,感触极深。他向居鲁士讲述了穆斯林的情形:"我亲眼看到一群人,据他们中的每个人看来,宁愿死亡,不愿生存,宁愿显赫,不愿屈辱;在他们中的任何人看来,这个世界毫无吸引力。他们只坐在地上,他们只跪坐在两膝上吃饭。他们的长官,像他们的一分子:下级与上级无差别,奴隶与主人难分辨。到礼拜的时候,任何人不缺席,大家盥洗完毕后,都毕恭毕敬地做礼拜。"[1]居鲁士接受了缴纳贡税的议和条件,欲弃城投降。但是,拜占廷皇帝希拉克略拒不批准,并且以通敌的罪名放逐居鲁士。641 年 4 月,阿慕尔·阿绥下令发起最后的攻势,穆斯林战士填平城下的壕沟,攀上城墙,占领巴比伦堡。[2]

巴比伦堡战役的胜利,奠定了穆斯林征服埃及的军事基础。阿慕尔·阿绥率军向尼罗河三角洲发动一系列攻势,夺取尼丘和卡里乌姆,兵抵亚历山大。亚历山大位于尼罗河的入海处,是当时埃及的首府,亦是整个拜占廷

---

[1] 希提:《阿拉伯通史》,第 188 页。

[2] 穆罕默德·穆斯塔法·齐亚德:《阿拉伯世界的历史与文明:古代与伊斯兰时代》,第 177 页。

帝国中仅次于首都君士坦丁堡的第二大城市。这里是拜占廷帝国的主要海军基地，停泊着大量的舰船。守卫这座城市的拜占廷驻军据称达5万之众，装备精良，训练有素。相比之下，穆斯林不仅在人数上处于明显的劣势，而且没有舰船，缺乏攻城机械。阿慕尔·阿绥虽然屯兵城下，却久攻不克，只好返回巴比伦堡。不久，形势出现转机。希拉克略死于君士坦丁堡，其子君士坦斯二世继承拜占廷帝位，起用居鲁士重新出任亚历山大主教和埃及总督。居鲁士复职以后，无意继续抵御穆斯林的攻势，于641年11月在巴比伦堡与阿慕尔·阿绥签订和约，向哈里发国家纳贡称臣。642年9月，拜占廷皇帝君士坦斯二世批准上述和约，拜占廷军队自海路撤离埃及，阿慕尔·阿绥率军进入亚历山大。[①]亚历山大是此间穆斯林征服的最大的城市，久居半岛的阿拉伯人从未见过城内精美的宫殿和教堂。阿慕尔·阿绥在向欧默尔报捷时写道："我已经夺取了一座城市，我不加以描绘。我这样说就够了，城里有4000座别墅、4000个澡堂、4万个纳人丁税的犹太人、400个皇家的娱乐场所。"[②]

埃及的战事刚刚结束，哈里发欧默尔便将阿卜杜拉·赛耳德派到这里，掌管尼罗河流域的税收。阿慕尔·阿绥对此极为不满，声称"我将成为紧握母牛角而让别人挤奶的角色"，并且愤然离职。645年底，亚美尼亚血统的拜占廷将领曼努埃尔率战船300艘攻占亚历山大以及苏勒塔斯、比勒贝斯诸城。646年初，阿慕尔·阿绥再度出任埃及总督，驱退入侵的拜占廷军队，平定尼罗河三角洲诸地的骚乱，并且将亚历山大坚固的城墙夷为平地。[③]

埃及以西是柏柏尔人生活的地区，其东部称作易弗里基叶，西部称作马格里布，均为拜占廷帝国的辖地。埃及的陷落，使拜占廷帝国丧失了据守

---

① 穆罕默德·穆斯塔法·齐亚德：《阿拉伯世界的历史与文明：古代与伊斯兰时代》，第177页。

② 希提：《阿拉伯通史》，第191页。

③ Hill,D.R.,*The Termination of Hostilities in the Early Arab Conquest 634–656*,pp.45–47.

这一地区的屏障。642 年底,阿慕尔·阿绥自亚历山大移师西进,攻入彭塔波利斯(即昔兰尼加),占领伯尔克,降服柏柏尔人鲁瓦塔部落。接着,阿慕尔·阿绥遣部将欧格白·纳菲从伯尔克出发,向西攻至费赞。647 年,继阿慕尔·阿绥之后出任埃及总督的阿卜杜拉·阿比·萨尔赫自的黎波里西进,在苏菲突拉击败拜占廷军队,攻占易弗里基叶全境。穆斯林还曾试图自埃及向南扩张,降服努比亚人,但未成功。652 年,埃及总督阿卜杜拉·阿比·萨尔赫与努比亚人签订和约。①

3

阿拉伯人通常以幼发拉底河中游的安巴尔和底格里斯河中游的提克里特为界,将两河流域分为北部的贾吉拉和南部的伊拉克两大区域。贾吉拉在阿拉伯语中本意为岛屿,特指幼发拉底河与底格里斯河所环绕的旷野,生活着阿拉伯人拉比尔部落、穆达尔部落和巴克尔部落。②639—641年,穆斯林将领伊亚德·加恩姆自叙利亚率军东进,占领摩苏尔、奈绥宾、拉卡、卢哈、阿米德等地,完成对于贾吉拉的征服。③

伊拉克在阿拉伯语中本意为沿海的地区。萨珊王朝时期,伊拉克分为两部,幼发拉底河以西称作阿拉伯伊拉克,幼发拉底河以东称作波斯伊拉克。征服伊拉克的战争开始于 633 年初,沼泽以北地区和波斯湾沿岸构成相对独立的两个战场。阿喀拉巴战役结束以后,哈尼法部落的家园叶麻麦被纳入哈里发国家的版图。分布在叶麻麦以东的阿拉伯人,是已经改奉伊斯兰教的舍伊班部落成员;他们在其首领穆萨纳·哈里萨的率领下,将攻击

① Al-Baladhuri,*Kitab Futuh al-Buldan*,pp.237–238.

② Strange,G.,*The Lands of the Eastern Caliphate*,Cambridge 1905,p.22,p.86.

③ Al-Baladhuri,*Kitab Futuh al-Buldan*,pp.175–176.

的矛头转向东方,移入幼发拉底河西岸,占领盖提夫。633年3月,哈立德·瓦里德率得胜之师自叶麻麦东进,与穆萨纳·哈里萨合兵一处,向幼发拉底河西岸尚且信奉异教的阿拉伯人发动攻势,在扎特·萨拉绥尔、纳赫尔·马尔亚、马扎尔、瓦拉加、欧莱斯等地连连获胜,希拉不战自降。接着,穆萨纳·哈里萨屯兵希拉,哈立德·瓦里德挥师北上,攻占幼发拉底河沿岸重镇安巴尔、艾因·塔姆尔、桑多达,逼近贾巴勒·比什尔。[①]在这个阶段,伊拉克的战事主要表现为来自半岛的穆斯林阿拉伯人与土著的异教阿拉伯人之间的冲突,波斯军队尚未介入双方的厮杀。哈立德·瓦里德的行军路线,只是沿阿拉伯沙漠东侧至幼发拉底河之间的地带自南向北推进,并伺机退入沙漠深处,而无意攻击伊拉克腹地。

634年夏,哈立德·瓦里德奉哈里发的将令离开伊拉克战场,率领所部数百人驰援叙利亚前线。此时,波斯将领鲁斯塔姆自伊拉克腹地调集重兵,逼近幼发拉底河。穆萨纳·哈里萨没有充足的兵员,又缺乏哈立德·瓦里德那样的军事才能,无力抵御波斯大军的攻势,被迫放弃希拉诸城,退守沙漠,并遣使向哈里发告急,请求增援。不久,阿布·乌巴德率领援军抵达伊拉克边境,与穆萨纳·哈里萨会师。634年底,穆斯林在希拉北侧越过幼发拉底河,与波斯军队发生激战。结果,阿布·乌巴德及数千名穆斯林战士阵亡于幼发拉底河东岸,穆萨纳·哈里萨侥幸生还,率残部退守欧莱斯。[②]635年,巴吉拉部落、阿兹德部落、塔米姆部落、泰伊部落、阿卜杜勒·凯斯部落和阿斯拉姆部落的阿拉伯人从半岛东南部和纳季德高原相继抵达半岛东侧的沙漠边缘,穆斯林队伍人数剧增,伊拉克战场逐渐形成对峙状态。635年11月,穆萨纳·哈里萨率领穆斯林战士发动攻势,在幼发拉底河西岸的布瓦卜击败波斯军队,杀波斯将领米赫兰。布瓦卜战役之后,穆斯林重新占领希

---

① Muir,W.,*The Caliphate,Its Rise,Decline and Fall*,pp.49—61.

② 泰伯里:《历代先知与君王史》,第1卷,第2194页。

拉、安巴尔、艾因·塔姆尔等地,并且越过幼发拉底河,逼近波斯帝国首都泰西封。波斯帝国往日将阿拉伯人视同草芥,如今却被他们杀得人仰马翻,朝野震动。鲁斯塔姆急调重兵发动反攻,穆斯林遂退据幼发拉底河西岸。①

636年初,先知穆罕默德曾经以天园相许诺并誉为"雄狮"的著名圣门弟子赛耳德·阿比·瓦嘎斯,奉哈里发欧默尔的将令,率领4000余名穆斯林战士自麦地那开赴伊拉克前线。②这是哈里发派往伊拉克战场的"第一支真正的征服队伍"。"欧默尔没有留下一个重要的人,不论是部落首领、战士,还是诗人、演说家,直到拥有马匹和武器的所有人;他把他们都派到了伊拉克。"③赛耳德·阿比·瓦嘎斯在经纳季德前往伊拉克时,沿途募集兵员,许多部落的战士纷纷应征。到达伊拉克时,赛耳德·阿比·瓦嘎斯的队伍已达3万余众。赛耳德·阿比·瓦嘎斯将队伍集结于幼发拉底河西岸的乌宰布一带,与鲁斯塔姆率领的波斯大军12万人隔河对峙数月。④637年夏,双方在幼发拉底河西岸的卡迪西叶展开激战。穆斯林利用沙漠风暴骤起之机发起猛烈攻击,以战死数千人的代价,歼灭波斯军队主力,鲁斯塔姆毙命于乱军之中。⑤

卡迪西叶战役是决定伊拉克命运的转折点。穆斯林稍事休整,便发动新的攻势,矛头直指波斯帝国首都泰西封。泰西封位于底格里斯河西岸,塞琉西亚与泰西封隔河相望,阿拉伯语中合称"麦达因",意思是两座城市。穆斯林首先夺取塞琉西亚,继而涉水渡河,攻入泰西封,波斯皇帝叶兹德吉尔德三世逃往伊朗西北部山区。⑥637年底,穆斯林在贾鲁拉歼灭波斯军队残部,扎格罗斯山以西尽属穆斯林,萨珊王朝收复伊拉克的企图成为泡影。

①　Muir,W.,*The Caliphate,Its Rise,Decline and Fall*,p.95.

②　穆罕默德·穆斯塔法·齐亚德:《阿拉伯世界的历史与文明:古代与伊斯兰时代》,第177页。

③　Muir,W.,*The Caliphate,Its Rise,Decline and Fall*,p.109.

④　Ibn Khaldun,*The Muqaddimah*,Vol.1,p.321.

⑤　Glubb,J.,*The Great Arab Conquest*,p.199.

⑥　Glubb,J.,*The Great Arab Conquest*,p.202.

贾鲁拉战役结束后,哈里发国家暂时停止了在东部战场的攻势。穆斯林占据伊拉克平原,萨珊王朝退守伊朗高原,双方在扎格罗斯山脉的两侧形成对峙状态。641 年底,波斯帝国的末代皇帝叶兹德吉尔德三世集结兵力,派遣菲鲁赞率军卷土重来,向穆斯林发动攻势。642 年,双方在扎格罗斯山东侧哈马丹附近的尼哈温展开激战。穆斯林一方约有 3 万人,波斯大军号称 15 万之众。战斗持续数日,双方都有很大的伤亡,穆斯林的统帅努尔曼·穆凯林战死。侯宰法·米赫珊继任统帅后,再度发动猛烈攻击,直至歼灭萨珊王朝反击穆斯林攻势的最后力量,进而占领哈马丹。叶兹德吉尔德三世只身逃走,经过 10 年漂泊流离的生活,最终死于呼罗珊东部的木鹿。[1]

波斯湾沿岸和伊朗高原南部是穆斯林与萨珊王朝之间的另一重要战场。633 年,大约在穆萨纳·哈里萨率领舍伊班部落攻击希拉诸城的同时,分布在阿拉伯半岛东南部的伊吉勒部落和祖赫勒部落离开祖居的家园,沿波斯湾北岸向伊拉克南部移动。636 年,穆斯林将领欧特巴·加兹万率军夺取波斯湾北岸的重要港口乌布拉。638 年,穆斯林将领阿布·穆萨率军攻占阿瓦士和苏斯塔尔诸城,降服胡齐斯坦。接着,穆斯林向法尔斯发起攻击。法尔斯是萨珊家族的故乡,穆斯林征服的进程十分艰难,许多重要城市得而复失。650 年,穆斯林第二次占领法尔斯的首府伊斯太赫尔,继而结束了这一地区的战事。[2]651 年,穆斯林自伊拉克南部出发,经克尔曼攻入伊朗高原东部,占领内沙浦尔、纳萨、突斯、哈拉特、木鹿诸城。另一支穆斯林队伍在夺取莱伊(今德黑兰附近)和伊斯法罕以后再度出击,攻占伊朗高原东北部重镇库米斯。652 年,穆斯林攻占木鹿·卢泽,阿姆河以西皆被纳入哈里发国家的版图。[3]

---

① Hill,D.R.,*The Termination of Hostilities in the Early Arab Conquest 634–656*,p.131.

② Hill,D.R.,*The Termination of Hostilities in the Early Arab Conquest 634–656*,p.134.

③ Al-Baladhuri,*Kitab Futuh al-Buldan*,pp.193–212.

五、麦地那哈里发国家的扩张：区域差异

麦地那哈里发时代，穆斯林如同潮水般涌出阿拉伯半岛，涌向周围的广大地区。他们沿着祖先曾经走过的道路，或者自希贾兹北端进入叙利亚，继而到达尼罗河流域，或者自半岛东侧进入伊拉克，继而入主伊朗高原。谋求生计的物质需要与虔敬安拉的宗教激情两种因素的撞击，促使阿拉伯人投身于征服的事业。但是，在不同的区域，战争进程表现出明显的差异。

叙利亚是麦地那哈里发觊觎的主要目标，亦是整个征服战争的重心所在。穆斯林对叙利亚的征服，具有严密的组织、明确的目标和相应的计划，自始至终体现着哈里发的意志。叙利亚的征服者大都来自伊斯兰文明的摇篮希贾兹，哈里发将最优秀的穆斯林派到叙利亚战场，其中包括为数众多的圣门弟子。阿布·伯克尔亲自为征服叙利亚的队伍募集兵员，欧默尔两次巡视叙利亚，说明哈里发国家对这一地区的高度重视。

尼罗河流域的征服可谓叙利亚征服战争的延伸。在哈里发的心目中，埃及的地位或许不足与叙利亚相提并论。但是，埃及是拱卫叙利亚的屏障，埃及的粮食足以缓解希贾兹的饥荒状态。因此，尽管进攻埃及的军事举措最初似乎只是出于阿慕尔·阿绥的个人野心，但是哈里发在不久后便向那里派出必要的援军。

与叙利亚和埃及的征服战争相比，伊拉克的征服战争具有明显的不同之处，表现出部落迁徙的浓厚色彩。阿拉伯人自半岛东侧向幼发拉底河流域移动的趋向由来已久。先知穆罕默德早年，分布在叶麻麦以东和半岛东南部沿海的阿拉伯人部落已经开始攻击伊拉克边境，并于 610 年在祖·卡尔击败波斯军队。阿喀拉巴战役结束后穆斯林在伊拉克边境发动的攻势，只是阿拉伯人原有移动趋向的延续，并非出自哈里发的筹划。最初的攻击者，大都属于舍伊班部落和伊吉勒部落。阿布·伯克尔在获悉伊拉克的战况时，甚至不

知道穆萨纳·哈里萨为何许人。①"安拉之剑"哈立德·瓦里德虽然一度出现于伊拉克战场，但是不久便被调往叙利亚前线。此后哈里发派出的所谓援军，亦不过是阿布·乌巴德自行募集的乌合之众。"这不是真正意义上的征服战争，所谓的征服者采取游牧部落袭击定居人口的传统方式：他们宿营于城市周围的耕地，在长满谷物的农田放养牲畜。他们用这样的办法迫使城市的定居人口缴纳贡赋，获得金钱、粮食、饲料和其他的生活用品。"②636年，赛耳德·阿比·瓦嘎斯和欧特巴·加兹万分别率军攻击伊拉克中部和南部，标志哈里发国家直接介入伊拉克的战事。然而征服者大都来自半岛东部和南部的土著部落，圣门弟子寥寥无几。他们依旧保留着血缘群体的传统形式，携带家眷和牲畜，移动速度极为缓慢。赛耳德·阿比·瓦嘎斯率军自麦地那抵达伊拉克边境，耗时长达一年之久。由于携带家眷和牲畜，这支队伍在幼发拉底河西岸的宿营地竟绵延数百里。巴吉拉部落的战士是征服伊拉克的重要力量。欧默尔曾经向巴吉拉部落首领贾里尔·阿卜杜拉许诺，一旦征服伊拉克，便将那里四分之一的土地赐封给他们。③显然，谋求生计的需要和寻找新家园的愿望，驱使阿拉伯人离开荒凉的故乡，拥向伊拉克的战场。

伊朗高原是波斯人世世代代生活的家园。尽管萨珊王朝的军事力量由于尼哈温战役的失败而丧失殆尽，但是伊朗高原的土著贵族尚有相当的实力。他们各自为战，顽强抵抗着穆斯林的进攻。另一方面，伊朗高原的土著居民大都属于印欧语系的分支，不同于伊拉克、叙利亚和埃及的塞姆族被征服者，与来自半岛的阿拉伯人之间存在着明显的血缘界限。种族的差别加剧了伊朗高原的土著人口对于穆斯林征服者的敌视和反抗。此外，伊朗高原山脉纵横，地形复杂，其特有的自然条件削弱和限制着穆斯林征服者的攻势。哈里发国家在伊朗高原的征服经历了极其艰难而漫长的过程，很多地区由于土著势力屡屡反叛，得而复失。

① Muir,W.,*The Caliphate, Its Rise,Decline and Fall*,p.49.

② Hill,D.R.,*The Termination of Hostilities in the Early Arab Conquest 634–656*,pp.109–110.

③ 泰伯里：《历代先知与君王史》，第1卷，第2199页。

六、政权结构与政治格局

1

先知穆罕默德生前创立的温麦,既是阿拉伯穆斯林的宗教公社和伊斯兰国家的初始形态,亦是穆斯林统治非穆斯林的政治工具。在温麦的形式下,信仰的差异被视作确定社会地位和划分社会阶层的基本准则,穆斯林与非穆斯林之间的直接对立构成社会矛盾的主要形式。作为温麦的成员,穆斯林尽管来自不同的地区,属于不同的血族群体,皆以独尊安拉的共同信仰作为相互联系的纽带,组成统一的社会群体。全体穆斯林至少在理论上享有充分的权利,构成占统治地位的社会集团。非穆斯林人口则被剥夺政治权利,丧失原有的社会地位,构成依附于穆斯林的被保护阶层。

伊斯兰文明的兴起改变了阿拉伯人传统的权力来源。在查希里叶时代,社会地位的高低取决于身世的尊卑、财产的多寡和年资的长幼。然而,在新的温麦中,宗教资历即皈依伊斯兰教的先后和对伊斯兰事业贡献的大小,成为确定社会成员政治权利和社会地位的关键因素。伊斯兰教的早期皈依者,尤其是包括迁士和辅士在内的圣门弟子,作为新兴的宗教贵族,构成温麦的政治核心。然而,古老的阿拉伯半岛毕竟刚刚告别野蛮的生活而初入文明时代,独尊安拉的共同信仰并没有完全取代阿拉伯人的血缘联系,氏族部落的传统势力依然存在,原始民主制的残余和权力继承的非世袭倾向深刻地影响着穆斯林的政治生活,尤其排斥着政治权力的集中。特定的历史条件决定了麦地那哈里发国家的共和政体,而新兴伊斯兰贵族的统治乃是这种共和政体的实质所在。

阿布·伯克尔即位之初,野蛮势力泛滥于阿拉伯半岛各地,哈里发国家面临严峻的政治形势,温麦处于解体的边缘。阿布·伯克尔致力于"里达"的平息和征服叙利亚的战事,无暇顾及政权建设,依旧沿袭先知穆罕默德时代的国家体制。在麦地那绿洲,舒拉(阿拉伯语中意为协商)的原则和长老会议的传统形式依然存在并且发挥着重要的作用。圣门弟子欧默尔、阿布·欧拜德、祖拜尔·阿沃姆、泰勒哈·欧拜杜拉、阿卜杜勒·拉赫曼·奥夫、赛耳德·阿比·瓦嘎斯、奥斯曼、阿里、穆阿兹·贾巴勒等人占有举足轻重的地位,甚至左右政局,明显约束着哈里发的个人权力。官僚体系尚未形成,国家权力的运作只能依靠圣门弟子的自发行为。例如,侯宰法·伊尔曼负责估算农产品收成,祖拜尔·阿沃姆负责征缴天课,穆吉拉·舒尔白负责监督市场交易,阿卜杜拉·阿尔卡姆负责管理地下水源,栽德·萨比特负责起草各种文书,欧默尔负责审理司法纠纷,阿里负责主持战俘的处置事宜。[1]在麦地那绿洲以外,阿拉伯人大都如同往日一样生活在各自的氏族部落之中,哈里发国家的行政区划尚且无法超越血族群体的传统分布地域。尽管阿布·伯克尔曾向麦加、塔伊夫、萨那、贾纳德、朱拉什、阿曼、巴林等地派驻称作瓦利的行政官员,但是他们大都只能采用劝说和协商的方式,缺乏必要的强制手段,往往形同虚设。哈里发对于地方事务的控制极为有限,集权政治尚不存在。此外,阿布·伯克尔出任哈里发以后,最初尚无正式的官邸,依旧住在麦地那郊外称作苏恩赫的农庄,甚至没有起码的年金收入,依靠经商和牧羊维持生计。后来,阿布·伯克尔离开苏恩赫,移居麦地那绿洲中央的先知清真寺,领取6000迪尔罕的年金,却依然简朴如前。[2]阿布·伯克尔临终时的全部家产, 只有1名黑奴、1峰骆驼和1床被单。[3]阿布·伯克尔的清贫,从侧面反映了当时政治生活的原始色彩。

---

①　Siddiqi,A.H.,*The Origins and Development of Muslim Institutions*, Karachi 1962,pp.24–25.

②　Jaydan,J.,*History of Islamic Civilization*, New Delhi 1978, p.38.

③　Husain,S.A.,*The Glorious Caliphate*,p.41.

2

634 年 7 月,阿布·伯克尔在麦地那病逝,葬于先知穆罕默德墓旁。根据阿布·伯克尔临终时的提议,欧默尔被穆斯林拥立为麦地那国家的第二任哈里发。[1]

欧默尔出身于古莱西部落阿迪氏族,原为麦加富商,才略出众,文武兼备。先知穆罕默德在麦加传教初期,欧默尔一度追随古莱西部落的保守势力,攻击先知穆罕默德。欧默尔于 618 年皈依伊斯兰教,并将其女哈芙赛许配先知穆罕默德。徙志以后,欧默尔成为先知穆罕默德的得力助手,对于伊斯兰事业颇有贡献。如同阿布·伯克尔一样,欧默尔出任哈里发以后,依然保持简朴的生活,常常兼营商业,以谋自给,甚至靠举债维持生计。[2]据说,他只有一件外衣和一件斗篷,睡在用枣椰树的叶子搭成的床铺上。曾经有人求见欧默尔,却不得不在门外等候很久,因为哈里发唯一的外衣刚刚洗过,还未晒干。[3]另据记载,一个贝都因人受到欺侮以后,来到哈里发的面前申诉冤屈,欧默尔却在盛怒之余鞭打了申诉者。不久,欧默尔对自己的粗暴行为感到懊悔,并要那个贝都因人如数打他几鞭子,那个人却不肯。欧默尔自言自语地说:"哈塔卜的儿子呀!你原是卑贱的,而安拉提拔了你;你原是迷路的,而安拉指引了你;你原是软弱的,而安拉增强了你。于是,他叫你治理人民,当一个老百姓来向你求救的时候,你却打了他!当你现身于安拉面前的时候,你应该对你的主宰说什么呢?"[4]

---

[1] 哈桑·穆阿尼斯:《古代中世纪的阿拉伯国家与文明》,科威特,1978 年,第 153 页。

[2] Jaydan,J.,*History of Islamic Civilization*,p.39.

[3] Husain,S.A.,*The Glorious Caliphate*,p.85.

[4] 希提:《阿拉伯通史》,第 205 页。

先知穆罕默德时代和阿布·伯克尔当政期间，生活在半岛的许多阿拉伯人尚未皈依伊斯兰教，分布在半岛周围的阿拉伯人大都依附于拜占廷帝国或波斯帝国。温麦发动的一系列圣战，旨在讨伐尚未皈依伊斯兰教的阿拉伯人。伴随着"里达"的平息，生活在半岛的阿拉伯人相继加入了穆斯林的行列。"里达"平息后的军事扩张，则使分布在半岛周围的阿拉伯人逐步成为哈里发国家的臣民。欧默尔即位以后，哈里发国家所面临的形势发生深刻的变化，阿拉伯人分布的区域与伊斯兰教传播的界限日渐吻合，民族差异与宗教对立趋于一致。社会形势的发展导致政治生活的相应变化，从而产生了欧默尔的著名设想，即伊斯兰教是阿拉伯人的宗教，阿拉伯人是伊斯兰教的信仰者。阿拉伯人与伊斯兰教的合而为一，成为欧默尔当政期间政治生活的出发点。信奉伊斯兰教的阿拉伯人统治信奉异教的非阿拉伯人，则是哈里发国家的宗旨所在。在这样的前提下，信奉伊斯兰教的阿拉伯人构成享有充分权利的军事贵族集团，是哈里发国家的主要社会基础。非阿拉伯血统的穆斯林称作麦瓦利，从属于阿拉伯人的血族群体。既非具有阿拉伯血统又未信奉伊斯兰教的被征服者，至少在理论上被剥夺原有的政治权利，构成依附于哈里发国家的臣属阶层。阿拉伯穆斯林与非阿拉伯血统异教人口的对立，在欧默尔当政期间上升为社会矛盾的主要形式。这种对立反映出不同民族和宗教集团之间社会地位的差异，归根结底是阶级矛盾在当时特定历史条件下的曲折体现。阿拉伯穆斯林的圣战，其目的在于降服非阿拉伯血统的异教人口。哈里发国家似乎仅仅将伊斯兰教视作阿拉伯人的信仰，尚无意扩大伊斯兰教的皈依范围。欧默尔通常被誉为继先知穆罕默德之后伊斯兰国家的第二位奠基人。然而，他所确定的国家制度，不仅是伊斯兰教的神权统治，更是阿拉伯人的民族统治。

广泛的军事扩张改变着温麦的政治区域，西亚北非的广大地区被纳入哈里发国家的版图。欧默尔当政期间，哈里发国家在阿拉伯半岛以外的被征服地区基本上沿袭拜占廷帝国和波斯帝国的行政区划，甚至保留原有的政府机构和行政官吏。哈里发国家将统治区域划分为叙利亚、埃及、贾吉拉、库法和巴士拉五个行省。其中,叙利亚行省辖大马士革、霍姆斯、约旦和巴勒斯坦,埃及行省辖上埃及和下埃及,伊朗高原的胡齐斯坦、法尔斯、麦克兰、基尔曼、锡斯坦和呼罗珊诸地分别隶属于巴士拉行省和库法行省。[①] 行省总督称作艾米尔,掌管征战要务和战利品的分配,并且主持穆斯林内部的司法仲裁和宗教事宜。欧默尔还曾向一些行省派驻阿米勒或卡迪,分别掌管税收和司法,以削弱艾米尔的权力。[②]阿拉伯战士作为征服者和统治者,凌驾于被征服地区的土著人口之上,构成相对封闭的社会集团。被征服地区的土著人口作为哈里发国家的臣民,在内部事务方面处于相对自治的状态,缴纳人丁税,免服兵役,依旧遵行各自原有的法律,不受伊斯兰教法的约束,享有选择信仰的权利,接受哈里发国家的保护。

欧默尔当政期间,行省总督大都由征服该地的军事统帅担任,如阿布·欧拜德和叶齐德·阿比·苏福彦及其弟穆阿威叶相继出任叙利亚总督,阿慕尔·阿绥出任埃及总督,赛耳德·阿比·瓦嘎斯出任库法总督,阿布·穆萨出任巴士拉总督。他们作为军事统帅,在长期的征战过程中形成了广泛的社会势力和相应的政治威望,出任总督以后,往往独揽大权,各自为政。另一方面,穆斯林战士进入被征服地区以后,依旧保留着原有的氏族部落形式,按照血缘关系划分各自的分布区域。阿拉伯人的传统社会势力在行省的政治生活中发挥着不可低估的作用,制约着哈里发国家的权力,甚至总督往往亦无法驾驭。这种现象在库法和巴士拉尤为明显。另外,穆斯林征服者沿袭拜占廷帝国和波斯帝国的行政体制,保留被征服者原有的法律、税制、货币、语言和宗教,导致不同区域之间的深刻差异,从而助长着行省势力的离心倾向。哈里发尽管拥有任免总督的权力,但是缺乏控制行省事务的有效

---

① Husain, S.A., *Arab Administration*, Lahore 1966, p.39.

② Kremer, A.F., *The Orient under the Caliphs*, London 1923, pp.112–113.

手段,往往只能听任总督各行其是。温麦的权力结构表现为明显的松散状态,集权政治微乎其微,严格意义的国家税收体系尚未形成。各个行省向麦地那缴纳的岁入,大都只是根据《古兰经》规定而属于哈里发的份额,即全部战利品的五分之一。其余收入皆由总督自行处置,分配给屯驻行省的阿拉伯战士。岁入的分配反映了当时特定的政权结构和政治格局。欧默尔因此亦称:"无哈里发而唯有舒拉。"[1]

---

① Imamuddin,S.M.,*A Political History of the Muslims*,Vol.1, Dacca 1970, p.234.

七、共和政体的危机

1

穆斯林财产占有状况的相对平等,是麦地那哈里发国家实行共和政体的物质基础。阿布·伯克尔当政期间,由于原始公有制财产关系的残存和血族群体形式的延续,穆斯林之间的贫富差距在多数地区尚不显见。阿布·伯克尔出任哈里发的第二年,利用初步的征服所提供的有限战利品,实行年金制度,年金分发的范围是生活在麦地那和麦加两座圣城的所有穆斯林。[①]年金的数额最初为每人 9 个迪尔罕,后来增至每人 20 个迪尔罕。[②]

欧默尔即位后,被征服地区的巨额财富作为战利品源源不断地流向哈里发国家,年金分发的范围随之扩展到整个穆斯林社会。637 年,欧默尔在麦地那设立称作迪万的财政机构,统一管理国库收支,并且根据与先知穆罕默德的亲缘关系和宗教资历,实行年金的差额分配。[③]先知穆罕默德的遗孀阿以莎年金份额为 12000 迪尔罕, 其余遗孀的年金份额为 10000 迪尔罕, 麦加时期伊斯兰教的皈依者和参加巴德尔战斗的穆斯林年金份额为 10000—5000 迪尔罕, 自巴德尔战斗以后至麦加征服前夕皈依伊斯兰教的穆斯林年金份额为 4000 迪尔罕,自征服麦加至平息“里达”前皈依伊斯兰教的穆斯林年金份额为 3000 迪尔罕, 参加雅姆克战役和卡迪西叶战役的穆斯林年金份额为 2000 迪尔罕, 雅姆克战役和卡迪西叶战役以后移入叙

[①] Grunebaum,G.E.,*Medieval Islam*, Chicago 1961,p.170.

[②] Kremer,A.F.,*The Orient under the Caliphs*,p.16.

[③] Grunebaum,G.E.,*Medieval Islam*,p.171.

利亚和伊拉克等地的穆斯林年金份额为 1000 迪尔罕。[①]

欧默尔实行的年金制度,以差额分配作为突出的特征,明显改变了穆斯林之间的财产占有状况,助长了穆斯林社会内部的贫富差距,包含着加剧穆斯林社会内部矛盾冲突直至分裂对抗的隐患,从而构成否定共和政体历史进程的重要开端。

644 年 11 月,欧默尔在麦地那率领穆斯林举行晨礼时,突遭暗杀。凶手是信奉基督教的波斯籍奴隶阿布·鲁厄鲁厄,他向欧默尔刺了两刀。欧默尔遇刺后,伤势严重。弥留之际,他拒绝了由其子阿卜杜拉继任的建议,指定奥斯曼、阿里、阿卜杜勒·拉赫曼·奥夫、赛耳德·阿比·瓦嘎斯、祖拜尔·阿沃姆、泰勒哈·阿卜杜拉六人协商确定哈里发的人选,委派其子阿卜杜拉作为协商的监督者。[②]欧默尔死后,奥斯曼等人在圣门弟子米斯瓦尔家中举行会议,是为"舒拉会议"。阿卜杜勒·拉赫曼·奥夫首先宣布放弃竞选,推举阿里和奥斯曼作为哈里发的候选人。经过激烈争执,奥斯曼获胜,成为麦地那国家的第三任哈里发。[③]

奥斯曼(644—656 年在位)出身于古莱西部落倭马亚氏族,615 年皈依伊斯兰教。先知穆罕默德曾经将自己的两个女儿鲁基娅和乌姆·库勒苏姆许配奥斯曼为妻。奥斯曼的宗教资历不及参加舒拉会议的其他圣门弟子,许多人对"舒拉会议"的结果深感不满。奥斯曼即位后,赛耳德·阿比·瓦嘎斯退出政坛,隐居于麦地那郊外。祖拜尔·阿沃姆弃政从商,成为巨富。阿里和泰勒哈·阿卜杜拉尽管表面上承认新的哈里发,却对"舒拉会议"的结果耿耿于怀,成为反对奥斯曼的主要人物。

---

①   Al-Baladhuri,*Kitab Futuh al-Buldan*,pp.450–457.

②   哈桑·穆阿尼斯:《古代中世纪的阿拉伯国家与文明》,第 153 页。

③   Ibn Khaldun,*The Muqaddimah*,Vol.1,p.430.

2

　　奥斯曼即位之初,阿拉伯人继续保持着强劲的扩张势头,西部攻入马格里布和努比亚,东部横扫伊朗高原甚至远达河中地区。至奥斯曼当政后期,哈里发国家的攻势逐渐减弱。西面的海洋、北部的崇山峻岭和东方土著势力的顽强抵抗,阻碍着阿拉伯人进一步的军事行动。广泛的军事扩张制约着哈里发国家内部的矛盾冲突,对异教徒的圣战促使阿拉伯人形成从未有过的凝聚状态。一旦外部征战趋于停顿,阿拉伯人相互之间的对立倾向随即开始出现。

　　奥斯曼当政后期,阿拉伯社会内部的对立首先表现为圣门弟子代表的伊斯兰教贵族与奥斯曼代表的倭马亚族之间的矛盾冲突。圣门弟子长期追随先知穆罕默德,宗教资历颇深,备受阿布·伯克尔和欧默尔的倚重,构成哈里发国家的核心政治势力。他们强调伊斯兰教初期的民主传统和平等倾向,支持共和政体的统治形式。欧默尔实行的年金制度,明确规定了圣门弟子的特殊地位。"舒拉会议"的人员构成,表明圣门弟子尤其是迁士在哈里发国家的政治生活中占据举足轻重的地位。奥斯曼即位以后,背弃阿布·伯克尔和欧默尔当政期间遵循宗教资历和倚重圣门弟子的政治原则,起用倭马亚族成员并委以重任。"奥斯曼需要忠诚于自己的总督,他们必须是不愿脱离中心的人。他之所以选择自己的亲属,是指望他们的忠诚。"[①]646年,奥斯曼任命他的异母胞弟瓦里德·欧格白作为库法总督;此人在皈依伊斯兰教之前曾经追随麦加的保守势力,屡屡攻击穆斯林,甚至唾弃先知穆罕默德,因而臭名昭著。接着,奥斯曼任命他的乳弟阿卜杜拉·阿比·萨尔赫取代阿慕尔·阿绥的埃及总督职位;此人皈依伊斯兰教以后,一度背叛先知穆

---

　　①　　马茂德:《伊斯兰教简史》,第49页。

罕默德,投靠麦加的保守势力,并有篡改启示的劣迹,令先知穆罕默德深恶痛绝。630 年穆斯林攻占麦加后,先知穆罕默德下令处死 14 名罪大恶极的古莱西人,阿卜杜拉·阿比·萨尔赫便是其中之一,只是经奥斯曼说情方得以赦免。奥斯曼的堂弟麦尔旺·哈克木在先知穆罕默德去世后曾经鼓动穆斯林叛教,此时却被赋予财政大权,掌管年金分配。希贾兹北侧至陶鲁斯山南麓之间的地带在欧默尔当政后期分别隶属于大马士革、霍姆斯、巴勒斯坦和约旦四个行政区,奥斯曼即位后将大马士革、霍姆斯、巴勒斯坦和约旦合并为叙利亚行省,任命其堂弟穆阿威叶作为叙利亚总督。①被奥斯曼委以重任的倭马亚人诚然具有较强的能力和较为丰富的经验,但是大都缺乏必要的宗教资历和相应的社会威望。奥斯曼起用倭马亚人的政策,损害了圣门弟子的利益, 排斥着圣门弟子在哈里发国家政治生活中的原有地位,导致圣门弟子的强烈不满。

麦地那哈里发国家的军事扩张, 尤其是在伊拉克地区的征服战争,包含着部族迁徙的社会倾向。血缘关系的残存,使得阿拉伯人氏族部落的传统势力对于行省的政治生活产生着广泛的影响,从而构成助长地方离心因素的重要基础。"阿拉伯人的部落结构并未消失;阿拉伯部落民深知自身的力量和在征服过程中发挥的作用,不肯屈从于古莱西人的支配,逐渐形成反对哈里发统治的政治倾向。"②奥斯曼即位后,排斥部族势力,削弱离心倾向,尤其加强控制行省的财政岁入。阿卜杜拉·阿比·萨尔赫出任埃及总督后,自埃及向麦地那缴纳的岁入明显增加。瓦里德·欧格白来到库法赴任以后,声称塞瓦德(即伊拉克南部的农业区)是属于古莱西人的田园,剥夺移居伊拉克的阿拉伯部落成员参与分配塞瓦德土地的权利。著名的圣门弟子阿卜杜拉·麦斯欧德指责瓦里德·欧格白侵犯阿拉伯战士的权利,竟然遭到

---

① Shaban,M.A.,*Islamic History,A New Interpretation 600–750*,pp.66–67.

② Husain,S.A.,*The Glorious Caliphate*,p.107.

奥斯曼的刑罚。奥斯曼的行省政策损害了阿拉伯部落民的利益,故而遭到后者的激烈反对。

先知穆罕默德在世时,《古兰经》尚未汇编成书,散见于圣门弟子的口传和背诵。平息"里达"的战争期间,尤其是在阿喀拉巴战役中,许多圣门弟子相继阵亡,能够口传和背诵启示的人日渐减少。在欧默尔的极力坚持下,阿布·伯克尔指派栽德·萨比特主持整理《古兰经》。栽德·萨比特是麦地那人,在先知穆罕默德生前专门负责记录启示,并根据先知穆罕默德的传授,初步整理出各章节启示的次第。栽德·萨比特奉阿布·伯克尔之命,对先知穆罕默德传布的启示进行全面和系统的搜集整理,编订成册,称"穆斯哈夫"(即汇集本)。然而,在穆斯林生活的不同地区,《古兰经》的内容和读法仍有一定的差异。"巴士拉的穆斯林遵循阿布·穆萨,库法的穆斯林效仿阿卜杜拉·麦斯欧德,叙利亚的穆斯林在诵读《古兰经》时,与伊拉克的穆斯林亦不尽相同。"[1]653 年,叙利亚和伊拉克的穆斯林联合进攻亚美尼亚;在诵读《古兰经》时,两支队伍由于读法的差异而发生争执,剑拔弩张。于是,奥斯曼责成栽德·萨比特重新订正《古兰经》。栽德·萨比特领导一个由圣门弟子参加的小组,根据先知穆罕默德的遗孀哈芙赛受其父欧默尔委托保存的《古兰经》"穆斯哈夫"本,依照古莱西人的语言统一全书的词汇和读音,并誊抄七部,一部存于麦地那,六部分别送往麦加、大马士革、也门、巴林、库法和巴士拉,是为"奥斯曼定本",其余版本的《古兰经》被宣布无效并予以焚毁。《古兰经》版本的最后确定,对于维护伊斯兰教和哈里发国家的统一无疑具有重要的意义。然而,此事在当时却被许多穆斯林视为奥斯曼篡夺宗教权力的非分之举。

奥斯曼当政期间阿拉伯社会内部的矛盾具有双重的内容,既包含着圣门弟子与倭马亚人之间的尖锐对立,又表现为阿拉伯部落民的传统势力与

---

[1]　Husain,S.A.,*The Glorious Caliphate*,p.111.

哈里发国家权力之间的激烈冲突,两种矛盾错综交织。奥斯曼在麦地那和行省同时排斥圣门弟子和部族势力,逐渐促使圣门弟子和部族势力形成政治联盟。哈里发成为圣门弟子和部族势力的共同敌人,更成为整个阿拉伯社会的众矢之的。在希贾兹,圣门弟子阿卜杜勒·拉赫曼·奥夫、泰勒哈·阿卜杜拉和祖拜尔·阿沃姆等人抨击奥斯曼重用亲族和排斥异己,指责奥斯曼侵吞公产、收受贿赂和乱征天课。但是,他们并没有与奥斯曼发生直接的武力冲突,而是鼓动移居行省的阿拉伯战士将圣战的矛头指向倭马亚人和麦地那的哈里发。[1]"你们如果要发动新的圣战,那么麦地那便是圣战的最好去处。"[2]

655年,库法的阿拉伯战士千余人在马立克·阿什塔尔的率领下发动叛乱,驱逐出身倭马亚族的总督赛耳德·阿绥,迫使奥斯曼重新起用阿布·穆萨出任库法总督。骚动的形势威胁着哈里发的统治,奥斯曼于是召集倭马亚族的穆阿威叶、阿卜杜拉·阿比·萨尔赫、赛耳德·阿绥和阿慕尔·阿绥等人商讨对策。穆阿威叶认为,整个希贾兹充斥着圣门弟子和他们的支持者,哈里发势单力孤,因此建议奥斯曼将驻地迁到大马士革,以便得到必要的保护。然而,奥斯曼不愿离开先知穆罕默德曾经生活过的土地。他拒绝了穆阿威叶的建议,依旧留居麦地那。[3]

麦地那哈里发国家拥有雄厚的军事实力,征服了强盛一时的波斯帝国和拜占廷帝国,统治着西起马格里布、东至阿姆河流域的广大地区。然而,哈里发却没有保卫自己的常备军。每一个阿拉伯人都被看作是哈里发的战士;麦地那几乎处于不设防的状态。656年4月,大约500名阿拉伯战士,其中包括阿布·伯克尔的养子穆罕默德·阿比·侯宰法,离开埃及,返回麦地

---

① Jafri,S.H.M.,*Origins and Early Development of Shi'a Islam*,Tehran 1989,pp.86–87.

② Wellhausen,J.,*The Arab Kingdom and Its Fall*,London 1973,p.44.

③ Husain,S.A.,*The Glorious Caliphate*,p.116.

那,围攻奥斯曼。656 年 6 月 17 日,反叛者冲进哈里发的宅邸,穆罕默德·阿比·侯宰法第一个用战刀刺向奥斯曼。[①]据说,此时奥斯曼正在诵读《古兰经》,他的血滴在翻开的经文上面。后来的穆斯林将这部《古兰经》视作圣物,存放于巴士拉的一处清真寺内。14 世纪的阿拉伯旅行家伊本·白图泰在游历巴士拉时曾经见过这部《古兰经》,奥斯曼的血迹染红了如下的经文:"安拉将替你们抵御他们。他确是全聪的,确是全知的。"[②]

"奥斯曼的遇害不同于欧默尔的遇害。"[③]欧默尔死于异教徒的暗杀,反映出扩张的时代穆斯林与非穆斯林之间的激烈冲突。相比之下,奥斯曼是第一个死于穆斯林之手的哈里发。奥斯曼的遇难标志着伊斯兰历史进程的重大转折,体现麦地那时代共和政体的深刻危机。奥斯曼的坟墓埋葬了温麦内部的和平,揭开穆斯林内战的序幕。残酷的杀戮和激烈的权力角逐,使哈里发国家的圣洁形象荡然无存。

---

① 泰伯里:《历代先知与君王史》,第 1 卷,第 2722—2723 页。

② 伊本·白图泰:《伊本·白图泰游记》,马金鹏译,宁夏人民出版社,1985 年,第 146 页。

③ Jafri,S.H.M.,*Origins and Early Development of Shi' a Islam*,p.88.

八、最初的内战

1

奥斯曼的被害不仅没有消除麦地那哈里发国家之共和政体的深刻危机,而且加剧了阿拉伯社会内部的矛盾冲突,尤其是引发政治反对派的分裂。奥斯曼死后,阿里在麦地那被拥立为新的哈里发。[①]

阿里(656—661 年在位)出身于古莱西部落哈希姆氏族,是先知穆罕默德的堂弟。其父阿布·塔里布是哈希姆氏族的首领,亦是先知穆罕默德的伯父。阿布·塔里布因为家境贫寒,曾将阿里托付先知穆罕默德抚养。阿里是最早皈依伊斯兰教的圣门弟子之一,长期追随先知穆罕默德,屡立功勋。先知穆罕默德将阿里视若亲子,并将爱女法蒂玛许配阿里为妻,恩宠备至。先知穆罕默德去世时,阿里认为哈里发的人选应当出自先知穆罕默德的家族,对于欧默尔和阿布·欧拜德积极拥立阿布·伯克尔出任哈里发的做法持暧昧的态度。阿布·伯克尔、欧默尔和奥斯曼当政期间,阿里似乎受到其他迁士的排斥,建树甚少,仅仅致力于整理《古兰经》和搜集"圣训"的活动,并与辅士保持密切的联系。

如同阿布·伯克尔一样,阿里在即位之初面临着严重的政治危机。然而,阿布·伯克尔所面临的政治危机主要来自半岛各地的非穆斯林势力,阿里所面临的政治危机则来自穆斯林内部的对抗,尤其是来自哈里发国家核心集团的权力争夺。阿里即位以后,原本反对奥斯曼的各种势力趋于分裂。早在奥斯曼遇害前夕,先知穆罕默德的遗孀阿以莎便借朝觐的名义离开麦地那,前往麦加。奥斯曼死后,祖拜尔·阿沃姆和泰勒哈·阿卜杜拉等许多迁

---

① Jafri, S.H.M., *Origins and Early Development of Shi'a Islam*, p.88.

士亦相继离开麦地那,来到麦加,继而否认阿里出任哈里发的合法地位。①
"泰勒哈和祖拜尔在希贾兹和伊拉克都有追随者,那些人都不承认阿里做
哈里发。"②因此,阿里不同于阿布·伯克尔、欧默尔和奥斯曼,其统治只是一
种不完整的哈里发政权。不久,阿以莎、祖拜尔·阿沃姆和泰勒哈·阿卜杜拉
及其追随者 3000 余众离开麦加,进入巴士拉,与巴士拉的阿拉伯战士合兵
一处,迫使阿里任命的巴士拉总督奥斯曼·侯奈夫弃城逃走。③

阿里在麦地那即位以后,麾下只有来自埃及的 500 余名战士。面对来
自巴士拉的挑战,哈里发几乎无兵可用。于是,阿里离开麦地那,来到伊拉
克的另一军事重镇库法。④库法总督阿布·穆萨及万余名阿拉伯战士成为阿
里的支持者,并追随阿里讨伐巴士拉的反对派势力。656 年 12 月,双方在巴
士拉郊外展开激战。由于阿以莎乘驼轿出现在战场上,双方在驼轿四周奋
力厮杀,因此这次战斗称作"骆驼之战"⑤。"骆驼之战"在伊斯兰历史上首开
穆斯林内战的先河,近万名阿拉伯战士丧命,祖拜尔·阿沃姆和泰勒哈·阿
卜杜拉等众多圣门弟子相继阵亡。祖拜尔·阿沃姆和泰勒哈·阿卜杜拉都是
最早皈依伊斯兰教的圣门弟子和"阿尔卡姆会"的最初成员;先知穆罕默德
曾经以天园许诺十位圣门弟子,祖拜尔·阿沃姆和泰勒哈·阿卜杜拉均名列
其中。祖拜尔·阿沃姆和泰勒哈·阿卜杜拉的遇难,震惊了整个伊斯兰世界。
阿里在获胜以后,为交战双方阵亡的穆斯林举行了隆重的葬礼,并且以最
高的礼遇将阿以莎送回麦地那。⑥

---

① Jafri,S.H.M.,*Origins and Early Development of Shi'a Islam*,p.90.

② 希提:《阿拉伯通史》,第 209 页。

③ Muir,W.,*The Caliphate,Its Rise,Decline and Fall*,p.258.

④ Jafri,S.H.M.,*Origins and Early Development of Shi'a Islam*,p.90.

⑤ Kremer,A.F.,*The Orient under the Caliphs*,p.304.

⑥ Muir,W.,*The Caliphate,Its Rise,Decline and Fall*,p.265.

2

巴士拉的敌对势力平息以后,伊拉克、伊朗高原、阿拉伯半岛和埃及成为阿里的辖地,只有穆阿威叶盘踞叙利亚,抗衡阿里的政权。穆阿威叶是欧默尔任命的叙利亚总督。奥斯曼当政期间,穆阿威叶获得了统治叙利亚的广泛权力,并且通过对拜占廷帝国的圣战建立起训练有素的军事力量。奥斯曼死后,奥斯曼的妻子纳依莱带着奥斯曼的血衣和自己被砍断的手指,来到大马士革。穆阿威叶将这些实物展示于大马士革的清真寺内,要求惩办杀害奥斯曼的凶手,并且指责阿里纵容反叛者的行为和庇护杀害奥斯曼的凶手。然而,正是攻击和杀害奥斯曼的反叛者将阿里推上了哈里发的宝座,阿里不可能惩办自己的支持者。穆阿威叶深知阿里所处的境况,意在通过惩办凶手的要求,使阿里成为穆斯林心中的不义之人。

"骆驼之战"结束后,穆阿威叶成为威胁阿里的主要人物。于是,阿里将进攻的矛头指向叙利亚。657年春,阿里聚集8万名阿拉伯战士自库法北进,穆阿威叶率众6万人迎战,双方对峙于幼发拉底河上游的绥芬平原。同年7月,阿里的支持者马立克·阿什塔尔率领伊拉克战士发起猛攻,叙利亚战士阵脚大乱,溃不成军。危急关头,穆阿威叶采纳阿慕尔·阿绥的建议,命令叙利亚战士将《古兰经》系在矛尖,高喊"让安拉裁决",要求停止厮杀,举行和谈。伊拉克战士尽管占据上风,但是他们大都并不热衷于穆斯林同胞之间的残酷杀戮,倾向和谈。坦诚率直的阿里于是下令停止进攻。

658年1月,双方在阿兹鲁举行和谈。阿里的代表是曾经担任库法总督的阿布·穆萨,穆阿威叶的代表是曾经担任埃及总督的阿慕尔·阿绥。阿布·穆萨和阿慕尔·阿绥经过数日的争执,最后决定同时剥夺阿里和穆阿威叶出任哈里发的合法资格。①这样的结果貌似公允,实际上对阿里十分不利。公断人的判决,剥夺了阿里的既有职位,但只是剥夺了穆阿威叶的尚未成为事实的要求,这个要求是他从来不敢公开说出来的。

虽然阿里拒绝接受阿兹鲁的仲裁结果,但是诉诸仲裁的方式本身已经给阿里一方带来灾难性的影响。伊拉克战士一万余人反对和谈,他们自称哈瓦立及(意为"出走者"),放弃对阿里的支持,在"除安拉外别无仲裁"的口号下撤离阿里一方的营地,聚集于库法附近的哈鲁拉,推举名为阿卜杜拉·瓦哈布的阿拉伯战士出任哈里发。阿里曾经亲自来到哈鲁拉劝说,许多人返回库法,重新成为阿里的支持者。然而,仍有 3000 余人继续与阿里为敌,他们被称作哈瓦立及派。

绥芬之战和阿兹鲁仲裁以后,阿里与穆阿威叶之间的力量对比逐渐发生变化。一方面,穆阿威叶以缴纳贡赋作为条件,换取与拜占廷帝国的暂时休战,解除叙利亚的后顾之忧;同时,穆阿威叶派遣阿慕尔·阿绥率军击败阿里任命的埃及总督,占据尼罗河流域。另一方面,哈瓦立及派在伊拉克境内活动频繁,加之法尔斯和克尔曼等地波斯土著势力屡屡反叛,使阿里的政权处于腹背受敌的境地。

658 年夏,阿里率军在伊拉克的纳赫拉万重创哈瓦立及派,阿卜杜拉·瓦哈布和 1800 余名哈瓦立及派战士阵亡。纳赫拉万之战激化了哈瓦立及派与阿里之间的矛盾。哈瓦立及派的残部并没有屈服,他们不仅反对穆阿威叶和阿慕尔·阿绥,而且决意除掉阿里,为在纳赫拉万阵亡的同伴复仇。相传,哈瓦立及派成员阿卜杜勒·拉赫曼·穆尔贾姆、巴克尔·阿卜杜拉和阿姆尔·巴克尔曾经约定分别在库法、大马士革和弗斯塔特暗杀阿里、穆阿威叶和阿慕尔·阿绥,然而暗杀穆阿威叶和阿慕尔·阿绥的计划并未成功。

---

① Wellhausen,J.,*The Arab Kingdom and Its Fall*,pp.77–78.

同年 1 月,阿里在库法附近的阿扎赫遭到暗杀,凶手是哈瓦立及派的成员阿卜杜勒·拉赫曼·穆尔贾姆。阿里遇难的地点原本没有人烟,是一片荒野。后来,什叶派穆斯林将阿里的遇难处奉为圣地,朝拜者络绎不绝,这就是现在伊拉克的著名城市纳杰夫。[①]

大约在阿里遇难的同时,穆阿威叶在耶路撒冷被叙利亚的阿拉伯战士拥立为哈里发(661—680 年在位),继而定都大马士革。[②]阿里死后,伊拉克的阿拉伯战士试图拥立阿里的长子哈桑继承哈里发的职位,与穆阿威叶及其叙利亚支持者抗衡。然而,穆阿威叶通过威逼利诱的手段,迫使哈桑放弃哈里发的权位要求和承认穆阿威叶作为穆斯林的唯一合法统治者,同时承诺由哈桑的胞弟侯赛因在自己死后继承哈里发的职位。[③]此后,哈桑退居麦地那,穆斯林内部的政治对抗得到暂时的平息,伊斯兰世界恢复了统一的状态。

---

① Imamuddin,S.M.,*A Political History of the Muslims*,Vol.1,p.223.

② 泰伯里:《历代先知与君王史》,第 2 卷,第 4 页。

③ Jafri,S.H.M.,*Origins and Early Development of Shi'a Islam*,p.151.

第二章

倭马亚王朝

一、穆阿威叶的统治

1

661 年阿里遇难，结束了伊斯兰历史的早期时代，即麦地那哈里发时代。那是一个充满虔敬安拉之宗教激情的时代，浓厚的平等色彩和民主氛围是那个时代的突出特征。穆阿威叶出任哈里发以后，定都大马士革，开始了倭马亚人统治的时代。在新的时代，哈里发国家的重心所在由希贾兹转移到叙利亚，哈里发国家的政治制度由共和制转变为君主制。

麦地那时代后期阿拉伯社会内部的矛盾冲突益发加剧，从根本上决定了哈里发国家之共和政体的衰落。倭马亚王朝在大马士革的建立，亦有其特定的历史背景和社会基础。早在前伊斯兰时代，阿拉伯半岛的许多部落，尤其是祖居也门一带的南方阿拉伯人，相继移入叙利亚。拜占廷帝国的统治和基督教的影响，使移入叙利亚的阿拉伯人逐渐放弃野蛮的生活方式，原始民主制的传统势力相对薄弱。

阿布·伯克尔和欧默尔当政期间，叙利亚成为哈里发国家军事扩张的主要目标，圣门弟子以及分布在两座圣城周围的贝都因人则是征服叙利亚的核心力量。广泛的征服导致哈里发国家之地缘政治形势的相应变化。希贾兹作为伊斯兰文明的发源地和哈里发国家的摇篮，逐渐丧失原有的重要地位。

叙利亚东连伊拉克和贾吉拉，西邻埃及和马格里布，南靠阿拉伯半岛，开始成为哈里发国家的中心区域。哈里发的首要职责是领导圣战和保卫伊斯兰世界。叙利亚的北部与拜占廷帝国接壤，是穆斯林圣战的前沿。因此，随着疆域的扩展，哈里发国家的政治重心自希贾兹向叙利亚的转移，已是势在必行。

此外，倭马亚人自伊斯兰教诞生前夕已经频繁往来于麦加与叙利亚之间贩运货物，甚至在叙利亚购置地产。欧默尔即位以后，倭马亚氏族首领阿布·苏福彦之子叶齐德和穆阿威叶相继出任叙利亚总督，倭马亚人在叙利亚的势力急剧膨胀，进而为倭马亚王朝在大马士革的建立奠定了稳固的社会基础。

2

倭马亚王朝的创建者穆阿威叶出身于古莱西部落倭马亚氏族，是麦加富商阿布·苏福彦的次子，630年随其父皈依伊斯兰教后，移居麦地那，深得先知穆罕默德的器重。穆阿威叶自633年随其兄叶齐德出征叙利亚，屡建战功，639年出任叙利亚总督，驻节于大马士革。奥斯曼死后，穆阿威叶成为倭马亚族中最有势力的政治人物，盘踞叙利亚，以为奥斯曼复仇的名义，与阿里抗衡，直至迫使阿里的长子哈桑在其父遇刺后放弃哈里发权位的要求，进而控制整个伊斯兰世界。

"穆阿威叶政权的建立，标志着旧时代的结束和新时代的开始。"[1]穆阿

---

① Hourani, A., *A History of the Arab Peoples*, p.25.

威叶即位以后，适应哈里发国家大多数臣民尚未皈依伊斯兰教的社会现实，改变麦地那时代信仰至上和神权统治的原则，着力淡化穆斯林与非穆斯林之间的差异和对立，推行世俗色彩的统治政策。倭马亚王朝的支持者，主要是移居叙利亚的阿拉伯人以及叙利亚土著的基督徒。哈里发与大马士革的基督徒保持着颇为密切的交往。哈里发有许多妻子，其中最宠爱的妻子梅苏便是基督教雅各派的信徒。

倭马亚王朝沿袭阿拉伯人的传统习俗，哈里发在大马士革设立称作舒拉的贵族会议和称作沃弗德的部落代表会议，行使咨议和监督的权力。[1]穆阿威叶并没有以君主的面目出现在大马士革；在阿拉伯人看来，这位哈里发仿佛是半岛古代的部落酋长。"当星期五在清真寺里举行宗教仪式的时候，穆阿威叶把讲坛当作行政长官席来加以利用，时常同贵族的领袖们商讨政治措施。他在宫里也经常向贵族的领袖们请教。他还时常接见来自各省的代表团，以便听取他们的疾苦，调停各部族之间的纠纷。"[2]有些学者往往据此现象而将穆阿威叶与古代阿拉伯半岛的部落首领相提并论，甚至认为穆阿威叶的统治是前伊斯兰时代长老制的再现。[3]这种看法显然忽略了哈里发的特质而失之偏颇。"倭马亚人在大马士革的集权统治，使得信士的长官越来越具有国王的特征。"[4]穆阿威叶当政期间之所以一定程度地保留某些传统的政治形式，乃是由于初兴的君主政治尚不成熟的缘故。671年，伊拉克总督齐亚德·阿比希将鼓动骚乱的阿拉伯人押至大马士革；根据穆阿威叶的授意，7人被杀，其中包括圣门弟子侯吉尔·阿迪。穆阿威叶的行为首开哈里发对穆斯林居民行使生杀权力的先河，标志着哈里发权力性质的改变。

穆阿威叶当政期间，伊斯兰世界的政权结构依然处于相对松散的状态。

---

① 路易斯：《历史上的阿拉伯人》，第68页。

② 布罗克尔曼：《伊斯兰各民族与国家史》，第87—88页。

③ Watt,W.M.,*The Majesty That Was Islam,the Islamic World 661–1100*,London 1974,p.45,p.53.

④ Saunders,J.J.,*A History of Medieval Islam*, London 1978, p.77.

哈里发主要治理叙利亚一带,尤其致力于对拜占廷帝国的圣战。早在639年出任叙利亚总督以后,穆阿威叶利用拜占廷帝国遗弃在叙利亚港口城市阿克等地的船坞,建立伊斯兰世界的第一支海军,并于649—650年率领舰队出征东地中海水域,夺取拜占廷帝国的海军基地塞浦路斯和罗得岛。

655年,穆阿威叶率领穆斯林舰队自叙利亚和埃及的港口再度出征,在菲尼克斯附近海面与拜占廷皇帝君士坦斯二世率领的庞大舰队展开激战,史称"船桅之战";穆斯林将自己的战船与拜占廷战船连在一起进行肉搏,摧毁拜占廷舰队,从而控制地中海东部水域。此后,穆阿威叶为了全力抗衡阿里,一度与拜占廷帝国休战。

668年,穆阿威叶结束与拜占廷帝国的休战状态,恢复对陶鲁斯山以北地区的攻势。穆斯林将领法扎拉率军越过陶鲁斯山,深入小亚细亚半岛腹地,兵抵与君士坦丁堡隔岸相对的卡尔西顿安营扎寨。冬季过后,法扎拉与前来增援的穆阿威叶之子叶齐德合兵一处,向君士坦丁堡发起猛攻。拜占廷帝国皇帝君士坦丁四世率守军拼死抵抗,穆斯林久攻不克,于669年夏季撤回叙利亚。著名的圣门弟子阿布·阿尤布曾经做过先知穆罕默德的旗手,在这次出征中病故,葬于君士坦丁堡城外。奥斯曼土耳其人于1453年攻陷君士坦丁堡以后,曾在阿布·阿尤布的墓地处建起清真寺,以供穆斯林凭吊这位圣战的英雄。

674年,穆阿威叶再度出兵,占领马尔马拉海南岸重镇西齐克斯,威逼君士坦丁堡。穆斯林舰队在君士坦丁堡附近海面屡败拜占廷舰队,形成对君士坦丁堡的海陆夹击之势。拜占廷军队据险固守,尤其是借助于著名的"希腊火"(用石油、硝石、硫黄和树脂混合制成的、能够在水面燃烧的液体)抵御穆斯林的海上攻势,方使君士坦丁堡幸免于陷落的厄运。[①]

---

① 希提:《阿拉伯通史》,第233页。

3

穆阿威叶在治理叙利亚和领导圣战的同时,将其他区域交给大权在握的行省总督,并且与行省总督保持着近乎合作的关系,避免诉诸武力。穆阿威叶曾经宣称:"用鞭子就可以的地方,我不用宝剑;用舌头就可以的地方,我不用鞭子。在我和同胞之间,即使只有一根头发在联系着,我也不让他断了。他们拉得紧,我就放松些;他们放松了,我就拉紧些。"①或许出于缓解行省势力与倭马亚人之间对立的考虑,穆阿威叶放弃奥斯曼当政期间奉行的亲族政治原则。这一时期,倭马亚人大都闲居在希贾兹的两座圣城,远离哈里发国家的权力中心。阿慕尔·阿绥、穆吉拉·舒尔白和齐亚德·阿比希成为哈里发国家的股肱重臣,备受穆阿威叶的青睐,权倾一时。后人曾将阿慕尔·阿绥、穆吉拉·舒尔白、齐亚德·阿比希与穆阿威叶一同誉为当时阿拉伯穆斯林中的四位天才政治家。

阿慕尔·阿绥并非圣门弟子,630 年穆斯林占领麦加前夕皈依伊斯兰教。欧默尔当政期间,阿慕尔·阿绥作为埃及的征服者而声名显赫。麦地那时代末期,阿慕尔·阿绥是穆阿威叶抗衡阿里的主要支持者,曾在绥芬之战使穆阿威叶免遭败绩。阿慕尔·阿绥于 658 年击败阿里的支持者,攻占尼罗河流域,继而出任埃及总督,可谓倭马亚王朝的开国元勋,663 年死于弗斯塔特。继阿慕尔·阿绥之后,出身辅士的麦斯拉玛·穆哈拉德于 667—682 年间出任埃及总督,是为穆阿威叶当政期间唯一官居行省总督要职的辅士。②

穆吉拉·舒尔白出身于塔伊夫的萨奇夫部落,629 年来到麦地那并皈

---

① 希提:《阿拉伯通史》,第 228 页。

② Kennedy,H.,*The Prophet and the Age of the Caliphate*,p.87.

依伊斯兰教,曾奉先知穆罕默德之命返回塔伊夫,捣毁萨奇夫部落崇拜的神像,因而名声大噪。麦地那哈里发时代,穆吉拉·舒尔白是穆斯林在伊拉克南部战场的重要将领, 被欧默尔任命为巴林总督和巴士拉总督,奥斯曼即位后改任库法总督。穆阿威叶与阿里抗衡期间,穆吉拉·舒尔白颇为谨慎,采取中立的态度,没有介入双方的冲突。穆阿威叶即位后,任命穆吉拉·舒尔白为库法总督,委以治理伊拉克的重任。此时伊拉克的形势极为混乱,是倭马亚王朝的心腹大患。阿里的遇难和哈桑的隐退,使伊拉克的阿拉伯人处于群龙无首的状态。征服时代移入伊拉克的诸多部落之间积怨甚深,阿里的残部与哈瓦立及派亦时有冲突,而倭马亚人则被伊拉克的阿拉伯人视为共同的仇敌。穆吉拉·舒尔白此时出任库法总督,可谓临危受命。面对险恶的形势,他充分展示自己的政治才能,利用来自塔伊夫的特殊身世,在伊拉克的阿拉伯人与倭马亚王朝对抗的过程中貌似中立,避开众矢之的的位置。在此基础上,他借助自己的同族萨奇夫部落的势力,唆使阿里的残部与哈瓦立及派相互攻杀,同时以扎格罗斯山区的岁入作为诱饵,笼络人心,初步缓解了伊拉克的阿拉伯人与倭马亚王朝的对抗。

齐亚德·阿比希(阿拉伯语中意为他父亲的儿子齐亚德)与穆吉拉·舒尔白是同乡,亦属塔伊夫的萨奇夫部落,出身卑微,其父不详,其母苏迈亚曾与穆阿威叶的父亲阿布·苏福彦姘居。齐亚德·阿比希参加过伊拉克南部的征服战争,内战期间追随阿里反对穆阿威叶,阿里死后拒绝承认穆阿威叶出任哈里发的合法地位。663 年,穆阿威叶授意库法总督穆吉拉·舒尔白出面调解,将齐亚德·阿比希招到大马士革,承认齐亚德·阿比希是自己的兄弟,赏赐齐亚德·阿比希 100 万第纳尔,诱使齐亚德·阿比希归顺倭马亚王朝。664 年,穆阿威叶委派齐亚德·阿比希出任巴士拉总督,取代倭马亚人阿卜杜拉·阿米尔。670 年穆吉拉·舒尔白死后,齐亚德·阿比希兼任库法总督,统辖伊拉克及伊朗高原,成为倭马亚王朝在伊斯兰世界东部的权力象征。①齐亚德·阿比希不同于穆吉拉·舒尔白的风格,奉行恐怖政策,以残暴著称。他曾经建立 4000 人组成的亲兵队伍,通过高压手段迫使伊拉克的阿拉伯人屈从于倭马亚王朝的统治。他的著名政绩,是先后在巴士拉和库法打破血缘群体的界限,按照地域的原则重新划分居住单位,并且建立相应的行政体系,有效地遏制了部落势力的政治影响,进一步稳定了伊拉克的社会秩序。②671 年,齐亚德·阿比希将库法和巴士拉的阿拉伯战士 5 万余人及其眷属迁往伊朗高原东部的呼罗珊。③这一举措使伊拉克的紧张形势得到暂时的缓解,却使呼罗珊从此成为威胁倭马亚王朝统治的隐患所在。

4

先知穆罕默德创立的温麦,可谓查希里叶时代阿拉伯政治传统在文明条件下的延续。血缘组织的残存,决定了国家权力的分散状态。权位世袭的君主制度对于阿拉伯人来说还只是十分陌生甚至是不可思议的政治概念,哈里发的选举则被视作权力交替过程中唯一可行的方式。

然而,至奥斯曼当政期间,阿拉伯社会分化加剧,冲突迭起,共和制度的政治基础趋于崩溃,权位更替的传统方式逐渐成为困扰温麦的政治隐患。阿里与泰勒哈·欧拜杜拉、祖拜尔·阿沃姆之间的内战以及阿里与穆阿威叶之间的内战表明,哈里发的选举制度已经丧失其存在的合理性,圣门弟子操纵哈里发选举的时代一去不返。

穆阿威叶在穆吉拉·舒尔白和齐亚德·阿比希等人的支持下,放弃哈里发选举的传统原则,指定其子叶齐德作为自己的继承人,从而开创哈里发

---

① Watt,W.M.,*The Majesty That Was Islam, the Islamic World 661–1100*,p.19.

② Wellhausen,J.,*The Arab Kingdom and Its Fall*,p.129.

③ Kennedy,H.,*The Prophet and the Age of the Caliphate*,p.86.

家族世袭的政治制度。①穆阿威叶因此区别于麦地那时代诸哈里发,成为伊斯兰历史上第一位君王。

倭马亚时代,哈里发的家族世袭缺乏明确的原则,并无父死子继和长子继承的具体规定,继承方式较为混乱。尽管如此,哈里发家族世袭的制度毕竟在很大程度上消除了导致内战的隐患,有助于政治形势的稳定,体现了伊斯兰世界政治生活的巨大进步。

① 泰伯里:《历代先知与君王史》,第 2 卷,第 174—177 页。

二、内战再起

1

680 年,穆阿威叶病逝于大马士革,其子叶齐德(680—683 年在位)承袭父职,出任哈里发。叙利亚和埃及的阿拉伯人大都是倭马亚族的追随者,宣誓拥戴大马士革的新哈里发。然而,伊拉克和希贾兹充斥着反对倭马亚族的社会势力,许多阿拉伯人拒绝承认叶齐德出任哈里发的合法地位,试图拥戴阿里的后裔。此时,阿里的长子哈桑已不在人世。于是,他们将目光集中到阿里的次子侯赛因的身上,迎请侯赛因前往库法出任哈里发。[1]不久,侯赛因携家眷及百余名追随者离开麦加,奔赴伊拉克。伊拉克总督欧拜杜拉·齐亚德获悉此事后,遣著名的圣门弟子赛耳德·阿比·瓦嘎斯之子欧默尔率 4000 名骑兵拦截侯赛因,侯赛因一行被欧默尔的队伍围困在库法西北 40 千米处的卡尔巴拉。侯赛因拒绝投降,双方展开激战。侯赛因是先知穆罕默德的外孙。但是,欧默尔却将侯赛因的特殊身世置于脑后,斩杀侯赛因,并且割下侯赛因的头颅,连同他的妹妹宰纳卜和他的儿子阿里·奥沙,送至大马士革。[2]叶齐德对于这一意外的结局深感遗憾,将侯赛因的头颅交还他的家眷,在卡尔巴拉与遗体合葬。后来的什叶派穆斯林将卡尔巴拉奉为圣地,每年伊斯兰教历的 1 月 10 日都在这里哀悼侯赛因的遇难。

侯赛因的遇难激化了穆阿威叶当政期间阿拉伯社会业已缓解的矛盾冲突,卡尔巴拉惨案导致伊斯兰世界内战再起,阿卜杜拉·祖拜尔成为反对倭马亚王朝的阿拉伯人拥戴的领袖。阿卜杜拉是著名的圣门弟子祖拜尔·

---

[1] Ibn Khaldun, *The Muqaddimah*, Vol.1, p.443.

[2] Watt, W.M., *The Majesty That Was Islam, the Islamic World 661–1100*, pp.22–23.

阿沃姆之子,也是先知穆罕默德的遗孀阿以莎的外甥。麦地那时代末期,阿卜杜拉·祖拜尔追随其父对抗阿里,曾在"骆驼之战"前夕领导库法的穆斯林聚礼。穆阿威叶当政期间,阿卜杜拉·祖拜尔隐居麦地那,待机而动。侯赛因死后,阿卜杜拉·祖拜尔离开麦地那,来到麦加,自称"圣族的保护者",公开反对倭马亚王朝。①

683 年,叶齐德派遣穆斯林·欧格白率军 1.2 万人自叙利亚攻入希贾兹。倭马亚王朝的军队在豪拉首战告捷,继而长驱直入,攻占麦地那。在进军麦加的途中,穆斯林·欧格白病亡,侯赛因·努麦尔继任倭马亚军队主将。侯赛因·努麦尔屯兵麦加城外,向克尔白发射弩石,致使克尔白起火,玄石碎成三片。②恰逢此时,从大马士革传来叶齐德暴病身亡的消息。于是,侯赛因·努麦尔停止对麦加的攻击,班师撤回叙利亚。③

2

叶齐德死后,其子穆阿威叶二世(683—684 在位)即位。穆阿威叶二世尚未成年,体弱多病,在位不足二个月便死于宫中。穆阿威叶二世并无子嗣,生前亦未指定继承人选。穆阿威叶二世死后,大马士革的哈里发出现空位。此时,阿卜杜拉·祖拜尔在麦加被拥立为哈里发,阿拉伯半岛、伊拉克和埃及的阿拉伯人大都支持阿卜杜拉·祖拜尔,叙利亚的阿拉伯人中颇具势力的凯斯部落亦倾向于麦加一方。大马士革的上空乌云密布,倭马亚王朝面临严重的政治危机,穆阿威叶开创的基业摇摇欲坠。危难之际,倭马亚人通过舒拉的形式,于 684 年 6 月在查比叶推举麦尔旺·哈克木出任哈里发

① Muir,W.,*The Caliphate, Its Rise, Decline and Fall*,p.332.

② 泰伯里:《历代先知与君王史》,第 2 卷,第 427 页。

③ Wellhausen,J.,*The Arab Kingdom and Its Fall*,pp.154–156.

(684—685 年在位)。①

麦尔旺·哈克木虽然出身于古莱西部落倭马亚氏族,却不是阿布·苏福彦及穆阿威叶的直系后裔。他是麦地那时代第三任哈里发奥斯曼的堂弟,曾经在奥斯曼当政期间掌管哈里发国家的岁入和年金分配。麦尔旺·哈克木即位时,倭马亚王朝仅仅据有叙利亚部分地区,伊斯兰世界最强大的政治势力是麦加的哈里发阿卜杜拉·祖拜尔。然而,阿卜杜拉·祖拜尔并没有趁麦尔旺·哈克木立足未稳之机,进攻岌岌可危的倭马亚人。阿卜杜拉·祖拜尔似乎无意离开希贾兹,却致力于平息哈瓦立及派的骚乱,因而丧失击败倭马亚人的绝好时机。

麦尔旺·哈克木依靠从巴士拉逃回叙利亚的伊拉克总督欧拜杜拉·齐亚德和阿拉伯人凯勒卜部落首领哈桑·巴扎勒的支持,于 684 年 7 月在拉希特草原击败阿卜杜拉·祖拜尔的支持者凯斯部落,斩杀凯斯部落首领达哈克·卡阿斯,攻占大马士革,进而恢复倭马亚王朝在叙利亚全境的统治。随后,哈桑·巴扎勒率军攻取埃及,使尼罗河流域成为叙利亚的稳固后方。

麦尔旺·哈克木当政不足两年,初步稳定了倭马亚人的统治,改变了大马士革与麦加之间的力量对比。另外,麦尔旺·哈克木于当政期间剥夺叶齐德之子哈立德继任哈里发的资格,指定其子马立克和阿齐兹作为自己的第一继承人和第二继承人。倭马亚王朝结束苏福彦系的时代,进入麦尔旺系的时代。

685 年麦尔旺·哈克木死后,马立克(685—705 年在位)在大马士革即位。此时,伊斯兰世界依旧处于分裂状态,大马士革的哈里发与麦加的哈里发分庭抗礼,阿卜杜拉·祖拜尔略占优势。但是,阿卜杜拉·祖拜尔并未将倭马亚人作为主要的攻击目标,仍然排斥和镇压曾经与自己共同反对倭马亚王朝的什叶派和哈瓦立及派,加剧了反对倭马亚王朝各派势力之间的矛盾冲突,导致穆赫塔尔在库法的起义。

---

① Holt,P.M.,Lambton,A.K.S.& Lewis,B.,*The Cambridge History of Islam*,Vol.1A, Cambridge 1970, p. 83.

穆赫塔尔出身于塔伊夫的萨奇夫部落，自其父阿布·乌巴德于634年在伊拉克战场阵亡以后，由欧默尔和阿里相继抚养。680年，穆赫塔尔由于追随侯赛因，反对叶齐德出任哈里发，遭到伊拉克总督欧拜杜拉·齐亚德的囚禁。穆赫塔尔获释以后，最初投奔阿卜杜拉·祖拜尔，并以阿卜杜拉·祖拜尔的名义在库法从事反对倭马亚王朝的活动。后来，穆赫塔尔脱离阿卜杜拉·祖拜尔，自立派系，拥戴阿里之子伊本·哈奈菲叶作为宗教领袖，以"为侯赛因复仇"作为口号，于685年占据库法，追随者遍及伊拉克各地。穆赫塔尔及其追随者所攻击的目标，无疑是倭马亚王朝和制造卡尔巴拉惨案的元凶。然而，阿卜杜拉·祖拜尔不能容忍穆赫塔尔自立派系的行为和支持阿里后裔的政治倾向。687年，阿卜杜拉·祖拜尔的弟弟穆斯阿卜·祖拜尔自巴士拉率军攻击库法，双方交战数月。穆赫塔尔终因寡不敌众，兵败身亡。此后，穆斯阿卜·祖拜尔控制伊拉克全境，但是自身亦已元气大伤。

691年，倭马亚王朝的军队大举进攻伊拉克，马立克御驾亲征。穆斯阿卜·祖拜尔拒绝马立克的劝降，奋力抵抗，被倭马亚军队斩杀。692年，马立克遣军攻击希贾兹，统率军队的是出身于萨奇夫部落的著名将领哈查只·尤素夫。哈查只·尤素夫的军队从库法出发，经过塔伊大，直逼麦加。阿卜杜拉·祖拜尔及其追随者抵御倭马亚军队的进攻达半年之久，直至圣城陷落，阿卜杜拉·祖拜尔被杀。哈查只·尤素夫割下阿卜杜拉·祖拜尔的头颅送到大马士革，并将他的尸体在麦加悬挂示众长达数日。[①]

3

某些学者以强调古莱西人内部的矛盾冲突作为出发点，认为倭马亚王朝与阿卜杜拉·祖拜尔之间的对抗是倭马亚族与哈希姆族争夺哈里发权位

---

① Holt,P.M.,Lambton,A.K.S.& Lewis,B.,*The Cambridge History of Islam*,Vol.1A,p.84.

的斗争，是麦地那时代奥斯曼与祖拜尔·阿沃姆以及穆阿威叶与阿里之间政治斗争的延续，甚至认为是伊斯兰教初创时期阿布·苏福彦与先知穆罕默德之间宗教对立的延续。这种解释显然存在史实上的错误。祖拜尔和阿卜杜拉父子既非哈希姆族成员，亦不属于倭马亚族，而是来自古莱西部落的阿萨德氏族。不仅如此，这种解释忽略了社会环境的变迁，未能揭示不同历史阶段各种矛盾的特定内涵。倭马亚王朝与阿卜杜拉·祖拜尔之间的内战并非简单的权力争夺，而是体现两种政体的尖锐对立。叙利亚和希贾兹—伊拉克的阿拉伯人分别代表哈里发国家内部君主制度和传统势力两种政治倾向。阿卜杜拉·祖拜尔的失败，意味着圣门弟子政治势力的衰落和共和政体的彻底崩溃。马立克的胜利，不仅在于重建伊斯兰世界的政治统一，而且标志着君主制排斥和否定共和制之历史进程的最终完成。

　　希贾兹是伊斯兰文明的发源地，麦加和麦地那两座圣城的居民曾经是伊斯兰世界中举足轻重的政治力量。然而，时过境迁，希贾兹的传统势力无法继续操纵哈里发国家的政治生活。阿卜杜拉·祖拜尔与倭马亚王朝的内战，是希贾兹的传统势力与新兴的君主政治之间最后的较量。麦加的陷落和阿卜杜拉·祖拜尔之死，标志着希贾兹的传统势力丧失殆尽。虽然麦加和麦地那依旧是伊斯兰世界的宗教圣地，但是那里的居民从此退出哈里发国家权力角逐的舞台。

三、君主制的加强

1

倭马亚王朝初期,哈里发的家族世袭遭到穆斯林内部传统势力的强烈反对,伊斯兰世界的政治局面颇为动荡。叶齐德在临终时甚至放弃指定哈里发继承人的权力, 许诺恢复选举哈里发的传统习俗, 以求避免内战再起。[1]马立克击败阿卜杜拉·祖拜尔以后,内战平息,哈里发国家重新统一,君主制得到加强。马立克"在朝廷中树立了一种与过去不同的风气。在他之前的统治者一向都是像古代阿拉伯部族族长一样地对待臣民,而马立克则是第一个以专制统治者的姿态出现"[2]。马立克是倭马亚王朝继穆阿威叶之后的又一位强有力的统治者,他的四个儿子韦里德、苏莱曼、叶齐德和希沙姆相继出任哈里发,他本人则被誉为"列王之王"。马立克死后,其子韦里德顺利即位。"世袭的原则第一次没有异议地得到承认。统治者能够随意在其家族内部决定哈里发的权位继承,不再受到阿拉伯贵族的干涉。"[3]

马立克恢复奥斯曼奉行的家族政治原则, 起用倭马亚人出任要职,委派阿卜杜勒·阿齐兹·麦尔旺作为埃及总督, 比什尔·麦尔旺作为伊拉克总督,穆罕默德·麦尔旺作为贾吉拉总督,强化哈里发对行省的控制,明显改变倭马亚王朝初期政权结构的松散状态。[4]另一方面,马立克当政期间,叙利亚籍的阿拉伯战士开始演变为哈里发国家的常备军事力量,构成倭马亚

---

[1]　Muir,W.,*The Caliphate, Its Rise,Decline and Fall*,p.332.

[2]　布罗克尔曼:《伊斯兰各民族与国家史》,第98页。

[3]　Hodgson,G.S.,*The Venture of Islam*,Vol.1, Chicago 1974, p.247.

[4]　Kennedy,H.,*The Prophet and the Age of the Caliphate*,p.99.

王朝统治整个伊斯兰世界的重要工具。马立克当政期间,叙利亚籍的阿拉伯战士分别驻扎在巴勒斯坦、约旦、大马士革、霍姆斯和基奈斯林的军营;他们不仅于每年的夏季在叙利亚北部边境对拜占廷帝国发动例行的圣战,而且被哈里发派往北非镇压柏柏尔人的起义,进攻反叛倭马亚王朝的伊拉克人,直至长期屯驻东方。①与此同时,传统的民军制度趋于废止。

马立克是一位颇有作为的哈里发,他所实行的语言改革和币制改革在伊斯兰史上闻名遐迩。倭马亚王朝初期,伊斯兰世界的语言差异十分明显,萨珊王朝的属地沿用波斯语,拜占廷帝国的属地沿用希腊语和科普特语。哈里发国家在沿袭拜占廷帝国和波斯帝国原有体制的同时,往往任用被征服者参与管理,波斯语、希腊语和科普特语充斥于各种官方文书,助长着政治生活的混乱。②内战平息以后,马立克强化对非阿拉伯人的排斥政策,规定阿拉伯语作为哈里发国家唯一通用的官方语言。③自 697 年起,伊拉克和伊朗高原的所有官方文书均采用阿拉伯语,波斯语不再作为正式的官方语言,仅限于民间使用。700 年以后,阿拉伯语在叙利亚、埃及和马格里布取代希腊语和科普特语,成为唯一正式的官方语言。④马立克的上述举措,有力地推动了伊斯兰世界的阿拉伯语化进程,促使"肥沃的新月地带"和北非的土著人口逐渐接受阿拉伯语,进而加入阿拉伯民族的行列。

阿拉伯人最初并没有自己的货币。先知穆罕默德时代,阿拉伯半岛通用两种货币,一种是拜占廷帝国发行的金币第纳尔,另一种是萨珊王朝发行的银币迪尔罕。哈里发国家虽然征服了拜占廷帝国和波斯帝国,却依旧

---

① Crone,P.,*Slaves on Horses,the Evolution of the Islamic Polity*,Cambridge 1980,p.37.

② Ibn Khaldun,*The Muqaddimah*,Vol.2,p.22.

③ Kremer,A.F.,*The Orient under the Caliphs*,p.196.

④ 哈桑·穆阿尼斯:《古代中世纪的阿拉伯国家与文明》,第 166 页。

沿用两大帝国发行的货币。①欧默尔曾经于 640 年发行新的圆形银币,每枚重约 2 克,上面铸有"一切赞颂归于安拉"的字样。②奥斯曼即位后,新币加铸"安拉至大"的字样。倭马亚时代初期,穆阿威叶曾经效仿拜占廷金币的样式,另铸金币,上有穆阿威叶的佩刀图形。麦加的哈里发阿卜杜拉·祖拜尔亦曾自铸新币,上有"穆罕默德是安拉的使者"和"安拉命人忠诚公正"的字样。然而,由于客观条件尚不成熟,上述诸种新币均未能推广,拜占廷帝国和波斯帝国的旧币仍充斥于伊斯兰世界的流通领域。马立克即位后,三次发行新币。第一次发行的新币是仿照拜占廷旧币的样式铸造的金币,金币的一面保留拜占廷皇帝希拉克略及其子君士坦斯和希拉格里奥的肖像,另一面铸有库法体阿拉伯文"安拉独一"的字样。第二次发行的金币,消除拜占廷旧币的痕迹,以马立克的肖像取代希拉克略父子的肖像,另一面的边缘增加"伊斯兰纪元 70 年"的字样。696 年,马立克第三次发行新币,上面铸有哈里发的名字、发行的年份和伊斯兰教的象征,分为金币和银币两种,其中金币称第纳尔,重 4.25 克,银币称迪尔罕,重 2.97 克,金币与银币的比价为 1:10③。马立克发行的新币在伊斯兰世界迅速推广,直至取代原有的旧币,成为主要的流通媒介。哈里发国家的重新统一,则是马立克币制改革得以成功的首要条件。币制改革的成功,体现了哈里发集权政治的发展,亦为伊斯兰世界各地的交往提供了必要的手段。

2

马立克在克服地方离心倾向的同时,极力排斥贵族的政治势力,削弱

---

①   Ibn Khaldun, *The Muqaddimah*, Vol.2, p.55.

②   Husain, S.A., *Arab Administration*, p.99.

③   Kremer, A.F., *The Orient under the Caliphs*, p.200.

舒拉和沃弗德等传统机构的职权,完善官僚体制。马立克当政期间,辅佐哈里发治理国家的官僚机构分为四个主要部门:一是军事部,始建于欧默尔当政期间,负责阿拉伯战士的登记造册和年金分配;二是税收部,掌管国有地产和叙利亚的岁入以及各行省作为战利品上缴哈里发的贡税;三是档案部,始建于穆阿威叶当政期间,初称登记局,负责处理哈里发宫廷的往来文书;四是驿政部,始建于穆阿威叶当政期间,至马立克即位后趋于完善,负责沟通大马士革与各地区之间的联系,监察行省事务,被称作"哈里发的耳目"。各部长官隶属哈里发节制。①阿拉伯人,特别是叙利亚籍的阿拉伯人,垄断着几乎所有的军政要职,非阿拉伯人大都被排斥于国家权力的核心之外,哈里发国家体现了阿拉伯人统治的浓厚色彩。

倭马亚时代,哈里发国家的行政区划依旧沿袭拜占廷帝国和波斯萨珊王朝的原有制度。倭马亚王朝初建之时,哈里发国家划分为9个行省:叙利亚、库法、巴士拉、亚美尼亚、希贾兹、也门、克尔曼与信德、埃及、易弗里基叶。②马立克当政期间,改设5个行省:伊拉克、希贾兹和也门、贾吉拉、埃及、易弗里基叶。③行省的权力主要包括三个方面:军政、财税、司法。倭马亚王朝强化行省的权力分割原则;在大多数情况下,总督的权力局限于军政领域,另设阿米勒掌管财税,卡迪掌管司法。④由于非塞姆族臣民的顽强反抗,倭马亚王朝只是在"肥沃的新月地带"和尼罗河流域建立起较为稳固的统治,在其他地区仅仅局限于军事占领和征纳贡税。

自公元前4世纪马其顿国王亚历山大东征以后,中东长期处于分裂的

---

① Levy,R.,*The Social Structure of Islam*, Cambridge 1965, p.299.

② Kremer,A.F.,*The Orient under the Caliphs*,p.188.

③ Ali,A.,*A Short History of the Saracens, from the Earliest Times to the Destruction of Baghdad*, New Delhi 1977, p.187.

④ Kremer,A.F.,*The Orient under the Caliphs*,p.189.

状态,形成东西对峙的政治格局。这种现象遗留至倭马亚时代,使得哈里发国家的东部和西部存在明显的区域差异。叙利亚是哈里发直接控制的行省,倭马亚王朝始终未设叙利亚总督一职。在叙利亚以西,埃及构成叙利亚的政治附庸和财源所在,易弗里基叶行省长期隶属于埃及总督。在伊斯兰世界的东部,哈里发赋予伊拉克总督以广泛的权力,著名的铁腕人物齐亚德·阿比希、哈查只·尤素夫及其后的叶齐德·穆哈拉布俨然是倭马亚王朝统治美索不达米亚和伊朗高原直至中亚诸地和印度河流域的权力象征。

四、新的征服

1

马立克当政期间，穆斯林内战平息，伊斯兰世界重新统一，穆阿威叶开创的君主制得以最终确立，哈里发国家随之开始发动新的扩张。至韦里德（705—715年在位）和苏莱曼（715—717年在位）当政期间，倭马亚王朝的军事征服达到顶峰。

倭马亚王朝在东部的征服是与哈查只·尤素夫的名字联系在一起的，伊拉克秩序的稳定为哈里发国家在东部的扩张提供了必要的政治条件。692年阿卜杜拉·祖拜尔死后，哈查只·尤素夫出任希贾兹和也门总督，着力平息希贾兹、也门和叶麻麦等地的骚乱。694年，哈查只·尤素夫离开阿拉伯半岛，出任伊拉克总督，受命恢复库法和巴士拉的秩序。此时，尽管内战已经结束，但是伊拉克仍然处于十分混乱的状态。库法的阿拉伯人长期追随阿里家族，与倭马亚王朝积怨甚深。在巴士拉，阿卜杜拉·祖拜尔的残余颇具势力，哈瓦立及派活动频繁。倭马亚王朝将伊拉克的阿拉伯人视作心腹大患，哈里发马立克对哈查只·尤素夫出任伊拉克总督寄予厚望。694年的一个聚礼日，哈查只·尤素夫佯装驼夫，潜入库法，突然出现在等待聚礼的穆斯林面前。他登上讲台，揭开蒙在头上的围巾，发表了铿锵有力的演说。他首先引用古诗中的词句作为开场白："我的祖先曾拨云雾而登高，揭开头巾你们就看清我的真实面貌。"他接着说："我确信，我看见许多头颅已经成熟，可以收割，而我就是收割的人。我仿佛看到许多头巾与下颌之间流动着的鲜血。你们动辄暴乱……指主发誓，我要像剥树皮那样剥去你们的皮，我要像捆细枝条那样捆绑你们，我要像鞭笞脱离正道的骆驼那样抽打你们……我应许的，就一定办到。"不久，伊拉克的阿拉伯人便尝到了这位新总督的厉害。库法和巴士拉笼罩在极度的恐怖气氛之中,到处是腥风血雨。根据夸张的记载,10万生灵死于哈查只·尤素夫的屠刀之下。著名的辅士艾奈斯·马立克年高德劭,学识渊博,深受穆斯林的爱戴,却因支持阿卜杜拉·祖拜尔,被哈查只·尤素夫治罪,身陷囹圄。

698年,哈查只·尤素夫委派著名将领穆哈拉布·阿比·苏弗拉率军征讨伊朗高原南部的法尔斯和克尔曼,歼灭哈瓦立及派的极端分支阿兹拉格派势力。699年,哈查只·尤素夫委派阿卜杜勒·拉赫曼·阿什阿斯率军征讨伊朗高原东南部锡斯坦的土著王公。这支队伍由库法和巴士拉的阿拉伯战士组成,装备精良,号称"孔雀军"。"孔雀军"在锡斯坦攻战艰难,加之水土不服,思乡之心甚切。然而,哈查只·尤素夫严令阿卜杜勒·拉赫曼·阿什阿斯不得退兵。701年,"孔雀军"反叛,撤离锡斯坦,经法尔斯返回伊拉克,在突斯塔尔击败哈查只·尤素夫的队伍,继而夺取库法。不久,哈查只·尤素夫从巴士拉发动反攻,在达尔·贾麦金歼灭"孔雀军",收复库法。"孔雀军"的反叛,使倭马亚王朝不再信任伊拉克的阿拉伯人。702年,哈查只·尤素夫在库法与巴士拉之间营建新城,名为瓦西兑(阿拉伯语中意为中间之地),作为自己的驻节地,屯驻叙利亚籍的阿拉伯战士,倭马亚王朝对伊拉克的控制进一步加强。①

哈查只·尤素夫的统治或许过于残酷,后来的史家因此将他比作嗜杀成性的罗马暴君尼禄。然而,哈查只·尤素夫出任伊拉克总督20年,毕竟恢复了库法和巴士拉的政治秩序,为哈里发国家在东方的扩张奠定了坚实的基础。伊拉克的阿拉伯人至少暂时中止了内部的敌对活动,他们越过伊朗高原,在遥远的东方开始投入新的圣战。

阿姆河旧称"乌浒水",是伊朗高原的波斯人家园与中亚的突厥人家园

---

① Holt,P.M.,Lambton,A.K.S.& Lewis,B.,*The Cambridge History of Islam*,Vol.1A,p.85.

之间的重要分界线。阿拉伯人将阿姆河右岸不讲波斯语的土著居民统称为突厥人,佛教在这一地区颇具影响。倭马亚王朝初期,阿姆河右岸分布着康、安、曹、石、米、何、火寻、戊地、史九国,中国史籍中称作昭武九姓,系唐朝藩属,由安西都护府节制。

704年,哈查只·尤素夫举荐部将古太白·穆斯林(中国史籍称屈底波)出任伊朗高原东部的呼罗珊总督,驻节木鹿。705年,古太白·穆斯林统兵5万人越过阿姆河,攻入吐火罗斯坦(亦译为巴克特里亚),占领阿姆河上游重镇巴勒黑。706—712年,古太白·穆斯林率军攻入粟特(中国史籍称河中府,因位于阿姆河与锡尔河之间而得名),占领阿姆河中游的两座重镇布哈拉和撒马尔罕,进而降服阿姆河下游花刺子模一带。713年,古太白·穆斯林的队伍深入锡尔河(旧译药杀水)流域,攻占拔汗那(即费尔干纳,中国史籍称大宛国),而后班师返回呼罗珊。古太白·穆斯林在阿姆河右岸的许多地区焚毁佛教庙宇,建造清真寺,迁入阿拉伯人,强迫突厥人改奉伊斯兰教,初步奠定中亚伊斯兰教化的基础。数百年后,布哈拉和撒马尔罕成为伊斯兰世界的重要文化中心。714年,古太白·穆斯林再度出征,平定中亚的反叛势力。715年,阿拉伯战士哗变,古太白·穆斯林被杀。[①]

在古太白·穆斯林鏖兵中亚的同时,穆罕默德·嘎希姆在哈里发国家的东方开辟另一处战场。穆罕默德·嘎希姆是哈查只·尤素夫的女婿,印度河流域为他提供了圣战的场所。相传,那里的海盗曾经抢劫锡兰(今斯里兰卡)的王公送给倭马亚哈里发的8船贡品,哈查只·尤素夫于是委派穆罕默德·嘎希姆前去征讨。710年,穆罕默德·嘎希姆自巴士拉率军东进,沿波斯湾北岸攻入俾路支。穆罕默德·嘎希姆于712年占领印度河下游的信德,而后溯印度河挥师北进,于713年占领旁遮普的佛教圣地木尔坦。随着穆罕

---

① 穆罕默德·穆斯塔法·齐亚德:《阿拉伯世界的历史与文明:古代与伊斯兰时代》,第179—180页。

默德·嘎希姆的征战,伊斯兰教开始传入印度河流域,信德和旁遮普成为穆斯林在南亚次大陆的最初据点。相传,哈查只·尤素夫曾经向古太白·穆斯林和穆罕默德·嘎希姆许诺,谁先踏上中国的土地,就任命谁做那里的统治者。①

2

倭马亚王朝不仅在东方的战场高奏凯歌,而且在西方发起凌厉的攻势。古太白·穆斯林和穆罕默德·嘎希姆并没有踏上中国的土地,穆萨·努赛尔的铁骑却终于敲开欧洲基督教世界的大门。

倭马亚王朝建立后,阿拉伯人自埃及向西推进。阿慕尔·阿绥的侄子欧格白·纳菲率军深入马格里布,直到大西洋的波涛阻挡住阿拉伯战士的前进路线。670年,欧格白·纳菲建造凯鲁万城(位于今突尼斯中部),作为屯驻阿拉伯战士的营地和统治柏柏尔人的据点。683年,欧格白·纳菲进攻马格里布南部的阿斯特拉山区,遭到柏柏尔人的袭击,阵亡于比斯克拉附近的塔胡达,阿拉伯人被迫东撤。②

693年,哈桑·努尔曼出任易弗里基叶总督,再度向西部发动攻势,平定反叛的柏柏尔人,驱退拜占廷舰队,夺取凯鲁万。700年,哈桑·努尔曼的部将穆萨·努赛尔继任易弗里基叶总督,最终降服柏柏尔人,完成对马格里布的征服。③在过去的数百年中,马格里布处于罗马帝国和拜占廷帝国的统治之下。然而,来自欧洲的统治者与土著的柏柏尔人之间不仅存在着明显的种族差异,而且具有截然不同的文化传统。罗马人和拜占廷帝国的统治者

① 穆罕默德·穆斯塔法·齐亚德:《阿拉伯世界的历史与文明:古代与伊斯兰时代》,第180页。

② Watt,W.M.,*The Majesty That Was Islam, the Islamic World 661–1100*,pp.39–40.

③ Watt,W.M.,*The Majesty That Was Islam, the Islamic World 661–1100*,p.40.

大都习惯于城居的生活方式,他们的分布范围仅仅局限于马格里布的沿海地带,对马格里布内陆追逐水草的柏柏尔人影响甚微。相比之下,属于塞姆语系分支的阿拉伯人与属于含姆语系分支的柏柏尔人具有较近的亲缘关系,阿拉伯人的故乡与柏柏尔人的家园在自然环境方面十分接近,两者的生活方式颇多相似之处。因此,阿拉伯人仅用数十年的时间,便使自己的语言和宗教深深地植根于柏柏尔人的土壤。柏柏尔人的伊斯兰教化,为哈里发国家在西方发动进一步的攻势提供了充足的兵源。

709年,统治伊比利亚半岛的西哥特王国发生内讧,贵族罗德里克篡权即位,被废黜的国王朱利安请求穆斯林出兵援助。710年,穆萨·努赛尔的部将泰利夫(此人属阿拉伯血统还是柏柏尔血统已经无从考查)率领柏柏尔战士500人渡过海峡,在伊比利亚半岛南端登陆;该处至今仍以泰利夫命名,称作"塔里法"。711年春,穆萨·努赛尔的另一部将塔立格·齐亚德率领7000名战士,其中大部分是柏柏尔人,从丹吉尔出发,渡海攻入伊比利亚半岛。塔立格·齐亚德登陆的地点被命名为塔立格山,阿拉伯语中读作贾巴勒·塔立格,直布罗陀海峡由此得名。此时,罗德里克正在北方作战,获悉穆斯林攻入半岛的消息后,便南下迎战。711年7月,双方在巴尔柏特河口发生激战。塔立格·齐亚德击溃罗德里克的队伍,取得决定性的胜利,继而挥师北进,势如破竹。[①]穆斯林避开设防坚固的城市梅立达和塞维利亚,攻占西哥特王国的首都托莱多以及马拉加、科尔多瓦诸地。捷报传到凯鲁万,穆萨·努赛尔决定亲自出征,去伊比利亚半岛建立功勋。

712年,穆萨·努赛尔率领8000名阿拉伯战士冲进伊比利亚半岛,攻占塔立格·齐亚特一度避开的要塞梅立达和塞维利亚, 在托莱多与自己的部将会师。此后,穆斯林继续向北方推进,占领萨拉戈萨,逼近阿拉贡、来昂、阿斯都里亚、加利西亚。713年,穆斯林征服伊比利亚全境,伊比利亚改称

---

① Watt,W.M.,*The Majesty That Was Islam, the Islamic World 661—1100*,p.40.

"安达卢西亚"(意为汪达尔人的土地，这或许是由于汪达尔人曾经生活在该处的缘故)。①

715年初,哈里发韦里德将穆萨·努赛尔召回大马士革。穆萨·努赛尔命其子阿卜杜勒·阿齐兹留守伊比利亚半岛,自己凯旋。穆萨·努赛尔将数百名西哥特的王公贵族和大量的奇珍异宝献给了哈里发。但是,厄运很快便降临在穆萨·努赛尔的头上。715年底,韦里德病亡,新的哈里发苏莱曼剥夺穆萨·努赛尔的一切权力, 没收其全部财产。叱咤风云的一代名将受尽凌辱,穷困潦倒,不得不在希贾兹行乞为生,直至717年死于麦加。②

716年,穆萨·努赛尔之子阿卜杜勒·阿齐兹死于暗杀,侯尔·阿卜杜勒·拉赫曼继任伊比利亚半岛的穆斯林统帅。717年,穆斯林在西南欧发起新的攻势,阿拉伯人和柏柏尔人越过比利牛斯山,进军法国南部的高卢。但是,穆斯林在高卢的战事并不顺利,他们遭到法兰克人的顽强抵抗。721年,穆斯林兵败于阿奎丹公爵的驻地图卢兹城下,侯尔·阿卜杜勒·拉赫曼的继任者赛木哈·马立克阵亡。732年春,穆斯林越过加龙河谷,击败阿奎丹公爵厄德的队伍,占领波尔多,兵抵都尔。③同年10月,阿卜杜勒·拉赫曼·贾菲兹统率的穆斯林与法兰克王国宫相查理·马特统率的队伍交战于都尔附近的普瓦提埃。法兰克人的重装步兵列成空心的方阵,击退穆斯林轻骑兵的多次冲击,直至阿卜杜勒·拉赫曼·贾菲兹阵亡,穆斯林在夜幕的掩护下拔营撤走。此后,穆斯林逐渐停止在高卢的攻势。他们与本土的距离已经过于遥远,其攻击力量已经趋于枯竭。哈里发国家在西方的军事扩张达到自然的极限。④

---

① 希提:《阿拉伯通史》,第591页。

② 希提:《阿拉伯通史》,第593页。

③ Holt,P.M.,Lambton, A.K.S.& Lewis,B.,*The Cambridge History of Islam*,Vol.1A,p.95.

④ 穆罕默德·穆斯塔法·齐亚德:《阿拉伯世界的历史与文明:古代与伊斯兰时代》,第180—181页。

　　与此同时,倭马亚王朝在北方发动猛烈的攻势,攻击的目标是苟延残喘的拜占廷帝国。麦地那时代末期,穆斯林进入高加索山南麓,占领阿塞拜疆以及亚美尼亚和格鲁吉亚部分地区,兵抵小亚细亚半岛东侧。[①]此后,哈里发国家曾经三次进攻拜占廷帝国的首都君士坦丁堡。第一次发生于穆阿威叶当政期间,最后一次发生于阿拔斯王朝哈里发哈伦当政期间,而苏莱曼发动的进攻是最具威胁的一次。苏莱曼的胞弟麦斯莱麦于716年率军出征,穿过小亚细亚半岛,到达博斯普鲁斯海峡南侧。来自叙利亚和埃及的穆斯林舰队游弋于君士坦丁堡水域,对拜占廷帝国的首都形成海陆夹击的态势。拜占廷皇帝利奥三世据险固守,利用"希腊火"抵御穆斯林的攻势,并用巨型铁链封锁黄金角湾,阻挡穆斯林舰队从侧翼的袭击。麦斯莱麦在君士坦丁堡城下屯兵达一年之久,却屡攻不克。严冬的酷寒以及饥荒和瘟疫使穆斯林的力量受到严重的消耗,但是麦斯莱麦仍不肯停止进攻。他决意夺取君士坦丁堡,亲自踏上欧洲的土地。717年苏莱曼死后,欧默尔二世即位。新的哈里发严令撤军,麦斯莱麦无奈之下,班师而归。撤军途中,穆斯林舰队遭到风暴的袭击,损失惨重。[②]

　　新的征服无疑标志着倭马亚王朝进入鼎盛的时期,大马士革的哈里发统治着西起马格里布和伊比利亚半岛、东至锡尔河流域和印度河流域的广大地区。然而,鼎盛的背后潜藏着衰落的征兆,一个危险的政治势力正在崛起。这就是阿拔斯派。

---

① Watt,W.M.,*The Majesty That Was Islam, the Islamic World 661–1100*,p.35.

② 泰伯里:《历代先知与君王史》,第 2 卷,第 1314—1317 页。

五、阿拔斯派的兴起

1

阿拔斯派是先知穆罕默德的叔父阿拔斯·阿卜杜勒·穆塔里布的后裔在倭马亚时代建立的政治宗派。阿拔斯家族虽然属于麦加的古莱西部落,但是最初并无显赫的地位。阿拔斯·阿卜杜勒·穆塔里布尽管身为先知穆罕默德的叔父,却长期追随反对伊斯兰教的麦加保守势力,曾于 624 年在巴德尔战斗中与穆斯林兵戎相见,直至 630 年穆斯林征服麦加的前夕皈依伊斯兰教。其子阿卜杜拉·阿拔斯是先知穆罕默德的堂弟和著名的圣门弟子,在麦地那哈里发时代并没有介入穆斯林内部的权力争夺,而是致力于注释《古兰经》和传述"圣训",被誉为"经典诠释的宗师"。欧默尔每逢遇到疑难问题,便求教于阿卜杜拉·阿拔斯。奥斯曼和阿里当政期间,阿卜杜拉·阿拔斯依然受到哈里发的器重。[①]倭马亚王朝建立后,阿拔斯家族与阿里家族由于同出一宗,相互交往日渐密切。正是阿卜杜拉·阿拔斯与穆罕默德·阿里建立的家族联盟,构成阿拔斯人涉足穆斯林内部政治角逐的起点。

穆罕默德·阿里系麦地那末代哈里发阿里之子,因其母豪拉是哈尼法部落的贾法尔·哈奈菲叶之女,故而亦称伊本·哈奈菲叶,以示区别先知穆罕默德之女法蒂玛所生二子哈桑和侯赛因。哈桑和侯赛因死后,穆罕默德·阿里作为阿里唯一在世的嫡子,成为阿里家族的追随者所拥戴的人物。

685 年,阿里家族的追随者在库法发动起义,起义的首领穆赫塔尔极力尊崇穆罕默德·阿里作为宗教领袖即伊玛目。穆罕默德·阿里和阿卜杜拉·阿拔斯由于拒绝承认阿卜杜拉·祖拜尔出任哈里发的合法地位,在麦加遭

---

①   Omar,F.,*The Abbasid Caliphate 750–786*,Baghdad 1969,pp.59–60.

到后者的监禁。此间,穆赫塔尔曾经自库法出兵,前往麦加救援。[1]687年,穆赫塔尔兵败身亡,其在库法的残部继续将穆罕默德·阿里视作宗教领袖。穆罕默德·阿里和阿卜杜拉·阿拔斯则从麦加移至塔伊夫,以躲避阿卜杜拉·祖拜尔的迫害。[2]

阿卜杜拉·阿拔斯死后,其子阿里·阿卜杜拉携家眷离开塔伊夫,移居死海南岸的侯麦迈。[3]阿里·阿卜杜拉举家北迁,表明阿拔斯人在当时群雄逐鹿的形势下具有支持倭马亚王朝的政治倾向。阿里·阿卜杜拉甚至高居大马士革的倭马亚宫廷,深得马立克的宠爱。韦里德即位后,阿里·阿卜杜拉逐渐失宠于哈里发,并且由于涉嫌宫廷谋杀,一度入狱。阿里·阿卜杜拉之子穆罕默德·阿里曾在韦里德即位后供职于倭马亚王朝,并且跟随韦里德征讨拜占廷帝国。[4]显然,阿拔斯家族尽管借助于其与阿里后裔之间的密切联系而开始介入穆斯林内部的政治角逐,但是在很长的时期内并没有成为反对倭马亚王朝的势力,更无要求继承哈里发权位的意向。将阿拔斯人与倭马亚人之间的敌对关系追溯到倭马亚王朝的初期,甚至追溯到查希里叶时代,纯属后人的虚构。

大约在701年,伊马目穆罕默德·阿里死于塔伊夫。"他是最后一位受到阿里家族的追随者广泛拥戴的首领。"伊马目穆罕默德·阿里死后,穆赫塔尔在库法的残部大都尊崇其子阿布·哈希姆作为新的伊玛目,并且因此称为"哈希米叶",意为哈希姆派。然而,阿里家族的其他成员,如哈桑之子栽德和侯赛因之子阿里,拒绝承认阿布·哈希姆作为阿里家族的首领和伊玛

---

[1]　泰伯里:《历代先知与君王史》,第2卷,第692—695页。

[2]　Sharon,M.,*Black Banners from the East,the Establishment of the Abbasid State*,Jerusalem 1983, p.115.

[3]　Omar,F.,*The Abbasid Caliphate 750–786*,p.61.

[4]　Sharon,M.,*Black Banners from the East*,pp.122–124.

目的地位,阿里家族的追随者趋于分裂。

717 年,阿布·哈希姆在阿拔斯家族的驻地侯麦迈中毒身亡。阿布·哈希姆因无子嗣,弥留之际将阿里家族获取"信仰真谛"的凭证即所谓的"黄色手卷"以及哈希姆派成员的名单交给阿拔斯家族的穆罕默德·阿里,从而使穆罕默德·阿里承袭了伊玛目的称号和哈希姆派首领的权力,尤其是承袭了对于哈里发权位的要求。[①]

阿里家族追随者的趋于分裂,促使哈希姆派开始支持阿拔斯家族。阿布·哈希姆的权力移交,则使穆罕默德·阿里成为哈希姆派拥戴的第一位来自阿拔斯家族的伊玛目。阿拔斯家族因此得以控制和利用哈希姆派作为自己的政治工具,旨在反对倭马亚王朝的阿拔斯派运动始露端倪。

2

倭马亚王朝自从建立伊始,其统治权力的合法性便处于困扰之中。在伊斯兰世界,具有圣族的身世是出任哈里发的首要条件。然而,圣族的概念在当时却没有明确的规定。"圣族"一词源于先知穆罕默德传布的启示,《古兰经》中曾三次提及圣族(Ahl al-Bayt),指天房的居民和克尔白的监护者。[②]根据倭马亚王朝的正统理论,圣族即麦加的古莱西人,凡出身古莱西部落者皆有出任哈里发的资格。什叶派则认为,圣族应指先知穆罕默德的家族,阿里及其后裔是圣族唯一的政治代表,其他人出任哈里发皆为僭夺权位的非法行为。因此,680 年穆阿威叶死后,阿里家族的追随者极力迎请阿里的次子侯赛因前往库法出任哈里发。卡尔巴拉惨案的发生和侯赛因的遇难,导致阿里家族的追随者与倭马亚王朝之间矛盾激化。684 年,所谓的

---

① Sharon,M.,*Black Banners from the East*,p.117,pp.132–134.

② 《古兰经》,11:73,28:12,32:33。

"悔罪者"在库法举行暴动,首开什叶派武装起义的先河。685 年,穆赫塔尔在库法发动起义,进一步阐述"归权先知家族"的政治原则,作为什叶派反对倭马亚王朝的行动纲领。"穆赫塔尔运动在伊斯兰世界的历史上具有重要的地位,后来的阿拔斯人完整地接受了穆赫塔尔阐述的政治原则。"[①]阿拔斯派运动兴起以后,沿袭"归权先知家族"的政治原则,采取神学宣传的活动形式。穆赫塔尔运动在某种程度上亦可谓哈希姆派和阿拔斯派运动的先驱。"穆赫塔尔之未成功的起义与阿布·穆斯林之获得胜利的革命之间无疑具有内在的联系。虽然 685 年的火焰被倭马亚人扑灭,但是火焰留下的灰烬却从库法转移到呼罗珊……穆赫塔尔是伊斯兰历史上的伟人,预见到未来的结果。"[②]

717—747 年,阿拔斯派运动的基本内容是达瓦。所谓达瓦,在阿拉伯语中意为布道或传布真理。阿拔斯派通过达瓦的形式,指责倭马亚哈里发抛弃先知穆罕默德的教诲和背离伊斯兰教的准则,抨击倭马亚王朝的统治是伊斯兰世界罪恶的渊薮和内战的根源。阿拔斯派声称,倭马亚王朝只是世俗统治而非神权政体,伊斯兰教已经遭到倭马亚人的歪曲,必须恢复先知穆罕默德时代的信仰,重建伊斯兰教的神权政体,实现穆斯林人人平等的社会原则,尤其需要重新确立先知穆罕默德的家族在伊斯兰世界中的核心地位和神圣权力。倭马亚时代,先知穆罕默德的家族主要包括阿里后裔和阿拔斯后裔两支;倭马亚人虽然属于古莱西部落,却非出自先知穆罕默德所在的哈希姆氏族。因此,阿拔斯派的达瓦尽管表现为宗教范畴的神学宣传,但是无疑包含着深刻的现实内容。"归权先知家族"的原则,不仅意味着否定倭马亚人出任哈里发的合法地位,而且为阿拔斯派与什叶派联合反对倭马亚王朝提供了必要的政治基础。正是由于倡导"归权先知家族"的原

---

①   Sharon,M.,*Black Banners from the East*,p.105.

②   Wellhausen,J.,*The Arab Kingdom and Its Fall*,p.506.

则,使阿拔斯派得以植根于什叶派的肥沃土壤而逐渐壮大,尤其是使穆罕默德·阿里作为伊玛目获得哈希姆派的有力支持。

穆罕默德·阿里时期,阿拔斯派运动带有极为浓厚的神秘色彩,伊玛目隐居在死海南岸的侯麦迈,仅与哈希姆派的个别首领进行秘密接触,其真实身份鲜为人知。哈希姆派作为阿拔斯家族的政治工具,其成员主要分布在库法,大都属于阿拉伯人穆斯里亚部落和哈姆丹部落。[①]穆罕默德·阿里曾经说:"他们是我的挚友、我的忠实仆人、我的所在和我的归宿。他们是我的亲人和朋友。我的勇士将产生于他们之中。"[②]库法作为阿拔斯派运动兴起之初的重心所在,在穆斯林的政治生活中占有举足轻重的地位。早在麦地那哈里发时代末期,库法的阿拉伯人便开始追随阿里,敌视倭马亚人的哈里发奥斯曼。倭马亚时代,阿里家族在库法拥有为数众多的追随者,什叶派在库法构成反对倭马亚王朝的主要政治力量,其影响充斥于库法的阿拉伯人和麦瓦利(即非阿拉伯血统的穆斯林)中间。然而,阿里家族的追随者并没有形成统一的政治组织,他们分别支持法蒂玛系的哈桑后裔、侯赛因后裔和哈奈菲叶系的阿布·哈希姆及其继承人即阿拔斯家族的穆罕默德·阿里。其中,侯赛因的嫡孙穆罕默德·巴基尔和栽德·阿里的追随者尤占多数;什叶派的重要人物巴亚恩·萨曼、穆吉拉·赛义德和阿布·曼苏尔皆因支持穆罕默德·巴基尔而被倭马亚王朝处死。[③]相比之下,哈奈菲叶系的阿布·哈希姆虽是阿里的嫡孙,但系庶出,并非先知穆罕默德以及法蒂玛父女二人的直系后裔,其追随者在什叶派中影响甚微。至于阿拔斯家族的穆罕默德·阿里,虽然其祖辈与先知穆罕默德同出一宗,却不属于阿里的后裔,亦

---

① Shaban,M.A.,*The Abbasid Revolution,Cambridge 1970*,p.149.

② Sharon,M.,*Black Banners from the East*,p.140.

③ 穆罕默德·巴基尔后来成为什叶派的主体十二伊玛目派以及伊斯马仪派公认的第五代伊玛目,栽德·阿里的追随者逐渐演变为什叶派的重要分支栽德派。

非阿里家族的追随者。什叶派与阿拔斯派固然皆有"归权先知家族"的政治要求,但是,穆罕默德·巴基尔和栽德·阿里的追随者极力强调唯有阿里家族中法蒂玛系的成员才是先知穆罕默德的直系后裔,具备出任哈里发的合法资格。他们不仅反对倭马亚王朝,而且排斥包括哈希姆派和阿拔斯派在内的其他政治势力之继承哈里发权位的要求,歧视非阿拉伯血统的穆斯林。穆罕默德·阿里曾经告诫哈希姆派成员:"当心库法人……不要指望他们的帮助","不要从库法人中吸收过多的支持者"。由此可见,阿拔斯人及哈希姆派与阿里派法蒂玛系的追随者之间存在着明显的政治分歧。阿里派的分裂,尤其是阿里派法蒂玛系的追随者对阿拔斯人及哈希姆派的排斥,使得阿拔斯派运动在库法的发展受到了极大的限制;库法的哈希姆派作为阿拔斯人的政治工具,其成员尚不足 30 人。[1]阿拔斯人在库法无力左右什叶派法蒂玛系的追随者,更无法聚合反对倭马亚王朝的诸多势力,遂着眼于开辟新的活动空间。呼罗珊则为阿拔斯派运动的进一步发展提供了不可多得的适宜环境。

3

呼罗珊本意为"东方的土地",指伊朗高原东部直至阿姆河左岸的广大地区。麦地那哈里发时代后期,阿拉伯人自库法和巴士拉挥师东进,征服呼罗珊。移入呼罗珊的阿拉伯战士及其眷属约为 20 万人,分别来自塔米姆部落、凯斯部落、巴克尔·沃依勒部落、阿卜杜勒·凯斯部落和阿兹德部落。[2]倭马亚时代,大批阿拉伯人离开伊拉克,移至呼罗珊,使呼罗珊成为继阿拉伯半岛和新月地带之后阿拉伯人的又一家园。阿拉伯人拥向呼罗珊,是伊拉

---

① Omar,F.,*The Abbasid Caliphate 750–786*,p.68.

② Wellhausen,J.,*The Arab Kingdom and Its Fall*,p.427.

克地区政治对抗的直接结果。倭马亚王朝的移民举措,一定程度上稳定了
伊拉克的秩序。然而,大批骚乱者的东迁,使呼罗珊成为威胁倭马亚王朝统
治的隐患所在。移入呼罗珊的阿拉伯人主要来自巴士拉,自库法东移的阿
拉伯人数量较少。呼罗珊的阿拉伯人无疑对倭马亚王朝的统治普遍存在着
不满情绪,但是大都并非阿里家族的追随者,什叶派的政治影响相对有限。
相传,穆罕默德·阿里曾说:"库法人是阿里及其后裔的追随者,巴士拉人怀
念着死去的奥斯曼。贾吉拉是哈瓦立及派的势力范围,他们是堕落的阿拉
伯人,与基督徒没有区别。叙利亚人只服从穆阿威叶和倭马亚家族,是所有
穆斯林的仇敌,而麦加人和麦地那人仅仅推崇阿布·伯克尔和欧默尔。我们
要去争取呼罗珊人的支持,那里有着强悍而无偏见的战士。我的希望寄托
在太阳升起的地方"[1],"他们没有阿拉伯贵族的私欲,也没有介入宗派之间
的权力角逐……他们正遭受着统治者的盘剥和欺辱,企盼着拯救者的来
临"[2]。因此,当阿拔斯人在库法举步维艰的时候,穆罕默德·阿里慧眼独识,
选择呼罗珊,达瓦的重心开始移向遥远的东方。

718年,库法的哈希姆派首领布凯尔·麦罕来到里海南岸的朱尔占地区
进行秘密宣传活动,成为阿拔斯派运动自库法东移的先驱。次年,移居木鹿
的阿拉伯人胡扎尔部落首领苏莱曼·卡希尔接受达瓦的思想,进而在呼罗
珊播下阿拔斯派运动的火种。[3]729—736年,布凯尔·麦罕委派哈希姆派成
员希达什潜入木鹿,领导呼罗珊的阿拔斯派运动。[4]在此期间,达瓦在呼罗
珊的影响逐渐扩大,希达什则被后来的研究者视作阿拔斯派运动在呼罗珊
得以立足的奠基人。[5]显而易见,达瓦东移的过程开始于库法的哈希姆派成

[1] Omar,F.,*The Abbasid Caliphate 750–786*,pp.68–69.
[2] Sharon,M.,*Black Banners from the East*,p.51.
[3] Sharon,M.,*Black Banners from the East*,pp.147–149.
[4] 泰伯里:《历代先知与君王史》,第2卷,第692—695页。
[5] Wellhausen,J.,*The Arab Kingdom and Its Fall*,p.514.

员在呼罗珊的秘密活动,呼罗珊的阿拔斯派运动最初亦处于库法的哈希姆派首领的直接控制之下,库法作为达瓦的起点构成侯麦迈与呼罗珊之间得以沟通的重要桥梁。736 年希达什被倭马亚王朝处死以后,穆罕默德·阿里开始与哈希姆派在呼罗珊的成员频繁接触,加强侯麦迈与呼罗珊之间的直接联系,并且在呼罗珊建立起初具规模的秘密组织。伊玛目的使者,包括 12 名纳奇卜和 58 名达伊斯,活动在木鹿以及纳萨、阿比沃德、巴勒黑等地,达瓦的影响遍及胡扎尔、塔米姆、泰伊、舍伊班、哈尼法、巴吉拉、苏莱姆、哈姆丹、阿兹德等阿拉伯人部落,呼罗珊随之逐渐取代库法而成为阿拔斯派运动的重心所在。[①]与此同时,穆罕默德·阿里严格禁止其追随者介入什叶派发动的起义,规定纳奇卜和达伊斯必须将提防什叶派法蒂玛系的破坏作为秘密活动的首要原则。[②]侯麦迈与呼罗珊之直接联系的建立,明显削弱了库法的哈希姆派在呼罗珊阿拔斯派运动中的作用。因此,达瓦的东移,不仅意味着阿拔斯人活动空间的改变,而且体现阿拔斯派与阿里派日渐分离的发展趋向,使得植根于阿里派土壤的阿拔斯派开始自成体系而独树一帜。

---

① Sharon,M.,*Black Banners from the East*,p.173,p.193.

② Omar,F.,*The Abbasid Caliphate 750–786*,p.70.

六、矛盾与危机

1

倭马亚王朝沿袭麦地那哈里发时代的传统，遵循欧默尔的著名设想，奉行阿拉伯人与伊斯兰教合而为一的政治原则，歧视非阿拉伯血统的穆斯林。后者尽管皈依伊斯兰教，却难以取得与阿拉伯穆斯林同样的权利。717年苏莱曼死后，欧默尔二世即位。欧默尔二世是倭马亚时代最为虔诚和开明的哈里发，奉行信仰至上的原则，在穆斯林内部广施仁政，安抚什叶派和哈瓦立及派，取消自穆阿威叶开始在星期五聚礼的呼图白中诅咒阿里的言辞。欧默尔二世着力实行税制改革，规定非阿拉伯血统的穆斯林只需承担天课作为当然的义务，免缴人丁税，旨在消除阿拉伯穆斯林与非阿拉伯血统的穆斯林之间的差异，鼓励被征服地区的土著居民改宗伊斯兰教。[1]欧麦尔二世曾经告诫属下："安拉派遣穆罕默德作为使者，而不是作为征税的人。"[2]然而，欧默尔二世的税制改革使哈里发国家的岁入总额明显减少，导致财政拮据。720年叶齐德二世（720—724年在位）即位后，废止新的税制，依旧向非阿拉伯血统的穆斯林征收重税。

欧默尔的著名设想形成于麦地那哈里发时代，适应阿拉伯人构成穆斯林主体的历史环境。倭马亚时代，伊斯兰教的传播范围不断扩大，被征服地区的土著居民相继皈依伊斯兰教，进而开始涉足哈里发国家的政治生活。至倭马亚王朝后期，波斯人和柏柏尔人等被征服民族中的伊斯兰教皈依者在数量上已经超过阿拉伯血统的穆斯林，形成广泛的社会势力。他们不肯

---

[1] Kennedy,H.,*The Prophet and the Age of the Caliphate*,p.106.

[2] Yeor,B.,*The Dhimmis, Jews and Christians under Islam*,London 1985,p.183.

长期屈居阿拉伯人之下,他们的不满情绪和反抗倾向日渐强烈。阿拉伯人与伊斯兰教合而为一的原则和阿拉伯穆斯林统治非阿拉伯血统异教人口的制度逐渐丧失赖以存在的社会基础,倭马亚王朝陷于无法克服的矛盾之中。

2

　　希沙姆(724—743年在位)当政19年,哈里发国家尚能维持表面的稳定。然而,此间发生的一系列事件,已经蕴藏倭马亚王朝覆亡的先兆。生活在俄罗斯南部草原的哈扎尔人,这一时期屡屡越过高加索山,进犯哈里发国家的北部边境。著名将领麦斯莱麦曾经令拜占廷帝国闻风丧胆,却在与哈扎尔人作战时兵败身亡。继麦斯莱麦之后,哈里发麦尔旺·哈克木的嫡孙麦尔旺·穆罕默德成为抵御哈扎尔人入侵的核心人物。他在亚美尼亚土著势力的支持下,经过长达12年的艰苦征战,终于将哈扎尔人赶出高加索山南麓,并且于738年一度攻入伏尔加河流域。在与哈扎尔人作战的过程中,麦尔旺·穆罕默德建立起颇具实力的军队。哈扎尔人被赶走以后,麦尔旺·穆罕默德将目光转向叙利亚,开始觊觎哈里发的权位。在伊斯兰世界的西部,柏柏尔人曾经与阿拉伯人并肩作战,驰骋于伊比利亚半岛。然而,一旦战事停止,柏柏尔人便将攻击的矛头指向以统治者自居的阿拉伯人,加之哈瓦立及派自伊拉克传入马格里布地区,助长了柏柏尔人与阿拉伯人之间的对立倾向。740年,追随哈瓦立及派的柏柏尔人发动反叛,声势浩大。驻守马格里布的阿拉伯战士屡遭败绩,溃不成军,纷纷逃往伊比利亚半岛。742年,哈里发倾尽全力,自叙利亚派遣重兵进入马格里布,击败反叛的柏柏尔人。但是,叙利亚的军事力量却因此趋于枯竭。在伊斯兰世界的东部边陲,阿姆河右岸的突厥王公屡屡反叛,布哈拉和撒马尔罕形势告急。倭马亚王朝于是将2万名阿拉伯战士迁往呼罗珊,加强东部的防务。①突厥王公的反叛得到平息,然而呼罗珊的矛盾对立却因此加剧。

743年希沙姆死后,哈里发国家进入动荡的时期。倭马亚人相互倾轧,哈里发频繁更替。韦里德二世(743—744年在位)在位一年便死于内讧,叶齐德三世(744年在位)在位仅仅半年亦暴病身亡。744年底,麦尔旺·穆罕默德自亚美尼亚进军叙利亚,击败叶齐德三世的弟弟易卜拉欣(744年在位),在大马士革即位,是为麦尔旺二世(744—750年在位)。此时,倭马亚王朝众叛亲离,四面楚歌,往日辉煌的基业只剩下断壁残垣。麦尔旺二世尽管不乏盛世之君的统治才能,却已无力回天。

---

① Omar,F.,*The Abbasid Caliphate 750–786*,p.75.

七、来自呼罗珊的黑色旗帜——阿拔斯人的起义

1

739 年,阿里的曾孙栽德·阿里离开麦地那,来到库法。库法的什叶派拥戴栽德·阿里作为伊马目,支持栽德·阿里发动起义。他们的纲领是遵循先知穆罕默德和阿里的遗训,分配伊拉克的国有土地,公平处置战利品,保护弱者,停止强行迁移阿拉伯人。740 年起义爆发后,库法的什叶派再次背弃自己的诺言,栽德·阿里遇害身亡。其子叶赫亚逃往呼罗珊,743 年被倭马亚王朝残酷处死。栽德·阿里起义的失败,尤其是叶赫亚的遇难,在呼罗珊引起强烈的反应。"所有的呼罗珊人为叶赫亚的被害哀悼七日……在那一年出生的男孩大都取名为叶赫亚或者栽德。""呼罗珊人身着黑色服装表示对于叶赫亚的哀悼之情。黑色遂成为呼罗珊人的标志。"①

什叶派起义的失败,促使反对倭马亚王朝的呼罗珊人将复仇的希望寄托于阿拔斯派。加之倭马亚王朝此时已是穷途末路,日薄西山,阿拔斯派运动自神学宣传转化为政治革命的社会条件日渐成熟。"栽德派起义失败和叶赫亚被害以后,阿拔斯人俨然成为先知家族的唯一代表。"②743 年,阿拔斯家族的穆罕默德·阿里在侯麦迈病逝。其子易卜拉欣继任伊玛目的职位,委派阿布·穆斯林前往呼罗珊策划起义。随着阿布·穆斯林在呼罗珊的出现,阿拔斯派运动开始进入武装起义的发展阶段。

阿布·穆斯林原名阿布·伊斯哈格·易卜拉欣,其早年身世较为模糊,他

---

① Sharon,M.,*Black Banners from the East*,p.177.

② Kennedy,H.,*The Early Abbasid Caliphate*,Princeton 1981,p.42.

本人对此亦讳莫如深。①阿布·穆斯林曾经声称："我是穆斯林中的一员,我不属于任何一个部落……我只信仰伊斯兰教,我只追随先知穆罕默德。"②阿拔斯派的许多追随者将阿布·穆斯林视作阿拔斯家族的成员,南方阿拉伯人声称阿布·穆斯林来自希米叶尔部落,呼罗珊的土著居民认为阿布·穆斯林是古代波斯贵族的后裔。阿布·穆斯林死后,哈里发曼苏尔的宫廷诗人将阿布·穆斯林描述为库尔德人。③现代研究者大都确认,阿布·穆斯林系波斯血统的麦瓦利,然而阿布·穆斯林早年生活在库法还是伊斯法罕或呼罗珊尚无定论。

据相关资料记载,阿布·穆斯林早年服侍阿拉伯人伊吉勒部落的地产主伊萨·麦奇勒;后者曾经因为负债而被囚禁于库法,阿布·穆斯林亦随主人同住库法。在此期间,阿布·穆斯林得以接触哈希姆派首领布凯尔·麦罕,深受达瓦的影响。744年初,阿布·穆斯林随哈希姆派新首领阿布·萨拉玛来到侯麦迈,被伊玛目易卜拉欣收留。此后,阿布·穆斯林多次受易卜拉欣的委派,往返于侯麦迈与呼罗珊之间,传递伊玛目的指示,并逐渐取代苏莱曼·卡希尔而成为呼罗珊的阿拔斯派首领,筹划起义。

747年4月,易卜拉欣委派卡赫塔巴·沙比卜自侯麦迈来到呼罗珊,将作为起义标志的两面黑旗送交阿布·穆斯林,旗上写有《古兰经》中的启示:"被进攻者,已获得反抗的许可,因为他们是受压迫的。"同年6月,阿布·穆斯林在呼罗珊树起黑色的旗帜,将"归权先知家族"和实现穆斯林的平等作为起义的宗旨。移居呼罗珊的阿拉伯人与皈依伊斯兰教的波斯籍土著农民并肩作战,赶走呼罗珊总督纳绥尔·赛亚尔,占领木鹿,继而控制呼罗珊全境。748年秋,卡赫塔巴·沙比卜率军3万人自呼罗珊发动西征,击败倭马亚

①　Shaban,M.A.,*The Abbasid Revolution*,p.153.

②　泰伯里:《历代先知与君王史》,第2卷,第1965页。

③　Sharon,M.,*Black Banners from the East*,p.203.

王朝将领努巴塔·罕扎拉及其所部 1 万名叙利亚籍战士，攻占伊朗西部重镇莱伊。749 年春，卡赫塔巴·沙比卡在贾布拉克再度击败倭马亚王朝的军队，5 万名叙利亚籍战士望风溃逃，起义者攻占伊斯法罕和尼哈温。[①]同年 8 月，呼罗珊的起义者与倭马亚王朝驻守伊拉克的军队在卡尔巴拉发生激战。卡赫塔巴·沙比卜死于战场，其子哈桑率军奋力拼杀，击败伊拉克总督叶齐德·侯拜拉，后者率领残部退守瓦西兑，起义军占领库法。[②]

在呼罗珊的起义者与倭马亚王朝的军队鏖战之际，易卜拉欣在侯麦迈遭到哈里发的囚禁，不久死于狱中。其弟阿布·阿拔斯继任伊玛目，逃脱倭马亚王朝的追捕，于 749 年底来到库法。随后，阿拔斯派和呼罗珊的起义者在库法的清真寺宣誓拥戴阿布·阿拔斯，是为阿拔斯王朝的第一位哈里发。[③]

什叶派的分支哈希姆派曾经是阿拔斯派的重要政治工具，支持阿拔斯派反对倭马亚王朝的活动。然而，随着倭马亚王朝统治的崩溃，哈希姆派与阿拔斯派之间的矛盾日渐加剧，进而分道扬镳。易卜拉欣的死讯传到库法以后，哈希姆派首领阿布·萨拉玛急速遣使迎请侯赛因的曾孙贾法尔·萨迪克（即后来为十二伊玛目派和伊斯马仪派所公认的第六代伊玛目）前往库法即位，但是遭到后者的拒绝。阿布·阿拔斯在库法发表登基演说时则明确宣布：所谓圣族即是阿拔斯家族，并不包括阿里家族。阿里之兄贾法尔的曾孙阿卜杜拉·穆阿威叶于 749 年在伊朗北部发动起义，竟遭阿布·穆斯林的杀害。[④]

750 年初，倭马亚王朝的军队在底格里斯河上游支流扎布河畔覆没，倭马亚王朝末代哈里发麦尔旺二世西逃，叙利亚各地纷纷归顺阿拔斯人。[⑤]同

---

① 泰伯里：《历代先知与君王史》，第 2 卷，第 1620 页，第 1932 页，第 1954—1959 页，第 2004 页。

② Wellhausen,J.,*The Arab Kingdom and Its Fall*,pp.539-541.

③ 泰伯里：《历代先知与君王史》，第 3 卷，第 47 页。

④ 泰伯里：《历代先知与君王史》，第 3 卷，第 69 页。

⑤ Shaban, M.A.,*The Abbasid Revolution*,p.167.

年 8 月,麦尔旺二世在埃及的布希尔遭阿拔斯派追杀而死,倭马亚王朝
灭亡。①

2

阿布·穆斯林在呼罗珊发动的起义无疑标志着阿拔斯派运动的顶峰,
而阿拔斯王朝的建立正是呼罗珊起义之胜利的直接结果。因此,阿拔斯派
运动的研究者大都着力探讨呼罗珊起义的社会动因,以求确定阿拔斯派运
动的性质。威尔豪森认为,倭马亚时代的阿拉伯社会建立在部落群体的基
础之上,倭马亚王朝主要代表北方阿拉伯人诸部落的利益,阿拔斯派运动
则体现了南方阿拉伯人诸部落的反抗倾向,呼罗珊起义的实质在于阿拉伯
部落群体之间的矛盾冲突。诚然,倭马亚时代的阿拉伯社会在一定程度上
沿袭蒙昧时代的血缘联系,移入呼罗珊的阿拉伯人尤其较多地保留部落群
体的传统形式。作为征服者首先进入呼罗珊的阿拉伯人大都属于塔米姆部
落;继塔米姆部落之后,来自阿兹德部落、阿卜杜勒·凯斯部落和巴克尔部
落的阿拉伯人亦不断移入呼罗珊。②倭马亚时代中期,大批阿拉伯部落民再
度自伊拉克移入呼罗珊。至倭马亚王朝末期,移入呼罗珊的阿拉伯部落民
及其眷属的总人数约为 20 万人。移入呼罗珊的阿拉伯部落民并未像伊拉
克的阿拉伯人集中于库法和巴士拉或者像埃及的阿拉伯人集中于弗斯塔
特那样,他们分散在木鹿绿洲以及内沙浦尔、哈拉特、塔尔干、突斯、木鹿—
卢泽诸多地区,或从军征战,或务农经商,其社会地位不尽相同。阿拉伯人
与波斯人的杂居状态, 加速了征服者与被征服者之间的同化和融合的过
程。出生在呼罗珊的阿拉伯人不再使用父辈的语言,而是操接近波斯语的

---

① Kennedy,H.,*The Early Abbasid Caliphate*,p.48.

② 泰伯里:《历代先知与君王史》,第 1 卷,第 2887—2888 页。

呼罗珊方言。他们中的许多人身着波斯的民族服饰,在波斯人的传统节日纳乌鲁兹节和米赫尔干节与土著民众狂欢作乐。征服者与被征服者之间的通婚现象亦十分普遍。①"久居呼罗珊的阿拉伯贝都因人后裔,在外表上与土著的波斯人已经没有明显的差异。他们都长着白皙的脸皮,留着黄色的胡须,身着费尔干纳的地方服饰。"与此同时,所谓的部落逐渐由血缘群体演化为政治集团。至希沙姆当政期间,移入呼罗珊的阿拉伯人明显分化为战士和定居者两大阶层,血缘群体与政治集团的界限之差异益发显见。②部落之间的对抗和冲突虽然形式犹存,但是已非真正意义的血族仇杀,徒具虚名。744年,阿拉伯人所谓的部落冲突在呼罗珊再度爆发,总督纳绥尔·赛亚尔及其支持者称穆达尔集团,与之对立的阿兹德部落首领贾迪尔·阿里·吉尔曼尼及其追随者则称拉比尔集团;然而,属于穆达尔支诸部落的大批阿拉伯人加入了贾迪尔·阿里·吉尔曼尼的队伍,纳绥尔·赛亚尔的队伍中亦不乏来自拉比尔支诸部落的阿拉伯人。阿拔斯王朝初期的历史家麦达尼因此称所谓的穆达尔集团为纳绥尔派,而称所谓的拉比尔集团为吉尔曼尼派。阿拔斯派运动在呼罗珊的发展无疑利用了部落对立的特定环境,穆罕默德·阿里亦曾要求阿拔斯派的追随者依靠南方阿拉伯人诸部落而避开北方阿拉伯人诸部落。然而,作为呼罗珊阿拔斯派的核心成员,12名纳奇卜和58名达伊斯分别来自南方阿拉伯人胡扎尔部落、泰伊部落、巴吉拉部落、哈姆丹部落、阿兹德部落和北方阿拉伯人塔米姆部落、哈尼法部落、苏莱姆部落、巴克尔部落;③呼罗珊起义的参加者亦不仅来自南方阿拉伯人诸部落,而且包括属于北方阿拉伯人诸部落的大批战士。因此,阿拔斯派运动和呼罗珊起义绝非传统意义的部落仇杀,而是超越血缘群体的狭隘界限,包含

① Wellhausen,J.,*The Arab Kingdom and Its Fall*,p.492,p.493.

② Shaban,M.A.,*The Abbasid Revolution*,p.67,p.116.

③ 泰伯里:《历代先知与君王史》,第2卷,第1358页。

着政治对抗的崭新内容。

亦有许多西方学者以种族对立的理论作为出发点，认为倭马亚时代呼罗珊地区的矛盾对抗起源于阿拉伯人的征服，而呼罗珊起义和阿拔斯王朝的建立体现了波斯民族的复兴及其对于阿拉伯人统治的否定。[①]然而，阿拉伯人之征服呼罗珊，不同于在其他地区的征服。呼罗珊的土著贵族在阿拉伯人征服前大都各自为政，与萨珊王朝联系甚少；波斯帝国的灭亡并没有直接导致土著贵族在呼罗珊统治权力的结束。阿拉伯征服者在呼罗珊各地往往只是与土著贵族订立条约和征收贡税，同时保留后者原有的诸多特权。阿拉伯人在放弃征战而务农经商后，竟遭到呼罗珊土著贵族的盘剥勒索，甚至沦为后者的隶属民。文献资料亦屡屡提及阿拉伯定居者由于呼罗珊总督与土著贵族联手统治而怨声载道。因此，在倭马亚时代的呼罗珊，社会对立与种族差异的界限并非相互吻合，而是错综交织；土著贵族往往支持倭马亚王朝的统治，阿拉伯定居者的社会地位则与土著平民益发接近。种族冲突虽不无存在，却非社会矛盾的主要内容。696年，伊朗贵族萨比特·库特巴和胡勒斯·库特巴曾经随同呼罗珊总督倭马亚·阿卜杜拉攻击反叛的塔米姆部落首领布凯尔·瓦沙赫，布凯尔·瓦沙赫则以免除土地税作为条件争取土著农民的支持。712年，呼罗珊总督古太白·穆斯林招募大批土著居民围攻撒马尔罕；而当撒马尔罕王公指责古太白·穆斯林唆使土著者自相残杀时，古太白·穆斯林亦指责撒马尔罕王公煽动阿拉伯人反叛倭马亚王朝。[②]利益的冲突和权力的争夺显然超越种族的差异，构成呼罗珊地区政治角逐的核心内容。其次，在倭马亚时代的呼罗珊，伊斯兰化的进程较为缓慢，土著伊朗居民中皈依伊斯兰教者为数尚少。古太白·穆斯林出任总督期间，皈依伊斯兰教的土著居民约为7000人；倭马亚时代后期，皈依伊斯兰

① Lassner,J.,*The Shape of Abbasid Rule*,Princeton 1980,p.1.

② Shaban,M.A.,*The Abbasid Revolution*,p.48,p.70.

教者增至 2 万人,这在呼罗珊的土著居民中仍只是少数。[①]在当时的历史条件下,皈依伊斯兰教是逐鹿政坛的首要前提,而阿拔斯派运动更是极富教派运动的色彩,以恢复早期伊斯兰教和"归权先知家族"为其宗旨。因此,呼罗珊的土著伊朗居民不可能成为阿拔斯派运动的主体,更无法取代阿拉伯人在阿拔斯派运动中的核心地位。723 年,穆罕默德·阿里在委派伊克里玛·齐亚德作为其使者前往呼罗珊时曾明确规定:务必依靠也门人,接近拉比尔人,提防穆达尔人,争取波斯人。[②]阿拔斯派在呼罗珊的12 名纳奇卜中至少有 8 人是阿拉伯人;活动在木鹿绿洲的 40 名达伊斯中,阿拉伯人亦超过半数;至于纳萨、阿比沃德、巴勒黑等地的达伊斯,则皆为阿拉伯人。阿拔斯派之选择木鹿绿洲作为达瓦的中心和起义的地点,并非偶然的现象。移入呼罗珊的阿拉伯定居者大都分布在木鹿绿洲并与土著人混住一处。"正是这些被益发同化的阿拉伯人丧失了作为征服者所享有的权利,不满于屈从伊朗贵族的地位,构成阿拔斯派在呼罗珊发动起义的主要力量。"[③]尽管呼罗珊起义的直接组织者阿布·穆斯林出身于非阿拉伯血统的麦瓦利,然而阿拉伯人在呼罗珊起义的过程中无疑占有举足轻重的地位。748 年 2 月阿布·穆斯林率领起义队伍进攻木鹿城时,其前锋主将阿绥德、左军主将凯姆斯和右军主将马立克均为阿拉伯人,分别属于胡扎尔部落和塔米姆部落。748 年秋自呼罗珊西征伊拉克的阿拔斯派队伍亦由阿拉伯人卡赫塔巴·沙比卜统率,所部 3 万余人大都来自南方阿拉伯部落群体。[④]将呼罗珊起义和阿拔斯王朝的建立归结为种族的冲突,显然缺乏历史根据。

阿拔斯派并非什叶派,阿拔斯派与什叶派建立的政治联盟只是倭马亚

---

① 泰伯里:《历代先知与君王史》,第 2 卷,第 1291 页,第 1318 页。

② Wellhausen,J.,*The Arab Kingdom and Its Fall*,pp.508–509.

③ Sharon,M.,*Black Banners from the East*,p.195, p.xv.

④ 泰伯里:《历代先知与君王史》,第 2 卷,第 1987 页,第 1996 页。

时代特定历史条件下形成的共生现象,两派势力由于存在着无法克服的内在矛盾而自相互依存到彼此排斥直至分道扬镳。阿拔斯派的纲领包含着宗教和政治的双重内容。伴随着达瓦的东移,阿拔斯派运动逐渐自神学宣传演化为政治革命。呼罗珊的起义既非阿拉伯部落群体之间的传统仇杀,亦非土著波斯民族与阿拉伯征服者之间的矛盾冲突,其社会动因在于穆斯林内部的政治对抗。正是阿拔斯派运动使反对倭马亚王朝的诸多社会势力得以实现空前广泛的政治联合,直至推翻倭马亚王朝的统治。

第三章
阿拔斯王朝

一、政权的巩固

1

麦地那时代,伊斯兰教是阿拉伯人的宗教,哈里发国家是阿拉伯人统治的国家,阿拉伯人的分布区域与伊斯兰教的传播范围大体吻合。至于被征服地区非阿拉伯血统的土著居民,大都尚未皈依伊斯兰教,因而无力角逐于哈里发国家的政治舞台。倭马亚时代,哈里发国家继续强调阿拉伯人与伊斯兰教合而为一的原则,实行阿拉伯穆斯林对于非阿拉伯血统异教人口的统治。然而,随着伊斯兰教的传播,被征服地区非阿拉伯血统的土著居民纷纷放弃原有的信仰,加入穆斯林的行列。广泛的宗教皈依改变着哈里发国家的社会构成;非阿拉伯血统的异教臣民纷纷改宗伊斯兰教,却得不到相应的权力和地位,只能屈居于阿拉伯人之下。倭马亚王朝逐渐陷于无法克服的内在矛盾,直至最终灭亡。

阿拔斯王朝建立后,哈里发国家兼用南方阿拉伯人和北方阿拉伯人,极力消除阿拉伯人内部的分裂倾向。南方阿拉伯人作为阿拔斯派运动的重要支持者,政治地位明显提高;南方阿拉伯人穆哈拉布家族的叶齐德·穆哈拉布和凯斯里家族的赛耳德·萨勒姆·阿卜杜拉分别出任巴士拉总督和库法总督。北方阿拉伯人亦未被排斥于哈里发国家的政权机构之外;倭马亚王朝的重要将领古太白·穆斯林家族的后裔萨勒姆和赛耳德相继出任巴士拉总督和亚美尼亚总督,希拉勒部落的佐法尔·阿绥姆出任希贾兹总督,乌凯勒部落的伊斯哈格·穆斯林亦在曼苏尔的宫廷权倾一时。[①]

然而,倭马亚王朝的覆灭毕竟结束了阿拉伯人统治的时代。阿拔斯王朝的建立,标志着伊斯兰世界的历史进入崭新的阶段。非阿拉伯血统的穆斯林贵族开始崛起,成为伊斯兰世界的重要政治势力。哈里发国家不再是仅仅代表阿拉伯人的利益,其统治基础明显改变。随着伊斯兰教在诸多民族中的广泛传播和阿拉伯人统治的结束,信仰的差异逐渐取代民族的对立,成为哈里发国家社会矛盾的重要表现形式,进而导致伊斯兰神权政治的重建。

阿拔斯王朝是在否定倭马亚王朝世俗化统治的基础上建立的政权,国家制度具有浓厚的宗教色彩。阿拔斯哈里发源于宗教领袖伊玛目的地位,其权力被认为是来自安拉的赐予。哈里发每逢朝廷典礼和宗教节日皆身着据称是先知穆罕默德遗物的斗篷,并在宫中聘用宗教学者依据经训阐述的原则制定统治政策和进行神学宣传,以示其权力的合法与地位的神圣,自居为伊斯兰教和伊斯兰世界的捍卫者。

阿拔斯派运动发端于伊斯兰世界的东部;阿拔斯家族在伊拉克拥有众多的追随者,而呼罗珊的起义直接导致了倭马亚王朝的覆灭。因此,阿拔斯王朝建立以后,伊斯兰世界的政治重心逐渐东移,呼罗珊无疑获得举足轻重的地位,伊拉克则取代叙利亚成为哈里发国家的中心所在。相比之下,叙

---

① Kennedy,H.,*The Prophet and the Age of the Caliphate*,p.129,pp.82–83,p.130.

利亚和埃及的政治地位明显下降。随着政治重心的东移,阿拔斯哈里发国家"从地中海的帝国转变为亚洲的帝国"[1]。穆斯林社会与地中海世界的联系相对削弱,东方古老的传统对阿拔斯王朝的统治产生广泛的影响,"世界帝国的盛世概念被引入伊斯兰世界"[2]。

2

阿拔斯王朝建立之初,局势尚不稳定,哈里发的首要任务是铲除政治隐患和排斥异己势力。阿布·阿拔斯(750—754年在位)在库法登基时自称赛法赫(阿拉伯语中意为屠夫),即位不久便对倭马亚人实行斩尽杀绝的恐怖政策,旨在摧毁旧王朝的残余势力。750年6月,倭马亚家族80余人应阿布·阿拔斯的叔父阿卜杜拉·阿里的邀请,来到巴勒斯坦的阿布·弗特鲁斯城中赴宴,席间悉遭杀害。只有希沙姆的嫡孙阿卜杜勒·拉赫曼戏剧性地逃离宴席,潜往马格里布,后在伊比利亚割据自立。倭马亚王朝的历代哈里发虽已不在人世,他们的陵墓却依然遭到破坏,尸体尽受凌辱。希沙姆的尸体尚未腐烂,被掘墓者鞭打之后,焚为灰烬。欧默尔二世由于素有圣徒的美称,免遭掘墓毁尸的劫难。

倭马亚时代后期,什叶派曾经与阿拔斯派在"归权先知家族"的政治基础之上结成联盟,共同反对倭马亚王朝的统治。然而,什叶派的目标在于建立由阿里的后裔所统治的国家。自阿拔斯王朝建立伊始,什叶派便将阿拔斯人视作非法的篡位者,企图拥戴阿里的后裔取代阿拔斯家族的哈里发,从而成为威胁阿拔斯王朝的政治隐患。

阿布·阿拔斯即位以后,于750年2月处死库法的哈希姆派首领阿布·

---

[1] Watt,W.M.,*The Majesty That Was Islam*,p.108.

[2] Lambton,A.K.S.,*State and Government in the Medieval Islam*,Oxford 1985,p.44.

萨拉玛。曼苏尔(754—775 年在位)当政期间,阿拔斯王朝继续追捕和迫害阿里家族的成员,尤其是在麦地那将阿里的长子哈桑的后裔悉数囚禁,导致什叶派与阿拔斯哈里发之间矛盾的激化。

库法在倭马亚时代曾经是什叶派的主要据点,但是在阿拔斯王朝初期却处于哈里发的严密控制之下。于是,什叶派选择另外两座城市;哈桑的曾孙穆罕默德·阿卜杜拉和易卜拉欣·阿卜杜拉兄弟两人约定,分别在麦地那和巴士拉同时发动起义。762 年,穆罕默德·阿卜杜拉在麦地那释放被囚禁的阿里家族成员,由著名教法学家马立克·艾奈斯主持宗教仪式,解除阿里家族成员效忠于阿拔斯哈里发的誓言,公开谴责曼苏尔的统治。穆罕默德·阿卜杜拉的追随者 300 余人效仿先知穆罕默德曾经采用的战术,在麦地那绿洲的外围挖掘壕沟,抵御阿拔斯军队的进攻,然而未能奏效,起义失败。穆罕默德·阿卜杜拉被阿拔斯王朝处死,尸体悬挂在麦地那示众。[①]同年,易卜拉欣·阿卜杜拉在巴士拉发动起义,声势浩大,追随者一度达数万之众。但是,易卜拉欣·阿卜杜拉在关键时刻犹豫不决,未能及时进攻兵力空虚的库法,错失良机,使哈里发得以喘息,从叙利亚和希贾兹调集重兵发动反攻。763 年 2 月,易卜拉欣·阿卜杜拉的追随者与伊萨·穆萨率领的阿拔斯军队在库法以南的巴哈姆拉发生激战;易卜拉欣·阿卜杜拉兵败身亡,首级被送交哈里发。[②]

阿布·阿拔斯当政期间,哈里发国家的政治格局表现为东西分治的倾向。阿布·穆斯林作为阿拔斯王朝的开国元勋,出任呼罗珊总督,驻节木鹿,统辖扎格罗斯山以东的广大地区,具有颇强的势力。阿布·穆斯林位高权重,号令一方,并且染指宫廷事务,干涉朝政,甚至以自己的名义发行钱币。曼苏尔即位以前曾经在木鹿目睹阿布·穆斯林的势力,并且告诫阿布·阿拔

---

① Kennedy,H.,*The Early Abbasid Caliphate*,p.68.

② 泰伯里:《历代先知与君王史》,第 3 卷,第 315~316 页。

斯:"如果你听任阿布·穆斯林为所欲为,你将失去哈里发的权位,臣民也将不再遵从你的命令。"751 年,阿布·穆斯林遣部将齐亚德进兵阿姆河右岸,在怛罗斯击败唐朝安西节度使高仙芝部,俘唐军 2 万人。753 年,阿布·穆斯林亲自护送朝觐队伍赶赴麦加,其政治势力达到顶峰。

在扎格罗斯山以西地区,阿布·阿拔斯实行家族政治的原则,赐封阿拔斯人出任要职,借助于血缘的纽带确保哈里发对各地的控制。阿布·阿拔斯的叔父阿卜杜拉·阿里是扎布河战役中击败麦尔旺二世的功臣,阿拔斯王朝建立后出任叙利亚总督。阿布·阿拔斯的另外三位叔父萨利赫·阿里、达乌德·阿里和苏莱曼·阿里分别出任埃及总督、库法总督和巴士拉总督,曼苏尔在即位之前曾经出任贾吉拉和阿塞拜疆总督。另外,一些名望甚高的阿拉伯人家族,如穆哈拉布家族、古太白家族、凯斯尔家族、乌凯勒家族,其成员亦被哈里发委以重任,成为制约和抗衡阿布·穆斯林以及呼罗珊人的政治势力。①

754 年 6 月阿布·阿拔斯死后,哈里发曼苏尔、叙利亚总督阿卜杜拉·阿里和呼罗珊总督阿布·穆斯林三人形成鼎足之势,阿拔斯王朝面临严峻的政治形势。阿卜杜拉·阿里觊觎哈里发的权位,自叙利亚举兵反叛。曼苏尔初任哈里发,立足未稳,尚难以抗衡阿卜杜拉·阿里,于是求助于阿布·穆斯林。754 年 11 月,阿布·穆斯林统率的呼罗珊军队在底格里斯河上游的纳绥宾击败阿卜杜拉·阿里统率的叙利亚军队。阿卜杜拉·阿里逃到巴士拉,寻求苏莱曼·阿里的庇护。764 年,哈里发为他营造一处新居。不久,新居坍塌,阿卜杜拉·阿里丧命。②

阿卜杜拉·阿里兵败以后,曼苏尔与阿布·穆斯林的关系急剧恶化。曼苏尔试图将阿布·穆斯林调往叙利亚或埃及出任总督,以便削弱这位开国

---

① 泰伯里:《历代先知与君王史》,第 3 卷,第 321 页。

② 泰伯里:《历代先知与君王史》,第 3 卷,第 330 页。

元勋的权势。阿布·穆斯林拒绝接受哈里发的委派,班师撤往呼罗珊。然而,阿布·穆斯林在行至扎格罗斯山西侧的胡勒万时,获悉木鹿的守将阿布·达乌德·哈立德倒戈投靠曼苏尔,只得应召面谒哈里发,随即被处死于泰西封。[1]此后,哈里发一统天下,号令四方,阿拔斯王朝的基业得到巩固。

3

阿布·阿拔斯和曼苏尔当政期间,哈里发曾经在伊拉克中部相继选择库法、哈希米叶、安巴尔和泰西封作为宫廷驻地。758—762年,曼苏尔斥资400万迪尔罕,在巴格达营建新都。[2]巴格达原是波斯帝国的一个古老村落,位于底格里斯河西岸,地处塞瓦德的北端,南距萨珊王朝旧都泰西封约20千米。这里扼守自伊拉克向东通往呼罗珊的道路,沿底格里斯河向南可至巴士拉和波斯湾沿岸诸地以及遥远的信德,向北可至摩苏尔和拉卡以及拜占廷边境。巴士拉一带盛产椰枣,摩苏尔周围盛产谷物,可以为巴格达提供充足的食物来源。不仅如此,伊拉克中部具有悠久的建都传统。在某种意义上讲,阿拔斯王朝继承了古代西亚的政治遗产,巴格达则是汉谟拉比和尼布甲尼撒二世时代的巴比伦以及萨珊王朝时代的泰西封在伊斯兰时代的延续。762年,新都建成。

巴格达本意为天赐。曼苏尔将巴格达称作和平城,时人则称之为曼苏尔城。新都因呈圆形,故而又称团城。[3]巴格达分为皇城、内城、外城三层,各设城墙,构成三个同心圆。同心圆的中心是哈里发的宫殿,因宫门镀金而取名金门宫,又因其绿色圆顶高达49米而称绿圆顶宫。皇城、内城和外城各

---

① Kennedy,H.,*The Early Abbasid Caliphate*,pp.61–62.

② Shaban,M.A.,*Islamic History,A New Interpretation 750–1055*,Cambridge 1976,p.9.

③ Gordon,M.S.,*The Rise of Islam*,Westport 2005,p.54.

有四座城门,按其通往的方向分别称作呼罗珊门、沙姆门(叙利亚古称沙姆)、库法门和巴士拉门。四条大街从哈里发的宫殿伸向城门,形似车轮辐条。城内大街两旁曾是商贾云集的闹市区。后来,曼苏尔出于安全的考虑,将城内的市场迁至城南的卡尔赫,驻扎呼罗珊战士的哈尔比耶军营位于团城的北侧。①

　　768年,曼苏尔之子穆罕默德(即后来的哈里发马赫迪)从莱伊返回巴格达。哈里发于是在底格里斯河东岸建造鲁萨法宫,作为王储的宫殿。鲁萨法宫又称东城,与团城隔河相望,并有浮桥相连,形成互为犄角之势。773年,曼苏尔在团城附近另建永恒宫,其中的花园足以使人联想起《古兰经》中所描述的天园。

---

① Lassner,J.,*The Shape of Abbasid Rule*,p.188—189,p.163.

二、走向鼎盛

1

775 年,曼苏尔在朝觐途中死于麦加附近。阿拔斯王朝曾经在圣城的周围挖掘百余孔墓穴,却将这位哈里发秘密埋葬于不为人知的地方。最初,曼苏尔指定他的族弟伊萨·穆萨作为自己的继承人。后来,曼苏尔改变初衷,另立其子穆罕默德取代伊萨·穆萨作为哈里发的继承人。775 年曼苏尔死后,穆罕默德即位,是为马赫迪(775—785 年在位)。

阿拔斯人的兴起,曾经借助于其与什叶派的联盟以及阿里家族追随者的支持。所谓“哈希姆的遗嘱”是阿拔斯派政治势力得以发展的重要条件,亦是阿拔斯人出任哈里发的政治依据。马赫迪即位以后,放弃阿拔斯人的传统观点,提出新的立国思想,强调阿拔斯人出任哈里发的合法地位并非来源于阿里之孙阿布·哈希姆的遗嘱, 而是在于其与先知穆罕默德之间的血亲关系;阿拔斯·阿卜杜勒·穆塔里布作为先知穆罕默德的叔父,超过先知穆罕默德的女婿阿里, 是哈希姆族中与先知穆罕默德最具亲缘关系的人,其后裔理应成为圣族的政治代表和哈里发国家的统治者。这一思想旨在否定阿里家族的后裔对于哈里发权位的要求,进而奠定阿拔斯哈里发国家的理论基础。

2

什叶派于 762 年发动的起义虽然失败,但是仍构成威胁阿拔斯王朝的政治隐患, 尤其在不满于阿拔斯哈里发统治的诸多社会势力中影响甚大。马赫迪当政期间,阿拔斯王朝放弃高压政策,采取安抚手段,极力缓解什叶派与阿拔斯人之间的对立。因 762 年参与起义而被囚禁的什叶派成员得到赦免,500 名麦地那青年被招募至巴格达担任哈里发的宫廷卫士。777 年,马赫迪将希贾兹的哈里发地产赐予巴士拉起义首领易卜拉欣·阿卜杜拉之子哈桑,并将法达克一带曾被倭马亚王朝没收的地产归还阿里家族。叶尔孤卜·达乌德曾因参加 762 年阿里派在巴士拉的起义而被曼苏尔囚禁于巴格达,在马赫迪即位以后得到赦免,并被哈里发委以重任,甚至官居维齐尔,成为沟通阿拔斯人与什叶派之间联系的重要人物。①

阿布·穆斯林死后, 阿拔斯哈里发巩固了在扎格罗斯山以东地区的统治。但是,伊朗高原的土著势力与阿拔斯王朝之间依然存在着尖锐的矛盾。波斯贵族苏恩巴泽聚集阿布·穆斯林的旧部,宣称阿布·穆斯林即将作为马赫迪复临人间,在内沙浦尔发动叛乱,继而攻占莱伊和库姆,驱逐阿拉伯人,试图恢复古代波斯的传统信仰。曼苏尔派遣伊吉勒部落首领贾赫瓦尔·马拉尔率领移居伊朗西部的阿拉伯战士 1 万人进攻苏恩巴泽,平定反叛。

与此同时,胡拉米教派兴起于呼罗珊的东部,承袭古代波斯的马兹达克教和摩尼教以及佛教的诸多思想, 强调善恶并存于世界的二元倾向,反对现存的社会制度,主张消除贫富不均的现象,建立公有与平等的新秩序。胡拉米教派否认阿布·穆斯林的死亡,预言阿布·穆斯林将重返人间,铲除邪恶,伸张正义,拯救苦难的生灵。波斯人哈希姆·哈金曾于 747 年追随阿布·穆斯林参加呼罗珊的起义。阿布·穆斯林死后,哈希姆·哈金被哈里发囚禁于巴格达 15 年之久。后来,哈希姆·哈金越狱逃离巴格达,来到阿姆河右岸的粟特一带,宣传胡拉米教派的思想,自称是神的化身和继穆罕默德、阿里、阿布·穆斯林之后传播启示的使者,并常用绿纱罩住面部,被时人称作"穆盖奈耳",意为蒙面人。②776 年,哈希姆·哈金在布哈拉以南的碣石附近

---

① Kennedy,H.,*The Early Abbasid Caliphate*,p.99.

② Lapidus,M.A.,*A History of Islamic Societies*, Cambridge 1988, p.79.

发动叛乱。反叛者身着白衣,举白旗为帜,以示对抗崇尚黑色的阿拔斯王朝。他们采取游击战术,屡败阿拔斯军队,先后围攻布哈拉和撒马尔罕,一度控制阿姆河右岸。778年,呼罗珊总督穆阿兹·穆斯林调集重兵,围剿哈希姆·哈金。780年,阿拔斯军队攻陷反叛者的最后据点赛纳姆堡,哈希姆·哈金自焚而死。[①]

785年马赫迪死后,其子哈迪(785—786年在位)即位。哈迪放弃安抚政策,排斥和迫害什叶派,再度激化什叶派与阿拔斯人的矛盾。786年5月,侯赛因·阿里在麦地那发动起义。不久,起义失败,侯赛因·阿里被杀[②]。是为什叶派在哈里发国家的腹地发动的最后一次起义。此后,什叶派的活动区域逐渐转移到伊斯兰世界的边缘地带。侯赛因·阿里的追随者伊德利斯·阿卜杜拉逃离希贾兹,潜入马格里布,于788年在摩洛哥建立伊斯兰历史上的第一个什叶派政权伊德利斯王朝。伊德利斯·阿卜杜拉的兄弟叶赫亚·阿卜杜拉逃到里海南岸的山区,在德拉姆人中进行秘密的宣传活动,亦颇有影响。

---

① Kennedy,H.,*The Early Abbasid Caliphate*,pp.184–185.

② Kennedy,H.,*The Early Abbasid Caliphate*,p.109.

三、哈伦盛世

1

哈伦(786—809年在位)是阿拔斯时代最著名的统治者。哈伦当政期间,哈里发国家进入鼎盛阶段。"天方夜谭"曾经生动地渲染哈伦的文治武功和奇闻逸事,使这位盛世之君闻名遐迩,蜚声伊斯兰世界。

哈伦是阿拔斯王朝第三位哈里发马赫迪之子,其母海祖兰原为也门籍的女奴,具有柏柏尔血统。哈伦自幼天资聪颖,接受波斯式的良好教育,具有卓越的军事才能。马赫迪当政期间,哈伦曾于780年统兵征讨拜占廷,战绩颇佳。782年,哈伦再次率军远征君士坦丁堡,兵抵博斯普鲁斯海峡,迫使拜占廷女皇伊琳娜纳贡乞和。哈伦从此名声大震,开始出任西方诸省区的最高长官。马赫迪为表彰哈伦的功绩,赐封他以"拉希德"(正直者)的称号,并且将他立为继哈迪之后的第二王储。

786年9月,哈迪暴死于巴格达宫中,哈伦即位。此后,哈伦继续致力于征讨拜占廷的圣战。自倭马亚王朝后期,伊斯兰世界的北部边境趋于稳定,哈里发国家在叙利亚北部的阿达纳、麦西纳、塔尔苏斯以及陶鲁斯山区的马拉蒂亚、马尔阿什、哈达斯诸地兴建一系列军事要塞,屯驻重兵。哈伦即位后,在叙利亚北部边境设置新的行省,称阿沃绥姆,将该省的岁入悉数用于对拜占廷的圣战。802年,拜占廷皇帝尼斯福鲁斯一世即位,宣布废除伊琳娜女皇与阿拔斯王朝订立的屈辱性和约,并且致书巴格达,要求哈伦退还拜占廷帝国已经缴纳的贡税。哈伦怒不可遏,在尼斯福鲁斯一世的书信背面写上了著名的答复之辞:"奉至仁至慈的安拉的名义,穆斯林的长官哈伦致罗马人的狗尼斯福鲁斯。不信道的女人所生的儿子,我已阅过你的书信。至于我的回答,我一定会叫你看到,只是现在你还无法听到!平安。"哈伦并没有食言。他随即统领 10 余万人的庞大军队远征小亚细亚,攻陷赫拉克利亚、泰阿纳、伊科纽姆和以弗所等地。穆斯林的强大攻势,迫使尼斯福鲁斯一世重新乞和,甚至皇帝本人及其家族成员也不得不向阿拔斯王朝缴纳颇有侮辱色彩的人丁税。①

在大举征讨拜占廷的同时,阿拔斯王朝与欧洲西部的统治者法兰克王国之间似乎存在着交往与合作,因为他们拥有共同的敌人,那就是希沙姆的嫡孙阿卜杜勒·拉赫曼在伊比利亚建立的后倭马亚政权。法兰克皇帝查理曼曾经在 797 年和 802 年两次遣使谒见哈伦,哈伦也曾在 801 年和807 年遣使回访查理曼。双方互赠礼品,以示友好。在法兰克人从巴格达带回的礼品中,有哈里发国家特产的香料和大象,还有一台精美别致的时辰钟(即漏壶)。哈伦还曾接待过来自印度的使团,他们向哈里发赠送许多贵重的礼品。②800 年前后,在旧大陆的文明世界,中国的唐朝雄踞东方,查理曼在西欧建立起庞大的帝国,哈伦统治下的阿拔斯王朝在亚非欧大陆的中央地带独领风骚,三者可谓并驾齐驱,异彩纷呈。

2

哈伦当政期间,波斯血统的巴尔麦克家族显赫一时,成为穆斯林瞩目的焦点。巴尔麦克家族的沉浮,则是此间哈里发国家政治生活的重要内容。巴尔麦克本意为佛教高僧。哈立德·巴尔麦克祖居呼罗珊,其父任职于巴勒黑城的诺巴哈尔佛寺,在呼罗珊一带颇具声望。③10 世纪初的阿拉伯地理学家伊本·法基赫曾经在《地志》一书中将呼罗珊的巴尔麦克人比作阿拉伯半岛的古莱西人。倭马亚时代末期,哈立德·巴尔麦克放弃佛教,改奉伊斯

---

① 泰伯里:《历代先知与君王史》,第 3 卷,第 696 页。

② 泰伯里:《历代先知与君王史》,第 3 卷,第 821 页。

③ Jaydan,J.,*History of Islamic Civilization*,p.164.

兰教,并参加阿拔斯派在呼罗珊发动的起义,效力于阿布·穆斯林和卡赫塔巴·沙比卜的麾下。阿拔斯王朝建立后,哈立德·巴尔麦克受命掌管税收事务,并且出任泰伯里斯坦、法尔斯和贾吉拉的总督,其子叶赫亚·哈立德出任阿塞拜疆总督。自马赫迪即位开始,叶赫亚·哈立德长期出任维齐尔,其弟穆罕默德·哈立德和其子法德勒·叶赫亚、贾法尔·叶赫亚等人亦任要职。[①]巴尔麦克家族位高权重,门生故吏遍布各地。哈伦当政的前期,巴尔麦克家族的政治势力达到顶峰。许多历史学家甚至将786—803年称作"巴尔麦克人的时代"[②]。他们执掌着国家权力,支配着国家的岁入,影响无处不在。哈里发国家的要员大都出自他们的家族,或者是他们的同党。几乎所有的人都向他们俯首帖耳,他们的威望甚至超过他们的主人。巴尔麦克人利用职权,聚敛财富,过着帝王般的生活。他们在巴格达东区修筑的宅邸,与底格里斯河西岸的哈里发宫廷交相辉映。他们还豢养文人墨客,为自己歌功颂德。巴尔麦克人在阿拉伯语中甚至成为慷慨者的同义词。贾法尔·叶赫亚是"天方夜谭"中的著名人物,"贾法尔的慷慨"尽人皆知。巴尔麦克人执政期间,波斯贵族的政治势力急剧膨胀,阿拉伯人相形见绌。呼罗珊处于巴尔麦克人的控制之下,俨然成为伊斯兰世界的国中之国。然而,巴尔麦克人的权势和财富,引起其他政治集团的不满,哈伦对此亦萌生妒意和忌恨之心,因为哈里发国家的天空不能允许有两轮太阳。据说,哈伦不愿其妹阿巴赛嫁人离去,曾命阿巴赛与贾法尔·叶赫亚结为名义上的夫妻,两人却偷食禁果,并将所生的男孩藏匿在麦加。803年,哈伦以通奸的罪名处死贾法尔·叶赫亚,将他的尸体剖成两半,连同首级在巴格达高悬示众。哈伦还查抄巴尔麦克人的家产,并将叶赫亚·哈立德和法德勒·叶赫亚父子下狱。[③]此后,

---

① Kennedy,H.,*The Early Abbasid Caliphate*,pp.101–102,pp.116–117.

② Kennedy,H.,*The Prophet and the Age of the Caliphate*,p.139.

③ 泰伯里:《历代先知与君王史》,第 3 卷,第 1567 页。

巴尔麦克人在哈里发国家的政治舞台销声匿迹。

　　阿拔斯王朝前期,呼罗珊在伊斯兰世界占据十分重要的地位。倭马亚时代,呼罗珊只是哈里发国家的一个边远省区,隶属于驻节瓦西兑的伊拉克总督。阿拔斯王朝建立后,呼罗珊成为独立的行省,隶属于巴格达的哈里发。总督的人选大都来自土著血统的贵族,构成阿拔斯王朝前期呼罗珊区别于其他行省的明显特征。然而,呼罗珊的土著贵族与阿拔斯王朝之间始终存在着尖锐的矛盾,呼罗珊岁入的流向则是矛盾的焦点。巴格达的哈里发将呼罗珊视作其重要的财源所在,极力向呼罗珊征收巨额的税收,用来维持阿拔斯王朝的庞大开支,呼罗珊的土著贵族则强调其在伊斯兰世界的特殊地位,要求将呼罗珊的岁入用于当地的建设和在东部边境的圣战。军队的调动构成呼罗珊土著贵族与阿拔斯王朝之间矛盾的另一焦点。哈里发曼苏尔曾经命令呼罗珊总督阿卜杜勒·贾巴尔出兵参加拜占廷边境的圣战,阿卜杜勒·贾巴尔则以东部边境的战事需要为由拒绝执行曼苏尔的命令。后来,曼苏尔准备进兵东部边境平息骚乱,阿卜杜勒·贾巴尔却声称呼罗珊财力不足,无法负担哈里发的军队在东部边境征战的费用。794年,巴尔麦克人法德勒·叶赫亚出任呼罗珊总督,赋予呼罗珊土著贵族以广泛的权力,并且大幅度削减呼罗珊上缴巴格达的税额。[①]797年,阿里·伊萨取代法德勒·叶赫亚出任呼罗珊总督,改变巴尔麦克人的政策,排斥呼罗珊土著贵族,从而加剧了呼罗珊土著贵族与阿拔斯王朝之间的矛盾。806年,原倭马亚王朝在呼罗珊的末代总督纳绥尔·赛亚尔的后裔拉菲·莱斯在撒马尔罕发动叛乱,影响甚大。哈伦委派哈尔萨玛·埃亚恩取代阿里·伊萨出任呼罗珊总督,但仍无法平息叛乱。808年底,哈伦离开伊拉克,御驾东征。次年,哈伦在进兵撒马尔罕的途中病故,葬于突斯附近的萨纳巴兹。[②]

---

① 泰伯里:《历代先知与君王史》,第 3 卷,第 1795 页。

② Kennedy,H.,*The Early Abbasid Caliphate*,p.132.

四、内战与秩序的重建

1

792 年,哈伦指定长子穆罕默德(即艾敏)作为哈里发的第一继承人。穆罕默德因其生母祖拜德系阿拔斯家族成员,具有较为纯粹的阿拉伯血统。哈伦当政的后期,北方重镇拉卡成为哈里发的主要驻地,穆罕默德代理其父留守巴格达。799 年,哈伦指定次子阿卜杜拉(即马蒙)为第二继承人。阿卜杜拉因其生母马拉吉勒系呼罗珊贵族乌斯塔兹希斯之女,具有波斯血统。802 年,哈伦在麦加明确规定了穆罕默德与阿卜杜拉的各自权限:穆罕默德将首先承袭父位,出任哈里发,并且直接治理伊拉克和西部各省;阿卜杜拉具有承袭兄位出任哈里发的权利,并且统辖扎格罗斯山以东地区。另外,哈伦还指定三子嘎希姆作为哈里发的第三继承人,可继阿卜杜拉之后承袭哈里发的权位,同时赐封叙利亚北部作为嘎希姆的领地。①

艾敏(809—813 年在位)即位以后,并没有遵循哈伦的遗训。他不能容忍马蒙和嘎希姆与自己共治天下,首先剥夺嘎希姆在叙利亚北部的领地,继而向马蒙施加压力,要求马蒙割让大呼罗珊西部领地,将扎格罗斯山以东地区的岁入上缴巴格达,接受哈里发派驻木鹿的官员。马蒙拒绝艾敏的要求,并且自称伊玛目,与艾敏分庭抗礼。②

810 年,艾敏在巴格达宣布其子穆萨取代马蒙作为哈里发的继承人,解除马蒙在东部省区的统治权力。811 年,艾敏起用阿里·伊萨重新出任呼罗珊总督,统兵 4 万自伊拉克进入伊朗高原,征讨马蒙。马蒙遣部将塔希尔·

---

① Kennedy,H.,*The Early Abbasid Caliphate*,p.124.

② Kennedy,H.,*The Early Abbasid Caliphate*,p.136.

侯赛因率军 5000 人迎战,在莱伊城外击败艾敏的军队,斩杀阿里·伊萨。①

　　莱伊之战的胜利使马蒙声威大震,伊斯兰世界形势骤变,埃及、希贾兹和贾吉拉等地纷纷倒向木鹿,巴格达的哈里发仅仅控制伊拉克和叙利亚。塔希尔·侯赛因挥师西进,占领伊朗西部重镇哈马丹和胡勒万,逼近伊拉克。艾敏倾尽最后的力量,再次派出 4 万人的大军前往胡勒万迎战。但是,这支军队滞留于伊拉克东部的哈尼金,抗命不前,随即自行瓦解。

　　812 年初,呼罗珊总督哈尔萨玛·埃亚恩率军 3 万人自木鹿进入伊拉克助战,马蒙的军队占领瓦西兑、库法和巴士拉,兵临巴格达城下。813 年 9 月,塔希尔·侯赛因和哈尔萨玛·埃亚恩分别攻入巴格达的西区和东区,艾敏死于乱军之中。与此同时,马蒙在呼罗珊的木鹿被拥立为哈里发(813—833 年在位)。②

2

　　艾敏与马蒙之间的战争,严重地破坏了哈里发国家的秩序,伊斯兰世界的政治形势处于极度混乱的状态, 尤其是什叶派在伊拉克屡有骚乱,威胁阿拔斯王朝。

　　马蒙即位后,最初都于木鹿,以呼罗珊作为哈里发国家的统治中心,企图借助于波斯贵族的势力恢复秩序。马蒙采纳维齐尔法德勒·萨赫勒的建议,实行与阿里家族成员联姻的策略,于 817 年将自己的女儿许配阿里之子侯赛因的后裔阿里·穆萨·卡兹姆,即后来被什叶派尊为第八位伊玛目的阿里·里达,宣布阿里·穆萨·卡兹姆作为哈里发的继承人,将后者的名字铸在钱币上,甚至将阿拔斯王朝崇尚的黑旗改为什叶派崇尚的绿旗。

---

① Kennedy,H.,*The Prophet and the Age of the Caliphate*,p.150.

② Kennedy,H.,*The Early Abbasid Caliphate*,p.143,p.148.

　　马蒙的上述举措,旨在安抚什叶派和平息什叶派的骚乱,进而争取什叶派的支持。但是,此举遭到逊尼派穆斯林的激烈反对。马蒙的叔父易卜拉欣在伊拉克被反对派拥立为哈里发,战火复燃。迫于形势的压力,马蒙于818年离开木鹿,启程前往伊拉克。途中,法德勒·萨赫勒和阿里·穆萨·卡兹姆相继被哈里发秘密处死于萨拉赫斯和突斯。此后,突斯改称"马什哈德"(阿拉伯语中意为殉教者的葬身处),成为与纳杰夫和卡尔巴拉齐名的什叶派宗教圣地。819年,马蒙击败易卜拉欣,入主巴格达,放弃什叶派的绿色标志,恢复阿拔斯王朝的国色。[①]

　　马蒙入主巴格达,标志着伊斯兰世界内战的结束。然而,内战的结局并非呼罗珊土著贵族的胜利,只是伊斯兰世界各个政治集团的相互妥协。马蒙的胜利并不在于他所拥有的军事优势,而是由于敌对势力的分裂和哈里发的一系列让步。内战结束后,伊拉克的骚乱得到平息,但是叙利亚和埃及的秩序仍有待恢复。于是,马蒙遣塔希尔·侯赛因之子阿卜杜拉·塔希尔自伊拉克进军叙利亚,825年击败纳绥尔·沙巴斯为首的阿拉伯人乌凯勒部落的反叛势力。此后,阿卜杜拉·塔希尔移兵埃及,击败弗斯塔特的反叛者欧拜杜拉·萨尔里,降服尼罗河三角洲的反叛者阿里·贾拉维,并将来自伊比利亚的阿拉伯难民逐出亚历山大,恢复阿拔斯哈里发在埃及的统治权力。[②]

　　在伊斯兰世界的特定条件下,哈里发的个人权力往往受到神学理论的诸多约束,宗教学者则是哈里发集权统治的潜在障碍。827年,马蒙宣布伊斯兰教穆尔太齐勒派关于"《古兰经》受造"的理论是唯一合法的官方信条,否定关于"《古兰经》永恒存在"的传统学说,排斥经注学家、圣训学家、教义学家和教法学家根据神学理论限制哈里发集权统治的权力。833年,马蒙颁布敕令,规定拒绝接受上述官方信条的穆斯林不得出任宗教职务,已经任

---

①　Kennedy,H.,*The Early Abbasid Caliphate*,p.159,p.162.

②　Kennedy,H.,*The Early Abbasid Caliphate*,p.166.

职者予以革职,进而实行米赫奈制度。米赫奈在阿拉伯语中意为甄别,甄别的对象是宗教学者,甄别的范围波及伊拉克、叙利亚和埃及等地。凡拒绝接受"《古兰经》受造"说而坚持"《古兰经》永恒存在"者,皆以异端罪论处。首批受到传讯的七位著名宗教学者由哈里发亲自审查,在高压之下,他们全部屈服。此后,其余受到甄别的宗教学者亦相继就范,被迫宣誓承认穆尔太齐勒派关于"《古兰经》受造"说的信条。著名教法学家艾哈迈德·罕百里由于拒绝接受"《古兰经》受造"说,坚持"《古兰经》系安拉的无始语言和永恒存在",锒铛入狱,屡遭刑罚,直至终身病残。"《古兰经》受造"说的官方化和米赫奈制度的实行,加强了哈里发对穆斯林宗教生活和神学理论的控制,标志着阿拔斯王朝集权统治达到顶峰。[①]

① Holt,P.M.,Lambton,A.K.S.& Lewis,B.,*The Cambridge History of Islam*,Vol.1A,p.123.

五、阿拔斯王朝前期的集权政治

1

阿拔斯王朝继承倭马亚时代的历史遗产,实行君主政治,历任哈里发皆系阿拔斯家族的成员。倭马亚时代,哈里发的统治权力大都局限于世俗领域,很少干预穆斯林的宗教生活。阿拔斯王朝建立后,哈里发积极介入宗教事务,逐渐将统治权力伸向宗教领域。哈里发不仅负有保卫伊斯兰世界的神圣使命,而且成为全体穆斯林的宗教领袖,集教俗权力于一身,并且凌驾于社会之上,处于神圣不可侵犯的地位。对于哈里发的任何冒犯,都被视作宗教意义的亵渎。在此基础之上,阿拔斯王朝建立起高度发达的哈里发集权政治。

阿布·阿拔斯当政期间,宫廷中开始出现倭马亚时代不为人知的行刑官,并且设置用来拷打罪犯的地牢,哈里发获得对于臣民的生杀予夺权力。刽子手杀人时用来垫地的皮革,在伊斯兰史上首次铺放在哈里发御座的旁边,成为御座不可或缺的附属物。[1]"突然的处决和随意的惩罚,提高了哈里发的威严。"[2]曼苏尔首创使用御名称呼哈里发的先例,并为其后历任哈里发长期沿用。[3]他从来不与自己的臣属同席进餐或娱乐;在哈里发的御座与臣属的席位之间垂挂着帘子,并相隔一定的距离。他还沿用萨珊王朝的旧制,设立占星官,参照星宿的变化决定哈里发的行为。

---

① 据伊本·赫勒敦记载,穆阿威叶是伊斯兰世界第一个使用御座的哈里发。见 Ibn Khaldun,*The Muqaddimah*,Vol.2,p.53。

② Wellhausen,J.,*The Arab Kingdom and Its Fall*,p.562.

③ Watt,W.M.,*The Majesty That Was Islam, the Islamic World 661–1100*,p.101.

倭马亚时代,阿拉伯贵族享有许多特权,而常将哈里发视作他们中间更具资望的人,宫廷内外的界限不甚明显。阿拔斯王朝前期,哈里发俨然成为国家权力的化身,宫廷成为政治生活的中心所在。新都巴格达的圆形结构,体现着哈里发国家的集权倾向。金碧辉煌的绿顶圆宫,不仅堪称伊斯兰建筑的杰作,而且象征着哈里发与臣民之间的森严界限。

称作哈吉卜的宫廷仆人大都出身奴隶或麦瓦利,在倭马亚时代的政治生活中尚无足轻重,至阿拔斯王朝前期数量剧增,成为沟通哈里发与其臣民的重要媒介,进而形成颇为广泛的政治势力。拉比尔·尤努斯原为希贾兹总督齐亚德·欧拜杜拉的奴隶,后来进入阿布·阿拔斯的宫廷,服侍哈里发。曼苏尔和马赫迪当政期间,拉比尔·尤努斯成为哈吉卜的核心人物,权倾一时。[1]

阿布·阿拔斯和曼苏尔当政期间,哈里发奉行家族政治的原则,许多阿拔斯人被委以重任。马赫迪即位后,家族政治渐趋废止,官僚阶层膨胀。阿拔斯王朝沿用倭马亚时代的军事部、税收部、驿政部和档案部,并且增设王室地产部、审计部、警察部和平反院等机构,进而形成规模庞大的官僚体系。[2]官僚的主要来源,是称作库塔卜的文职书吏,他们大都出身于波斯血统的乡绅阶层,通晓多种学问。至于阿拉伯人,能征善战者极多,而舞文弄墨者却如凤毛麟角。维齐尔的出现,是阿拔斯王朝前期政治生活的突出内容。哈里发的集权、官僚体系的膨胀和库塔卜的兴起,构成维齐尔制度的政治基础。

许多研究者认为,阿拔斯时代的维齐尔相当于总揽政务的宰相,维齐尔的设置乃是波斯政治传统的延续。[3]这种看法不尽正确。"维齐尔"并非波斯语特有的词汇,阿拉伯语中亦有"维齐尔"一词,其本意是辅弼,曾经两次

---

[1]　Al-Suyuti,J.,*History of the Caliphs*,Karachi 1977,p.276.

[2]　Ali,A.,*A Short History of the Saracens*,p.414.

[3]　Goitein,S.D.,*Studies in Islamic History and Institution*,Leiden 1963,pp.168-169.

出现于《古兰经》关于穆萨的章节之中。①相传,麦地那时代的许多阿拉伯人称阿布·伯克尔为先知穆罕默德的维齐尔,称欧默尔为阿布·伯克尔的维齐尔,称奥斯曼和阿里为欧默尔的维齐尔。②倭马亚时代,库法的起义者穆赫塔尔自称是伊玛目伊本·哈奈菲叶的维齐尔,诗人辛德·栽德和哈里萨·巴德尔则将伊拉克总督齐亚德·阿比希誉为哈里发穆阿威叶的维齐尔,而与阿拔斯人联系甚密的哈希姆派首领阿布·萨拉玛亦称先知家族的维齐尔。阿拔斯王朝建立后,维齐尔开始成为哈里发国家的正式官职。然而,最初任职的维齐尔并非出自波斯血统,亦不具有总揽政务的广泛权力,其地位近似于宫廷仆人哈吉卜。曼苏尔当政期间,阿布·阿尤布和拉比尔·尤努斯先后出任维齐尔,负责哈里发的宫廷内务,掌管印玺、往来文书和王室地产。马赫迪当政期间,维齐尔的权力范围逐渐扩大。维齐尔阿布·欧拜杜拉曾经建议哈里发实行分成制,开始参与税收管理。哈伦当政初期,波斯血统的巴尔麦克家族成员贾法尔·叶赫亚出任维齐尔,辅佐哈里发统辖各部,总揽政务,甚至被哈里发赐予艾米尔的头衔,行使相应的军事职权。哈伦曾经对贾法尔·叶赫亚说:"我将全体臣民托付给你,赋税的征收、案件的审理和官吏的任免皆由你定夺,你可以不受任何约束地行使自己的权力。"③巴尔麦克家族失势以后,维齐尔的权力范围明显缩小,叶赫亚的继任者法德勒·拉比尔无权过问税收和驿政事务。马蒙在木鹿当政期间,法德勒·萨赫勒出任维齐尔,继巴尔麦克家族的叶赫亚之后再度统辖军政要务,被哈里发称为"拥有两种权力的人"④。然而,此后的历任维齐尔大都专掌税收事务。哈里发的集权政治制约着维齐尔的权力,是为阿拔

---

① 《古兰经》,20:29,25:35。

② Ibn Khaldun,*The Muqaddimah*,Vol.2,p.8.

③ Goitein,S.D.,*Studies in Islamic History and Institution*,p.170,pp.175–177,p.180,p.182.

④ Siddiqi,A.H.,*The Origins and Development of Muslim Institution*,p.120.

斯王朝前期维齐尔制度的显著特征。

2

阿拔斯王朝前期哈里发国家的行政区划，大体遵循着地理的自然分布和传统的政治格局。阿布·阿拔斯当政期间，哈里发国家划分为 12 个行省，包括埃及和马格里布、叙利亚、也门、希贾兹、巴士拉、塞瓦德、摩苏尔、贾吉拉、法尔斯、胡齐斯坦、呼罗珊、信德。[①]后来，行政区划逐渐缩小，改分为 24 个行省，包括马格里布及西西里、埃及、叙利亚、希贾兹、也门、巴士拉、塞瓦德、贾吉拉、阿塞拜疆、吉巴勒、胡齐斯坦、法尔斯、克尔曼、莫克兰、锡斯坦、亚美尼亚、朱尔占、泰伯里斯坦、库米斯、库希斯坦、呼罗珊、花剌子模、粟特、费尔干纳；其中，前 5 个行省统称西方省区，其余行省统称东方省区。[②]行省之下的行政单位称作库拉，库拉之下的行政单位称作塔萨希格，塔萨希格之下的行政单位称作拉萨提格，拉萨提格之下的行政单位是自然村落。[③]

倭马亚时代，哈里发国家奉行阿拉伯人统治的原则，行省总督几乎皆为阿拉伯人，而且大都出自古莱西部落。阿拔斯王朝前期，行省总督的职位不再被阿拉伯人垄断，波斯人出任行省总督者比比皆是。阿拔斯时代，伊斯兰世界的东部与西部之间依然存在一定程度的区域差异。哈里发坐镇巴格达，往往委派得力的亲信出任东方省区和西方省区的最高长官，加强对行省的控制。巴尔麦克家族的法德勒·叶赫亚曾任东方省区的最高长官，贾法尔·叶赫亚曾任西方省区的最高长官。马赫迪即位之前曾任东方省区的最

---

①   Kremer,A.F.,*The Orient under the Caliphs*,pp.218–219.

②   希提:《阿拉伯通史》,第 385—386 页。

③   Strange,G.,*The Lands of the Eastern Caliphate*,p.248.

高长官,哈伦即位之前曾任西方省区的最高长官。哈伦当政期间,其子马蒙任东方省区的最高长官,艾敏任西方省区的最高长官。东方省区的最高长官驻节木鹿,以呼罗珊为统治中心,兼领伊朗西部和中亚各地。西方省区的最高长官驻节大马士革或弗斯塔特,以叙利亚和埃及为统治中心,着力于对拜占廷的圣战和监视马格里布的柏柏尔人。

阿拔斯王朝前期,中央与行省之间的关系发生明显的变化,税收制度的完善与行省权力的分割是这一变化的核心内容。倭马亚时代,税收体系尚不完善,地方财政的自主倾向较为严重,行省总督往往只是按照战利品分配的传统习俗,将地方岁入总额的五分之一上缴大马士革,哈里发大都依靠王室地产作为自己的主要财源,有限的财力制约着哈里发集权政治的发展。阿拔斯王朝建立后,着力完善税收制度,行省上缴巴格达的岁入取代王室地产的收成,提供了哈里发和宫廷的主要财源。阿拔斯时代,哈里发国家的岁入包括天课、人丁税、土地税以及进口贸易税和外族贡赋,其中土地税数额最大。哈伦当政期间,行省上缴巴格达的岁入高达5.3亿迪尔罕。[1]马蒙当政期间,行省上缴巴格达的岁入亦达4.7亿迪尔罕。[2]塞瓦德、埃及和呼罗珊是上缴岁入数额最大的三个行省,在哈里发国家的经济生活中占有特殊的地位。岁入流向的改变反映财政权力的集中;哈里发从行省征纳的巨额岁入,奠定了哈里发集权统治的物质基础。

麦地那哈里发时代,行省总督不仅掌管征战事务,而且行使审判权力。倭马亚王朝在行省设置称作卡迪的法官,负责审理案件和仲裁纠纷;然而,行省法官多由总督任免,缺乏必要的独立性,无力制约总督的行为。阿拔斯王朝前期,在巴格达设立称作卡迪·库达特的总法官,由哈里发亲自任命,行省法官改由总法官任命,独立行使审判权力,不受总督节制。马蒙当政期

---

① Levy,R.,*The Social Structure of Islam*,p.320.

② 哈桑·穆阿尼斯:《古代中世纪的阿拉伯国家与文明》,第96—97页。

间,埃及的驿政官曾经要求与法官同理案件,遭到拒绝。后者表示,没有哈里发的授意,任何人不得干预司法事务。各级法官大都由宗教学者担任,执行宗教法律。著名教法学家阿布·尤素夫(？—798年)曾经出任巴格达的第一位总法官。财政税收亦是行省权力的重要内容。阿拔斯王朝前期,称作阿米勒的财政税收长官由巴格达任命成为定制,总督不得干预行省的财政税收事务。阿拔斯时代,行省总督不再局限于阿拉伯人,许多非阿拉伯血统的穆斯林贵族相继出任行省总督,精通政事、擅长征战和不介入教派纷争是出任总督的主要条件。哈里发在行省确立权力分割的政治原则,有效地制约着行省总督的权力扩展和地方势力的增长。不仅如此,阿拔斯王朝前期的行省总督,与倭马亚时代相比,大都任期较短。曼苏尔先后任免3位塞瓦德总督和8位埃及总督,马赫迪曾经任命11位巴士拉总督,哈伦更是任免11位塞瓦德总督、15位巴士拉总督和22位埃及总督。[1]总督的频繁更替,有助于削弱地方势力的离心倾向,使哈里发得以强化对行省的控制,从而保证了巴格达的集权政治。

3

　　哈里发国家幅员辽阔,遥远的距离和复杂的地貌限制着巴格达与行省之间的联系,发达的驿政体系则是克服自然障碍和沟通各个地区的重要方式。哈里发国家的驿政制度始建于穆阿威叶当政期间。阿拔斯王朝建立后,驿政体系进一步完善,驿站遍布各地,驿道四通八达。阿拔斯王朝前期,全国共有930余条驿道,每年用于驿政的开支高达16万第纳尔。著名的呼罗珊大道从巴格达向东延伸,横穿伊朗高原,经哈马丹、尼哈温、加兹温、莱伊、内沙浦尔、突斯、木鹿、布哈拉,到达中亚的重镇撒马尔罕。另一条重要

---

① Kennedy,H.,*The Early Abbasid Caliphate*,p.118.

的驿道从巴格达向南延伸,经瓦西兑、巴士拉、阿瓦士,到达法尔斯省的首府设拉子。从巴格达向北延伸的驿道,经摩苏尔、奈绥宾、阿勒颇,通往北方边境各地。从巴格达向西延伸的驿道,经幼发拉底河上游重镇拉卡和叙利亚首府大马士革,通往埃及的弗斯塔特。北非的驿道从弗斯塔特向西延伸,经地中海南岸重镇的黎波里和凯鲁万,到达马格里布西端的苏斯·阿德纳。马赫迪当政期间,曾经开通横穿阿拉伯沙漠的驿道,将首都巴格达与希贾兹的两座圣城连接起来。①

四通八达的驿道具有广泛的用途,既可用于军队的调遣,亦为商队旅行和穆斯林朝觐提供便利的条件。驿使不仅传送国家公文,而且传递私人信件。东部地区的驿道大都使用马匹,西部地区的驿道多用骆驼。遇有战事或紧急情报,驿使昼夜兼程,迅速报告哈里发。行省设驿政长官,称沙希卜·巴里德,由巴格达直接任命,不受总督节制。驿政长官的主要职责是行使监察权力,向哈里发报告各地的财政税收、农业生产和农民境况、案件的审理、钱币的发行,甚至监督军队和军事行动。②曼苏尔曾说:国家依靠三大支柱,即大法官、警察总监和驿政长官,并将沙希卜·巴里德称作哈里发的忠实奴仆。

4

倭马亚时代,哈里发国家实行民军制度。每个穆斯林均享有领取年金的权利,亦肩负着参加圣战的义务。他们平时各司其事,战时驰骋疆场。至于阿拉伯人,可谓全民皆兵的武装民族。阿拔斯王朝前期,新式的职业化军队逐渐取代原有的民军,成为哈里发集权政治的重要工具。哈里发国家的

---

① 伊本·胡尔达兹比赫:《道里邦国志》,宋岘译,中华书局,1991 年,第 163 页。

② Kremer,A.F.,*The Orient under the Caliphs*,pp.229–233.

战士来自南方阿拉伯人、北方阿拉伯人和呼罗珊人,分别组成拉比尔军、穆达尔军和呼罗珊军,其中呼罗珊军实力最强。762 年什叶派在巴士拉发动起义时,阿拔斯王朝的军队约 3 万人驻守莱伊,4 万人驻守马格里布,2.5 万人驻守拜占廷边境,0.2 万人驻守摩苏尔,0.1 万人驻守库法,0.4 万人在麦地那与什叶派作战。据此推测,曼苏尔当政期间哈里发国家的兵员约 10 万余众。哈伦当政期间,巴尔麦克家族的法德勒·叶赫亚曾在呼罗珊征募新兵 5 万人,哈里发国家的兵员总额略有增加。阿拔斯王朝实行募兵制,士兵每月领取饷金约 80 迪尔罕。军队以骑兵为主,辅以步兵,使用长矛、战斧、弯刀和弓箭等武器。军事统帅大都出自将门世家,自募军队和世袭军职者甚多,卡赫塔巴、哈基姆、穆赛雅布、马立克、奥斯曼和阿里·伊萨是在军中颇具名望的六大家族。①

　　毋庸置疑,阿拔斯王朝前期的哈里发国家在一定程度上沿袭波斯帝国的政治传统,尤其是广泛采用萨珊王朝的典章礼仪,带有浓厚的波斯色彩。著名的穆斯林学者宰丹甚至将从阿拔斯王朝建立到穆台瓦基勒即位期间称作波斯人的时代,强调波斯传统政治制度的主导地位。②但是,这并非意味着"伊朗专制的复活"③,而是新的历史条件下哈里发集权统治的需要。阿拔斯王朝前期,哈里发诚然构成集权统治的化身,处于穆斯林社会结构的顶点位置。但是,在穆斯林社会中,维护伊斯兰教的利益乃是至高无上的政治准则,伊斯兰教的法律具有神圣的权威。伊斯兰教强调法律的来源在于安拉的启示,否认俗人的立法权力。即使哈里发亦不可随意立法,而必须服从沙里亚即伊斯兰教法的约束。"维持伊斯兰社会存在的基础,是共同接受沙里亚的约束。哈里发国家构成沙里亚的象征,每个信士

---

①　Kennedy,H.,*The Early Abbasid Caliphate*,p.77,p.79.

②　Jaydan,J.,*History of Islamic Civilization*,p.142.

③　希提:《阿拉伯通史》,第 341 页。

首先是服从沙里亚而不是服从哈里发。"[1]当然,宗教法律的约束与政治生活的现实之间无疑存在一定的差异;神学理论并不等同于政治现实,但是毕竟影响着政治制度和政治生活。伊斯兰教的信条制约着哈里发的行为,沙里亚至少在理论上凌驾于哈里发之上,使得哈里发的集权统治往往只能局限在一定的范围。

---

① Lambton, A.K.S.,*State and Government in the Medieval Islam*,p.13.

六、哈里发权力的衰微

1

阿拔斯王朝前期，哈里发的集权统治借助于教俗合一的形式达到顶峰。自9世纪中叶起，外籍势力兴起，土著政权相继割据自立，阿拔斯哈里发的集权统治日渐衰微，教俗合一的权力体制趋于废止。809—813年哈伦之子艾敏与马蒙之间的战争，是阿拔斯王朝政治嬗变的重要分界线。呼罗珊籍的阿拉伯人和阿拉伯化的波斯人，作为阿拔斯王朝前期集权统治的军事支柱，伴随着艾敏的失败而一蹶不振。来自伊斯兰世界边缘地带的外籍新军应运而生，突厥人以及亚美尼亚人、哈扎尔人、斯拉夫人、柏柏尔人、库尔德人开始登上哈里发国家的政治舞台。

前伊斯兰时代的突厥人大都分布在阿尔泰山一带，追逐水草，牧养牲畜。倭马亚王朝哈里发韦里德当政期间，古太白·穆斯林率军越过阿姆河，占领布哈拉、撒马尔罕、费尔干纳和阿什卢沙，伊斯兰教逐渐传入突厥人地区，穆斯林与突厥人之间的贸易交往随之扩大。[1]此后，突厥人常将其儿童作为贡赋上缴哈里发国家，进而逐渐流入伊斯兰世界的腹地。曼苏尔当政期间，突厥士兵开始出现于阿拔斯王朝军队的行列之中。[2]

阿拔斯王朝前期，哈里发国家的兵源主要来自阿拉伯人和阿拉伯化的波斯人，突厥士兵为数尚少，无力涉足伊斯兰世界的权力角逐。内战以后，阿拉伯人和阿拉伯化的波斯人力量削弱，突厥士兵人数猛增，其在哈里发国家的势力急剧膨胀。"阿拉伯人与波斯人之间的互相竞争，迫使马蒙不得

---

[1]　哈桑·穆阿尼斯：《古代中世纪的阿拉伯国家与文明》，第167页。

[2]　Jaydan,J.,*History of Islamic Civilization*,pp.215-217.

不把自己的安全交付给一支奴隶军团。这些奴隶一部分是柏柏尔人,主要是突厥人。"①马蒙的御弟阿布·伊斯哈格系突厥妇女玛里达所生,具有突厥血统。"他既不相信阿拉伯人,又对波斯人存有戒心,遂试图借助游牧的突厥人。"②阿布·伊斯哈格通过伊朗东部的土著王公萨曼家族,自814年起从中亚各地的奴隶市场购买突厥男童,组建名为马木路克的外籍新军。③马木路克在阿拉伯语中本意为被拥有的人,特指来自伊斯兰世界边缘地带、奴隶出身且通常享有特权的骑兵和军事贵族。817年,阿布·伊斯哈格在平息伊拉克反叛势力的过程中,首次使用突厥士兵组成的外籍新军,战绩颇佳。④马蒙当政末期,阿布·伊斯哈格麾下的突厥士兵已经达到数千人。⑤正是借助于突厥新军的力量,阿布·伊斯哈格得以在马蒙死后出任哈里发,御名穆尔台绥姆(833—842年在位)。

穆尔台绥姆当政期间,继续扩大外籍新军的规模,先后购买7万名突厥奴隶充当战士。⑥突厥将领阿什纳斯于834年出任埃及总督,哈扎尔将领伊塔赫于839年出任也门总督,标志着来自伊斯兰世界边缘地带的外籍势力开始涉足哈里发国家的政坛。⑦波斯血统的著名将领阿夫辛尽管屡有战功,却因涉嫌宫廷阴谋,欲立马蒙之子登基,被穆尔台绥姆打入地牢,活活饿死。⑧

836年,穆尔台绥姆将哈里发的宫廷从巴格达迁至萨马拉。萨马拉位于

---

① 布罗克尔曼:《伊斯兰各民族与国家史》,第157页。

② Jaydan,J.,*History of Islamic Civilization*,p.217.

③ Kennedy,H.,*The Prophet and the Age of the Caliphate*,p.185.

④ Kennedy,H.,*The Early Abbasid Caliphate*,p.167.

⑤ Lindsay,J.E.,*Daily Life in the Medieval Islamic World*,Westport 2005,p.70.

⑥ Ashtor,E.,*A Social and Economic History of the Near East in the Middle Ages*,Berkeley 1976,p.87.

⑦ Kennedy,H.,*The Prophet and the Age of the Caliphate*,p.161.

⑧ 艾哈迈德·爱敏:《阿拉伯伊斯兰文化史》,第5册,史希同译,商务印书馆,2001年,第5页。

巴格达西北约 120 千米,地处底格里斯河东岸,正式名称是苏拉·曼·拉阿,阿拉伯语中意为见者喜悦,由突厥将领阿什纳斯主持营建,外籍新军大都驻扎在这里。[①]当时的巴格达人曾对新都的名称有过幽默的解释:外籍士兵来到巴格达后,和平城变成骚乱城,他们移驻新都,巴格达恢复往日的安宁,令人皆大欢喜。在此后的半个世纪中,穆尔台绥姆和他的七位继承人均在萨马拉临朝,并在这里建造精美华丽的宫殿和清真寺。巴尔库瓦拉宫模仿古代波斯的建筑风格,其设计与泰西封的萨珊王朝宫殿颇为相似。萨马拉清真寺耗资 1500 万迪尔罕,采用砖木结构,规模宏大,可容纳万人同时礼拜,庭院中心喷泉流水,景色别致,宣礼塔模仿古巴比伦的庙塔,呈螺旋形圆柱体,分为 7 级,高 52 米,至今尚存。

2

外籍新军的兴起,一度为哈里发提供了强有力的统治工具。穆尔台绥姆借助于外籍新军的势力,强化了哈里发的政权,成为继马蒙之后阿拔斯王朝的又一盛世之君。佐特人祖居印度,后来迁至伊拉克南部的沼泽地带。马蒙当政期间,佐特人频繁骚乱,劫掠商队,甚至切断巴格达与巴士拉之间的交通,颇具威胁。穆尔台绥姆即位后,遣军征讨伊拉克南部,平息佐特人的骚乱,并将佐特人放逐到陶鲁斯山南侧的西里西亚。后来,佐特人流落于欧洲各地,称作吉普赛人。

阿拔斯王朝初期,胡拉米教派在阿姆河右岸的粟特发动起义,被哈里发镇压。此后,胡拉米教派传入北方的阿塞拜疆。816 年,胡拉米教派首领巴贝克在阿塞拜疆发动起义,主张平分土地、取消捐税、铲除暴虐、实现人间平等。起义声势浩大,参加者多达数十万人,皆身着红色作为标志,故称红

---

① Gordon,M.S.,*The Rise of Islam*,p.131.

衣军。他们与拜占廷帝国缔结盟约,攻击阿拉伯人,几乎控制阿塞拜疆全境,并且波及亚美尼亚和里海南岸各地。820—827 年,马蒙多次派兵征讨,均告失败。穆尔台绥姆即位后,遣阿夫辛率军征讨,苦战三年,于 837 年攻陷起义者的最后据点巴兹。巴贝克逃往亚美尼亚,被土著贵族俘获,于 838 年初由阿夫辛肢解处死。巴贝克起义平定后,穆尔台绥姆出兵征讨拜占廷帝国,攻陷并洗劫拜占廷边境重镇阿摩利。[①]圣战的胜利,使穆尔台绥姆在伊斯兰世界声威大振。

瓦西克(842—847 年在位)当政期间,外籍新军的政治势力不断扩展,逐渐威胁到哈里发的地位。穆台瓦基勒(847—861 年在位)即位以后,极力削弱外籍新军的政治影响。在塔希尔家族的支持下,穆台瓦基勒处死权倾一时的哈扎尔将领伊塔赫,罢免重兵在握的突厥将领瓦绥夫。[②]与此同时,穆台瓦基勒在伊拉克和叙利亚等地募集兵员,组建阿拉伯新军,旨在抗衡外籍新军。穆台瓦基勒还委派其子穆恩台绥尔、穆阿亚德和穆尔台兹分别统辖埃及、叙利亚和呼罗珊诸地,加强对地方势力的控制,使哈里发得以维持较为充足的岁入来源。[③]857 年,穆台瓦基勒曾经迁都大马士革数月,以避外籍新军的锋芒。[④]859 年,穆台瓦基勒耗资 200 万第纳尔,在萨马拉附近另建新都贾法里亚,试图将外籍新军的势力排斥于宫廷政治之外。穆台瓦基勒的上述做法导致外籍新军的强烈不满。861 年,穆台瓦基勒在新都贾法里亚被外籍将领谋杀。[⑤]

穆台瓦基勒是阿拔斯时代第一位死于宫廷谋杀的哈里发。穆台瓦基勒的被害,标志着哈里发与外籍新军之间矛盾的激化,权力的天平进一步向

---

① Kennedy,H.,*The Early Abbasid Caliphate*,p.217.

② Kennedy,H.,*The Prophet and the Age of the Caliphate*,p.169。

③ Shaban,M.A.,*Islamic History, A New Interpretation 750–1055*,p.75.

④ 艾哈迈德·爱敏:《阿拉伯伊斯兰文化史》,第 5 册,第 10 页。

⑤ 泰伯里:《历代先知与君王史》,第 3 卷,第 1452 页。

后者倾斜。穆台瓦基勒的四位继承人穆恩台绥尔(861—862 年在位)、穆斯台因(862—866 年在位)、穆尔台兹(866—869 年在位)和穆赫台迪(869—870 年在位)当政期间,外籍将领左右朝政,随意废立哈里发。穆恩台绥尔即位之初,有意委派外籍将领瓦绥夫前往叙利亚出任军职,廷臣却说:谁敢如此大胆,竟然对突厥人发号施令。[1]穆斯台因当政期间,外籍将领乌塔米什和瓦绥夫甚至出任维齐尔,统辖政务,哈里发权力旁落,形同虚设。穆斯台因曾经向廷臣询问自己的寿数,廷臣告诉他:陛下的寿数要由突厥人来决定。穆尔台兹即位后,改用文官艾哈迈德·伊斯莱尔勒出任维齐尔,继而处死外籍将领瓦绥夫和布加。869 年,艾哈迈德·伊斯莱尔勒和穆尔台兹相继死于外籍将领之手。[2]

穆尔台米德(870—892 年在位)当政期间,阿拔斯家族中最具实力的人物是哈里发的御弟穆瓦法克,平定赞吉的战争使穆瓦法克俨然成为哈里发国家的摄政者。所谓赞吉即来自东非的黑奴,阿拔斯时代他们在伊拉克南部的沼泽地带从事繁重的劳动。869 年,赞吉举行起义,波斯血统的哈瓦立及派传教师阿里·穆罕默德是起义的首领,数十万人加入起义者的行列。他们洗劫巴士拉,攻陷瓦西兑,逼近巴格达。这次起义由于发生在伊斯兰世界的核心地区,对阿拔斯王朝威胁甚大。穆瓦法克受命于危难之时,倾尽哈里发国家的力量,经过长达 11 年的艰苦征战,于 883 年攻陷赞吉的大本营穆赫塔拉,斩杀阿里·穆罕默德。[3]在此期间,穆瓦法克统辖军务,独揽朝政,声名和权势如日中天,外籍将领相形见绌,哈里发亦黯然失色。[4]

892 年穆尔台米德死后,穆瓦法克之子阿布·阿拔斯即位,御名穆尔台

① 艾哈迈德·爱敏:《阿拉伯伊斯兰文化史》,第 5 册,第 18 页。

② Jaydan,J.,*History of Islamic Civilization*,p.221.

③ Shaban,M.A.,*Islamic History,A New Interpretation 600-750*,pp.92-93.

④ Holt,P.M.,Lambton,A.K.S.& Lewis,B.,*The Cambridge History of Islam*,Vol.1A,p.128.

迪德(892—902 年在位)。穆尔台迪德当政期间,哈里发离开萨马拉,移都巴格达,外籍将领的政治势力趋于削弱,维齐尔成为哈里发国家的核心人物。穆尔台迪德任命的维齐尔欧拜杜拉·苏莱曼·瓦哈布掌管税收,兼理军务。穆克台菲(902—908 年在位)当政期间,维齐尔嘎希姆·欧拜杜拉深受哈里发的倚重,统辖军政要务,权倾朝野。908 年穆克台菲死后,维齐尔阿拔斯·哈桑拥立穆克台菲的御弟贾法尔即位, 是为穆格台迪尔 (908—932 年在位)。此后的 16 年被史学家称作维齐尔的时代;伊拉克商人富拉特家族和贾拉赫家族的许多成员相继出任维齐尔,权势颇大。[1]著名教法学家麦瓦尔迪曾经将维齐尔区分为"有限权力的维齐尔"和"无限权力的维齐尔"两种类型,其中前者属于阿拔斯王朝前期哈里发集权统治的时代,后者则是 10 世纪前后哈里发国家政治生活的真实写照。

穆格台迪尔是最后一位领有伊拉克、叙利亚、埃及和伊朗西部诸地的阿拔斯王朝哈里发。932 年,阿拔斯王朝将领穆尼斯在伊拉克北部的摩苏尔发动兵变,攻打首都,穆格台迪尔仓促迎战,死于巴格达城下。穆尼斯拥立穆格台迪尔的御弟穆罕默德即位,是为嘎希尔(932—934 年在位)。[2]嘎希尔当政期间,哈里发所领有的疆域只剩下伊拉克中部一带。936 年,哈里发拉迪(934—940 年在位)正式赐封瓦西兑守将穆罕默德·拉伊克总艾米尔的称号,赋予他兼领艾米尔的军事权力与维齐尔的行政权力。[3]总艾米尔的设置,标志着哈里发国家教俗合一权力体制的结束。此后历任哈里发仅仅被视作伊斯兰世界的宗教领袖,其原有的世俗权力丧失殆尽。因此,拉迪被后人称作阿拔斯王朝"最后的哈里发"。

---

①   Watt,W.M.,*The Majesty That Was Islam*,p.157.

②   伊本·阿希尔:《历史大全》,第 8 卷,开罗,1884 年,第 179 页。

③   Kennedy,H.,*The Prophet and the Age of the Caliphate*,p.197.

七、伊斯兰世界的分裂：自然环境与社会背景

　　阿拔斯时代，伊斯兰世界疆域辽阔，哈里发国家的政治生活受自然环境影响极大。尽管驿政体系不断完善，然而距离的遥远所造成的障碍仍难以得到有效的克服。据地理学家伊本·胡尔达兹比赫（？—912 年）记载，在阿拔斯时代，自巴格达向西经大马士革和弗斯塔特至马格里布的首府凯鲁万共有 105 个驿站，自巴格达向东经莱伊和内沙浦尔至呼罗珊的首府木鹿亦有 66 个驿站；驿站间隔的距离通常是 4~6 法尔萨赫（1 法尔萨赫相当于 6 千米），以普通的速度行走约需 1 天的时间。775 年，曼苏尔在麦加附近病逝，死讯在 20 天后传到 1500 千米外的巴格达。785 年，马赫迪在巴格达病逝，其子哈迪获悉哈里发的死讯并从里海南岸的朱尔占返回首都历时 20 余天。哈里发在巴格达颁布的命令，即使驿差昼夜兼程，亦需 15 天后才能传送到呼罗珊总督的驻地。813 年，马蒙在木鹿宣布指定阿里·里达作为哈里发的继承人，这个消息直至 3 个月后才传到巴格达。①

　　由于距离的遥远，巴格达的统治者对许多地区常感鞭长莫及。自然区域的明显差异，更使统一的哈里发国家难以长久地维持下去。在阿拉伯半岛，阿拔斯王朝的权力仅仅局限于希贾兹的两座圣城和也门一带，贝都因人主宰着广袤的沙漠荒原。在亚美尼亚和阿塞拜疆，山脉纵横，土著势力大都各为政，哈里发的统治往往形同虚设。甚至在伊斯兰世界的核心地带，伊拉克与叙利亚亦因方圆数百千米的沙漠相隔而无法形成统一的区域。在东方的呼罗珊，自然区域的差异及其影响极为明显；绿洲

---

① Kennedy,H.,*The Early Abbasid Caliphate*,p.33.

城市内沙浦尔、木鹿、哈拉特、巴勒黑是阿拔斯王朝统治呼罗珊的中心所在,起伏的群山则构成土著社会势力和传统政治生活得以延续的天然屏障。在埃及以西的马格里布,只有狭长的沿海平原处于哈里发的控制之下,辽阔的内陆瀚海依旧是柏柏尔人的世界;他们虽然改奉伊斯兰教,却长期抵制着阿拔斯王朝的政治权力。H.肯尼迪因此指出:"权力的中心是人口稠密的城市和定居的农业区域,群山脚下和沙漠边缘构成哈里发统治的实际界限。"①

在伊斯兰文明兴起的早期阶段,信仰的差异和宗教的对立不仅体现哈里发国家的政治矛盾,而且构成伊斯兰世界统一政权得以维持的重要条件。异教臣民的广泛存在,制约着穆斯林内部的矛盾冲突,进而导致穆斯林相对凝聚的社会状态。麦地那时代和倭马亚时代,哈里发国家奉行阿拉伯人与伊斯兰教合而为一的原则,非阿拉伯人尚无缘介入伊斯兰世界的权力角逐。根据相关资料的推测,倭马亚时代,除阿拉伯半岛以外,穆斯林不足哈里发国家人口的十分之一,且大都局限于城市的范围。②阿拔斯王朝前期,非阿拉伯血统的穆斯林初登伊斯兰世界的政治舞台,不乏权势。但是,哈里发国家的伊斯兰教化此时远未完成,非穆斯林人数颇多,伊拉克人和呼罗珊人是阿拔斯王朝倚重的统治支柱,宗教矛盾依然制约着哈里发国家的政治生活。以埃及为例,哈里发国家向异教臣民征收的人丁税,穆阿威叶当政时期不少于500万第纳尔,哈伦·拉希德当政时期约400万第纳尔。③9世纪以后,异教叛乱的记载逐渐失见于史籍,信仰的差异趋于淡化。④各地区的土著势力相继皈依伊斯兰教,进而涉足伊斯兰世界的政治舞台,与

① Kennedy,H.,*The Early Abbasid Caliphate*,p.18.

② Hourani,A.,*A History of the Arab Peoples*,p.46.

③ Lombard,M.,*The Golden Age of Islam*,North Holland 1975,p.22.

④ Bulliet,R.W.,*Conversion to Islam in the Medieval Period*,Harvard 1979,p.45.

伊拉克人和呼罗珊人展开激烈的权力角逐。"肥沃的新月地带"不再是哈里发国家的核心区域,群雄逐鹿的多元政治格局趋于显见。穆斯林诸民族之间的对抗和伊斯兰教诸派别的差异,成为助长伊斯兰世界政治格局多元化和导致哈里发国家解体的深层社会背景。

八、西班牙与马格里布诸王朝

1

阿拔斯王朝建立以后,哈里发国家的政治重心明显东移,其与西部地区的联系随之削弱。因此,阿拔斯时代伊斯兰世界的政治分裂,首先表现为西部地区诸多独立政权的建立。

早在阿拔斯王朝初建之时,倭马亚王朝第十位哈里发希沙姆的嫡孙阿卜杜勒·拉赫曼逃脱阿拔斯人的追杀,离开叙利亚,经埃及西行,潜入马格里布。这位倭马亚家族的后裔此时一贫如洗,无依无靠,从一个部落流浪到另一个部落,从一座城市漂泊到另一座城市,饱尝苦难,历尽艰辛,于755年到达马格里布西端的休达。阿卜杜勒·拉赫曼由于其母是柏柏尔人,被视为具有柏柏尔血统,因此在休达受到柏柏尔人的保护。756年,他来到伊比利亚,受到叙利亚籍阿拉伯人的拥戴,首创独立于阿拔斯王朝的伊斯兰教政权,是为后倭马亚王朝(756—1031年)。阿卜杜勒·拉赫曼采用艾米尔的称号,在瓜达尔基维尔河畔营建新都科尔多瓦,招募4万柏柏尔人作为新政权的军事支柱,并于757年取消在星期五聚礼的呼图白中祝福巴格达哈里发的内容,以示与阿拔斯王朝分庭抗礼。倭马亚家族后裔在伊比利亚的割据自立,标志着哈里发国家与伊斯兰世界相互吻合时代的结束。

761年,曼苏尔委派阿拉伊·穆基斯出任伊比利亚总督,率军征讨阿卜杜勒·拉赫曼。763年,阿拉伊·穆基斯兵败身亡。阿卜杜勒·拉赫曼将阿拉伊·穆基斯的头颅存放在食盐和樟脑中,连同他的印玺,遣使送交正在麦加朝觐的曼苏尔。曼苏尔曾经将阿卜杜勒·拉赫曼称作"古莱西的雄鹰",此时慨然叹道:"感谢安拉在我们与这样强悍的敌人之间安置了大海！"①

阿卜杜勒·拉赫曼三世是后倭马亚王朝的第八任艾米尔。阿卜杜勒·拉赫曼三世当政期间,后倭马亚王朝达到鼎盛状态,北起比利牛斯山区南至直布罗陀海峡尽属其地。后倭马亚王朝的舰队游弋于地中海西部水域,所向无敌。929 年,正值巴格达哈里发日暮途穷之际,阿卜杜勒·拉赫曼宣布采用哈里发的称号,自诩为"伊斯兰世界的捍卫者"②。

后倭马亚王朝的首都科尔多瓦有居民数十万之众,足以与巴格达相提并论。皇城阿萨哈拉宫圆柱林立,乳石花砖铺地,殿内金碧辉煌,光彩夺目,御园万花争艳,金狮玉鸟成群,庭院清泉潺潺,瑰奇精致。科尔多瓦清真寺始建于 780 年,尖塔圆顶,气势宏伟,堪与麦加和耶路撒冷的圣寺媲美,被誉为"伊斯兰世界西部的克尔白"。

2

马格里布是柏柏尔人的家园。倭马亚时代,伊斯兰教传入马格里布,柏柏尔人陆续皈依,加入穆斯林的行列。然而,皈依伊斯兰教的柏柏尔人与哈里发国家的统治者之间始终存在着尖锐的矛盾,马格里布为什叶派和哈瓦立及派反对哈里发的活动提供了适宜的土壤。

伊德利斯·阿卜杜拉是什叶派伊玛目哈桑的曾孙,786 年在麦地那追随侯赛因·阿里,参加反对阿拔斯王朝的起义。起义失败以后,伊德利斯·阿卜杜拉逃往西方,来到摩洛哥北部的瓦利利,依靠柏柏尔人的支持,建立伊德利斯王朝(788—974 年),以穆莱作为首都,领有西起萨累河、东至特拉姆森

---

① 穆罕默德·穆斯塔法·齐亚德:《阿拉伯世界的历史与文明:古代与伊斯兰时代》,第 196—197 页,第 198 页。

② 哈桑·穆阿尼斯:《古代中世纪的阿拉伯国家与文明》,第 183 页。

的地区。是为历史上第一个以什叶派穆斯林为首领的伊斯兰教王朝。这里的柏柏尔人虽然信奉正统的伊斯兰教,却敌视巴格达的哈里发,拥戴伊德利斯·阿卜杜拉和他的后裔。伊德利斯二世当政期间,首都迁到阿特拉斯山区西部的菲斯,许多来自西班牙和希贾兹的阿拉伯人相继移至菲斯。859年,伊德利斯王朝在菲斯兴建卡拉维因清真寺,寺内附设大学,即卡拉维因大学。卡拉维因大学是马格里布最早的高等学府,直至今日仍在伊斯兰世界享有极高的声誉。

倭马亚王朝后期,哈瓦立及派的分支苏福利叶派和伊巴迪叶派逐渐传入马格里布中部一带。哈瓦立及派强调穆斯林绝对平等和反对哈里发国家课税,在柏柏尔人中产生极大的影响。758年,分布在的黎波里以南的柏柏尔人努弗萨部落和豪瓦拉部落追随哈瓦立及派传教师阿布·哈塔布发动起义,占据的黎波里和凯鲁万。761年,哈里发曼苏尔遣穆罕默德·阿什阿斯率领呼罗珊军4万人攻入马格里布,阿布·哈塔布兵败身亡。此后,波斯人阿卜杜勒·拉赫曼·鲁斯塔姆偕阿布·哈塔布的残部逃入阿特拉斯山区中部,继续宣传哈瓦立及派的宗教政治思想,从者甚多。776年,阿卜杜勒·拉赫曼·鲁斯塔姆在柏柏尔人的拥戴下建立哈瓦立及派政权鲁斯塔姆王朝(776—908年),兴建新城提亚雷特作为首都,据有今阿尔及利亚北部一带。

761年,阿格拉布·萨里姆和他的儿子易卜拉欣·阿格拉布随呼罗珊军来到马格里布,驻守萨布一带。800年,哈伦任命易卜拉欣·阿格拉布为易弗里基叶总督,利用阿格拉布家族的势力遏制柏柏尔人以及哈瓦立及派和什叶派,拱卫哈里发国家的西部疆域。[1]易卜拉欣·阿格拉布驻节凯鲁万,领有马格里布东部诸地。阿格拉布家族系阿拉伯血统,尊奉正统伊斯兰教,承认巴格达哈里发的宗主地位。此前,阿拔斯王朝每年需将10万迪尔罕的岁入从埃及调入易弗里基叶,用于驻军的开支。易卜拉欣·阿格拉布出任总督以

---

① 伊本·阿希尔:《历史大全》,第6卷,第106页。

后,阿拔斯王朝停止向易弗里基叶发放津贴,易卜拉欣·阿格拉布每年却向巴格达缴纳4万迪尔罕的贡赋。易卜拉欣·阿格拉布死于812年;此时正值艾敏与马蒙内战之际,哈里发无暇顾及遥远的易弗里基叶,听任易卜拉欣·阿格拉布之子阿卜杜拉·易卜拉欣承袭父位。817年阿卜杜拉·易卜拉欣死后,其弟齐亚德·易卜拉欣继任易弗里基叶总督;此时,内战尚未终止,马蒙远在木鹿,无力干涉易弗里基叶的权位更替。阿拔斯人的内战为阿格拉布家族的兴起提供了绝好的时机,而阿格拉布王朝(800—909年)的建立最终结束了阿拔斯王朝在埃及以西地区的统治。"他们甚至不屑于把哈里发的名字铸在钱币上,来表示宗教上的藩属关系。"①齐亚德·易卜拉欣当政期间,阿格拉布王朝的舰队屡屡攻袭地中海北侧地区,占领马耳他、撒丁和西西里诸岛,逼近希腊、意大利和法国南部。对地中海水域的扩张,构成阿格拉布王朝历史的辉煌一页。位于凯鲁万城中的欧格白清真寺始建于倭马亚王朝初期,820年由齐亚德·易卜拉欣大规模扩建,其中部分设施采用伊拉克和印度的建筑材料,兼有阿拉伯和波斯的艺术风格,成为阿格拉布王朝的象征。

---

① 希提:《阿拉伯通史》,第538页。

九、埃及的嬗变

1

在 7 世纪中叶至 9 世纪中叶的 200 年间,埃及处于行省的地位,是哈里发国家重要的粮食产地和税收来源,亦是伊斯兰教在北非和地中海世界得以广泛传播的重要据点。倭马亚时代,先后有 22 人作为总督统治埃及。阿拔斯王朝的最初 90 年间,更有 54 人先后出任埃及总督。历任总督大都横征暴敛,竭泽而渔。穆斯林征服初期的埃及,每费丹(1 费丹折合 6400 平方米)土地的税额仅为 1 第纳尔,阿拔斯时代普遍超过 2 第纳尔。据 868 年的纸草文书记载,每加里布(1 加里布折合 1600 平方米)的土地税高达 4 第纳尔。艾哈迈德·穆达比尔于 861 年出任埃及税收长官以后,恢复前伊斯兰时代的各种杂税,巨额的岁入流向巴格达。[①]哈里发国家的统治和财富的外流,导致埃及经济的严重衰退。

突厥人艾哈迈德·土伦祖居中亚的费尔干纳,生于巴格达。穆尔台绥姆当政期间,艾哈迈德·土伦出任阿拔斯王朝将领,驻守北方边境的重镇塔尔苏斯。868 年起,艾哈迈德·土伦先后以突厥贵族巴亚克贝克和巴尔朱赫以及哈里发穆尔台米德之子贾法尔·穆法瓦德的名义,在埃及行使统治权力。艾哈迈德·土伦将税收长官艾哈迈德·穆达比尔逐往叙利亚,罢免驿政长官舒凯尔,并且迫使属下的臣民宣誓效忠于土伦家族,俨然成为尼罗河流域的君主。艾哈迈德·土伦购买突厥奴隶 2.4 万人和苏丹奴隶 4 万人作为战士,埃及的军事力量随之明显增强。877 年,艾哈迈德·土伦率军攻占大马士革和安条克,吞并叙利亚,进而在拜占廷边境发动圣战,声威大振。

---

① Holt,P.M.,Lambton,A.K.S.& Lewis,B.,*The Cambridge History of Islam*,Vol.1A,p.177.

如同阿格拉布家族一样，土伦家族尊奉正统伊斯兰教，承认巴格达哈里发的宗主地位，仅仅采用艾米尔的称号。萨马拉时期阿拔斯王朝的混乱状态，特别是哈里发穆尔台米德与摄政者穆瓦法克之间的矛盾冲突，是土伦家族势力在埃及得以兴起的重要条件。882 年，穆尔台米德曾经试图自萨马拉移都叙利亚北部的拉卡，以求借助于土伦家族的势力抗衡穆瓦法克。

884 年艾哈迈德·土伦死后，其子胡马拉维承袭父位。穆瓦法克虽然多次出兵征讨，均未能降服土伦家族。886 年，穆瓦法克与胡马拉维订立和约：阿拔斯王朝承认土伦家族领有埃及和叙利亚的统治权力，期限为 30 年，土伦家族每年向阿拔斯王朝缴纳 30 万第纳尔的贡赋。[①]892 年穆尔台迪德即位以后，继续承认上述和约，胡马拉维则将女儿盖特尔·奈达嫁给哈里发，土伦家族与阿拔斯王朝结为姻亲。[②]

896 年胡马拉维死后，土伦家族势力日衰。899 年，阿拔斯王朝将土伦家族上缴贡赋的数额增至 45 万第纳尔。905 年，阿拔斯王朝的军队攻入弗斯塔特，土伦家族成员悉遭俘虏，被押往巴格达，哈里发恢复在埃及的统治权力。[③]

土伦王朝(868—905 年)统治的 37 年，是埃及历史发展的黄金时代。艾哈迈德·土伦及其后裔关注经济发展，广建水利设施，改进农作方式，使埃及在这个时期经历短暂的繁荣。埃及的岁入在艾哈迈德·穆达比尔出任税收长官期间只有 80 万第纳尔，土伦王朝时期增至 430 万第纳尔。更为重要的是，土伦王朝改变了埃及岁入的流向，使尼罗河流域的建设和发展得到充足的物质保证。弗斯塔特作为土伦王朝的首都，规模扩大，人口增多。艾

---

①　哈桑·穆阿尼斯：《古代中世纪的阿拉伯国家与文明》，第 188 页，第 190 页，第 191 页。

②　穆罕默德·穆斯塔法·齐亚德：《阿拉伯世界的历史与文明：古代与伊斯兰时代》，第 203 页。

③　哈桑·穆阿尼斯：《古代中世纪的阿拉伯国家与文明》，第 19 页。

哈迈德·土伦仿照萨马拉的形式,移植伊拉克的建筑风格,在弗斯塔特郊外营建新城盖塔伊尔,并于附近山岩之上构筑宫堡,可俯瞰整个市区。弗斯塔特原有阿慕尔清真寺,始建于642年。876—879年间,艾哈迈德·土伦在弗斯塔特另建伊本·土伦清真寺,耗资12万第纳尔,其尖塔和圆顶与萨马拉清真寺如出一辙,约占《古兰经》十七分之一的经文被用库法体雕刻于殿内四周,至今犹存。[①]

2

土伦王朝灭亡以后,外籍将领相继出任埃及总督。波斯血统的伊拉克人穆罕默德·阿里·穆扎拉伊垄断埃及税收,颇具权势。935年,祖居费尔干纳的突厥将领穆罕默德·突格只出任埃及总督,将穆罕默德·阿里·穆扎拉伊垄断的税收权力据为己有,从而继土伦家族之后成为尼罗河流域的新君主。

936年,穆罕默德·突格只击败什叶派法蒂玛人对埃及的进攻,被阿拔斯哈里发赐封为"伊赫希德"("伊赫希德"是费尔干纳古代王公的尊号)。[②]穆罕默德·突格只模仿艾哈迈德·土伦的先例,招募突厥人和苏丹人组建新军,不仅据有尼罗河流域,而且吞并叙利亚南部的霍姆斯、大马士革、约旦、巴勒斯坦,直至将希贾兹的两座圣城置于自己的保护之下。[③]944年,阿拔斯哈里发穆台基(940—944年在位)将埃及正式赐封穆罕默德·突格只,期限为30年。穆罕默德·突格只还曾试图迎请穆台基离开巴格达,迁都弗斯塔特。

946年穆罕默德·突格只死后,努比亚血统的阉奴阿布·米斯克·卡夫尔

---

① 穆罕默德·穆斯塔法·齐亚德:《阿拉伯世界的历史与文明:古代与伊斯兰时代》,第202页。

② 哈桑·穆阿尼斯:《古代中世纪的阿拉伯国家与文明》,第192页,第193页。

③ 穆罕默德·穆斯塔法·齐亚德:《阿拉伯世界的历史与文明:古代与伊斯兰时代》,第207页。

出任摄政,辅佐穆罕默德·突格只之子乌努祖尔和阿布·哈桑,以伊赫希德家族的名义统辖军政要务,长达23年,直至接受法蒂玛人的信仰,加入什叶派的行列。①阿布·米斯克·卡夫尔死后,穆罕默德·突格只的嫡孙阿布·福瓦斯·艾哈迈德即位,伊赫希德王朝日渐式微。②

伊赫希德王朝(935—969年)时期,正值什叶派势力在伊斯兰世界空前发展的阶段。正统穆斯林与什叶派之间的激烈对抗,构成伊赫希德王朝一度强盛的社会条件。伊赫希德王朝统治下的埃及和叙利亚南部,则是抵御马格里布的什叶派政权法蒂玛王朝和叙利亚北部的什叶派政权哈姆丹王朝的进攻、拱卫正统穆斯林的宗教领袖阿拔斯哈里发的重要屏障。

3

893年,什叶派的分支伊斯马仪派传教士阿布·阿卜杜拉离开也门,进入北非,在易弗里基叶一带宣传该派的宗教思想,主张摧毁现存的秩序,建立公正的社会。阿布·阿卜杜拉的宣传在柏柏尔人中颇有影响,生活在卡比勒山区的柏柏尔人库塔麦部落成为伊斯马仪派的忠实信徒。③不久,伊斯马仪派的首领阿卜杜拉·马赫迪离开位于叙利亚北部萨拉米叶的大本营,乔装商人潜往易弗里基叶,途中被阿格拉布王朝艾米尔捕获下狱。908年,追随伊斯马仪派的柏柏尔人在阿布·阿卜杜拉的领导下发动起义。起义者首先攻占提亚雷特,推翻哈瓦立及派政权鲁斯塔姆王朝,继而攻占凯鲁万,推翻正统伊斯兰教政权阿格拉布王朝。909年,获释出狱的赛义德·哈桑即阿卜杜拉·马赫迪在凯鲁万附近的拉盖达被起义者拥立为哈里发。阿卜杜拉·马赫迪自称

---

① 哈桑·穆阿尼斯:《古代中世纪的阿拉伯国家与文明》,第194页。

② 穆罕默德·穆斯塔法·齐亚德:《阿拉伯世界的历史与文明:古代与伊斯兰时代》,第208页。

③ 哈桑·穆阿尼斯:《古代中世纪的阿拉伯国家与文明》,第203页。

是先知穆罕默德之女法蒂玛与阿里的后裔，新政权故而称作法蒂玛王朝（909—1171 年）。920 年，法蒂玛王朝从拉盖达迁都新城马赫迪叶。[①]

法蒂玛王朝不同于伊斯兰世界的其他割据政权，自建立伊始便公开反对作为正统穆斯林宗教领袖的巴格达哈里发，否认阿拔斯家族在伊斯兰世界的核心地位，其宗旨是通过武力讨伐和神学宣传的方式推翻阿拔斯王朝，征服整个伊斯兰世界。继法蒂玛王朝的统治者采用哈里发的称号之后，西班牙的后倭马亚王朝艾米尔阿卜杜勒·拉赫曼三世亦于 929 年改称哈里发。法蒂玛王朝崇尚白色，后倭马亚王朝崇尚绿色，阿拔斯王朝崇尚黑色，中国史书分别称之为白衣大食、绿衣大食和黑衣大食。[②]法蒂玛王朝的哈里发与东方的巴格达哈里发、西方的科尔多瓦哈里发三足鼎立，分庭抗礼，标志着伊斯兰世界的进一步分裂。

法蒂玛王朝建立后，奉行领土扩张的政策，埃及是其首要的攻略目标。914 年，库塔麦部落首领哈巴萨率领法蒂玛王朝的军队自易弗里基叶进攻埃及，被穆尼斯率领的阿拔斯王朝军队击退。919 年，法蒂玛王朝哈里发阿卜杜拉·马赫迪之子阿布·嘎希姆再次率军东征，921 年亦被穆尼斯击败。935 年以后，伊赫希德王朝成为阿拔斯哈里发国家的西部屏障，法蒂玛王朝被迫中止对埃及的进攻，扩张的矛头转向西方。947 年，法蒂玛王朝的军队攻入奥雷山区，平息追随哈瓦立及派的柏柏尔人豪瓦拉部落的叛乱。958 年，法蒂玛王朝的军队攻占阿斯特拉山区西部的菲斯，将科尔多瓦哈里发的势力逐出马格里布。与此同时，法蒂玛王朝的舰队游弋于地中海水域，袭击地中海北岸，一度攻占热那亚。

969 年，法蒂玛王朝大将昭海尔·绥基利率领柏柏尔人骑兵 10 万余众

---

① 穆罕默德·穆斯塔法·齐亚德：《阿拉伯世界的历史与文明：古代与伊斯兰时代》，第 209 页，第 210 页。

② Ibn Khaldun, *The Muqaddimah*, Vol.2, p.51.

东征埃及,在吉萨附近歼灭伊赫希德王朝的军队,占领弗斯塔特,降服尼罗河流域。[1]970—972 年, 昭海尔·绥基利在弗斯塔特以北 5 千米处营建新都,取名曼苏尔城,屯驻来自易弗里基叶的柏柏尔人战士。昭海尔·绥基利还在曼苏尔城建造爱资哈尔清真寺,作为宣传伊斯马仪派思想的中心。后来, 爱资哈尔清真寺逐渐取代弗斯塔特的阿慕尔清真寺和伊本·土伦清真寺,成为埃及伊斯兰教的象征。972 年,哈里发穆仪兹从马赫迪叶迁都曼苏尔城,并将曼苏尔城更名为"嘎希赖"(阿拉伯语"常胜"一词的音译,西方人讹称之为开罗),埃及遂成为法蒂玛王朝的统治中心。[2]

叙利亚与埃及素来唇齿相依,既是拱卫尼罗河流域的战略屏障,亦是法蒂玛王朝东征巴格达哈里发的必经地区。然而, 此时叙利亚的形势极为复杂,什叶派的分支卡尔马特派以及贝都因人诸部落在叙利亚颇具势力,法蒂玛王朝对叙利亚的征服经历了十分漫长和曲折的过程。昭海尔·绥基利征服埃及之后, 曾派柏柏尔人库塔麦部落的将领贾法尔·法拉赫率军进攻叙利亚,占领拉姆拉和大马士革。不久,卡尔马特派击败贾法尔·法拉赫的军队,夺回叙利亚南部,继而攻入埃及。971 年,昭海尔·绥基利在艾因·舍姆斯击败卡尔马特派。974 年,卡尔马特派再度从叙利亚攻入埃及,被法蒂玛王朝军队击败;哈里发穆仪兹在盛怒之下,将卡尔马特派的 1500 名战俘处死于开罗。975 年,来自伊拉克的突厥将领阿勒普特金占据叙利亚南部,威胁埃及。法蒂玛哈里发阿齐兹起用老将昭海尔·绥基利统兵征讨。阿勒普特金与卡尔马特派联手应战,击败法蒂玛王朝的军队,将昭海尔·绥基利围困在加沙附近的阿斯卡伦。978 年,法蒂玛王朝再度出兵叙利亚,降服阿勒普特金,将卡尔马特派逐往巴林,控制叙利亚南部。991 年以后,法蒂玛王朝向叙利亚北部发动一系列攻势,并与拜占廷军队屡屡交锋。1003 年,法蒂玛王朝攻

---

[1] 哈桑·穆阿尼斯:《古代中世纪的阿拉伯国家与文明》,第 203 页。

[2] 穆罕默德·穆斯塔法·齐亚德:《阿拉伯世界的历史与文明:古代与伊斯兰时代》,第 210 页。

占阿勒颇,灭亡贝都因人政权哈姆丹王朝,叙利亚全境尽属其地。

法蒂玛王朝不仅致力于军事扩张,而且派出众多的传教师进入拥戴阿拔斯哈里发的各个地区,直至遥远的中亚和阿富汗一带,宣传伊斯马仪派的宗教学说。10世纪末至11世纪初,法蒂玛王朝处于鼎盛状态,从大西洋沿岸到幼发拉底河上游和阿拉伯半岛,几乎所有的穆斯林都在星期五聚礼的呼图白中为开罗的法蒂玛哈里发祝福。尊奉什叶派的突厥将领巴萨希尔当政时期,甚至巴格达和巴士拉的部分清真寺亦在星期五聚礼的呼图白中祝福开罗的法蒂玛哈里发。[①]法蒂玛王朝的哈里发肩负着对拜占廷帝国圣战的重任,保护着希贾兹的两座圣城,巴格达哈里发和科尔多瓦哈里发的权威相比之下黯然失色。阿齐兹甚至耗资200万第纳尔,在开罗建造一处宫殿,待征服巴格达以后用来安置阿拔斯王朝的皇室成员,勃勃野心,昭然若揭。尽管如此,法蒂玛王朝统治时期,伊斯马仪派并未成为埃及穆斯林的民众信仰,局限于宫廷的范围。[②]

法蒂玛王朝兴起于马格里布地区,易弗里基叶一带的柏柏尔人是法蒂玛王朝初期的主要支柱。然而,自从哈里发穆仪兹迁都开罗以后,法蒂玛王朝重心东移,马格里布逐渐丧失了原有的地位,其与法蒂玛哈里发的联系日益松弛。972年,穆仪兹在离开旧都马赫迪叶的时候,委派柏柏尔人桑哈贾部落齐里族的首领尤素夫·布鲁丁出任易弗里基叶总督。992年,哈里发阿齐兹赐封尤素夫·布鲁丁之子巴迪斯承袭父职,继续治理易弗里基叶,是为齐里王朝。1048年,齐里王朝停止向开罗缴纳贡赋,确定正统伊斯兰教作为官方信仰,尊崇巴格达哈里发作为宗教领袖,排斥伊斯马仪派。1071年,来自北欧的诺曼人攻占西西里岛,法蒂玛王朝在地中海水域的霸权不复存在。在叙利亚,贝都因人势力日渐复兴,塞尔柱人的出现尤其威胁着法蒂玛

---

① 穆罕默德·穆斯塔法·齐亚德:《阿拉伯世界的历史与文明:古代与伊斯兰时代》,第211页。

② Hourani,A.,*A History of the Arab Peoples*,p.41.

王朝在叙利亚的统治。在希贾兹,麦加和麦地那两座圣城逐渐背离法蒂玛王朝,转向巴格达的哈里发。在埃及,柏柏尔人、突厥人和苏丹人相互倾轧,内讧不止,国家政权几近瘫痪。

1073 年,哈里发穆斯坦绥尔起用驻守阿克的亚美尼亚籍将领白德尔·贾马利出任维齐尔和总艾米尔,统辖军政要务。白德尔·贾马利入主开罗,使法蒂玛王朝的政局有所好转,并且在一定程度上缓解了财政的危机。在初步稳定埃及的基础之上,白德尔·贾马利一度出兵东征,讨伐叙利亚和希贾兹,试图收复法蒂玛王朝的失地。①

1094 年,白德尔·贾马利和穆斯坦绥尔相继死去。白德尔·贾马利之子阿弗德勒承袭父职,拥立穆斯坦绥尔的幼子尼扎尔即位,是为穆斯台尔里。此后,法蒂玛王朝急剧衰落,叙利亚、希贾兹和马格里布尽丧他人之手,哈里发大权旁落,形同虚设,埃及境外的伊斯马仪派甚至拒绝承认穆斯台尔里出任哈里发的合法地位,断绝与开罗之间的宗教联系。②12 世纪中叶,法蒂玛哈里发的权力仅仅局限于宫廷之内。

4

1153 年,十字军经地中海进攻埃及。法蒂玛王朝无力抵御十字军的攻势,遂向叙利亚北部的塞尔柱突厥人政权赞吉王朝求援。1164 年,赞吉王朝的库尔德族将领希尔库率军救援埃及,击退十字军。1169 年,法蒂玛王朝哈里发阿迪德赐封希尔库为维齐尔,统领埃及的军政要务。希尔库死后,其侄萨拉丁·尤素夫·阿尤布(即萨拉丁)继任维齐尔。1171 年,萨拉丁下令埃及的穆斯林在星期五聚礼中停止祝福法蒂玛王朝的哈里发,代之以祝福

---

① 哈桑·穆阿尼斯:《古代中世纪的阿拉伯国家与文明》,第 204 页。
② 穆罕默德·穆斯塔法·齐亚德:《阿拉伯世界的历史与文明:古代与伊斯兰时代》,第 215 页。

阿拔斯王朝哈里发,标志法蒂玛王朝的寿终正寝和阿尤布王朝的建立。[1]

萨拉丁尊奉正统伊斯兰教,承认阿拔斯王朝哈里发作为全体穆斯林的宗教领袖。随着法蒂玛王朝的灭亡,伊斯马仪派在埃及日渐衰落。1175年,萨拉丁接受阿拔斯王朝哈里发穆斯塔迪尔的册封,获得苏丹的称号,阿拔斯王朝哈里发承认萨拉丁在埃及、叙利亚、希贾兹、马格里布和努比亚的统治权力。1185年,萨拉丁攻占摩苏尔,控制两河流域上游。

阿尤布王朝(1171—1250年)统治时期正值十字军东征的鼎盛阶段,穆斯林与基督徒之间的战争贯穿阿尤布王朝的始终。1187年,萨拉丁率军6万人从埃及进入巴勒斯坦,与十字军交战于加列利湖西侧的赫淀;耶路撒冷国王库伊率领的2万人全军覆没,地中海东岸的十字军精锐力量丧失殆尽。赫淀战役后,萨拉丁的军队连克贝鲁特、西顿、阿克、恺撒利亚、雅法、阿斯卡伦诸城,收复耶路撒冷,十字军被迫龟缩于沿海的安条克、提尔和的黎波里。[2]

萨拉丁收复耶路撒冷,震动欧洲基督教世界。德皇红胡子腓特烈、英王狮心王理查和法王腓力·奥古斯都发动第三次十字军东征,1191年占领阿克。此后,十字军攻势受阻,遂与萨拉丁缔约休战。根据休战协议,十字军保有从提尔到雅法的沿海地带,同时承认萨拉丁在叙利亚内地和耶路撒冷的统治权力,穆斯林允许基督徒崇拜耶路撒冷圣地。

1193年,萨拉丁病逝于大马士革。萨拉丁死后,阿尤布王朝发生内讧,萨拉丁之弟阿迪勒占据两河流域上游,萨拉丁之子阿齐兹占据开罗和埃及,萨拉丁之子马立克占据大马士革和叙利亚南部,萨拉丁之子扎希尔占据阿勒颇和叙利亚北部。1199年,阿迪勒兼并叙利亚,大体恢复阿尤布王朝的原有疆域。1218年阿迪勒死后,其子卡米勒继任苏丹,领有埃及,叙利亚

---

[1]　穆罕默德·穆斯塔法·齐亚德:《阿拉伯世界的历史与文明:古代与伊斯兰时代》,第217页。

[2]　穆罕默德·穆斯塔法·齐亚德:《阿拉伯世界的历史与文明:古代与伊斯兰时代》,第250—251页。

则由阿迪勒其他诸子占据。1219 年，十字军攻占尼罗河入海口的迪米耶塔，进而向埃及内陆发动攻势。1221 年，阿尤布王朝反攻，收复迪米耶塔，迫使十字军撤出埃及。苏丹萨利赫当政期间，突厥将领伯拜尔斯率领阿尤布王朝军队进入巴勒斯坦，收复耶路撒冷和阿斯卡伦。1249 年，法王路易九世率领十字军再次攻入埃及，占领迪米耶塔，进军开罗。正值此时，苏丹萨利赫病逝，其子突兰沙即位，旋即击败十字军，俘法王路易九世，将十字军逐出埃及。1250 年，苏丹突兰沙遇害身亡，其母舍哲尔·杜尔自称埃及女王，统治开罗 80 天。随后，舍哲尔·杜尔与突厥将领艾伊贝克成婚，由艾伊贝克出任苏丹。①阿尤布王朝结束，埃及进入马木路克王朝时期。

5

马木路克王朝(1250—1517 年)是外籍将领在埃及建立的寡头政权，大体分为两个阶段。阿尤布王朝苏丹萨利赫当政期间，招募突厥和蒙古人组成禁卫军，驻守尼罗河的罗德岛，名为伯海里（意为河洲）系马木路克；1250 1382 年统治埃及的 24 个苏丹均来自伯海里系马木路克。马木路克王朝苏丹盖拉温当政期间，招募塞加西亚人组成禁卫军，驻守开罗城堡，名为布尔吉(意为城堡)系马木路克；1382—1517 年统治埃及的 23 个马木路克均属布尔吉系马木路克。②

马木路克王朝尊奉逊尼派伊斯兰教，承认阿拔斯王朝哈里发作为全体穆斯林的宗教领袖，接受哈里发的赐封。1258 年蒙古军攻陷巴格达以后，阿拔斯家族后裔阿布·嘎希姆逃往大马士革。马木路克苏丹伯拜尔斯于 1260 年将阿布·嘎希姆迎往开罗就任哈里发，尊称阿布·嘎希姆为"穆斯坦

---

① 穆罕默德·穆斯塔法·齐亚德:《阿拉伯世界的历史与文明:古代与伊斯兰时代》,第 222—223 页。

② 穆罕默德·穆斯塔法·齐亚德:《阿拉伯世界的历史与文明:古代与伊斯兰时代》,第 225 页。

绥尔"，并从新的哈里发获得统治埃及、叙利亚、两河流域上游和希贾兹的权力册封。尽管这样的册封有名无实，然而伯拜尔斯在整个伊斯兰世界的地位却因此明显提高。伯拜尔斯拥立哈里发的做法为后来的马木路克苏丹继承下来；1260—1517 年间，开罗的马木路克先后拥立 16 位哈里发。马木路克王朝时期，哈里发形同虚设，主要职责是为新的苏丹主持就职仪式。另一方面，开罗俨然成为伊斯兰世界的权力中心；穆斯林统治者从四面八方来到开罗，谒见马木路克控制下的哈里发，接受哈里发的册封。①

马木路克王朝缺乏明确的权位继承制度，禁卫军将领相互倾轧，轮流操纵政局，苏丹的更替十分频繁。布尔吉系马木路克时期，废除家族世袭制度，历代苏丹中父死子继者为数甚少，出任苏丹者必须获得较多将领的支持。与此同时，苏丹的权力范围不断缩小，国家权力的分割日益加剧，马木路克王朝前后历经 47 位苏丹，每位苏丹的平均在位时间不足 6 年。

马木路克王朝最著名的苏丹是伯拜尔斯。伯拜尔斯当政期间，正值蒙古西征的高潮。1258 年蒙古军占领巴格达后，越过幼发拉底河，进入叙利亚，接连攻陷阿勒颇、大马士革、纳布卢斯、加沙，逼近埃及。1260 年，苏丹库图兹携禁卫军将领伯拜尔斯率领马木路克军队自埃及进入叙利亚，在约旦河左岸的艾因·扎鲁特击败蒙古军，蒙古军统帅怯的不花阵亡。②蒙古大汗忽必烈即位后，无暇西顾，放弃进攻马木路克王朝，从叙利亚撤出蒙古军，叙利亚成为马木路克王朝的辖地。艾因·扎鲁特战役之后，伯拜尔斯杀死库图兹，被马木路克拥立为苏丹。伯拜尔斯即位后，在地中海东岸发动攻势，屡败十字军，夺取卡拉克、恺撒利亚、萨法德、安条克诸地。与此同时，伯拜尔斯的马木路克军队在非洲扩张领土，征服埃及西侧的利比亚和南侧的努

---

① 穆罕默德·穆斯塔法·齐亚德：《阿拉伯世界的历史与文明：古代与伊斯兰时代》，第 231 页，第 233 页。

② 穆罕默德·穆斯塔法·齐亚德：《阿拉伯世界的历史与文明：古代与伊斯兰时代》，第 266 页。

比亚。如同萨拉丁被誉为阿尤布王朝的奠基人,伯拜尔斯的统治奠定了马木路克王朝的基础。

马木路克王朝苏丹盖拉温当政期间,对十字军发动新的攻势,夺取麦尔盖卜和的黎波里,围困阿克。1290 年苏丹艾什拉弗即位后,攻陷阿克、提尔、西顿、贝鲁特、塔尔图斯,收复十字军在地中海东岸占领的全部土地。此后一个世纪,马木路克王朝战事减少,埃及和叙利亚诸地的局势相对稳定。14 世纪末,帖木尔帝国兴起,屡次攻入叙利亚,威胁埃及。1348 年,鼠疫从欧洲传入埃及,尼罗河流域人口锐减。1498 年,达·伽马的船队沿非洲西岸经过好望角到达印度洋,开辟东西方之间新的贸易航线,进而对马木路克王朝的统治产生深远的影响。

十、东部的分裂

1

艾敏与马蒙之间的内战不仅助长了伊斯兰世界西部的离心倾向,而且在伊斯兰世界的东部埋下了政治分裂的隐患。塔希尔人的兴起,首开扎格罗斯山以东地区政治分裂的先河。

塔希尔人具有阿拉伯血统。倭马亚时代末期,塔希尔家族的先祖鲁扎克来到呼罗珊,定居在哈拉特附近的布尚,成为波斯化的阿拉伯人。①鲁扎克之子穆萨布曾经参加阿拔斯派在呼罗珊发动的起义,并在阿拔斯王朝建立后出任哈拉特长官。内战期间,塔希尔·侯赛因追随马蒙,屡立战功,受封为"祖勒·叶米奈因"(阿拉伯语中意为两手俱利者)。②

820 年,塔希尔·侯赛因被马蒙任命为呼罗珊总督,驻节木鹿,统辖扎格罗斯山以东诸地,塔希尔王朝(820—873 年)由此始露端倪。822 年,塔希尔·侯赛因下令在星期五聚礼的呼图白中取消祝福巴格达哈里发的内容,并在所铸的钱币中删除哈里发的尊号。③尽管如此,塔希尔人作为阿拔斯王朝的藩属,与巴格达哈里发仍保持良好的合作关系,缴纳贡赋。塔希尔·侯赛因死后,其子泰勒哈·塔希尔和阿卜杜拉·塔希尔相继承袭父职,并深得马蒙的宠信。830 年,塔希尔王朝的驻节地自木鹿移至内沙浦尔。阿拔斯王朝移都萨马拉期间,塔希尔人受命兼领巴格达治安长官,被哈里发视为制约外籍将领的重要势力。④849 年,在穆台瓦基勒的授意下,塔希尔人在巴

---

① Kennedy,H.,*The Early Abbasid Caliphate*,p.138.

② 泰伯里:《历代先知与君王史》,第 3 卷,第 829 页。

③ 伊本·阿希尔:《历史大全》,第 6 卷,第 255 页,第 270 页。

④ Frye,R.N.,*The Golden Age of Persia,the Arabs in the East*,London 1975,pp.190–191.

格达处死了颇具权势的外籍将领伊塔赫。

2

9世纪后期,萨法尔王朝(867—900年)崛起于伊朗高原东南部的锡斯坦,波斯人称雄一时,伊斯兰世界东部的政治分裂明显加剧。锡斯坦地处伊斯兰世界的边陲,自倭马亚时代起便是反叛者避难的场所,哈瓦立及派的势力尤为强大。萨法尔王朝的创立者叶尔孤卜·莱伊斯系波斯血统,出身盗匪。852年,叶尔孤卜·莱伊斯携三个兄弟参与征讨哈瓦立及派,从此发迹。861年,叶尔孤卜·莱伊斯由于在平息哈瓦立及派的战事中功勋卓著,升任布斯特驻军将领。

867年,叶尔孤卜·莱伊斯占据锡斯坦全境,自立为艾米尔,都于疾陵,建立萨法尔王朝。①此后,萨法尔王朝大举东进,占领莫克兰、俾路支和信德诸地。在北方,萨法尔王朝的军队攻占喀布尔和巴勒黑,深入粟特一带。873年,叶尔孤卜·莱伊斯率军攻占内沙浦尔,俘塔希尔王朝末代艾米尔穆罕默德·阿布·塔希尔,结束塔希尔人在呼罗珊长达50余年的统治,进而兵抵里海南岸。875年,叶尔孤卜·莱伊斯发动西征,矛头直指阿拔斯王朝。萨法尔王朝的军队经法尔斯和胡齐斯坦两省,攻入伊拉克,兵抵巴格达附近的达尔·阿古勒时受阻,随即被阿拔斯王朝的摄政者穆瓦法克击败。

879年,叶尔孤卜·莱伊斯在胡齐斯坦的军迪沙普尔病亡,其弟阿慕尔·莱伊斯承袭兄职,据有伊朗高原南部。阿慕尔·莱伊斯尊奉正统伊斯兰教,向巴格达缴纳岁贡,接受阿拔斯王朝的赐封,但却在星期五聚礼的呼图白中取消祝福哈里发的内容,甚至自称信士的长官。900年,阿慕尔·莱伊斯

---

① 伊本·阿希尔:《历史大全》,第7卷,第124—125页。

在巴勒黑附近与萨曼王朝交战,兵败被俘,后被哈里发处死于巴格达。①萨法尔王朝灭亡。

3

继萨法尔王朝之后兴起于伊斯兰世界东部的政治势力,是波斯贵族建立的萨曼王朝(874—999 年)。与盗匪出身的萨法尔人不同,萨曼人系波斯王公的后裔。萨曼家族的先祖萨曼·胡达特原是巴勒黑的琐罗亚斯德教贵族,倭马亚王朝哈里发希沙姆当政期间改奉伊斯兰教。②阿拔斯王朝初期,阿萨德·萨曼效力于巴格达哈里发。其子艾哈迈德兄弟四人曾经协助阿拔斯王朝平息拉菲·莱斯的反叛,于 819 年分别被马蒙赐封为撒马尔罕、费尔干纳、哈拉特和沙什的驻军将领,隶属塔希尔人节制。③塔希尔王朝灭亡后,哈里发穆尔台米德于 874 年将粟特一带赐予艾哈迈德之子纳绥尔,是为萨曼王朝的开端。④

892 年,纳绥尔之弟伊斯马仪僭夺兄位,自称艾米尔,都于布哈拉,继而击败萨法尔王朝。913—943 年纳绥尔二世当政期间,萨曼王朝的势力达到顶峰,北起咸海、南至波斯湾、西起里海南岸、东至怛罗斯的广大地区,皆被纳入萨曼王朝的版图。萨曼王朝尊奉正统伊斯兰教,承认阿拔斯哈里发的宗主地位,向巴格达缴纳岁贡。"在阿拔斯王朝各位哈里发看来,这个王朝的成员是些艾米尔,甚至是些阿米勒。但是,在他们的领地之内,他们拥有绝对的权力。"⑤

---

①　Frye,R.N.,*The Golden Age of Persia*,pp.194–196.

②　Lombard, M.,*The Golden Age of Islam*,p.46.

③　Lombard, M.,*The Golden Age of Islam*,p.46.

④　Frye,R.N.,*The Golden Age of Persia*,p.200.

⑤　希提:《阿拉伯通史》,第 551—552 页。

　　从萨珊王朝灭亡到萨曼王朝建立的三个世纪中，在阿拉伯人的统治下，阿拉伯语作为官方语言盛行于伊朗高原，波斯学者使用阿拉伯语撰写的著作汗牛充栋，波斯语作品却寥寥无几，波斯传统文化濒临绝迹。萨曼王朝时期，布哈拉和撒马尔罕成为伊斯兰世界东部的两个主要的文化中心，波斯文化在历经三个世纪的衰落之后渐趋复兴。萨曼王朝在保留阿拉伯语作为官方语言的同时，规定采用阿拉伯字母作为书写形式的新波斯语亦为官方语言，并予以推广。[①]纳绥尔二世当政期间，塔吉克血统的诗人鲁达基在布哈拉极负盛名，被誉为"波斯语诗歌之父"，他使用波斯语创作大量诗歌，体裁多样，形式完美，其中千余首两行诗至今仍脍炙人口。继鲁达基之后，出生于突斯的呼罗珊人费尔多西使用波斯语创作史诗《王书》，记述古代波斯王公的政绩，洋洋万言，情节生动曲折，人物栩栩如生，堪称千古佳作。[②]

　　萨曼王朝时期值得提及的另一重要的历史内容，是伊斯兰教在中亚诸地的广泛传播。中亚是突厥人的家园，原本盛行佛教、拜火教和萨满教。自倭马亚时代起，中亚开始成为哈里发国家的属地，然而皈依伊斯兰教的突厥人寥寥无几。萨曼王朝建立后，在中亚诸地极力传播伊斯兰教，突厥人纷纷加入穆斯林的行列。北方的拜占廷边境和东方的中亚诸地，曾经均为穆斯林发动圣战的前沿。萨曼王朝时期，突厥人相继皈依伊斯兰教，使穆斯林在中亚的圣战成为非法的行为，圣战者人数锐减，萨曼王朝的东部随之丧失应有的防御，门户顿开。突厥人改奉伊斯兰教以后，逐渐形成难以遏制的西进浪潮。[③]

---

① Holt,P.M.,Lambton,A.K.S.& Lewis,B.,*The Cambridge History of Islam*,Vol.1A,p.145.

② Hourani,A.,*A History of the Arab Peoples*,p.87.

③ Holt,P.M.,Lambton, A.K.S.& Lewis,B.,*The Cambridge History of Islam*,Vol.1A,p.147.

4

　　萨曼王朝末期，突厥将领阿勒普特金出任呼罗珊总督，后因失宠，于962年逃往阿富汗东部山区，占据加兹尼城，自立为艾米尔，建立加兹尼王朝(962—1186年)。976年阿勒普特金死后，其婿苏卜克特金承袭加兹尼王朝的统治权力，拓展疆域，攻占锡斯坦，夺取喀布尔和白沙瓦。苏卜克特金是加兹尼王朝的真正奠基人，继苏卜克特金之后加兹尼王朝的历任统治者皆为其直系后裔。

　　苏卜克特金之子马哈茂德当政期间，加兹尼王朝国势极盛。马哈茂德曾于994年接受萨曼王朝的赐封，出任呼罗珊总督，998年承袭父位。999年，马哈茂德联合回鹘人政权喀喇汗王朝，夹击布哈拉，灭亡萨曼王朝，并以阿姆河为界与喀喇汗王朝瓜分萨曼王朝的辖地。1006年，马哈茂德在巴勒黑击败喀喇汗王朝，进而夺取花剌子模。1029年，马哈茂德攻陷莱伊，占领伊朗西部诸地。马哈茂德不仅在伊斯兰世界东部横扫千军，而且以雷霆之势南下印度。1014年，马哈茂德攻占印度教圣地萨奈沙，洗劫著名的查克拉斯瓦明神庙。1019年，马哈茂德攻占恒河平原的政治中心曲女城，将这座历时四百余年的古都夷为平地。1025年，马哈茂德攻占印度西海岸的卡提阿瓦半岛。位于卡提阿瓦半岛的索姆那特神庙是印度教徒朝拜的圣地，供奉印度教三主神中的湿婆神，并且藏有巨额财富。马哈茂德将索姆那特神庙洗劫一空，所藏财宝被悉数运往加兹尼。相传，马哈茂德用来运送这批财宝的骆驼多达4万余峰。在马哈茂德远征印度之前，什叶派的分支卡尔马特派穆斯林曾经在印度河流域的木尔坦一带建立两个小的伊斯兰教政权，然而影响甚微。加兹尼王朝的征略，打开了穆斯林冲击印度的门户，尤其是奠定了印度西北部地区伊斯兰教化的基础。马哈茂德因此在伊斯兰世界声威大振，成为穆斯林仰慕的英雄，在伊斯兰史上首次获得"加齐"(意为圣战者)的桂冠,并被哈里发嘎迪尔赐封为"雅敏·道莱"的称号。①

马哈茂德不仅武功盖世,其文治亦颇负盛名。马哈茂德当政期间,沿袭波斯的政治传统和萨曼王朝的统治制度,招募突厥人、波斯人、阿拉伯人组建庞大的军队,实行集权统治,积极兴修水利,垦殖荒地,发展农业,奖励工商业。在此基础之上,马哈茂德大力倡导和支持文化活动,广招天下文人墨客于加兹尼王朝的宫廷。许多学者在马哈茂德的庇护下潜心创作,著述颇丰。突厥血统的地理学家比鲁尼多次随马哈茂德南下印度,并在那里留居数年,考察旅行,所著《印度志》一书首次将印度的文化和风土民俗展现于伊斯兰世界。波斯诗人费尔多西曾经将其史诗巨著《王书》题赠马哈茂德,以求博得马哈茂德的赏识。马哈茂德还在首都加兹尼城建造规模宏大的清真寺以及学校、图书馆、天文台等设施,使加兹尼城成为当时伊斯兰世界东部最重要的文化中心。

1030年马哈茂德死后,其子麦斯欧德继承父位,加兹尼王朝趋于分裂,国势急剧衰微。1037年,突厥血统的塞尔柱人攻占木鹿和内沙浦尔。1040年,加兹尼王朝的军队在木鹿附近的丹丹坎败于塞尔柱人,遂被逐出呼罗珊。1149年,突厥血统的古尔人攻占加兹尼城,加兹尼王朝迁都拉合尔,辖地仅及旁遮普一带。1186年,古尔人攻占拉合尔,加兹尼王朝末代艾米尔胡斯罗沙兵败被俘,加兹尼王朝灭亡。

---

① Watt,W.M.,*The Majesty That Was Islam*,pp.203-205.

十一、白益王公的统治

1

穆斯林的政治分裂,开始于伊斯兰世界的东西两端,逐渐波及哈里发国家的腹地。民族对抗与教派冲突错综交织,狼烟四起,群雄并立。正值阿拔斯王朝苟延残喘、巴格达哈里发奄奄一息之际,白益家族异军突起,犹如利剑一般,刺向哈里发国家的心脏。

白益家族属于波斯血统的德拉姆部落,祖居厄尔布尔士山与里海之间,以务农为业。厄尔布尔士山耸立在伊朗高原的北侧,成为天然的屏障,阻挡外部势力对里海南岸的冲击。德拉姆人安守故土,似乎已被喧嚣的世界遗忘。[1]

786 年,阿里家族的追随者在麦地那发动起义,被阿拔斯王朝镇压,什叶派伊玛目哈桑的曾孙叶赫亚·阿卜杜拉逃离希贾兹,越过厄尔布尔士山,潜入里海南岸,进行秘密的神学宣传。此后,德拉姆人逐渐皈依伊斯兰教,加入什叶派穆斯林的行列。

927 年,德拉姆人首领麦尔达维只·齐亚尔率众越过厄尔布尔士山,占领伊朗西部的吉巴勒省。据说,麦尔达维只·齐亚尔声称:欲重建波斯人的王朝,推翻阿拉伯人的江山。[2]此后,白益家族成为德拉姆人的核心势力。933 年,白益家族首领阿里向南扩张,占领法尔斯。935 年,阿里的兄弟哈桑击败麦尔达维只·齐亚尔的继承人乌什姆吉尔,成为吉巴勒的统治者。945年,阿里的另一兄弟艾哈迈德挥师西进,入主巴格达,被哈里发穆斯台克菲

---

① Holt,P.M.,Lambton,A.K.S.& Lewis,B.,*The Cambridge History of Islam*,Vol.1A,p.143.

② 艾哈迈德·爱敏:《阿拉伯伊斯兰文化史》,第 5 册,第 47 页。

(945—946年在位)赐封为总艾米尔,领有伊拉克。

946年,艾哈迈德废黜穆斯台克菲,立穆帖仪为哈里发。穆帖仪(946—974年在位)即位后,赐封艾哈迈德为"穆仪兹·道莱"(意为国家的保护者),阿里为"伊玛德·道莱"(意为国家的基石),哈桑为"卢克尼·道莱"(意为国家的支柱)。艾哈迈德、阿里和哈桑兄弟三人分别据有伊拉克、法尔斯和吉巴勒,形成白益家族三足鼎立的政治格局。①

2

白益家族称雄伊斯兰世界的腹地,长达一个世纪之久。此间,巴格达的哈里发成为白益王公任意摆布的玩偶,往日君临天下、号令四方的威风荡然无存。穆帖仪曾经表示:我除了在聚礼日发表演说外,已经一无所有;如果你们高兴,我愿意辞去哈里发的职务。②然而,白益家族并没有建立统一的王朝,分别据有伊拉克、法尔斯和吉巴勒的白益王公各自为政,甚至相互攻杀。

阿里是白益家族政权的开创者,采用"沙汗沙"(意为诸王之王)的称号,其辖地法尔斯是白益家族的重心所在。阿里之子阿杜德·道莱(意为国家的股肱)当政期间,是法尔斯历史上的黄金时代。水利设施的广泛兴建保证了农业的繁荣,商业贸易尤为发展。法尔斯的港口城市西拉夫在这个时期取代伊拉克的巴士拉,成为波斯湾地区最重要的贸易中心。阿杜德·道莱的驻节地设拉子规模扩大,人口增加,商贾辐辏,市井繁荣,令巴格达相形见绌。978年,阿杜德·道莱击败艾哈迈德之子巴赫提亚尔,兼并伊拉克,并

---

① Mez,A.,*The Renaissance of Islam*,Patna 1937,pp.22–23.

② 艾哈迈德·爱敏:《阿拉伯伊斯兰文化史》,第5册,第49页。

且一度控制吉巴勒,白益家族的政治发展达到巅峰状态。①

　　白益王公统治时期,伊拉克不再是伊斯兰世界的政治中心,而且社会经济严重衰退。尽管如此,巴格达作为哈里发宫廷的所在地,在穆斯林的宗教生活领域仍然占据着举足轻重的位置。伊斯兰世界尽管已经四分五裂,正统的穆斯林却始终将巴格达的哈里发视作无可争辩的宗教领袖。然而,白益家族自从皈依伊斯兰教以后,尊崇什叶派的宗教学说。在白益王公的保护下,什叶派伊斯兰教空前发展,众多的什叶派学者从各地汇聚于巴格达,底格里斯河西岸的卡尔赫区成为什叶派穆斯林的重要据点。波斯血统的穆罕默德·库莱尼和阿拉伯血统的穆菲德相继在巴格达著书立说,系统阐述什叶派的宗教思想,奠定了什叶派的主体十二伊玛目派神学理论的基础。艾哈迈德入主巴格达以后,将谴责阿布·伯克尔和欧默尔、哀悼侯赛因遇难的阿舒拉日、庆贺先知穆罕默德指定阿里作为继承人的所谓授职节、朝拜阿里家族成员的陵墓等诸多活动,作为什叶派宗教仪式的重要内容,从而使什叶派穆斯林与正统穆斯林之间形成分明的界限。

---

① Mez,A.,*The Renaissance of Islam*,pp.24–25.

十二、库尔德人与贝都因人

1

库尔德人祖居扎格罗斯山区和摩苏尔以北的高地,具有不同于阿拉伯人和波斯人的独特语言和文化传统。库尔德人除少数的定居者外,大多以牧羊为生,追逐水草,居无定所。10世纪的地理学家伊本·豪卡勒曾经将库尔德人称作波斯的贝都因人。

自9世纪起,库尔德人逐渐摆脱野蛮状态,皈依伊斯兰教,进而开始涉足伊斯兰世界的政治舞台。白益王公统治时期,哈里发国家的腹地群雄逐鹿,政局动荡。库尔德人趁机扩张势力,占据扎格罗斯山区,掠夺周围的定居者,一度控制阿塞拜疆和安纳托利亚高原东南部,逼近摩苏尔和哈马丹,颇具威胁。[①]

贝都因人即游牧的阿拉伯人,他们曾经是哈里发国家自阿拉伯半岛发动扩张的主要社会力量。然而,战事停止以后,贝都因人并没有完全接受定居的生活方式,许多游牧群体返回祖居的沙漠。哈里发国家强盛之时,贝都因人尚能保持相对平静的状态。自9世纪后期开始,阿拔斯王朝日渐衰微,巴格达哈里发自顾不暇。贝都因人于是再度拥入"肥沃的新月地带",形成游牧群体对定居社会的新的冲击浪潮。

10世纪初,贝都因人凯勒卜部落追随什叶派的极端分支卡尔马特派,屡屡攻袭叙利亚的大马士革、霍姆斯、哈马、豪兰、巴勒贝克诸城。贝都因人基拉卜部落和乌卡勒部落占据巴林,建立卡尔马特国,923年攻占巴士拉,

---

① Kennedy,H.,*The Prophet and the Age of the Caliphate*,p.250,pp.250-251.

930 年袭击麦加,劫走克尔白中的玄石,震动整个伊斯兰世界。10 世纪后期至 12 世纪初期,贝都因人阿萨德部落占据伊拉克南部,以希拉为首都,建立马兹亚德王朝,一度击败塞尔柱突厥人的进攻。①

贝都因人的冲击,对"肥沃的新月地带"影响极大,明显加剧了这一地区的政治分裂,尤其是使农业生产遭到严重的破坏,大量耕地沦为贝都因人的牧场。

2

贝都因人塔格里布部落的一支,生活在两河流域北部的贾吉拉地区。②阿拔斯王朝移都萨马拉期间,外籍将领专权,哈里发的地位一落千丈,塔格里布部落的首领哈姆丹趁机占据伊拉克北部边境。879 年,突厥将领伊萨·库恩达吉克率领阿拔斯王朝的军队击败塔格里布部落。哈姆丹曾经与哈瓦立及派和库尔德人结盟,对抗阿拔斯王朝,895 年兵败被俘,身陷囹圄。此后,哈姆丹的长子侯赛因归顺阿拔斯王朝,其父遂得到巴格达哈里发的赦免。905 年,哈姆丹的次子阿布·哈伊扎占据摩苏尔,自立为艾米尔,建立哈姆丹王朝,是为摩苏尔的哈姆丹王朝(905—979 年)。③929 年阿布·哈伊扎死后,其子哈桑承袭父位。935 年,哈里发拉迪正式承认哈桑领有贾吉拉的统治权力,哈桑则需缴纳 7 万第纳尔的年贡,并且保证向巴格达供应粮食。942 年,哈桑继穆罕默德·拉伊克之后出任巴格达的总艾米尔,并被哈里发穆台基赐封为"纳绥尔·道莱"(意为国家的辅弼),其弟阿里被赐封为"赛弗·道莱"(意为国家的利剑)。④979 年,白益家族攻占摩苏尔,哈姆丹王朝

① Kennedy,H.,*The Prophet and the Age of the Caliphate*,pp.301–307.

② 哈桑·穆阿尼斯:《古代中世纪的阿拉伯国家与文明》,第 196 页。

③ 穆罕默德·穆斯塔法·齐亚德:《阿拉伯世界的历史与文明:古代与伊斯兰时代》,第 235 页。

④ 哈桑·穆阿尼斯:《古代中世纪的阿拉伯国家与文明》,第 197 页。

在贾吉拉的统治结束。①

944 年,赛弗·道莱率军西取叙利亚,击败伊赫希德王朝的军队,占领阿勒颇,另建哈姆丹王朝,是为阿勒颇的哈姆丹王朝(944—1003 年)。此后,赛弗·道莱夺取大马士革、安条克、霍姆斯诸城,兵抵拉姆拉,与伊赫希德王朝媾和。摩苏尔的哈姆丹王朝由于横征暴敛而在伊斯兰世界声名狼藉,阿勒颇的哈姆丹王朝却因赛弗·道莱的文治武功而久享盛誉。赛弗·道莱在阿勒颇广招天下贤士,倡导著书立说。赛弗·道莱本人亦博学多才,酷爱诗歌,与文人墨客交往甚密。哲学家法拉比曾经受到赛弗·道莱的礼遇,在阿勒颇的宫廷从事学术研究。诗人伊斯法哈尼亦曾被赛弗·道莱待为上宾,在阿勒颇完成《乐府诗集》的编纂,并将《乐府诗集》的手稿赠予赛弗·道莱。桂冠诗人穆泰奈比于 948 年来到阿勒颇的宫廷,潜心创作,其中 80 余首颂诗称道赛弗·道莱的业绩,脍炙人口。赛弗·道莱的族弟阿布·菲拉斯·哈姆丹尼对阿拉伯诗歌和语法极有造诣,被誉为"王子诗人",所著《罗马集》堪称千古绝唱。②

10 世纪后期的伊斯兰世界处于群雄并立的混乱状态,巴格达哈里发形同虚设,无力履行保卫温麦的神圣职责。阿勒颇的哈姆丹王朝控制伊拉克北部和叙利亚北部,扼守陶鲁斯山南麓的拜占廷边境,系基督教世界与伊斯兰世界腹地之间的缓冲区域,构成穆斯林圣战的前沿。赛弗·道莱自入主阿勒颇以后,几乎逐年出兵征讨拜占廷,并且一度取得可观的战绩。956 年以后,拜占廷帝国对叙利亚北部的军事压力日渐增强,赛弗·道莱势单力孤,屡遭败绩。961 年,拜占廷军队一度占领阿勒颇。967 年赛弗·道莱死后,阿勒颇的哈姆丹王朝逐渐衰落。③1003 年,法蒂玛王朝攻入叙利亚,吞并阿勒颇的哈姆丹王朝。

---

① Watt,W.M.,*The Majesty That Was Islam*,pp.164–207.

② 穆罕默德·穆斯塔法·齐亚德:《阿拉伯世界的历史与文明:古代与伊斯兰时代》,第 235 页,第 236—237 页。

③ 穆罕默德·穆斯塔法·齐亚德:《阿拉伯世界的历史与文明:古代与伊斯兰时代》,第 238 页。

十三、塞尔柱人称雄西亚

1

11 世纪中叶,塞尔柱人入主西亚,荡平"肥沃的新月地带"和伊朗高原的割据势力,阿拔斯王朝进入塞尔柱苏丹国统治的时期。

塞尔柱人系突厥血统乌古斯部落联盟的一支,因其首领塞尔柱·叶卡克而得名。10 世纪末,塞尔柱·叶卡克率领族人离开中亚的吉尔吉斯草原,向西迁徙,进入锡尔河下游一带,依附于萨曼王朝。此间,塞尔柱人改奉伊斯兰教,加入逊尼派穆斯林的行列。"960 年,2 万个突厥人家庭皈依伊斯兰教。"[1]1025 年,正值马哈茂德南下印度、劫掠索姆那特神庙的时候,塞尔柱人越过阿姆河,进入加兹尼王朝的辖地。1040 年,塞尔柱人在木鹿附近的丹丹坎击败马哈茂德之子麦斯欧德的军队,夺取呼罗珊。随后,塞尔柱人首领图格里勒自称伯格(意为头领),定都内沙浦尔,并挥师西进,击败白益王公,攻陷莱伊、哈马丹、伊斯法罕诸城,兵抵阿塞拜疆和亚美尼亚。[2]

白益王公称雄期间,阿拔斯哈里发不仅世俗权力丧失殆尽,其作为宗教领袖的威严也荡然无存。什叶派统治者横行无忌,阿拔斯哈里发犹如白益王公的阶下囚徒,任人摆布,境况凄惨。塞尔柱人自诩为正统伊斯兰教的捍卫者,他们的出现使阿拔斯哈里发似乎看到拯救正统伊斯兰教的希望。

1055 年,图格里勒应阿拔斯哈里发嘎伊姆(1031—1075 年在位)之召,兵抵巴格达。白益家族的守将白萨希里无力抵御塞尔柱人,弃城逃走。哈里发嘎伊姆将图格里勒迎入巴格达,赐封他为东方和西方的"苏丹"("苏丹"

---

① Mez,A.,*The Renaissance of Islam*,p.5.

② 哈桑·穆阿尼斯:《古代中世纪的阿拉伯国家与文明》,第 170 页。

一词在阿拉伯语中本意为权柄,引申为君主),统揽阿拔斯王朝的所有世俗权力。此后,哈里发作为象征性的宗教领袖,受到塞尔柱人的礼遇。1058年,白萨希里趁图格里勒出征北方之机,纠集德拉姆人残部,卷土重来,攻入巴格达,劫夺宫中珍品,包括象征哈里发权位的先知穆罕默德遗物,献与开罗的法蒂玛王朝哈里发穆斯坦绥尔,强迫巴格达的所有穆斯林以穆斯坦绥尔的名义举行星期五聚礼。不久,图格里勒班师伊拉克,白萨希里兵败身亡。[①]

2

1063年图格里勒死后,其侄阿勒卜·阿尔斯兰继任苏丹。阿勒卜·阿尔斯兰(突厥语中意为雄狮)尚武善骑,长于征战,即位以后,离开内沙浦尔,迁都伊斯法罕。阿勒卜·阿尔斯兰当政期间,塞尔柱人大举进攻伊斯兰世界的宿敌拜占廷帝国,于1064年占领亚美尼亚首府阿尼。

1071年,阿勒卜·阿尔斯兰在凡湖以北的曼齐喀特重创拜占廷军队,俘获拜占廷皇帝罗曼努斯,取得圣战的决定性胜利,占领亚美尼亚全境和小亚细亚半岛东部。[②]长期以来,陶鲁斯山是伊斯兰世界与基督教世界的天然分界线,倭马亚王朝和阿拔斯王朝的历代哈里发虽然屡屡兵抵君士坦丁堡,却始终未能将陶鲁斯山北侧地区据为己有。曼齐喀特战役以后,塞尔柱人自亚美尼亚长驱西进,陶鲁斯山北侧广大地区成为穆斯林新的家园。与此同时,塞尔柱人击败法蒂玛王朝,夺取叙利亚,收复希贾兹的两座圣城。

---

① 伊本·阿希尔:《历史大全》,第9卷,第436页。
② 伊本·阿希尔:《历史大全》,第10卷,第25页,第44页。

3

  阿勒卜·阿尔斯兰之子马立克沙于 1072 年即位后,定都木鹿。马立克沙当政期间,塞尔柱人的势力达到顶峰,东起中亚、西至叙利亚和小亚细亚半岛、北起亚美尼亚、南至阿拉伯海的广大地区尽归其所有。1091 年,马立克沙离开木鹿,迁都巴格达。[①]在星期五聚礼的呼图白中,巴格达的穆斯林祝福阿拔斯王朝的哈里发,同时祝福塞尔柱人的苏丹。马立克沙还将女儿许配哈里发穆格台迪(1075—1094 年在位),与阿拔斯家族结为姻亲。

  阿勒卜·阿尔斯兰和马立克沙当政期间,波斯人尼扎姆·穆勒克出任维齐尔,辅佐苏丹,政绩颇佳。尼扎姆·穆勒克学识渊博,信仰虔诚,1063—1092 年出任维齐尔,整顿朝纲,推行新政,发展生产,改善交通,使饱受战乱的西亚诸地恢复往日的繁荣景象。塞尔柱人具有尚武的传统,尼扎姆·穆勒克却十分重视文化事业,招贤纳士,奖励学术。在他的庇护和赞助下,安萨里写成哲学名著《圣学复苏》,欧默尔·赫亚姆写成文学佳作《鲁拜集》。1065—1067 年,尼扎姆·穆勒克耗费巨资,在巴格达创办逊尼派伊斯兰教的最高学府,名为尼扎米耶大学,传授正统伊斯兰教的神学思想和教义学说,旨在抗衡什叶派的分支伊斯马仪派政权法蒂玛王朝在开罗设立的爱资哈尔大学。尼扎姆·穆勒克著有《治国策》一书,阐述治国之道,影响甚广,足以与西方学者马基雅维里的《君主论》相媲美。

4

  塞尔柱人的到来,一度实现了西亚伊斯兰世界的政治统一,恢复了逊

---

① 哈桑·穆阿尼斯:《古代中世纪的阿拉伯国家与文明》,第 172 页。

尼派伊斯兰教的尊严。1092 年马立克沙死后,马立克沙之子桑贾尔承袭父
位,以大塞尔柱苏丹的名义领有呼罗珊。与此同时,马立克沙的兄弟台台什
领有叙利亚,马立克沙之子巴基亚卢格控制伊朗,家族内讧,兵戎相见。
1157 年,桑贾尔死于木鹿。此后,塞尔柱帝国急剧衰落,所辖领地被来自中
亚的另一突厥人政权花剌子模沙王朝吞并,塞尔柱帝国名存实亡。

　　1127 年,突厥将领伊马德丁·赞吉建立赞吉王朝,领有贾吉拉和叙利亚
北部。伊马德丁·赞吉之子努尔丁当政期间,赞吉王朝的军队横扫盘踞在地
中海东岸的基督教势力,攻陷爱德萨、大马士革、的黎波里和安条克,努尔
丁成为抗击十字军东侵的中流砥柱。努尔丁曾经遣部将希尔库和萨拉丁率
军进入埃及,迎战十字军。1171 年,萨拉丁推翻法蒂玛王朝,在开罗建立阿
尤布王朝。此后,阿尤布王朝入主叙利亚,赞吉王朝灭亡。

　　曼齐喀特战役以后,阿勒卜·阿尔斯兰将小亚细亚东部赐封他的族弟
苏莱曼·顾特米鲁什。1077 年,苏莱曼·顾特米鲁什自立为苏丹,建立罗姆苏
丹国。罗姆苏丹国一度臣属于大塞尔柱苏丹,亦曾与拜占廷帝国缔结盟约,
后来沦为蒙古人的藩国。1308 年,罗姆苏丹国被蒙古人灭亡。①

---

① 　哈桑·穆阿尼斯:《古代中世纪的阿拉伯国家与文明》,第 175 页。

十四、阿拔斯王朝的倾覆

　　阿拔斯哈里发国家曾经有过长达百年的辉煌时代。自 9 世纪中叶起，伊斯兰世界群雄并立，阿拔斯王朝的辖地日渐缩小；外籍将领横行无忌，更使巴格达哈里发不得不将世俗权力拱手让与他人。白益王公统治期间，伊斯兰世界仿佛成为什叶派穆斯林的天下，巴格达哈里发仅有的宗教权威荡然无存。塞尔柱人入主西亚以后，并没有使巴格达哈里发摆脱窘困的境遇。阿拔斯王朝的根基已经坍塌，只剩下断壁残垣，巴格达哈里发依然处于他人的摆布之下，苟且偷生。12 世纪后期，伊斯兰世界的形势发生变化。一方面，塞尔柱苏丹国解体，凌驾于巴格达哈里发之上的大塞尔柱王朝苏丹权势日渐衰微。另一方面，萨拉丁在开罗建立阿尤布王朝，恢复正统伊斯兰教在西部诸地的统治地位，尊崇巴格达哈里发作为宗教领袖。形势的变化使日暮途穷的阿拔斯王朝似乎看到新的希望。

　　纳绥尔(1180—1225 年在位)于 1180 年即位，是阿拔斯王朝在位时间最长的哈里发。纳绥尔曾经做过最后的尝试，企图恢复哈里发的威严，重振阿拔斯王朝的雄风。纳绥尔将希望寄托于新的穆斯林势力，怂恿花剌子模沙王朝的塔卡什自中亚西进。1194 年，塔卡什的军队击败大塞尔柱王朝的末代苏丹图格里勒，结束塞尔柱人在巴格达的统治。然而，纳绥尔的努力付诸东流。1196 年，塔卡什成为新的苏丹，行使塞尔柱人原有的一切权力，哈里发仍然只是苏丹的掌中玩物。1200 年塔卡什死后，其子阿拉乌丁出任苏丹，击败古尔王朝、西喀喇汗王朝和西辽，建立起庞大的帝国，定都撒马尔罕。1217 年，阿拉乌丁召开宗教会议，试图废止阿拔斯王朝的宗教权力，另立阿里家族的后裔阿拉·穆尔克为新的哈里发。纳绥尔在绝望之际，把目光转向遥远的东方，幻想得到蒙古人的帮助。然而，纳绥尔的这一做法无异于引狼入室,使伊斯兰世界遭受空前的浩劫。

　　1219 年,成吉思汗统率蒙古军队大举西进,攻入中亚,阿拉乌丁兵败身亡,撒马尔罕和布哈拉尽遭蹂躏,哈拉特被夷为废墟。1253 年,成吉思汗的孙子旭烈兀再度发动西征,蒙古铁骑如潮水一般涌向伊斯兰世界。1258 年,旭烈兀攻陷巴格达,哈里发穆斯台尔绥木(1242—1258 年在位)被装入袋中,马踏而死,阿拔斯王朝灭亡。①

---

① 　穆罕默德·穆斯塔法·齐亚德:《阿拉伯世界的历史与文明:古代与伊斯兰时代》,第 263—264 页。

第四章

哈里发国家的经济制度与经济生活

一、地权和赋税

1

632 年先知穆罕默德去世后,阿布·伯克尔出任哈里发,穆斯林开始走出阿拉伯半岛,伊斯兰世界进入大规模对外扩张的发展阶段。欧默尔当政期间,拜占廷帝国的辖地叙利亚、埃及和波斯帝国的大部领土皆被纳入哈里发国家的版图。阿拉伯穆斯林的对外扩张,主要表现为军事占领的过程,而军事占领直接导致地权性质的改变。

麦地那哈里发国家根据伊斯兰教规定的原则,沿袭阿拉伯半岛的传统和先知穆罕默德的先例,在被征服地区广泛实行国家土地所有制;所有被征服的土地皆被视作斐伊,成为哈里发国家的公产和全体穆斯林的共同财源。

然而,麦地那哈里发国家作为"更高的所有者或唯一的所有者",并没有将通过征服获取的土地分配给穆斯林直接占有。进入被征服地区的穆斯林大都只是作为哈里发国家的战士,集中屯驻于查比叶、拉姆拉、弗斯塔特、库法和巴士拉等军事营地;他们既不善务农,亦无暇耕作。

根据欧默尔确定的原则,被征服者作为吉玛人构成依附于哈里发国家的直接生产者,穆斯林战士构成与被征服者截然对立的军事贵族集团。在此基础上,哈里发国家禁止穆斯林战士在阿拉伯半岛以外区域占有土地和从事农耕,所有被征服的土地皆以斐伊的形式成为全体穆斯林的共同财产。

雅姆克战役以后,许多圣门弟子要求分配叙利亚的土地并使被征服者成为他们的奴隶,遭到欧默尔的拒绝。[1]卡迪西叶战役以后,穆斯林将领赛耳德·阿比·瓦嘎斯向欧默尔反映,他的部下要求直接占有伊拉克的土地;欧默尔表示,哈里发国家征服的土地必须留给原有的耕作者,并且使这些土地成为全体穆斯林的共同财富。欧默尔在致信征服埃及的穆斯林将领阿慕尔·阿绥时亦明确规定:"把埃及的土地留给原有的居民,让他们世世代代在土地上耕作。"[2]

麦地那哈里发在穆斯林征服的地区建立的国家土地所有制,并非"法律的虚构",而是客观存在的经济现实。欧默尔规定:穆斯林战士不得将被征服者作为奴隶据为己有,亦不得随意侵吞他们的财产或通过其他形式加以奴役;安拉赐予的土地必须留给被征服者继续耕种,向他们征收贡税并由全体穆斯林共同享用。欧默尔在致叙利亚总督阿布·欧拜德的信中写道:"把安拉作为战利品所赐予你们的土地留给那里的原有居民,向他们征收适量的贡赋,然后在全体穆斯林中分配。让他们继续在土地上耕种,因为他们在耕种土地方面的能力远远超过我们。你们不得将异教人口如同其他战利品那样直接占有,只能向他们征纳贡税……如果他们缴纳贡税,你们不

---

[1] Hill,D.R.,*The Termination of Hostilities in the Early Arab Conquest 634–656*, London 1971, p.75.

[2] Al-Baladhuri,*Kitab Futuh al-Buldan*, New York 1968, p.265,p.214.

得向他们提出其他的要求。如果我们将他们作为奴隶分配给我们的战士，那么我们怎样将财富留给我们的后代？我们的子孙将找不到为他们劳作的人。我们的生计依靠他们的劳作，我们的子孙将依靠他们的后代。因此，向他们征收贡税，但是不要奴役他们，不要伤害他们或者侵吞他们的财产，务必遵循我们向他们承诺的权利和他们所应承担的义务。"①

贡税关系的广泛确立，不仅体现哈里发国家的统治权在被征服地区的存在，而且构成哈里发国家的土地所有权"借以实现的经济形式"。哈里发国家在沿袭拜占廷帝国和波斯帝国原有农作方式的基础之上，通过贡税的形式，在全体穆斯林与被征服人口之间建立起封建性质的土地关系。迪万制度和年金的分配，体现了全体穆斯林对于被征服地区直接生产者之剩余劳动的集体占有。

2

哈里发国家在被征服地区沿袭拜占廷帝国和波斯萨珊王朝的旧制，征收贡税的方式和数额由于具体的环境差异而不尽相同，但是土地无疑构成征收贡税的主要对象。②

穆斯林征服埃及以后，哈里发国家根据耕地的面积向被征服者征收贡税，规定每费丹的耕地缴纳 1 第纳尔和 3 伊尔达布（1 伊尔达布折合16.5 浦式耳）谷物。在叙利亚，一个劳动力和一组牲畜在一天内耕作的田产面积构成征税的基本单位；穆斯林战士每人每年从被征服者缴纳的贡税中得到的份额为 24 穆德（相当于 100 浦式耳）的谷物和 36 奇斯特（相当于 4 浦式

---

① Lewis,B.,*Islam,from the Prophet Muhammed to the Capture of Constantinpole*,London 1976,Vol.2, pp.223–224.

② 哈桑·穆阿尼斯，《古代中世纪的阿拉伯国家与文明》，科威特，1978 年，第 161 页。

耳)的橄榄油。欧默尔当政期间,埃及每年缴纳的贡税大约折合 1200 万第纳尔,叙利亚每年缴纳的贡税大约折合 1400 万第纳尔。[①]在上述地区,贡税总额不得因耕作者改变信仰或弃田逃亡而予以变更。

另一方面,麦地那国家沿袭拜占廷帝国的征税方式。"村社构成基本的纳税单位,村社首领根据农民耕种土地的面积规定其纳税的数量,逃亡者的纳税义务由村社其他人分担。"[②]在原来属于波斯帝国的各个区域,被征服人口集体缴纳贡税的现象更为普遍。"萨珊王朝时期,赋税由城市或村庄全体成员共同负担。阿拉伯人最初沿袭这样的制度……因此,即使被征服地区的人口构成发生改变,贡税总额并不随之减少。"[③]633 年穆斯林首次攻占幼发拉底河下游的重镇希拉以后,规定该地的全体居民每年向哈里发国家缴纳 8 万迪尔罕作为贡税;637 年穆斯林再次攻占希拉以后,该地的贡税总额增至 19 万迪尔罕。在伊朗高原,霍尔木兹吉尔德的全体居民每年向哈里发国家缴 100 万迪尔罕的贡税,莱伊每年缴纳 50 万迪尔罕,扎兰吉每年缴纳 100 万迪尔罕, 阿比沃德每年缴纳 40 万迪尔罕, 纳萨每年缴纳 30 万迪尔罕, 突斯每年缴纳 60 万迪尔罕, 木鹿每年缴纳 125 万迪尔罕,木鹿—卢泽每年缴纳 60 万迪尔罕,巴勒黑每年缴纳 40 万迪尔罕,哈拉特每年缴纳 100 万迪尔罕,内沙浦尔每年缴纳 70 万迪尔罕,等等。[④]上述地区的贡税总额,大都根据耕地的面积而由耕作者分摊。

倭马亚时代,地产大体分为两种类型。被征服地区的异教土著居民所拥有的地产,沿袭拜占廷帝国和波斯萨珊王朝规定的税收标准,向哈里发国家缴纳全额的土地税,称为全税地。来自半岛的阿拉伯穆斯林在被征服

---

① Kremer,A.F.,*The Orient under the Caliphs*, London 1923, pp.67-69.

② Shaban,M.A.,*Islamic History,A New Interpretation 600-750*, Cambridge 1971, p.38.

③ Frye,R.N.,*The Golden Age of Persia, the Arabs in the East*,London 1975,p.70.

④ Al-Baladhuri,*Kitab Futuh al-Buldan*,p.243,p.309,p.334,p.379,p.393,pp.403-405.

地区所获取的土地,免缴全额的土地税,仅纳什一税,称为什一税地。

然而,被征服地区的异教土著居民相继改宗伊斯兰教,拒绝缴纳全额的土地税,仅仅承担什一税的义务,哈里发国家的岁入因此受到影响。针对新的形势,伊拉克总督哈查只·尤素夫颁布法令,剥夺改宗伊斯兰教的新穆斯林之免缴全额土地税的权利。欧默尔二世即位后,废除哈查只·尤素夫颁布的法令,恢复麦地那哈里发时代的税收政策,规定凡信仰伊斯兰教者只纳什一税,但是 719 年以后穆斯林所获取的土地则需缴纳全额的土地税。哈里发希沙姆进一步规定:土地税的征收取决于土地的性质而不取决于土地占有者的信仰;所有贡税土地无论何人占有皆须承担全额的土地税,只有在早期业已形成的什一税地享有免缴全额土地税的权利。[①]

赋税征收于地产的所有者,地租征收于无地产而租种土地的耕作者。倭马亚时代,耕作者大都根据租佃契约缴纳固定数额的地租,这种制度称为密萨哈。密萨哈制又分两种类型:在原属拜占廷帝国的行省,地租的数额取决于耕地的面积;在伊拉克一带,哈里发国家根据土地的耕作面积、肥沃程度、种植内容和灌溉条件确定地租的数额。[②]

阿拔斯时代,曼苏尔在种植谷物的一些地区改行分成制,称为穆嘎萨玛。马赫迪即位以后,分成制的实施范围明显扩大。[③]据阿布·尤素夫在《税收论》中记载,粮食作物大都按照分成制缴纳地租,其余作物仍按亩计租;平地水田征收二一地租,高地水田征收三一地租,旱田征收四一地租,某些低产田征收五一地租。

然而,分成制并未完全取代传统的固定地租,密萨哈制在某些地区依

---

①   Lokkegaard,F.,*Islamic Taxation in the Classic Period*, Copenhagen 1950, p.114.

②   Lokkegaard,F.,*Islamic Taxation in the Classic Period*,p.120.

③   Ali,A.,*A Short History of the Saracens, from the Earliest Times to the Destruction of Baghdad*, New Delhi 1977, p.427.

旧长期延续。作为法律文书,土地租佃的契约期限大都较短,而在实际上,租佃契约往往续订,农民长期依附于其所耕作的土地。地租的缴纳包括实物与货币两种形式;实物地租主要是缴纳小麦和大麦,货币地租则是在西部诸省缴纳第纳尔,在东部诸省缴纳迪尔罕。哈伦当政期间,哈里发国家征收的实物地租价值 500 万第纳尔,折合 1.3 亿迪尔罕,另外征收货币地租 4 亿迪尔罕,两项共计 5.3 亿迪尔罕。①

伊斯兰教历是哈里发国家的官方历法,采用阴历纪年。租税的征收,则需适应作物的播种和收获季节,采用阳历纪年。在埃及和叙利亚,科普特历和叙利亚历长期延续。在东部诸行省,哈里发国家沿用波斯历法,租税征收于新年伊始即 6 月 21 日。后来,新年移至初春,正值作物青黄不接之时,不适于征纳租税。于是,穆尔台迪德自 894 年规定,租税的征纳日期改为 7 月 11 日。鉴于波斯历法每 120 年增设闰月,穆尔台迪德规定每 4 年增设闰日,以便与科普特历和叙利亚历保持一致。②

阿拔斯王朝后期,集权政治日渐衰微,哈里发国家在诸多地区难以继续直接征税,遂改行包税制。早在马蒙当政期间,包税制曾经在埃及实行,包税契约的期限为 4 年。穆尔台米德当政期间,包税区域逐渐扩大,包税对象主要是土地税,有时亦包括商业税和其他杂税。商人艾哈迈德·穆罕默德曾经以每年向哈里发缴纳 250 万第纳尔作为条件,获得在伊拉克征税的权力。③905 年阿拔斯王朝收复叙利亚和埃及以后,伊拉克商人麦扎拉伊获得在上述地区征税的权力,条件是每年向哈里发缴纳 100 万第纳尔并且负担该地区的军饷支出。④916 年,尤素夫·阿比·萨吉以每年缴纳 70 万第纳尔作

---

① Lokkegaard,F.,*Islamic Taxation in the Classic Period*,p.135.

② Mez,A.,*The Renaissance of Islam*, Patna 1937, pp.107-108.

③ Shaban,M.A.,*Islamic History, A New Interpretation 750-1055*, Cambridge 1976, p.60,p.118.

④ Kennedy,H.,*The Prophet and the Age of the Caliphate*, London 1986, p.191.

为条件,获得亚美尼亚和阿塞拜疆的征税权。919 年,哈米德·阿拔斯以每年缴纳 60 万第纳尔作为条件,获得塞瓦德、法尔斯和吉巴勒一带的征税权。[1]968 年, 维齐尔伊本·法德勒曾经以每年 4200 万迪尔罕的价格出让伊拉克的征税权。[2]包税人不同于原有的税吏,他们往往拥有私人武装,在其征税区域行使广泛的权力和超经济的统治。阿里·艾哈迈德曾经以每年缴纳 140 万第纳尔作为条件换取伊拉克东南部和胡齐斯坦的征税权,同时几乎完全独立于哈里发而在其征税区域行使统治权力。阿布·哈桑·阿里·哈拉夫由于包税的缘故而成为贾吉拉的实际统治者,直至被哈里发任命为贾吉拉总督。[3]因此,包税制的实行在一定程度上意味着地方权力的转让。

---

[1]　Ashtor, E., *A Social and Economic History of the Near East in the Middle Ages*, Berkeley 1976, p.138.

[2]　Mez, A., *The Renaissance of Islam*, p.129.

[3]　Ashtor, E., *A Social and Economic History of the Near East in the Middle Ages*, p.137.

二、地产与农民

1

　　麦地那哈里发在对外扩张的过程中,曾经将穆斯林征服的一部分土地收归国家支配;这种形式的地产被后来的伊斯兰教法学家称作萨瓦菲。欧默尔当政期间,萨瓦菲包括波斯萨珊王朝的皇室领地、琐罗亚斯德教神庙和祭司的土地、战死者的土地、逃亡者遗弃的土地、无主的荒地和沼泽地等10种土地,主要分布在伊拉克的塞瓦德,面积约 3600 万加里布。[①] 欧默尔规定,库法周围原属萨珊皇室的土地皆为萨瓦菲;巴士拉周围原属萨珊皇室的土地,其中二分之一作为萨瓦菲,另外二分之一划归阿拉伯战士。在叙利亚北部,许多土著居民在穆斯林征服时弃田出走,逃往拜占廷帝国境内,所遗地产甚多,是为萨瓦菲的另一来源。

　　哈里发国家在属于萨瓦菲的土地上采取租佃制的形式,占有直接生产者的剩余劳动。耕种者作为佃农直接向国家缴纳地租,国家则根据土地的面积和肥沃的程度以及作物的种类和灌溉方式确定地租的标准。穆斯林征服塞瓦德的初期, 哈里发国家规定的地租标准是每加里布的麦田征收1迪尔罕和 1 卡菲兹(1 卡菲兹约合 50 千克)的谷物。643 年,欧默尔获悉塞瓦德一带许多农民并未种植谷物而种植其他作物,逃避缴纳租税的义务,于是根据作物的不同种类重新规定地租的征收标准:凡种植谷物的土地,每加里布征收 1 迪尔罕和 1 卡菲兹谷物; 种植三叶草的土地, 每加里布征收 5 迪尔罕和 5 卡菲兹饲料;种植葡萄、枣椰和其他果树的土地,每加里布征收

---

①　Yahya b.Adam,*Kitab al-Kharaj*, Leiden 1967, p.53.

10 迪尔罕和 10 卡菲兹产品。[1]阿里当政期间,进一步根据耕地的质量将麦田的地租标准划分为三个等级:优质土地每加里布征收 1.5 迪尔罕和 1.5 卡菲兹谷物,中等土地每加里布征收 1 迪尔罕和 1 卡菲兹谷物,劣质土地每加里布征收 0.7 迪尔罕和 0.7 卡菲兹谷物。[2]萨瓦菲的耕作者往往享有世袭租佃的权利,然而欧默尔严格禁止萨瓦菲土地的私自转让和买卖。这表明哈里发国家在当时的条件下对于萨瓦菲拥有完整的支配权力,国家土地的权力原则与现实状态差异尚微。

倭马亚时代,哈里发国家缺乏完善的税收制度,行省向大马士革缴纳的税收数额有限,倭马亚王朝的财政支出主要依靠国有土地的收入。在伊拉克,国有土地长期占据举足轻重的地位,甚至影响粮食价格的波动。[3]阿拔斯时代前期,国有土地继续构成哈里发国家的重要岁入来源。哈伦·拉希德当政期间,幼发拉底河中游以及巴士拉周围的大量土地被哈里发收归国有。[4]阿拔斯王朝后期,哈里发国家财政拮据,遂不断出售国有土地。931年,阿拔斯王朝首次出售国有土地,售价 5 万第纳尔。至 935 年,阿拔斯王朝出售的国有土地共计达到 90 万第纳尔。[5]与此同时,哈里发直接控制的国有土地呈逐渐减少的趋势。

2

哈里发时代封建地产的第二种形态是民间地产,阿拉伯语中称作穆勒

---

①   Al-Baladhuri,*Kitab Futuh al-Buldan*,pp.268–269.

②   Husain,S.A.,*The Glorious Caliphate*, Lucknow 1974, p.216.

③   Siddiqi,M.Y.M.,*Development of Islamic State and Society*,Lahore 1956,p.105.

④   Kennedy,H.,*The Early Abbasid Caliphate*, Princeton 1981, p.118.

⑤   Mez,A.,*The Renaissance of Islam*,p.130.

克,即私人自主地。

穆勒克大都起源于被征服地区非穆斯林土著乡绅的原有地产。麦地那时代,哈里发国家在将某些地产确定为萨瓦菲的同时,在更多的地区保留拜占廷帝国和波斯萨珊王朝的旧制;非穆斯林土著乡绅在缴纳贡税的前提下处于相对独立的自治状态,进而延续支配其原有地产的实际权利。由于土地构成贡税的征收对象,而土地占有状况的改变并不直接影响贡税的征收,所以哈里发国家在大多数情况下并不禁止私人土地的继承、转让和买卖,对于非穆斯林之间的地产交易限制甚少。拜占廷帝国和波斯萨珊王朝统治时期民间私有土地的历史传统延续于哈里发时代,进而形成对新兴伊斯兰国家土地所有制权力原则的广泛制约。

穆勒克的另一来源是阿拉伯穆斯林在被征服地区获取的地产。伊克塔的赐封,构成阿拉伯穆斯林在被征服地区获取地产的主要途径。阿布·伯克尔和欧默尔当政期间,哈里发国家广泛实行年金分配制度,伊克塔的赐封尚不多见。奥斯曼即位后,废止阿拉伯穆斯林不得在半岛以外区域占有土地的原则,将分布在塞瓦德一带,特别是库法周围的国有土地大量赐予穆斯林,伊克塔的数量急剧增多,国有土地的分割逐渐取代农产品的分割而成为伊克塔的基本形式。接受奥斯曼的赐封而在塞瓦德占有地产的穆斯林,多为古莱西人和其他部族首领。此时的伊克塔不同于先知穆罕默德时代,既非农产品份额的赐封,亦非耕作权利的赐封,而是租佃权利的赐封。受封者并不亲自耕种土地;他们大都生活在远离其地产的城市,将土地出租给土著农民耕种,征纳往往高达收成二分之一的地租,同时承担上缴什一税的义务,而地租与什一税的差额便是受封者的收益。受封者与耕作者在经济地位方面处于直接对立的状态,存在着明显的剥削关系。不仅如此,奥斯曼允许阿拉伯穆斯林用半岛的地产交换塞瓦德的地产,或用塞瓦德的地产交换半岛的地产。泰勒哈·欧拜杜拉曾经以其在希贾兹的地产换取塞瓦德的地产,阿什阿斯·凯斯以其在哈德拉毛的地产换取塞瓦德的地产,许多穆斯林则以塞瓦德的地产换取阿拉伯半岛的地产。地产的交换导致地产的买卖,从而加深了伊克塔的私有化程度,并且加剧了地产的集中和大地产的形成。奥斯曼拥有价值 20 万第纳尔的地产,阿卜杜勒·拉赫曼·奥夫拥有价值超过 30 万第纳尔的地产,栽德拥有价值 10 万第纳尔的地产,雅尔拉拥有价值 30 万迪尔罕的地产,泰勒哈·欧拜杜拉在塞瓦德拥有的地产年收入可达 1 万第纳尔。[①]地产集中的程度和大地产的规模由此可见。奥斯曼当政期间租佃权利的赐封取代农产品份额的赐封和耕作权利的赐封,反映了伊克塔在国家土地所有制的形式下日渐私有的运动趋势。伊克塔的私有倾向不断侵蚀萨瓦菲的国有原则,为倭马亚时代穆斯林贵族地产与异教贵族地产的合一奠定了基础。

阿拉伯穆斯林除接受哈里发国家赐封的伊克塔外,还在被征服地区购置大量地产。据叶赫亚在《税收论》中记载,圣门弟子阿卡杜拉·麦斯欧德曾经向波斯乡绅购置地产,并要求售地者继续承担缴纳贡税的义务。另据白拉祖里在《诸国征服记》中记载,许多阿拉伯人移居伊拉克的弗拉特后,从波斯乡绅手中购置地产,仅纳什一税,而伊拉克总督哈查只·尤素夫曾向这些地产征收全额的土地税。亦有许多阿拉伯穆斯林在被征服地区垦荒造田,并且据为私产。据阿布·尤素夫在《税收论》中记载,农田如若弃荒超过 3 年,便被哈里发国家视作死地,而垦殖死地者成为田产的新主人,可免缴全额的土地税,缴纳什一税。[②]征服初期,非穆斯林土著乡绅的地产必须承担全额的土地税,阿拉伯穆斯林的地产仅纳什一税。倭马亚王朝后期,特别是阿拔斯时代,随着伊斯兰教化程度的加深,种族差异日渐淡化,上述两种穆勒克趋于一致,皆需承担什一税和全额土地税,只有王公显贵方可免缴全额土地税。

---

①   Ibn Khaldun,*The Muqaddimah*,Vol.1,Princeton 1980,pp.396–397.

②   Lokkegaard,F.,*Islamic Taxation in the Classic Period*,p.139.

3

　　哈里发时代封建地产的第三种形态是军事伊克塔,军事伊克塔的起点是萨瓦菲,其演进的终点是穆勒克,故而兼有国有官田与民间私田的双重性质,处于国有官田与民间私田之间的过渡状态。

　　军事伊克塔制始于倭马亚时代;穆阿威叶曾经将叙利亚北部的若干土地赐予圣战的穆斯林,是为最初的军事伊克塔。[1]阿拔斯王朝前期,军事伊克塔大都分布在哈里发无力控制的边远区域。9世纪中叶以后,随着哈里发集权政治的衰微,军事伊克塔逐渐增多,并且从边远区域向内地扩展。穆格台迪尔曾经将亚美尼亚和阿塞拜疆作为军事伊克塔赐予波斯将领阿夫辛,以该地岁入供养军队。[2]穆尔台迪德曾经借助于哈姆丹人的支持击败库尔德人,并将摩苏尔一带赐予哈姆丹人的首领,条件是由后者继续向哈里发提供相应的军事力量。萨法尔人叶尔孤卜·莱伊斯战功卓著,平定锡斯坦境内的哈瓦立及派,穆尔台兹于是将锡斯坦赐予叶尔孤卜·莱伊斯,作为他的伊克塔。935年,拉迪将埃及和叙利亚以赐封军事伊克塔的名义划归突厥将领穆罕默德·突格只,是为伊赫希德王朝之始。[3]

　　白益王朝时期,军事伊克塔的分布范围进一步扩大,占有军事伊克塔者明显增多。塞尔柱人入主西亚以后,军事伊克塔制的发展达到顶峰。马立克沙当政期间,仅伊拉克便有40个贵族拥有面积可观的军事伊克塔;他们大都是突厥人和波斯人,除在战时提供必要的兵源以外,另向苏丹缴纳岁

---

①　Ashtor,E.,*A Social and Economic History of the Near East in the Middle Ages*,p.62.

②　Kennedy,H.,*The Prophet and the Age of the Caliphate*,p.194.

③　Shaban,M.A.,*Islamic History,A New Interpretation 750–1055*,p.95,p.124.

贡。①尽管如此,伊克塔绝非阿拔斯王朝后期哈里发国家的唯一地产形式。
911—932 年,仅伊朗各地向巴格达缴纳的土地税便达到 2300 万迪尔罕。白
益家族统治时期,巴格达每年从各地征纳的土地税亦超过 3 亿迪尔罕。②土
地税的征纳情况,反映了非伊克塔地产形式的广泛存在。另一方面,伊克塔
的领有者并非构成阿拔斯王朝的全部军事力量,领取饷金的雇佣军在哈里
发国家亦具有举足轻重的地位。穆克塔迪尔当政期间,哈里发国家每年向
雇佣军支付饷金约 100 万第纳尔,而饷金的拖欠常常导致雇佣军的骚乱。③
白益家族统治期间, 德拉姆人组成的步兵每人每月领取 6 第纳尔的饷金,
突厥人组成的骑兵每人每月领取 40 第纳尔的饷金。④阿什托尔因此指出:
"封建主义没有获得完全的胜利,并非所有的地产都成为军事封邑,亦非所
有的战士都成为军事封邑的领有者。"⑤

　　与同时期盛行于西欧基督教世界的采邑相比,伊斯兰世界的军事伊克
塔,其特征之一在于伊克塔的主人与其封地的分离状态。受封者并没有土
地所有权,仅以获取封地的岁入作为目的,因此大都无意关注生产条件的
改善,往往杀鸡取卵,竭泽而渔,对农业的发展颇具消极影响。阿拔斯王朝
后期军事伊克塔制的另一特征,是土地占有的非继承性和非等级性。尼扎
姆·穆勒克认为,军事伊克塔的连续占有时间应限于 2 至 3 年。"受封者必
须清楚,他们对于耕种伊克塔的农民决无统治权力可言,只能限于征收规
定的产品份额。农民对其人身、财产、家庭享有自主权,受封者不得侵犯。因

①　Kremer,A.F.,*The Orient under the Caliphs*,p.363.

②　Mez,A.,*The Renaissance of Islam*,p.122,p.26.

③　Ashtor,E.,*A Social and Economic History of the Near East in the Middle Ages*,p.132.

④　Kennedy,H.,*The Prophet and the Age of the Caliphate*,p.222.

⑤　Ashtor,E.,*A Social and Economic History of the Near East in the Middle Ages*,p.182.

为,无论是土地还是臣民,都只属于苏丹。"①

　　伊斯兰世界最发达的伊克塔制度存在于法蒂玛王朝末期、阿尤布王朝和马木路克时代的埃及。法蒂玛王朝末期,"包税者由官吏变为军人,而军人的包税地逐渐演变为军事封邑。包税者向国家缴纳的税款越来越少,直至停止缴纳税款,包税地遂成为军事封邑"。②阿尤布王朝建立后,沿袭法蒂玛王朝末期的土地制度,军事封邑继续扩大。据麦格里齐(1364—1442年)在《埃及志》中记载,尼罗河流域的几乎所有耕地都被赐封为军事伊克塔。埃及的军事伊克塔在 1181 年时的平均岁入约 400 第纳尔,但是面积不等,相差甚大。苏丹常使其麾下将领的伊克塔分散各处,以削弱受封者的势力。与塞尔柱时代的西亚诸地相比,在阿尤布王朝时期的埃及,军事伊克塔具有相对稳定的私产特征,受封者往往享有继承和转让封地的权利。土地的耕作者处于国家的保护之下,租额由苏丹规定,受封者无权更改。马木路克时代,伊克塔制度在埃及得到广泛的发展,军事封邑成为埃及典型的土地制度。马木路克苏丹恢复尼扎姆·穆勒克的原则,废止受封者对于军事伊克塔的继承权和转让权。1315 年以后,军事封邑的大约一半处于苏丹的直接控制之下,成为苏丹的直辖领地。③军事伊克塔的频繁更换,诚然有助于保证国家对受封者的控制,却无疑阻碍土地所有权之私人化和民间化的演变进程。

4

　　作为耕作者的农民是乡村人口的主体,包括自耕农和佃农两种。前者

---

①　Nizam al-Mulk,*Siyasat Nama*,Paris 1891,p.28.

②　Ashtor,E.,*A Social and Economic History of the Near East in the Middle Ages*,p.206.

③　Ochsenwald,W.,*The Middle East:A History*,Boston 2003,p.138.

拥有少量地产,承担国家赋役,虽终年劳作,尚难维持生计。后者租种他人土地,往往由地产主提供种子和耕畜,租额高达收成的五分之四、六分之五甚至七分之六。

哈里发时代,官府极力使农民固着于土地,以求保证稳定的赋税来源。另一方面,农民不堪重负而弃田出走,构成哈里发时代社会生活的突出现象。8世纪初,伊拉克农民改奉伊斯兰教以后纷纷离开土地,流入城市谋生,导致土地税的减少;总督哈查只·尤素夫则设专门机构,追捕和遣返流入城市的逃亡农民。在8世纪后期的贾吉拉,农民逃离土地的现象十分普遍,纳绥宾、爱德萨、哈米德、哈兰等地的农民弃田出走,流落他乡,另寻生计,其中许多人被官府捕捉以后,在脸部烙刻印记,遣返原籍。弃田现象在尼罗河流域最为严重。逃亡农民被官府捕捉以后,罚款5第纳尔,鞭打40下,并钉上木枷,押送原籍;藏匿逃亡农民的人罚款10第纳尔,向官府举报者则赏2第纳尔。官府还实行身份确认制度,身份不明的人被官府捉到后,予以罚款,所乘船只焚毁。尽管如此,弃田现象在埃及各地仍屡禁不止。沉重的赋税负担是导致农民起义的直接原因。751年和774年,贾吉拉农民反叛官府,焚烧地主宅邸。725年,下埃及的豪夫爆发农民起义;此后数年,农民起义在下埃及和上埃及接连不断,至831年达到高潮。841年,叙利亚南部亦爆发农民起义。

9世纪以后,许多自耕农因不堪重负,被迫将地产寄于贵族名下,求得庇护,是为"塔勒吉叶"(意为保护地)。在萨曼王朝时期的法尔斯一带,塔勒吉叶相当普遍。①

---

① Ashtor,E.,*A Social and Economic History of the Near East in the Middle Ages*,pp.67–69.

三、农作区域与农业生产

1

　　哈里发时代的农作区域,表现为截然相反的两种倾向。一方面,长期的垦殖活动导致耕地面积的增加和农作区域的扩展。另一方面,农民的弃田致使耕地的荒芜,农作区域牧场化的现象屡见不鲜。上述两种倾向的并存,构成哈里发时代农业生活的显著特征。

　　早在麦地那时代,伊斯兰国家便十分重视农业生产。先知穆罕默德曾经规定,国家赐封的农田应由受封者亲自耕作。欧默尔进一步规定,土地的占有者如果使其土地荒芜超过三年,便丧失继续占有土地的权利。在军事扩张的过程中,欧默尔禁止阿拉伯战士在半岛以外直接占有土地的规定,颇有效力地保证了被征服地区的农业生产,阻止了农作区域的贝都因化。

　　倭马亚时代,行省势力的离心状态限制着哈里发的岁入,而荒地的垦殖构成国家财政的重要来源。在哈里发国家的诸多地区,特别是伊拉克和埃及,气候干燥,降雨不足,农业依赖于水利灌溉,水利设施的兴修构成农作区域得以扩大的首要条件。穆阿威叶当政期间,哈里发国家在麦地那绿洲兴修水利,垦荒造田,每年增收椰枣15万瓦斯格(1瓦斯格相当于190千克)和小麦10万瓦斯格。[1]萨珊王朝末期,伊拉克战乱连绵,水利失修。629年,底格里斯河泛滥成灾,河床改道,向西流入幼发拉底河,进而在伊拉克南部形成巨大沼泽。[2]倭马亚王朝建立后,伊拉克总督齐亚德·阿比希和哈查只·尤素夫屡屡疏通河渠,排干沼泽,灌溉荒地,安置农民耕种。齐亚德·

---

①　Husain,S.A.,*Arab Administration*, Lahore 1966, p.143.

②　Strange,G.,*The Lands of the Eastern Caliphate*, Cambridge 1905, p.27.

阿比希经常将荒地赐予部下，条件是必须在两年之内将荒地改造为农田。伊拉克税官阿卜杜拉·达拉吉在伊拉克南部广修水利，垦殖拓荒，年收入达500—1500万迪尔罕。①巴士拉总督阿卜杜拉·阿米尔的叔父欧默尔亦在伊拉克南部拓荒垦殖，使8000加里布的沼泽地成为良田。哈查只·尤素夫曾经向韦立德一世呈报伊拉克河水泛滥的情况，声称治理泛滥区域约需300万迪尔罕。巨额的费用令哈里发望而却步，马立克之子麦斯莱麦遂向哈里发进言："如果能够有幸得到你的信任，我情愿用自己的家财去堵截决堤的河水。不过，在投入这笔款项而获得成功以后，存过积水的那些洼地的税收要归我所有。"韦里德一世答应了他的条件。后来，麦斯莱麦清除了水患，并且得到了那里的土地。他开凿了名为西白音的两条河，平整沟坑和田垄，使那里的土地有了人烟。相邻地区的人们仰慕麦斯莱麦的名望，纷纷迁到了他的领地。②"希沙姆当政期间，财政管理和税收制度仍十分混乱，哈里发难以从行省得到充足的税款，遂在叙利亚和伊拉克大兴垦殖，增加国有地产，以求扩大财源……据叙利亚的基督徒阿加皮乌斯估计，希沙姆当政期间国有地产的岁入甚至超过行省缴纳的税款。"③

阿拔斯王朝建立后，哈里发继续投入巨额财力改善农作环境，并且委派官吏专司水利事务和征收水利税。"阿拔斯人广泛地发展了灌溉事业，扩大了种植地的面积，并且把盐渍化的沼泽地变成了可耕地，历史学家提到了他们在这方面所取得的重大成就。"④曼苏尔当政期间，由于幼发拉底河的水量不足以灌溉塞瓦德的全部耕地，于是整治底格里斯河，灌溉塞瓦德东部和沿海区域，使耕作面积明显增加。马赫迪当政期间，在伊拉克开凿新

①　Ashtor,E.,*A Social and Economic History of the Near East in the Middle Ages*,p.62,p.61.

②　伊本·胡尔达兹比赫：《道里邦国志》，宋岘译，中华书局，1991年，第256页。

③　Kennedy,H.,*The Prophet and the Age of the Caliphate*,p.111.

④　路易斯：《历史上的阿拉伯人》，马贤等译，中国社会科学出版社，1979年，第94页。

的河渠,名为希拉河,引阿拉伯河水灌溉瓦西兑一带的荒地;另一河渠名为杜杰勒河,在提克里特附近引底格里斯河水,灌溉巴格达以北的土地。①哈伦当政期间,哈里发国家耗资 2000 万迪尔罕,开通嘎图尔河和阿布·贾赫勒河。教法学家阿布·尤素夫在《税收论》中写道:凡开垦荒地者,拥有土地的占有权,并可免予缴纳土地税。②阿拔斯时代,伊斯兰世界最重要的农作区域分布在尼罗河谷、塞瓦德、伊朗西部和呼罗珊,哈里发国家的土地税大都来自上述地区。值得注意的是,大规模的垦荒造田局限于哈里发直接控制的国有地产;在国有地产的范围以外,民间垦殖尚不多见,农作区域的扩展亦不明显。

在垦荒造田的同时,农作区域的变化存在着逆向的趋势。农民弃田和耕地荒芜的现象屡有发生,对农业生产影响颇大。在哈里发时代的伊斯兰世界,沙漠牧场与农作区域交错相间,游牧群体与定居人口交往频繁。游牧群体向定居地区移动的浪潮接连不断,是导致农作区域发生变化的重要原因。自 7 世纪至 13 世纪,阿拉伯人、突厥人、柏柏尔人及库尔德人相继进入农业地区;尽管其中的一部分逐渐接受了定居的生活方式,但是亦有相当数量的人口依旧保持着传统的游牧方式,或者处于从游牧向定居转变的过渡状态。山脉、森林和沼泽地带无疑是阻挡游牧群体冲击的自然屏障,然而地势开阔的平原和丘陵却屡遭游牧群体的侵袭。950—1050 年间卡尔马特派的兴盛、贝都因人诸小王朝的建立、库尔德人的兴起和塞尔柱人的到来,标志着游牧群体对农业地区的冲击达到顶峰。游牧群体的冲击,往往迫使土著农民弃田逃亡, 随之形成牧场取代耕地和农作区域贝都因化的现象。游牧活动的泛滥破坏了农作区域的自然植被,导致严重的水土流失。在伊拉克南部、叙利亚和贾吉拉,上述现象尤为明显。"连续不断的贝都因化,成

① Ali,A.,*A Short History of the Saracens*,p.423.

② Lombard,M.,*The Golden Age of Islam*, North Holland 1975, p.25.

为新月地带和其他穆斯林地区经济社会生活中的突出现象。"

沉重的租税,是导致农民弃田和耕地荒芜的另一原因。据叙利亚的基督徒迪奥尼希乌斯记载,在 8 世纪后期的贾吉拉,农民为躲避税收而弃田出逃的现象十分普遍。阿拔斯王朝的埃及总督库拉·沙里克曾经设立专门机构,追捕弃田出逃的农民,并且规定:农民如果弃田出逃,罚款 5 第纳尔,责打 40 皮鞭,如果有人庇护弃田出逃的农民,罚款 10 第纳尔。尽管如此,弃田现象在埃及仍然时有发生。此外,战乱导致水利失修,亦构成耕地减少的重要原因。塞瓦德曾经是最重要的农作区域,哈里发国家从塞瓦德征收的土地税直至马蒙当政期间仍高达 1 亿迪尔罕。然而,赞吉与阿拔斯王朝之间长达 14 年的战争,严重破坏了塞瓦德的农作条件,导致耕地锐减,至穆格台迪尔当政时征自塞瓦德的土地税仅 3100 万迪尔罕。[①]

阿什托尔认为,哈里发国家的统治对近东农业的负面影响甚大;农业定居点的减少、土地税数额的下降和粮价的上涨,反映了哈里发时代近东农业的衰落趋势。[②]这种看法值得商榷。阿什托尔所依据的材料,大都来自伊斯兰世界与基督教世界相邻的地带,战乱频繁,情况特殊,不足以代表近东农业的普遍状况。地中海东岸的城市化对近东乡村的人口流向产生不可低估的影响,而城市人口的增长应是农业进步的逻辑结果。阿拔斯王朝后期,哈里发国家从行省征收的土地税数额确呈下降趋势;然而,税额的增减主要取决于政治结构的变化,税额的下降应是哈里发集权统治日渐衰微的伴随现象,不足以证明耕地面积的减少和农业的衰落。至于粮价上涨,不能单纯归结为耕地减少和农业衰落的结果;非洲黄金的大量流入和东方银矿的广泛开采以及非农业人口的增多,均对粮价的变化具有重大的影响。哈里发时代农作区域的变化趋势及其评价,尚有待进一步的全面探讨。

① Ashtor,E.,*A Social and Economic History of the Near East in the Middle Ages*,p.16,p.68.

② Ashtor,E.,*A Social and Economic History of the Near East in the Middle Ages*,pp.51-59.

2

　　自 7 世纪阿拉伯人征服至 11 世纪哈里发国家解体的 4 个世纪，是中东地区农业生产发展和繁荣的重要阶段；农作物种类的增加、新作物的传播和新技术的应用，标志着农业领域的长足进步，堪称伊斯兰世界的绿色革命。印度是诸多农作物的原产地；前伊斯兰时代，原产于印度的农作物逐渐传入伊朗高原、两河流域和阿拉伯半岛南部。哈里发国家统治时期，诸多农作物在中东地区经历自东向西的传播过程，或沿两河流域传入地中海东岸，或沿阿拉伯半岛南部的阿曼、也门和红海传入尼罗河流域。[①]

　　中东诸地具有种植小麦的悠久历史传统。早在苏美尔时代，两河流域南部的居民已经开始种植小麦。当中世纪欧洲的基督徒还在普遍食用黑麦制作的面包时，小麦已经成为穆斯林的主要食品。小麦生长于伊斯兰世界所有水源充足的地区，塞瓦德和埃及是中东最大的小麦种植区，呼罗珊、胡齐斯坦、法尔斯、克尔曼、锡斯坦均为重要的小麦产区，叙利亚、贾吉拉和中亚诸地亦盛产小麦。大麦主要生长于不适合种植小麦的土壤，往往用作饲料。阿拔斯时代，幼发拉底河沿岸的扎瓦比、巴比勒、侯塔尼叶、法鲁加、朱巴·布达特、希巴尼、赛拉哈尼和底格里斯河沿岸的巴拉兹·鲁兹、纳赫拉万、巴达拉叶·巴库萨叶均为重要的大麦产区。据库达麦(?—940 年)记载，820 年阿拔斯王朝征自伊拉克的土地税，包括 17.7 万库尔 (1 库尔约合 2700—2925 千克)小麦和 10 万库尔大麦。[②]另据伊本·胡尔达兹比赫记载，870 年阿拔斯王朝征自伊拉克的土地税，包括 7.4 万库尔小麦和 7.9 万库尔

①　Udovitch,A.L.,*The Islamic Middle East 700–1900*,Princeton 1981,p.32.

②　Ashtor,E.,*A Social and Economic History of the Near East in the Middle Ages*,p.41,p.42,p.43.

③　伊本·胡尔达兹比赫:《道里邦国志》,第 254 页。

大麦。③上述小麦和大麦所纳税额大体相等,而每加里布小麦田纳税 19.5 千克,大麦田纳税 16.5 千克。①据此推测,至少在伊拉克的范围内,小麦与大麦的种植规模基本持平。

水稻的种植亦有较为悠久的历史,自公元前开始出现于两河流域南部和胡齐斯坦。古典作家斯特拉波曾经提到两河流域南部的水稻。哈里发时代,随着水利灌溉事业的发展,水稻的种植范围逐渐扩大。9 世纪后期,在幼发拉底河沿岸的库辛、苏拉、绥布·阿斯法勒、巴比萨玛、弗拉特·巴达克拉以及底格里斯河沿岸的卡斯卡尔、贾布勒等地,形成初具规模的水稻种植区。②与此同时,水稻先后传入贾吉拉、叙利亚、埃及、马格里布和西班牙;巴勒斯坦以及叙利亚北部的塔尔苏斯均有相当数量的稻田,埃及南部的法尤姆将水稻作为主要作物。在伊朗西南部的胡齐斯坦和里海南岸的泰伯里斯坦,水稻是当地人口的主要食物来源。吉兰、克尔曼和呼罗珊在阿拔斯时代亦种植水稻,中亚诸地种植冬季水稻。③水稻种植技术的广泛传播,导致农业结构的明显变化,许多种植干旱作物的耕地被改造为稻田。

伊斯兰世界的粮食作物,除小麦、大麦和水稻以外,还包括黍稷和高粱。黍稷系耐旱作物,生长于阿拉伯半岛南部和克尔曼等地。据叶赫亚的《税收论》记载:先知穆罕默德曾经提及阿拉伯半岛南部生长的黍稷,并将黍稷列为征纳天课的五种农作物之一。另据伊本·胡尔达兹比赫记载,阿拔斯王朝曾于 870 年在迪亚拉河与弗拉特河流域征收黍稷作为土地税。④高粱亦系耐旱作物,原产于非洲撒哈拉沙漠以南地区,阿拔斯时代传至埃及和马格里布⑤。

①　Ashtor,E.,*A Social and Economic History of the Near East in the Middle Ages*,p.42.

②　Ashtor,E.,*A Social and Economic History of the Near East in the Middle Ages*,p.43.

③　Ahsan,M.,*Social Life under the Abbasids 786–902*,London 1979,p.87.

④　Yahya b.Adam,*Kitab al-Kharaj*, p.94.

⑤　Lombard,M.,*The Golden Age of Islam*,p.163.

　　园艺业在哈里发时代的伊斯兰世界占有重要的地位,果树的栽培十分普遍。枣椰树是典型的耐旱作物,原产于阿拉伯半岛、两河流域南部、胡齐斯坦、法尔斯、克尔曼、锡斯坦等炎热区域。[①]自倭马亚时代起,枣椰树传入叙利亚、埃及、马格里布、西班牙和西撒哈拉地区,巴士拉、瓦西兑和希吉勒马萨皆是重要的椰枣贸易中心。[②]哈伦·拉希德当政期间,仅克尔曼一处每年向巴格达缴纳椰枣达到万斤。[③]据9世纪的作家查希兹记载,巴士拉的市场出售的椰枣多达360个品种。10世纪的农学家伊本·瓦赫希叶亦称,伊拉克出产的椰枣品种数不胜数。[④]游牧地区的人口常以椰枣作为重要食物。在马格里布的椰枣产区,如果年成尚好,2个迪尔罕便可购得一驼担椰枣。许多商人还穿越撒哈拉沙漠,将椰枣运至非洲内陆,换取奴隶和黄金。[⑤]

　　葡萄是地中海沿岸的古老作物,叙利亚北部、巴勒斯坦、尼罗河三角洲、马格里布北部和西班牙南部均为重要的葡萄产区。[⑥]据古典作家斯特拉波记载,公元前4世纪亚历山大东征以后,马其顿人首先将葡萄带到东方,生长于美索不达米亚和伊朗高原。哈里发时代,葡萄种植已相当普遍,因气候和土质差异甚大,种类繁多。"即使一个人自幼离家出走,游访各地,直至年迈归来,他也无法了解葡萄的所有品种,掌握各种葡萄的特性;甚至仅在一个区域,葡萄种类亦难数清。"[⑦]塔伊夫出产的葡萄名为拉兹奇塔,系4世纪从叙利亚传入,甘美硕大,闻名遐迩;随着阿拉伯人的征服和迁徙,拉兹

---

①　Strange,G.,*The Lands of the Eastern Caliphate*,p.223.

②　Lombard,M.,*The Golden Age of Islam*,p.166.

③　Ahsan,M.,*Social Life under the Abbasids 786—902*,p.145.

④　Udovitch,A.L.,*The Islamic Middle East 700—1900*,p.30.

⑤　Mez,A.,*The Renaissance of Islam*,p.434.

⑥　Lombard,M.,*The Golden Age of Islam*,p.165.

⑦　Mez,A.,*The Renaissance of Islam*,p.431.

奇塔从塔伊夫绿洲传至伊拉克,继而传入伊朗高原和中亚一带。[1]在波斯湾沿岸的胡齐斯坦、法尔斯和里海沿岸的泰伯里斯坦、朱尔占以及东方的呼罗珊,葡萄是主要的水果品种。[2]然而,伊斯兰教关于禁止饮酒的规定,明显制约葡萄种植业的集约经营。"(伊斯兰教)禁止饮用含有酒精的饮料,特别是禁止饮用葡萄酒,导致葡萄种植业的重心从地中海东部转移到地中海西北沿岸。"[3]在伊斯兰世界,以酿酒为目的而规模较大的葡萄园局限于基督徒聚居的区域,穆斯林经营的葡萄园大都处于粗放状态。[4]

橘子原产于印度。据麦斯欧迪记载,橘子于912年自印度传入阿曼,继而传入伊拉克和贾吉拉,直至陶鲁斯山南侧、叙利亚沿海和埃及,只是在印度生长时原有的香味和颜色不复存在。橘子传入之初,尚属珍稀水果。哈里发嘎希尔曾经将来自印度的橘树栽种于巴格达的宫廷花园,供群臣观赏。[5]10世纪后期,橘树的种植技术传入叙利亚和埃及,橘子逐渐在民间广为食用。[6]西瓜是伊斯兰世界的普通水果;产于伊朗北部和呼罗珊的西瓜极负盛名,经过冷藏运至巴格达后,每个可卖700迪尔罕。柠檬原产于信德;伊本·豪卡勒和麦格迪西都曾提及信德的柠檬,形似苹果,酸味十足。[7]10世纪,柠檬经阿曼传至伊拉克和埃及,但其酸味大减。其他重要的水果还包括苹果、石榴、胡桃、无花果、桃、杏等。[8]

哈里发时代,经济作物的种植得到长足的发展。棉花自7世纪从印度

---

[1] Ahsan,M.,*Social Life under the Abbasids 786–902*,p.109.

[2] Strange,G.,*The Lands of the Eastern Caliphate*,p.262.

[3] Holt,P.M.,Lambton,A.K.S.&Lewis,B.,*The Cambridge History of Islam*,Vol.2B, Cambridge 1970, p.459.

[4] Lindsay,J.E.,*Daily Life in the Medieval Islamic World*, Westport 2005, p.128.

[5] Udovitch,A.L.,*The Islamic Middle East 700–1900*,p.32.

[6] Lombard,M.,*The Golden Age of Islam*,p.167.

[7] Mez,A.,*The Renaissance of Islam*,p.433.

[8] Lindsay,J.E.,*Daily Life in the Medieval Islamic World*,p.129.

西海岸传入波斯湾沿岸和塞瓦德，逐渐扩展到其他地区。①贾吉拉盛产棉花，巴尔塔拉、拉斯·艾因、麦尔丁、阿尔班和埃尔比勒是主要的棉花种植区。②叙利亚北部的阿勒颇、胡拉和巴尼亚斯亦为主要的产棉区，所产棉花销往地中海东岸。③至9世纪，棉花自叙利亚传入埃及、马格里布和西班牙。④伊朗高原和中亚亦种植棉花，尼哈温、内沙浦尔和木鹿出产的棉花远销各地。亚麻是另一重要的经济作物，最初生长于波斯湾沿岸，卡兹伦是伊拉克南部的亚麻贸易中心。⑤阿拔斯时代，亚麻种植技术从波斯湾沿岸传入埃及，尼罗河三角洲和法尤姆逐渐成为最负盛名的亚麻产区。蓝靛原产于印度。据伊本·豪卡勒记载，喀布尔曾经是蓝靛贸易中心，喀布尔商人每年从印度购入价值数百万第纳尔的蓝靛，销往伊斯兰世界各地。由于自印度购入的蓝靛供不应求，埃及、叙利亚、阿拉伯半岛南部和伊朗高原亦种植蓝靛。⑥据麦格里奇记载，埃及生长的蓝靛，每隔百天便可收割一次，但是蓝靛在第一年需用水浸泡10天，第二年浸泡30天，第三年浸泡40天。番红花系黄色染料，生长于伊朗西北部以及阿拉伯半岛南部和叙利亚。⑦据说，也门的骆驼由于经常载运番红花前往北方，多呈黄色。番红花价格昂贵，860年，哈里发穆台瓦基勒曾经遣使将番红花作为礼品馈赠拜占廷皇帝。许多商人还将番红花运到西班牙，经托莱多销往欧洲。⑧橄榄是地中海沿岸的重要经济作物。巴勒斯坦盛产橄榄，其中以纳布卢斯最为著名。马格里布被誉为

---

① Lombard,M.,*The Golden Age of Islam*,p.122.

② Strange,G.,*The Lands of the Eastern Caliphate*,p.90.

③ Ashtor,E.,*A Social and Economic History of the Near East in the Middle Ages*,p.45.

④ Lombard,M.,*The Golden Age of Islam*,p.20.

⑤ Strange,G.,*The Lands of the Eastern Caliphate*,p.186,p.429,p.262.

⑥ Lombard,M.,*The Golden Age of Islam*,p.182,p.185.

⑦ Ahsan,M.,*Social Life under the Abbasids 786–902*,p.105.

⑧ Mez,A.,*The Renaissance of Islam*,pp.437–438.

橄榄之乡,菲斯曾是橄榄贸易的中心所在。据伊本·豪卡勒,在 10 世纪的菲斯,1 第纳尔可购 70 至 90 卡菲兹的橄榄油。西班牙南部的瓜达基维尔河流域、贾吉拉的巴阿什卡以及法尔斯和内沙浦尔亦产橄榄,但是大都销于当地市场。[①]甘蔗原产于孟加拉,6 世纪传入波斯湾沿岸,胡齐斯坦和塞瓦德以及巴士拉周围区域是最重要的甘蔗产地。[②]10 世纪,甘蔗经叙利亚传至埃及,继而生长于马格里布、西班牙和西西里。[③]甘蔗种植成本昂贵,多由大地产主集约经营,小农往往无力问津。

　　哈里发时代的伊斯兰世界,东起印度洋,西至大西洋,绵延数千千米,多数地区气候干燥,降雨稀少,且分布极不均匀,通常连年无雨,时而暴雨滂沱。因此,农作物的生长严重依赖于水利灌溉。水利灌溉包括自然灌溉和人工灌溉两种形式。不同的灌溉方式,是国家征纳土地税的首要依据。

　　贾吉拉、叙利亚和巴勒斯坦的耕地大都依靠降雨形成的自然灌溉;相比之下,伊拉克南部和埃及的耕地主要依靠河水的定期泛滥,进而形成包括河渠、堤坝和各种扬水设施在内的极其复杂的灌溉体系,水利设施的维护通常构成官府的首要职责。[④]以埃及为例,尼罗河水定期泛滥,灌溉两岸的农田;河水泛滥过后,农民播下种子,无需再次灌溉,直至收割。尼罗河的水位在泛滥期如果达到 16 吉拉尔(1 吉拉尔折合 67 厘米),国家可向农民征纳全额土地税;水位如再增 1 吉拉尔,则可视作丰年之兆。但是,水位如果超过 18 吉拉尔,便是大灾之年,大量农田成为泽地,无法耕作;水位如果不足 16 吉拉尔,亦有许多农田无法得到灌溉,弃为荒地。973 年,法蒂玛王朝的哈里发穆仪兹规定,河水泛滥期间,严禁公布水位的高度,以免导致农

①　Lombard,M.,*The Golden Age of Islam*,pp.164-165.

②　Ashtor,E.,*The Medieval Near East: Social and Economic History*,London 1978,p.5.

③　Lombard,M.,*The Golden Age of Islam*,p.167.

④　Ashtor,E.,*A Social and Economic History of the Near East in the Middle Ages*,p.45.

民的恐慌。阿尤布王朝和马木路克王朝的历代苏丹沿用法蒂玛王朝旧制，依照河水泛滥的程度确定土地税的数额。显然，河水的泛滥既是天赐的厚礼，亦是灾荒的根源。稳定的农业生产，尚需必要的人工灌溉。哈里发国家屡屡投入大量人力和财力，建造堤坝，开凿河渠，排干沼泽，灌溉荒地。1283年，马木路克苏丹盖拉温曾经亲临布海拉省，监督泰里叶河渠的疏浚工程。在埃及，大型堤坝称祖苏尔·苏勒塔尼叶，由官府控制；小型堤坝称祖苏尔·白拉迪叶，局限于村社的范围。[1]在伊拉克，堤坝多由黏土和芦苇混合建造，以至于"一个鼠洞便会导致决口，一个时辰便会毁掉全年的劳作"。[2]

扬水是人工灌溉的重要内容。东部省区普遍使用纳乌拉，即戽水车，以河水作为动力；西部省区常用的水车称萨基叶，由牲畜牵引。[3]称作沙杜夫的桔槔，采用杠杆的原理，用木桶将水扬至高处；若干桔槔组合使用，灌溉农田效果颇佳。称作卡纳特的暗渠，通过地下渠道，可将水引至较远的农田。[4]

新作物的传播导致新的农业技术的应用，诸如水稻、棉花、甘蔗等作物的广泛种植推动灌溉农业的发展。水利设施的改进、灌溉范围的扩大，成为此间中东农业的突出现象。东方传统的灌溉方式，诸如伊朗的暗渠和叙利亚的水车，经北非传入西班牙。[5]

农民在耕作时普遍使用木犁，多由双牛牵引。在埃及，双牛牵引的轻型木犁称作米赫拉斯，源于法老的时代，由两人操纵，每天可犁地1费丹。贫困农民常租赁木犁和耕牛，日租金4迪尔罕。马木路克时期，埃及出现称作穆卡勒卡拉特的重犁，但未能推广使用。[6]在伊朗北部的某些地区，由于气

[1] Udovitch,A.L.,*The Islamic Middle East 700–1900*,pp.60–61.

[2] Miskawayh,*Tajarib al-Umam*,Oxford 1921,p.376.

[3] Morony,M.G.,*Manufacturing and Labour in the Classical Islamic World*,Hampshire 2003,p.4.

[4] Lindsay,J.E.,*Daily Life in the Medieval Islamic World*,p.130.

[5] Hourani,A.,*A History of the Arab Peoples*, London 1991, p.45.

[6] Udovitch,A.L.,*The Islamic Middle East 700–1900*,pp.63–64.

候寒冷,土质坚硬,多用 8 牛牵引的重犁。[1]

哈里发时代的初期,农民大都只种冬季作物,秋季播种,春季收割,夏季则是休耕期。在某些地区,每两年内仅种一季,以求保证地力和水分。小麦是最重要的冬季作物,具有耐旱性和耐寒性。相比之下,水稻、棉花、甘蔗和高粱等新作物属于夏季作物,其中甘蔗具有耐盐碱性,高粱具有耐旱性。阿拔斯时代,诸多新作物被引进和推广,加之水利事业的发展,导致播种期的明显改变。在土质和水源适宜的情况下,许多地区实行冬夏轮种,休耕期缩短,土地利用率明显提高。冬季作物主要是小麦、大麦、亚麻、三叶草、洋葱、大蒜以及各种豆科作物,夏季作物包括水稻、棉花、高粱、甘蔗、蓝靛、芝麻及瓜果和蔬菜。[2]

① Mez,A.,*The Renaissance of Islam*,p.455.

② Udovitch,A.L.,*The Islamic Middle East 700–1900*,p.40,pp.68–69.

四、手工业

1

伊斯兰世界及其周边区域蕴藏着丰富的矿产资源,哈里发国家颇为重视矿藏的开采。上埃及的阿斯旺至伊萨卜港一带盛产黄金,经尼罗河或红海水域运往各地。努比亚是另一重要的黄金产地;商旅驼队频繁穿越撒哈拉沙漠,将努比亚的黄金运往马格里布。10世纪末,穆斯林亦在阿富汗发现金矿。银矿大都分布在伊斯兰世界东部诸地,阿富汗以及伊斯法罕和费尔干纳皆盛产白银。据伊本·豪卡勒记载,位于兴都库什山区的银矿拥有矿工达万人之多。黄铜产于伊斯法罕和布哈拉等地;伊斯法罕的铜矿在9世纪时每年缴纳矿产税达1万迪尔罕。铁矿主要分布在伊朗高原,费尔干纳的铁器以质地优良而远销各地,黎巴嫩山区亦有铁矿。此外,煤产自布哈拉和费尔干纳,石棉产自呼罗珊,绿宝石产自埃及,红宝石产自也门。①

矿产的分布状况对哈里发时代的经济生活颇具影响,尤其是导致西部金币区与东部银币区的明显差异。煤矿甚少,加之森林资源匮乏,燃料不足,长期制约手工业生产。

2

哈里发时代,最重要的手工业部门是纺织业。在埃及,亚麻纺织是科普特人的传统工业部门,主要分布在尼罗河三角洲的提尼斯、迪米耶塔、达比克、亚历山大、沙塔、布拉、达米拉、突纳、阿卡旺、迪夫和上埃及的法尤姆、

---

① Mez,A.,*The Renaissance of Islam*,p.440–443.

巴赫纳萨、阿赫明。法蒂玛王朝建立后,卡塔和穆恩亚成为新兴的亚麻纺织中心。[1]亚麻织物分为白色亚麻布、彩色亚麻布和锈金亚麻布,既有近于透明的面料,亦有质地厚实的挂毯。据麦格里齐记载,埃及的亚麻织物等值于相同重量的白银。埃及的亚麻纺织业规模很大,仅提尼斯一处便有5000台织机,而提尼斯于971年销往伊拉克的亚麻织物售价超过2万第纳尔。[2]据萨阿里比记载,1038年埃及全部岁入的四分之一来自亚麻纺织业。[3]"提尼西"产于提尼斯,"迪米耶提"产于迪米耶塔,"达比基"产于达比克,皆为埃及亚麻纺织业的著名产品,远销各地。波斯湾沿岸的胡齐斯坦和法尔斯两省亦有发达的亚麻纺织业,希尼兹、杰纳巴、塔瓦吉、达里兹、里沙浦尔和乌什拉均产亚麻织物,卡兹伦则被誉为"波斯的迪米耶塔"[4]。

毛纺织业是西亚传统的手工业部门,具有悠久的历史,主要产品包括地毯、挂毯、坐垫和门帘。在伊斯兰世界,地毯不仅是日常用品,而且是身份和地位的重要标志,名贵的地毯足以与宝石相提并论。亚美尼亚因其羊毛质地甚佳,所产地毯闻名遐迩。波斯地毯可与亚美尼亚地毯媲美,颇负盛名。倭马亚时代和阿拔斯时代,哈里发宫中所用地毯大都产自亚美尼亚。伊拉克南部亦产地毯,希拉、瓦西兑、麦萨恩、贾赫拉姆皆为重要的地毯产地。[5]西亚地毯种类繁多,风格各异,旅行者往往根据地毯的样式便可辨认其所在的地区。

随着棉花种植的推广和蚕丝技术的传入,棉纺织业和丝织业得到长足的发展。棉纺织业主要分布在西亚诸地,伊朗西部的伊斯法罕、莱伊、加兹

① Ashtor,E.,*A Social and Economic History of the Near East in the Middle Ages*,p.198.

② Lombard,M.,*The Golden Age of Islam*,p.186.

③ Ashtor,E.,*A Social and Economic History of the Near East in the Middle Ages*,p.151.

④ Mez,A.,*The Renaissance of Islam*,p.461.

⑤ Ahsan,M.,*Social Life under the Abbasids 786–902*,p.191.

温、库米斯和伊朗东部的木鹿、内沙浦尔、巴姆以及南部法尔斯省的设拉子、伊斯泰赫尔、叶兹德、鲁扎姆、达拉布吉尔德皆为重要的棉纺织业中心，叙利亚的阿勒颇亦有发达的棉纺织业。9世纪以后，棉花的种植技术传入埃及。10世纪，尼罗河流域形成初具规模的棉纺织业。10世纪的文献资料提到埃及的棉纺织产品。哈里发国家的丝织品最初大都产自拜占廷，小亚细亚东北部的特拉比宗是穆斯林与基督徒进行丝织品贸易的主要地点。阿拔斯时代，蚕丝技术的传入导致丝织业的兴起，阿塞拜疆、朱尔占以及呼罗珊的内沙浦尔、木鹿、纳萨、阿比沃德和伊拉克的库法、苏斯、苏珊吉尔德、阿斯卡尔、纳赫尔、哈比斯均为重要的丝织品产地，叙利亚和埃及亦产丝织品。[1]大马士革的丝织品行销各地，而"大马士革"一词在基督教欧洲竟成为绸缎的通称。巴格达的阿塔卜区所产的丝绢称作阿塔比，经西班牙传入欧洲内地以后，名为塔比。

在伊斯兰世界，仅次于纺织业的手工业部门，是玻璃制造业。埃及的玻璃制造业由来已久，亚历山大、法尤姆、乌什穆纳因和弗斯塔特是玻璃制品的主要产地。[2]地中海东岸的玻璃制造业，继承了古代腓尼基人的传统。"在西顿、提尔和叙利亚其他城市所制造的玻璃，是腓尼基工业的残余，除埃及玻璃外，这是世界史上最古老的玻璃工业。叙利亚出产的玻璃，又薄又透明，是天下闻名的。叙利亚彩色绚烂的加釉玻璃，在十字军战争中传入了欧洲，成为欧洲大教堂中所用的彩色玻璃的先驱。"[3]伊斯兰世界的宫殿和清真寺内悬挂的玻璃灯具大都产自叙利亚和埃及，不仅用于照明，而且颇具装饰效果。巴格达盛产彩色玻璃和花纹玻璃，远近闻名。呼罗珊人常用玻璃仿制绿宝石，真伪难辨，往往以假乱真。许多玻璃制品装饰以各种图形，昂

---

① Strange,G.,*The Lands of the Eastern Caliphate*,p.203,p.246.

② Ashtor,E.,*A Social and Economic History of the Near East in the Middle Ages*,p.98.

③ 希提：《阿拉伯通史》，马坚译，商务印书馆，1979年，第405页。

贵的玻璃器皿甚至刻有动物图像。

　　伊斯兰世界手工业领域的突出成就,是造纸业的兴起和发展。751 年,阿布·穆斯林遣部将齐亚德进兵楚河西岸,[1]击败唐朝安西节度使高仙芝,俘唐军 2 万人,其中有许多造纸工匠。此后,中国的造纸术传入中亚,撒马尔罕首先设立造纸作坊,生产所谓的撒马尔罕纸。792 年,哈里发国家在巴格达设立造纸作坊。9 世纪起,造纸技术在伊斯兰世界自东向西广泛传播,大马士革、的黎波里、弗斯塔特、菲斯、瓦伦西亚相继成为造纸业的重要中心。[2]造纸业的兴起和发展,导致埃及传统的纸草业逐渐衰落。9 世纪,尼罗河三角洲尚且生产少量的纸草;至 10 世纪,纸草业在埃及销声匿迹。[3]

　　哈里发时代伊斯兰世界手工业长足进步的重要原因,在于原料的沟通与技术的交流。亚美尼亚和马格里布的羊毛以及伊朗高原西部和里海南岸的番红花、克尔曼的蓝靛,质地上乘,产量充足。[4]技术的交流主要表现为产品风格的模仿。西班牙、埃及和叙利亚的毛纺织业产品模仿亚美尼亚的地毯编织工艺,法尔斯的亚麻制品模仿埃及出产的达比基。伊拉克的纺织技术深受伊朗传统纺织技术的影响,萨马拉和埃及的玻璃器皿则如出一辙。[5]另一方面,由于森林植被稀少,作为工业燃料的木材供应严重不足,加之铁矿匮乏,伊斯兰世界的金属加工业长期处于相对落后的状态,金属制品依赖于周边地区的进口。

---

①　楚河系中亚的内陆河,源自天山,流经今吉尔吉斯斯坦和哈萨克斯坦境内。

②　Ashtor,E.,*A Social and Economic History of the Near East in the Middle Ages*,p.98,p.198.

③　Morony,M.G.,*Manufacturing and Labour in the Classical Islamic World*,p.22.

④　Ashtor,E.,*A Social and Economic History of the Near East in the Middle Ages*,pp.97-98.

⑤　Lombard,M.,*The Golden Age of Islam*,p.185.

3

伊斯兰世界的手工业,分为官营手工业和民间手工业两类。

官营手工业主要包括兵器制造业、造船业、造纸业和各种奢侈品的生产行业,大都分布在中心城市。生产锦缎的作坊称作提拉兹,是官营手工业的重要类别。

民间手工业主要生产日常用品,其分布范围较广。民间手工作坊往往规模较小,产品大都自产自销。亦有民间手工作坊系富商出资经营,雇佣工匠制造产品,逐月或逐日支付薪金。在8至9世纪的伊拉克,某些熟练工匠的月薪达到5或6第纳尔,其余工匠的月薪约1.5第纳尔。在同一时期的埃及,熟练工匠的月薪约1.5至2第纳尔;然而,在9世纪中叶,尼罗河三角洲的织工月薪不足四分之三第纳尔。9世纪初的一名埃及织工曾向基督徒迪奥尼苏斯抱怨说,他的日薪只有半个迪尔罕。①

---

① Holt,P.M.,Lambton,A.K.S.& Lewis,B.,*The Cambridge History of Islam*,Vol.2B,pp.527–528.

五、商业

1

哈里发国家幅员辽阔,自然环境千差万别,物产各异,由此形成商业贸易交往的巨大空间。另一方面,在哈里发时代的伊斯兰世界,只有伊拉克和埃及河网密布,其他地区大都缺乏可以通航的河流。麦格迪西认为,在伊斯兰世界的腹地,包括幼发拉底河、底格里斯河、尼罗河以及阿姆河、锡尔河在内的 12 条河流是可以通航的仅有河流。[1]然而,发达的驿道遍布各个角落,为伊斯兰世界的商业活动提供了必要的条件。

哈里发时代的商业,首先是区域性的内陆贸易;日常消费品的流通,构成内陆贸易的基本内容。小手工业者往往自产自销,兼有工匠和商贩的双重身份。[2]富商巨贾资产雄厚,主要经营大宗货物的长途贩运,通常采用合股和委托的经营方式。合股经营的商人大都出自同一家族,合股者共同分享商业利润和分担商业风险。委托经营系投资者委托他人贩运货物,赚取商业收益。[3]

在区域性的内陆贸易中,农产品和纺织品的流通占据举足轻重的地位。谷物从埃及和贾吉拉运往希贾兹和伊拉克,橄榄油从叙利亚和马格里布运往埃及,胡齐斯坦的蔗糖行销两河流域,伊拉克的椰枣在北方诸地颇具市场。叙利亚是闻名遐迩的水果之乡,所产各种水果在伊拉克和埃及备受青睐。埃及的亚麻织物、里海南岸的丝绸、伊拉克和呼罗珊的棉布、亚美

---

[1] Mez,A.,*The Renaissance of Islam*,p.485.

[2] Holt,P.M.,Lambton,A.K.S.& Lewis,B.,*The Cambridge History of Islam*,Vol.2B,p.527.

[3] Hourani,A.,*A History of the Arab Peoples*,p.112.

尼亚和阿塞拜疆的地毯、撒马尔罕的纸张和大马士革的玻璃器皿,均为充斥市场的重要商品。

2

哈里发时代的伊斯兰世界地处欧亚非大陆的相交区域,扼守自基督教欧洲至东方诸国和从地中海到印度洋的水陆通道,远程的过境贸易十分发达,而奢侈品的贩运构成过境贸易的主要内容。

伊斯兰世界与东方诸国之间贸易交往的重要方式,是穿越陆路的递运性贸易。穆斯林商人沿古代的丝绸之路,自莱伊向东,经内沙浦尔、木鹿、布哈拉、撒马尔罕、喀什噶尔,穿过伊犁河流域和塔里木盆地,到达黄河流域;亦可自木鹿或撒马尔罕向南,经巴勒黑和喀布尔,到达印度河流域。

伊斯兰世界与东方诸国之间海路贸易的起点,包括波斯湾北岸的西拉夫、巴士拉、乌布拉和阿拉伯半岛东侧的马斯喀特、苏哈尔以及也门的亚丁。其中西拉夫最负盛名,西拉夫的商人可谓富甲波斯湾。西拉夫在977年毁于地震,巴士拉遂取而代之,成为波斯湾最重要的港口和商埠所在。阿拉伯人和波斯人的商船自波斯湾一带诸港口起航,沿印度西部的马拉巴尔海岸,经锡兰海域向东航行,穿越马六甲海峡,进入中国南部海域,抵达广州和海南。[1]锡兰曾经是穆斯林商人与中国商人互市的贸易枢纽;"马六甲"一词即源于阿拉伯语,意为汇合之处。[2]亦有许多中国商船驶入印度洋水域,麦斯欧迪曾经提到停泊于西拉夫、巴士拉和乌布拉的中国商船。9世纪中叶,穆斯林商人甚至与朝鲜半岛的新罗国建立直接的贸易往来。据伊本·胡尔达兹比赫记载,自红海南端至瓦格瓦格(即倭国日本)的海

---

① Hourani,A.,*A History of the Arab Peoples*,p.44.

② Ashtor,E.,*A Social and Economic History of the Near East in the Middle Ages*,p.107.

路全长4500法尔萨赫。"由此东方海洋,可以从中国输入丝绸、宝剑、花缎、麝香、沉香、马鞍、貂皮、陶瓷、绥勒宾节(披风)、肉桂、高良姜;可以从瓦格瓦格国输入黄金、乌木;可以从印度输入沉香、檀香、樟脑、玛卡富尔(樟脑油)、肉豆蔻、丁香、小豆蔻、毕澄茄、椰子、黄麻衣服和棉质的天鹅绒衣服、大象;可以从塞兰迪布(锡兰)输入各色各样的宝石、金刚石、珍珠、水晶以及能磨制各种宝石的金刚砂;可以从穆拉和信丹输入胡椒;可以从凯莱赫(今马六甲一带)输入锡矿石;从南方省区可输入苏木、大兹(苏木的一种);从信德可输入因斯特(沉香的一种)、盖纳(标枪木)和竹子。"[1]来自东方的各种商品在巴士拉卸船,经底格里斯河运抵巴格达,进而穿越沙漠商路销往叙利亚和埃及。[2]

伊斯兰世界与非洲撒哈拉沙漠以南地区亦有频繁的贸易往来。穆斯林商人从亚丁乘船向西航行,可至东非诸地。阿拔斯时代,穆斯林相继在科摩罗群岛、马达加斯加和莫桑比克建立商站,其中位于坦桑尼亚南部马坦杜河口的基尔瓦最为著名。努比亚的阿拉伊卜港,是伊斯兰世界与东非之间的另一贸易中心。穆斯林商人将东非的各种物产经红海运抵阿拉伊卜港,然后穿越努比亚沙漠运至阿斯旺,沿尼罗河销往埃及。在马格里布,穆斯林商人从菲斯、希吉勒马萨、提亚雷特和凯鲁万出发,向南穿越撒哈拉沙漠,进入非洲腹地,带去食盐、香料、谷物、纺织品和金属制品,换取黄金和奴隶。非洲腹地盛产黄金,但是食盐匮乏,许多地区甚至用食盐作为流通媒介。在苏丹西部内陆,穆斯林商人常用食盐换取同等重量的黄金。在加纳东部的昆吉亚,穆斯林商人出售的一担食盐价格高达200—300第纳尔。[3]

在伊斯兰世界的北部,穆斯林与基督徒尽管长期处于战争状态,但是

---

① 伊本·胡尔达兹比赫:《道里邦国志》,第73—74页。

② Hourani,A., *A History of the Arab Peoples*, p.44.

③ Ashtor,E., *A Social and Economic History of the Near East in the Middle Ages*, p.101.

贸易交往从未中断。小亚细亚北部城市特拉比宗是穆斯林商人与拜占廷商人之间的主要贸易中心,丝织品的交易十分活跃。[1]

伊斯兰世界与基辅罗斯之间亦有广泛的贸易往来。据伊本·胡尔达兹比赫记载,基辅罗斯的商人"将毛皮和黑狐狸皮、刀剑一类物品从斯拉夫的边远地区带到罗马海(黑海),罗马人的长官向他们征收什一税。他们再行至斯拉夫河上的提尼斯,到达可萨突厥城海姆利杰。海姆利杰的首领向他们征收什一税。他们再行至久尔疆海(里海),然后从他们喜欢的海岸登陆。此海的直径为 500 法尔萨赫。也许,他们将其商货用骆驼从久尔疆驮到巴格达。斯拉夫奴隶为这些商人充当翻译。他们佯称是基督教徒,只须交纳人丁税"[2]。另据麦斯欧迪记载,穆格台迪尔曾经于 921 年遣使前往伏尔加河流域;次年,该地居民皈依伊斯兰教。伊斯兰世界在北方的贸易范围曾经远至斯堪的纳维亚,毛皮和琥珀是伊斯兰世界从斯堪的纳维亚输入的主要商品。在斯堪的纳维亚出土的伊斯兰钱币属于 7 至 11 世纪,其中大都来自萨曼王朝;考古发现足以证明穆斯林与北欧人之间贸易接触的存在。"不可能设想,当时阿拉伯人已到达斯堪的纳维亚。比较可能的是,他们在俄罗斯同北欧人接触,住在伏尔加河上游的哈扎尔人和保加尔人在他们中间起过中介作用。"[3]

地中海北侧的基督教诸国,对于穆斯林来说还是一个陌生的世界。阿拉伯地理学家经常混淆罗马与君士坦丁堡,第勒尼安海则被视作有待探明的水域。尽管阿拉伯文、希腊文和拉丁文的史料都曾提及伊斯兰世界与地

---

① Lombard,M.,*The Golden Age of Islam*,p.225.

② 伊本·胡尔达兹比赫:《道里邦国志》,第 165 页。

③ 路易斯:《历史上的阿拉伯人》,第 97—98 页。

中海北岸之间存在贸易活动,但是双方的贸易内容十分有限,而且往往通过犹太人作为媒介。[1]10 世纪以后,意大利城市威尼斯和阿马尔菲的商人成为穆斯林商人在地中海水域的重要贸易伙伴。[2]

---

[1]　Ashtor,E.,*A Social and Economic History of the Near East in the Middle Ages*,p.105.

[2]　Hourani,A.,*A History of the Arab Peoples*,p.45.

六、城市

1

城市的广泛发展和城市生活的繁荣,是哈里发时代伊斯兰世界历史进程的重要内容。大规模的武力征服,则是伊斯兰世界城市化的重要起点。

阿拉伯人大都祖居阿拉伯半岛的沙漠旷野,追逐水草是阿拉伯人传统的生活方式。先知穆罕默德去世后,哈里发国家迅速走上武力扩张的道路,阿拉伯人如同潮水一般拥入半岛周围的广大地区。征服战争不仅拓展了阿拉伯人的生存空间,而且导致阿拉伯人生活方式的深刻变革。离开半岛的阿拉伯人逐渐放弃游牧的传统,转入定居的状态。然而,他们不识农耕之道,亦无暇耕作。种族的差异和宗教的对立制约着征服者与被征服者之间的社会交往,阿拉伯人与土著居民处于相对隔绝的状态。在特定的历史条件下,城居成为阿拉伯人在被征服的区域内统治地位的象征,城市生活成为阿拉伯人的时尚。

哈里发时代的伊斯兰城市,起源于不同的途径。在许多地区,城市是阿姆撒尔演变的结果。阿姆撒尔是阿拉伯语之"界限"一词的复数音译,其单数形式称米绥尔,特指哈里发国家在被征服地区建立的军事营地。637年,欧特巴·加兹旺在伊拉克南部的乌布拉附近建造军事营地巴士拉;638年,赛耳德·阿比·瓦嘎斯在伊拉克中部的希拉附近建造军事营地库法[1]。阿拉伯人自半岛进入伊拉克后,大都屯驻巴士拉和库法。欧默尔在写给赛耳德·阿比·瓦嘎斯的信中明确吩咐:"为穆斯林选择迁徙的去处和发动圣战的据点。"参与卡迪希叶战役的阿拉伯战士成为库法最初的居民,其中穆达尔人

---

[1] 哈桑·穆阿尼斯,《古代中世纪的阿拉伯国家与文明》,第155页。

即属于北方阿拉伯人的部落成员占据库法西部,也门人即属于南方阿拉伯人的部落成员占据库法东部,聚礼清真寺位于库法的中央。[1]穆阿威叶当政期间,巴士拉有阿拉伯战士 8 万人,眷属 12 万人,库法有阿拉伯战士 6 万人,眷属 8 万人。[2]642 年,阿慕尔·阿绥在尼罗河东岸的巴比伦堡附近建造军事营地弗斯塔特, 移入埃及的阿拉伯战士及其眷属约有半数屯驻其中。670 年,欧格白·纳菲在阿特拉斯山脉的东端建造军事营地凯鲁万,作为控制易弗里基叶的阿拉伯人据点。702 年,哈查只·尤素夫在巴士拉与库法之间建造军事营地瓦西兑,屯驻叙利亚籍的阿拉伯战士。加萨尼人的都城查比叶位于大马士革东南方的戈兰高地,是阿拉伯人征服期间在叙利亚的军事营地。叙利亚战争结束后,阿勒颇以北的达比克取代查比叶,成为阿拉伯人在叙利亚最重要的军事营地。埃矛斯位于朱迪亚平原,亦是阿拉伯人在叙利亚的重要军事营地。[3]

上述阿姆撒尔大都位于沙漠牧场与农耕区域之间,适应阿拉伯人自游牧向定居转变的过渡状态。固然有个别的军事营地随着征战行为的结束而不复存在,但是多数的阿姆撒尔逐渐演变为阿拉伯人的永久居住地,进而发展为颇具规模的城市。巴士拉和库法兴建之初,阿姆撒尔的核心是清真寺,周围分布着阿拉伯人的棚屋,由芦苇搭建而成,十分简陋。巴士拉的阿拉伯人大都来自半岛东部,也门籍的阿拉伯人在库法居多。"库法在初建之时约有人口 2 万,其中 1.2 万属于也门人,其余属于穆达尔人。"[4]阿拉伯人按照传统的血缘关系划分各自的住区,各自为政。穆阿威叶当政期间,伊拉

---

[1] Jafri,S.H.M.,*Origins and Early Development of Shi'a Islam*, Tehran 1989, p.102,p.103.

[2] Kremer,A.F.,*The Orient under the Caliphs*,p.310.

[3] Ashtor,E.,*A Social and Economic History of the Near East in the Middle Ages*,p.19.

[4]   Hasan,N.,*The Role of the Arab Tribes in the East During the Period of the Umayyad*,Baghdad 1976,p.71.

克总督齐亚德·阿比希下令拆除巴士拉和库法的芦苇棚屋，改为砖石结构的建筑，并在住区周围挖掘壕沟，修造城墙。齐亚德·阿比希还采用高压手段，遏制部落的传统势力，重新划分阿拉伯人的住区，确立国家权威，进而强化巴士拉和库法作为城市的政治功能。

阿姆撒尔的居民最初局限于阿拉伯战士及其眷属。倭马亚时代，阿拉伯人不断从半岛移入阿姆撒尔，非生产性人口日益增多，进而产生了广泛的消费需求，交换活动随之扩大。来自周围乡村甚至遥远地区的土著人口相继涌入阿姆撒尔，为渐趋膨胀的消费群体提供各种服务，由此形成市场。772年，叶齐德·哈提姆扩建凯鲁万城，增设各类专门的市场。在巴士拉的西区，市场林立，商贾云集。消费的增长和交换的频繁，改变了阿姆撒尔的人口构成，其经济功能趋于完善。

古代城市的延续，是哈里发时代伊斯兰城市的另一重要起源。在拜占廷帝国和波斯萨珊王朝统治时期，阿拉伯半岛周围分布着许多城市。穆斯林征服以后，这些城市大都保留下来。许多人曾因躲避战乱而逃离城市，这种现象在叙利亚北部及沿海地带较为明显。然而，阿拉伯人的到来无疑给古老的城市注入了新的生机。伊拉克的古城希拉、安巴尔、泰西封、胡勒万、艾因·塔姆尔吸引了相当数量的阿拉伯人，底格里斯河上游重镇摩苏尔由于阿拉伯人的不断移入而被誉为贾吉拉的库法，埃及的阿拉伯人则将尼罗河入海口的亚历山大视作新的家园。[1]在叙利亚，许多城市在与征服者订立降约时明确规定，城市住区的二分之一划归阿拉伯人使用，圣城耶路撒冷、北方重镇阿勒颇和地中海东岸港口城市阿克、提尔、的黎波里繁荣依旧。大马士革作为哈里发国家的首都，在倭马亚时代得到空前的发展；圣约翰大教堂始建于375年，哈里发韦里德时代改建为倭马亚清真寺，堪称大马士

---

[1]　Udovitch,A.L.,*The Islamic Middle East 700—1900*,p.178,p.180.

革的标志性建筑。西班牙旅行家伊本·祖拜尔于 1184 年游历大马士革时感
叹道:"如果天园位于尘世,大马士革无疑是天园的所在。"[1]在伊朗高原,特
别是呼罗珊和河外地区, 阿拉伯人作为征服者往往屯驻于旧城的郊外,另
建新城,内设清真寺、城堡和市场;在木鹿、布哈拉、撒马尔罕和巴勒黑,新
城与旧城各成体系,交相辉映,颇具特色。[2]

穆斯林征服的时代结束以后, 哈里发国家还曾在许多地区营建新的
城市。伊拉克的巴格达和萨马拉、叙利亚的拉姆拉、马格里布的菲斯、提亚
雷特、希吉勒马萨、突尼斯等,皆为伊斯兰世界的重要城市,闻名遐迩,久
负盛誉。

阿拔斯时代,众多的城市如同璀璨的明珠,镶嵌在伊斯兰世界的各个
角落。便利的交通是集中消费的条件,城市大都分布在河流两侧或商路沿
线。底格里斯河畔的巴格达是伊斯兰世界最大的城市,圆城、鲁萨法宫、呼
罗珊军驻扎的哈尔比耶区、商人和工匠居住的卡尔赫区隔河而建。[3]据粗略
的估算,9 世纪时的巴格达占地 25 平方千米, 城区面积相当于波斯萨珊王
朝都城泰西封的 13 倍和同时期拜占廷帝国首都君士坦丁堡的 5 倍,居民在
30 万至 50 万人之间。[4]"马蒙当政时期,巴格达有 6.5 万处公共浴室。"[5]巴
士拉始建于欧默尔当政期间,阿拔斯时代成为伊拉克南部最重要的贸易中
心,居民约 20 万人。库法的规模略小于巴士拉,居民 10 万余人。新都萨马
拉始建于 836 年,位于巴格达以北 100 余千米处的底格里斯河东岸,宫殿、
清真寺、兵营、民宅、市场沿河排列,绵延 30 千米。

---

[1]   Lindsay,J.E.,*Daily Life in the Medieval Islamic World*,p.93.

[2]   Lombard, M.,*The Golden Age of Islam*,p.30.

[3]   Gordon,M.S.,*The Rise of Islam*, Westport 2005, pp.54–55.

[4]   Ashtor,E.,*A Social and Economic History of the Near East in the Middle Ages*,p.89.

[5]   Ibn Khaldun,*The Muqaddimah*,Vol.2,p.236.

　　叙利亚的城市大都沿袭拜占廷时代的传统,规模不及伊拉克的新兴城市,但是分布甚广。大马士革和阿勒颇是叙利亚内陆区域的主要城市,居民约在 5 万至 10 万人之间。耶路撒冷是历史悠久的宗教圣城,居民约 2 万人,香客和商贾不绝如缕。拉姆拉始建于倭马亚哈里发苏莱曼当政期间,阿拔斯时代发展为叙利亚的重要城市。地中海东岸的阿克、提尔、赛达、的黎波里、毕布勒斯曾因遭受战祸而一度萧条,阿拔斯时代再度复兴。陶鲁斯山南侧因与拜占廷相邻,圣战者云集,形成一系列要塞城市,其中塔尔苏斯、麦西萨、阿达纳最负盛名。埃及的城市沿尼罗河两岸排列,星罗棋布。弗斯塔特始建于 641 年,阿慕尔清真寺是弗斯塔特的核心建筑。750 年,阿拔斯王朝在弗斯塔特北侧另辟新区,名阿斯卡尔。969 年,法蒂玛王朝在阿斯卡尔以北营建新城,名嘎希赖,亦称开罗,以爱资哈尔清真寺作为标志,居民增至 50 万人。凯鲁万是马格里布最大的城市,始建于 670 年。建城初期,欧格白清真寺位于凯鲁万的核心,周围是阿拉伯人的住区,按照传统的部族形式划分,包括古莱西人住区、辅士住区、吉法尔人住区、莱赫米人住区、侯宰勒人住区等。772 年,叶齐德·哈提姆在住区周围建造 5 米高墙,并在各住区设立市场。阿格拉布王朝建立后,在凯鲁万郊外另辟 3 处新区,南区名阿拔希叶,西区名拉盖达,东区名萨布拉·曼苏里叶,各设清真寺、市场、商栈、民宅。[①]阿拔斯时代,凯鲁万“经济繁荣,学术发达……凯鲁万是权力的中心,是马格里布的骄傲;凯鲁万比大马士革更大,比伊斯法罕更雄伟,比内沙浦尔更富于人情味……凯鲁万的欧格白清真寺,其规模比埃及的伊本·土伦清真寺还大”[②]。提亚雷特始建于 761 年,是鲁斯塔姆王朝的都城,被时人誉为马格里布的巴士拉。808 年,伊德利斯王朝在马格里布西部营建新都菲斯,以卡拉维因清真寺作为象征。后来,阿拉伯人自西班牙和易弗里基

---

①　Lombard,M.,*The Golden Age of Islam*,pp.67–68.p.123,pp.133–135.

②　艾哈迈德·爱敏:《阿拉伯伊斯兰文化史》,第 5 册,史希同译,商务印书馆,2001 年,第 284—285 页。

叶移至菲斯,在奥维德河两侧形成两处新区,分别称作安达卢斯区和凯鲁万区,鼎盛时期人口达 10 余万。伊朗高原的许多城市,如伊斯法罕、莱伊、加兹温、内沙浦尔,在倭马亚时代呈现二元结构,土著的波斯人大都居住在旧城,阿拉伯人作为征服者屯驻郊外,形成新区;旧城与新区各有围墙环绕,新区构成哈里发国家的统治中心。阿拔斯时期,波斯人的政治势力渐趋膨胀,阿拉伯人作为征服者的时代一去不返,伊朗城市的自然格局随之改变,新区与旧城合并,二元结构不复存在。①

2

哈里发时代的伊斯兰城市不同于中世纪西欧的行会城市,大都起源于哈里发国家的政治行为,教俗合一的封建统治在城市生活中占有极其重要的地位。聚礼清真寺是城市的核心建筑,象征着伊斯兰教的神圣地位。城市的主要商业区称作巴扎,通常与聚礼清真寺相邻。官衙位于聚礼清真寺的侧旁,体现宗教与政治的密切联系。聚礼清真寺、巴扎和官府的周围是穆斯林的居住区,基督徒和犹太人的居住区大都分布在城市的边缘地带。②

在中世纪的西欧,统治权力往往集中于乡村的封建庄园,城市长期处于领主的庇护之下。与中世纪的西欧相比,在哈里发时代的伊斯兰世界,城市是权力的所在,即使乡村的大地产主和伊克塔的受封者亦大都处于城居状态。城市是封建统治的中心,亦是权力角逐的舞台。另一方面,发达的市民社会和行会的自治地位构成西欧中世纪城市的突出特征;相比之下,哈里发时代的城市从属于国家和官府,缺乏自治的社会组织和市民阶层,在

---

① Lombard,M.,*The Golden Age of Islam*,p.30,p.60,p.71,p.138.

② Holt,P.M.,Lambton,A.K.S.& Lewis,B.,*The Cambridge History of Islam*,Vol.2B,p.454.

诸多方面与拜占廷城市颇具相似之处。[①]

城居意味着非农业的生活状态，交换活动是城市赖以存在的基础，手工业者和商人则是城市居民的重要组成部分。称作巴扎的市场是城市的经济中心，每个城市都有数量不等的市场。市场多由官府建造，在城市生活中不可或缺。阿拔斯哈里发穆台瓦基勒在萨马拉以北营建新城贾法里耶时，"在每个街区建立一处市场"。市场分门别类，排列有序。巴格达西部的卡尔赫区是著名的市场区，长2法尔萨赫，宽1法尔萨赫，内分若干区段，不同的商贩各有自己的摊位，包括粮市、花市、果市、肉市以及金银铺、首饰铺和中国货市场。在许多城市，商贩按照经营内容的珍贵和洁净程度排列摊位，自聚礼清真寺附近直至城门分别是香料、书籍、布匹、服饰、地毯、珠宝、皮革、饮食和屠宰各类行业的店铺。[②]

人口构成的多元状态是城市区别于乡村的明显特征。高官显贵和上层宗教学者无疑是城市的权力核心，操纵着城市的命运。商人和工匠为数甚多，构成城市居民的主体。阿拉伯人具有崇尚贸易的悠久传统，大商人的社会地位和政治影响不可小觑。他们往往出任各级官职，甚至高居显位，权倾一时。工匠各有作坊，自产自销的现象相当普遍，子承父业者甚多。沿街叫卖的小贩构成城市的下层群体，无固定摊位，缺乏稳定的经济来源。灾荒和战祸常使大量乡民流入城市，露宿街头，乞讨为生，境况颇显凄惨。城市居民来源庞杂，兼有阿拉伯人和非阿拉伯人、穆斯林和吉玛人、自由人和奴隶。他们按照各自的身世、信仰和职业划分住区，住区之间往往设有门闸，处于相对封闭的状态，相互联系甚少。城市亦有相应的行业群体抑或行会，大都出自官办，受到官府的控制，负责维持秩序和分摊赋税，是王公贵族的

---

① Grunebaum,G.E.,*Classical Islam*, London 1970, pp.99–100.

② Ahsan,M.,*Social Life under the Abbasids 786–902*,p.150.

统治工具。①管理市场的官员称穆赫台绥卜,多由宗教学者担任,负责执行伊斯兰教法,监督市场交易,控制生产程序,规定产品数量,规范物价度量。②工匠和商贩尽管构成城市居民的主体,但因缺乏必要的自治组织,未能形成颇具影响的社会势力,与乡民同处被统治的地位。③10世纪,卡尔马特派运动风行各地,许多城市出现类似行会的民间组织,不受官府控制,工匠和商人通过特殊的仪式加入各自的行业群体,选举各自的首领。然而,卡尔马特派建立的城市民间组织只是昙花一现。随着卡尔马特派运动的衰落,城市民间组织相继解体,重新让位于官办组织。

① Grunebaum,G.E.,*Classical Islam*,p.100.

② Holt,P.M.,Lambton,A.K.S.& Lewis,B.,*The Cambridge History of Islam*,Vol.2B,p.529.

③ Hourani,A.,*A History of the Arab Peoples*,p.134.

第五章

哈里发国家的社会结构与社会生活

一、阿拉伯人的迁徙

1

阿拉伯人具有悠久的迁徙传统。伴随着伊斯兰文明的兴起,阿拉伯人经历了历史上规模最大的迁徙过程。麦地那哈里发时代的军事扩张,不仅改变了中东地区原有的政治格局,而且改变了阿拉伯人的分布范围。在圣战的旗帜下,阿拉伯人如同潮水一般,离开世代生息的家园,拥入"肥沃的新月地带"和尼罗河流域,继而拥向遥远的呼罗珊和西班牙。

阿拉伯人迁徙的首要目标,是伊拉克肥沃的平原地带。巴士拉和库法宛若幼发拉底河畔的两颗璀璨的明珠,吸引着纷至沓来的阿拉伯人。库法总督赛耳德·阿绥在致哈里发奥斯曼的信中写道:"库法人口的混杂情况极为严重。早期进驻库法的战士受到冲击,越来越多的拉瓦迪夫 (即穆斯林队伍中的后来者) 和贝都因人正在接连不断地拥入这座城市。"①麦地那哈里发时代,移入库法的阿拉伯人大都来自也门一带;而在巴士拉,穆达尔部落各分支率先移入,且人数居多,随后移入的阿拉伯人分别来自拉比尔部落各分支和阿兹德部落。倭马亚王朝建立后,伊拉克成为阿拉伯人移入最多的地区,伊拉克阿拉伯人的数量大约相当于叙利亚阿拉伯人的3倍;马立克当政期间,仅巴士拉便有8万阿拉伯战士被列入迪万的名册,从哈里发国家领取年金。②

　　阿拉伯人的不断移入,导致巴士拉和库法的生存空间日趋紧张,社会矛盾随之加剧。671年,伊拉克总督齐亚德·阿比希将阿拉伯人塔米姆部落、凯斯部落、巴克尔部落和阿卜杜勒·凯斯部落的5万名战士及其眷属迁出巴士拉和库法,遣往东方的呼罗珊,屯驻于木鹿绿洲。③697年,伊拉克总督哈查只·尤素夫试图将称作"孔雀军"的4万名阿拉伯战士及其眷属迁出巴士拉和库法,遣往伊朗高原东南部的锡斯坦,由于后者中途反叛,迁徙计划未能实现。698年,穆哈拉布·苏弗拉出任呼罗珊总督,阿拉伯人阿兹德部落的2万名战士携眷属同期迁至木鹿。732年,哈里发希沙姆再次从伊拉克招募2万名阿拉伯战士携眷属移入呼罗珊。④倭马亚时代,阿拉伯战士驻扎在呼罗珊的纳萨、阿比沃德、古兹甘、赫拉特、木鹿、突斯、巴勒黑、内沙普尔、木鹿—卢泽等地。⑤在伊朗西部的尼哈温、胡勒万、加兹温、阿尔达比勒、哈马丹、伊斯法罕、莱伊和库姆等地,亦有为数较多的阿拉伯人。⑥麦地那时代末期,阿拉伯人占领内沙普尔;内沙普尔的第一座清真寺始建于651年。697年,阿兹德部落的阿拉伯人随呼罗珊总督穆哈拉布移入内沙普尔。巴勒

① Donner,F.M.,*The Early Islamic Conquest*, Princeton 1981, p.231.

② Wellhausen,J.,*The Arab Kingdom and Its Fall*, London 1973, p.402.

③ 泰伯里:《历代先知与君王史》,第2卷,开罗,1908年,第81页。

④ Shaban,M.A.,*Islamic History,A New Interpretation 600–750*,p.110,p.140.

⑤ Udovitch,A.L.,*The Islamic Middle East 700–1900*,p.199.

⑥ Frye,R.N.,*The Golden Age of Persia,the Arabs in the East*,p.71.

黑的阿拉伯人来自叙利亚的阿兹德部落、巴克尔部落和塔米姆部落。征服伊斯法罕的阿拉伯人来自库法和巴士拉,分别属于萨奇夫部落、塔米姆部落、胡扎尔部落、哈尼法部落和阿卜杜勒·凯斯部落,驻扎在伊斯法罕旧城外的贾伊。加兹温是阿拉伯人于645年在伊朗西北部建立的米绥尔,驻扎在加兹温的500名阿拉伯战士来自库法和胡勒万。库姆原为一处村庄,644年成为阿拉伯战士驻扎的军营;713年, 伊拉克总督哈查只·尤素夫下令修建城墙,库姆作为城市的雏形初露端倪。倭马亚王朝后期,库法的什叶派阿拉伯人移居库姆。[①]

2

阿拉伯人的另一条迁徙路线,是沿希贾兹北行,进入叙利亚和尼罗河流域。扩张时代,大批的阿拉伯人步圣战者的后尘,拥向北方。麦地那哈里发曾经在叙利亚的戈兰高地、朱迪亚平原和北部边境设立查比叶、埃茅斯、达比克等军事营地,用于屯驻移入叙利亚的阿拉伯人。然而,更多的阿拉伯人生活在叙利亚原有的城市,杂居于土著的被征服者之中。倭马亚王朝中期,叙利亚的阿拉伯人约有20万,其中大马士革约有4.5万阿拉伯人,霍姆斯约有2万阿拉伯人。[②]叙利亚的阿拉伯人大都来自希贾兹及也门一带,分别属于凯勒卜部落、加萨尼部落、胡扎尔部落、哈姆丹部落、朱扎姆部落、肯德部落、泰伊部落和祖拜德部落。[③]另外,穆达尔部落和拉比尔部落各分支以及巴克尔部落、凯斯部落、塔格里布部落、阿兹德部落的诸多成员亦自伊拉克和叙利亚相继移入美索不达米亚北部的贾吉拉,分布在摩苏尔、拉卡

---

①　Udovitch,A.L.,*The Islamic Middle East 700–1900*,p.192,p.193,p.199,p.201.

②　Ashtor,E.,*A Social and Economic History of the Near East in the Middle Ages*,p.13.

③　Dixon,A.A.,*The Umayyad Caliphate 684–705*,London 1971,pp.83–84.

和阿米德等地。①

　　"在前伊斯兰时代的埃及,阿拉伯人数量很少。征服时期,那里的阿拉伯人仍然为数有限,集中屯驻于弗斯塔特和亚历山大。"②倭马亚王朝建立后, 埃及总督阿慕尔·阿绥针对驻守埃及的阿拉伯战士多来自半岛南部诸部落的情况,于663年迁半岛北部的阿拉伯人1.2万名进入埃及。673年,伊拉克总督齐亚德·阿比希将许多阿拉伯人自伊拉克迁至埃及, 他们分别属于胡扎尔部落、突德吉布部落、莱赫米部落和朱扎姆部落。③希沙姆当政期间,来自凯斯部落的3000名阿拉伯战士携眷属从贾吉拉迁至埃及,被安置于提尼斯以南和比勒贝斯以东的豪夫一带。④随着易弗里基叶和马格里布的征服,大批阿拉伯人自叙利亚和埃及向西迁移;670年,易弗里基叶总督欧格白·纳菲在今突尼斯建立凯鲁万,作为屯驻阿拉伯战士的军事营地。

①　Strange,G.,*The Lands of the Eastern Caliphate*,p.86.

②　Kennedy,H.,*The Prophet and the Age of Caliphate*,p.309.

③　Ashtor,E.,*A Social and Economic History of the Near East in the Middle Ages*,p.14.

④　Shaban,M.A.,*Islamic History,A New Interpretation 600–750*,p.146.

二、倭马亚时代的社会交往

1

　　阿拉伯人分布范围的扩展,不仅体现生存空间的移动,而且蕴含着生活方式的深刻变革。随着所处环境的改变,大批的阿拉伯人逐渐放弃传统的游牧经济,开始接受定居的生活。

　　如前所述,阿拉伯半岛盛行游牧的生活方式;至于定居的农业生活,在半岛的范围并非广为人知。徙志初期,先知穆罕默德和众多迁士尚且不识农耕之道。因此,阿拉伯人自追逐水草的游牧者转变为从事农耕的定居者,经历了复杂的过程。欧默尔创立的迪万制度,使年金取代牲畜和牧场,成为移入被征服地区阿拉伯人的生计来源,进而为他们走出沙漠和结束游牧生活准备了重要的条件。离开沙漠的阿拉伯人尽管无法立刻接受定居农业的生活方式,但是毕竟不再依赖牲畜和牧场维持生存。欧默尔曾经宣布:"谁越早定居下来,谁就会越早得到年金。"这样的年金,与其说是参加圣战的报酬,不如说是转入定居状态的补偿。杜耐尔认为:"在欧默尔当政时,穆斯林既非游牧者亦非耕田者。"[1]这种现象实际上反映了阿拉伯人从游牧向定居转变的过渡状态,而年金的分配构成是实现这一转变的桥梁,有力地推动了移入被征服地区的阿拉伯人摆脱游牧状态而接受定居生活的历史进程。倭马亚时代末期,阿拉伯人分布范围的扩展趋于结束,定居逐渐取代游牧,迪万制度随之衰落,年金数量日趋减少,其发放范围亦明显缩小。阿拔斯王朝建立后,年金的发放范围只限于哈希姆族的成员。

　　移入被征服地区的阿拉伯人摆脱游牧状态而趋于定居,明显地消除了

---

　　① Donner,F.M.,*The Early Islamic Conquest*,p.68.

征服者与被征服者之间的差距和障碍,进而为倭马亚时代广泛的社会交往提供了必要的客观基础,和平的交往逐渐取代暴力的交往,交往的范围亦由军事征服和政治统治扩展到社会和文化生活诸多领域。"土著的传统在物质生活领域占居支配地位,阿拉伯人将他们的语言和宗教赋予新的文明",成为倭马亚时代征服者与被征服者之间社会交往的主要倾向。[1]

2

倭马亚时代,阿拉伯语在中东地区的影响不断扩大,逐渐成为哈里发国家的通用语言。叙利亚和伊拉克的土著居民原来大都操塞姆语系的分支阿拉马语,其语法结构和书写形式与阿拉伯语十分接近。因此,倭马亚时代,阿拉伯语化的进程在"肥沃的新月地带"进展顺利,阿拉马语很快被阿拉伯语取代。埃及土著居民的主要语言科普特语属于含姆语系的分支,采用希腊字母的书写形式,与阿拉伯语差异较大。阿拉伯语在埃及的传播,经历了相对缓慢的过程。大约到9世纪,阿拉伯语成为埃及的主要语言。14世纪,科普特语在尼罗河流域消失。含姆语系的另一分支柏柏尔语,是马格里布土著的主要语言。罗马人和拜占廷人的统治未能实现柏柏尔人的拉丁化和希腊化,哈里发国家的征服却使柏柏尔语终于让位于阿拉伯语。在具有悠久文化传统的伊朗高原,印欧语系的分支波斯语尽管在哈里发时代得以保留下来,但亦因阿拉伯语的长期影响而面目全非,时至今日仍十分显见。波斯语曾经采用阿拉马字母作为书写形式;9世纪以后,阿拉伯字母逐渐取代阿拉马字母,成为波斯语的书写形式。阿拉伯语在广泛传播的过程中,其自身内容亦发生很大的变化。大量的外族语汇,如波斯的政治语汇、希伯莱的宗教语汇、希腊的文化语汇和拉丁的生活语汇,广泛渗透到阿拉伯语

---

[1] Ashtor,E.,*A Social and Economic History of the Near East in the Middle Ages*,p.21.

之中,使阿拉伯语日趋完善。阿拉伯人在吸收外族语汇的过程中,并未局限于简单的音译,而是从语音、词型和语法各个方面加以改造,使外族语汇与阿拉伯语的传统语汇融为一体。

倭马亚时代,强迫被征服者改奉伊斯兰教的现象并不多见。历任哈里发大都强调阿拉伯人与伊斯兰教合而为一的原则,在被征服地区奉行宗教宽容政策,无意扩大伊斯兰教的传播范围,甚至采取某些政策阻止非穆斯林改宗伊斯兰教。基督徒塞尔仲·曼苏尔曾经出任穆阿威叶的财政重臣,塔格里布部落的基督教诗人艾赫泰勒备受马立克的宠幸。欧洲的基督徒接连不断地来到耶路撒冷朝拜圣陵教堂,基督教神学家圣·约翰甚至在大马士革著书批评伊斯兰教。尽管如此,伊斯兰教在倭马亚时代仍然得到长足的发展,穆斯林不再局限于阿拉伯民族的范围,被征服地区的土著居民中皈依伊斯兰教者日渐增多。在伊拉克和伊朗高原,数量众多的波斯族萨珊王朝旧部改宗皈依伊斯兰教。在北非,皈依伊斯兰教的柏柏尔人提供了哈里发国家的重要兵源;倭马亚王朝征服西南欧的军事力量,主要来自皈依伊斯兰教的柏柏尔人。"到公元 700 年,先知穆罕默德的宗教已经不再被他的民族所垄断,以波斯人和柏柏尔人为主的被征服民族中接受伊斯兰教的人在数量上终于超过阿拉伯民族的穆斯林。"[①]

诞生于阿拉伯荒原、最初只属于阿拉伯人的伊斯兰教,以迅猛之势走出半岛,开始成为超越民族界限的世界性宗教。随着伊斯兰教在被征服地区的广泛发展,阿拉伯人垄断伊斯兰教的时代趋于结束,麦瓦利(即非阿拉伯血统的穆斯林)阶层在倭马亚时代迅速兴起并且构成伊斯兰世界的重要社会势力。麦瓦利尽管受到阿拉伯穆斯林的排斥和歧视,但是在数量上表现出稳定增长的趋势,进而对倭马亚王朝的统治产生深刻的影响。

倭马亚时代社会交往的重要方式,是阿拉伯人与其他民族之间广泛地

---

① Saunders,J.J.,*A History of Medieval Islam*, London 1978, p.81,p.95.

通婚。倭马亚王朝禁止非阿拉伯血统的男子与阿拉伯妇女之间的婚姻,但是允许阿拉伯男子与非阿拉伯血统的妇女通婚,蓄奴和纳妾现象尤为盛行。在伊拉克和叙利亚,阿拉伯人竞相蓄奴纳妾,繁衍子嗣。即使在阿拉伯半岛,蓄奴纳妾现象亦屡见不鲜。早在欧默尔当政期间,萨珊王族的三位公主在波斯战场被俘后来到麦地那,遂由阿里主婚而分别许配欧默尔之子阿卜杜拉、阿布·伯克尔之子穆罕默德和阿里之子侯赛因;其他许多麦地那显贵亦相继与非阿拉伯血统的妇女通婚并生养子嗣。[1]倭马亚王朝后期,蓄奴纳妾的现象不仅风行民间,而且发生在哈里发的宫闱之内。叶齐德三世的生母系波斯血统的萨珊皇族后裔,麦尔旺二世的生母则是库尔德血统的女奴。[2]广泛的异族婚配使阿拉伯人的数量急剧增加,亦使阿拉伯人的概念逐渐发生变化,凡信奉伊斯兰教并操阿拉伯语者皆被视作阿拉伯人,征服者与被征服者的血统界限日趋淡化。

3

征服时期,哈里发国家在阿拉伯半岛以外的诸多区域兴建若干军事据点,称作米绥尔。卡迪西叶战役以后,伊拉克的阿拉伯战士分别屯驻于巴士拉和库法。巴士拉位于波斯湾港口城市乌布拉附近,扼守伊拉克南部和通往伊朗西南部诸地的道路。库法位于伊拉克中部的希拉附近,扼守塞瓦德以北地区。702年,伊拉克总督哈查只·尤素夫在巴士拉与库法之间营建新的米绥尔,名为瓦西兑,屯驻叙利亚籍的阿拉伯战士。在叙利亚,阿拉伯战士最初屯驻于戈兰高地的查比叶和朱迪亚平原的埃茅斯。后来,阿勒颇以北的达比克取代查比叶和埃茅斯,成为叙利亚最重要的米绥尔和穆斯林攻

---

① 艾哈迈德·爱敏:《阿拉伯伊斯兰文化史》,第1册,纳忠译,商务印书馆,1982年,第98页。

② Jaydan, J., *History of Islamic Civilization*, New Delhi 1978, p.211.

击拜占廷边境的前沿据点。始建于 642 年的弗斯塔特,地处尼罗河东岸重镇巴比伦堡附近,进入埃及的阿拉伯战士约有半数屯驻在这里。凯鲁万建于 670 年,地处阿特拉斯山的东端,是阿拉伯人在马格里布的主要营地,亦是哈里发国家控制柏柏尔人的核心据点。上述米绥尔大都位于沙漠牧场与农耕区域之间,适应阿拉伯人从游牧向定居转变的过渡状态。固然有一些米绥尔随着征战的结束而不复存在,但是巴士拉、库法、瓦西兑、弗斯塔特和凯鲁万在倭马亚时代由哈里发国家的军事据点演变为阿拉伯人的永久居住地,进而成为伊斯兰世界的重要城市。

最初,米绥尔生活着几乎清一色的阿拉伯人,具有浓厚的军事色彩,与被征服的土著居民处于隔绝的状态,仿佛汪洋大海中的孤岛。久而久之,米绥尔的人口构成发生变化。非生产性人口的增长导致消费的集中,交换经济逐渐扩大。来自周围乡村甚至遥远地区的非阿拉伯人拥入米绥尔,为阿拉伯血统的消费者提供各种服务。

阿拉伯人尽管在整个被征服地区仅仅是居民的少数,但是在米绥尔却无疑占有明显的优势。米绥尔既是哈里发国家在被征服地区的统治中心,亦是阿拉伯人告别游牧走向定居的桥梁,更是诸多民族交往和融合的辐射点。征服者的语言和宗教从米绥尔向四周扩展,被征服者的传统文化和生活方式同时改造着初入文明的征服者。"波斯人、叙利亚人和埃及人的生活方式吸引着阿拉伯人。阿拉伯人很快发现,这些异族的习俗和制度确实优越于他们自己的祖先……通婚和模仿促使阿拉伯人屈服于异族文明的影响,异族风格的食物、衣着和装饰充斥于他们的生活。"[①]

广泛的社会交往削弱着征服者与被征服者之间的对立和差异,促进了各种文化传统的融合,进而为崭新的阿拉伯——伊斯兰文化的兴起奠定了基础。

---

① Ashtor,E.,*A Social and Economic History of the Near East in the Middle Ages*,pp.20–21.

三、阿萨比叶现象

1

倭马亚时代阿拉伯人内部的社会矛盾,往往表现为部落之间的敌对和冲突,是为阿萨比叶现象。阿萨比叶现象在倭马亚时代占有相当重要的地位,对于倭马亚王朝的统治影响深远。许多研究者甚至将倭马亚时代的哈里发国家视作阿拉伯人的部落王国,认为阿萨比叶愈演愈烈,使阿拉伯人的统治根基趋于坍塌,最终导致倭马亚王朝的覆灭。然而,如何看待阿萨比叶现象,学术界观点各异,众说不一。穆斯林学者通常强调倭马亚时代的阿萨比叶与查希里叶时代的部落冲突之间的联系,认为倭马亚时代的阿萨比叶乃是查希里叶时代阿拉伯人由于谱系的差异而形成的对立状态在文明社会中的延续。与此相反,一些西方学者往往忽略倭马亚时代的阿萨比叶与查希里叶时代部落冲突之间的联系。哥尔德齐赫尔认为,倭马亚时代的阿萨比叶起源于伊斯兰国家建立初期迁士与辅士之间的矛盾。威尔豪森认为,倭马亚时代的阿萨比叶形成于军事扩张过程中阿拉伯移民之间的对抗。布罗克尔曼则将倭马亚时代的阿萨比叶归结为纯东方血统的北方阿拉伯人与混有异族血统的南方阿拉伯人之间的种族冲突。

倭马亚时代的阿萨比叶作为文明社会条件下特有的现象,无疑与查希里叶时代原始部落之间的传统对立具有本质的区别。但是,两者之间绝非毫无联系的孤立存在,而是体现着某种程度的内在联系。

自远古以来,阿拉伯人将自己区分为南方阿拉伯人和北方阿拉伯人,南方阿拉伯人分为克黑兰族和希米叶尔族,北方阿拉伯人分为穆达尔族和拉比尔族,每族包括若干部落,由此形成严格的谱系。阿拉伯人的古代历史是与周期性的迁徙过程相伴随的。然而,生存空间的改变并没有消除谱系的差异和相应的敌对观念，传统的对立深刻地影响着阿拉伯人的社会生活。

　　伊斯兰文明兴起的初期，炽热的宗教情感使阿拉伯人似乎忘却了相互之间的宿怨，扩张的浪潮制约着阿拉伯社会内部的矛盾冲突。倭马亚王朝建立以后，炽热的宗教感情随着时间的流逝而逐渐淡漠，军事扩张的趋于停顿导致社会环境的明显变化。随着分布范围的扩展和生活方式的改变，阿拉伯人内部的分化日趋加剧，进而形成尖锐的政治对立。由于阿拉伯人初入文明时代，残存着浓厚的血缘观念，氏族部落的外壳依旧构成社会组织的重要形式，因此阿拉伯人的分化和对立大都不是发生在个人之间，而是出现于血族群体之间，社会矛盾往往表现为部落冲突的传统形式。

　　倭马亚时代阿拉伯部落之间的激烈冲突，"是游牧人口向战士和定居者过渡的伴随结果。当某个阿拉伯部落受到威胁，势必与同样受到威胁的其他阿拉伯部落结成联盟，而血缘因素提供了相互联系的纽带"①。然而，历史毕竟经历了长足的发展；倭马亚时代阿拉伯人内部的社会矛盾尽管沿袭部落冲突的传统形式，却无疑包含不同于查希里叶时代的崭新内容。由于社会矛盾日趋加剧，倭马亚时代的阿萨比叶过程中出现了比查希里叶时代更为激烈和残酷的冲突。"叙利亚和美索不达米亚的阿拉伯人在新的环境中并没有放弃原有的传统……其相互仇杀的行径甚至比在查希里叶时代和阿拉伯半岛的故乡更为残忍。他们将俘虏的女人处死；这是查希里叶时代的阿拉伯半岛所没有的现象。"②

①　Watt,W.M.,*The Majesty That Was Islam, the Islamic World 661-1100*,London 1974, pp.28-29.

②　Wellhausen,J.,*The Arab Kingdom and Its Fall*,p.208.

2

倭马亚时代的阿萨比叶发生于叙利亚、贾吉拉、伊拉克、呼罗珊和伊比利亚半岛诸多地区,表现为不同的类型。

叙利亚的阿萨比叶主要是南方阿拉伯人与北方阿拉伯人之间的冲突,凯勒卜部落和凯斯部落对于国家权力的争夺构成冲突的核心内容。在麦地那哈里发国家发动军事扩张之前,生活在叙利亚的阿拉伯人大都来自阿拉伯半岛南部,分别属于加萨尼部落、塔努赫部落、朱扎姆部落、阿米拉部落、凯勒卜部落、萨利赫部落和巴赫拉尔部落。[1]麦地那哈里发时代,来自阿拉伯半岛北部的诸多部落相继进入叙利亚。然而,南方阿拉伯人依旧在叙利亚处于优势,尤其是与倭马亚家族建立密切的联系,构成倭马亚家族统治叙利亚的主要力量。在 657 年的绥芬之战中,穆阿威叶的追随者主要来自南方阿拉伯人的希米叶尔部落、凯勒卜部落、塔努赫部落、朱扎姆部落、哈姆丹部落、加萨尼部落、阿兹德部落、肯德部落、阿什阿尔部落和凯斯阿姆部落;相比之下,来自北方阿拉伯人海瓦精部落、盖特方部落、苏莱姆部落和伊雅德部落的战士在穆阿威叶的队伍中仅占少数。穆阿威叶和叶齐德均曾娶凯勒卜部落女子为妻,穆阿威叶二世的生母便来自凯勒卜部落。凯勒卜部落由于与倭马亚人联姻而明显提高了自身的地位,俨然成为南方阿拉伯人的首领。穆阿威叶二世即位后,凯勒卜部落的哈桑·巴扎勒一度左右朝政,赛耳德·巴扎勒则出任基奈斯林长官。[2]北方阿拉伯人因屡遭排斥,不满于倭马亚哈里发倚重凯勒卜部落的政策,反对南方阿拉伯人的特权地位。穆阿威叶二世死后,叙利亚的南方阿拉伯人与北方阿拉伯人之间的矛盾演

---

[1] Al-Baladhuri,*Kitab Futuh al-Buldan*,p.135.

[2] Wellhausen,J.,*The Arab Kingdom and Its Fall*,p.170.

变为公开的冲突。南方阿拉伯人各部落大都支持倭马亚王朝,北方阿拉伯人则支持阿卜杜拉·祖拜尔。684年,倭马亚哈里发麦尔旺在哈桑·巴扎勒和凯勒卜部落的支持下,与达哈克·卡阿斯率领的凯斯部落以及苏莱姆部落、祖布彦部落的队伍交战于拉希特草原。达哈克·卡阿斯的队伍败绩,大约9000人死于战场。①倭马亚王朝在拉希特草原战役的胜利并没有结束叙利亚阿拉伯部落的冲突,而是进一步加剧了南方阿拉伯人与北方阿拉伯人之间的矛盾,导致分别以凯勒卜部落和凯斯部落为首的两大政治集团的长期对立。拉希特草原战役以后,凯斯部落首领佐法尔·哈里斯退据卡其西亚,伺机复仇。686年前后,佐法尔·哈里斯率领凯斯部落成员在穆斯雅赫袭击凯勒卜部落成员的住地,杀20余人。随后,胡麦德·巴扎勒率领凯勒卜部落攻击凯斯部落在塔德木尔的住地,杀60余人。于是,佐法尔·哈里斯再次发动袭击,杀死凯勒卜部落成员500余人,胡麦德·巴扎勒亦将许多凯斯部落成员杀死以示报复。马立克即位以后,改变单纯倚重凯勒卜部落的政治传统,极力平衡南方阿拉伯人与北方阿拉伯人的地位,以求扩大倭马亚王朝在叙利亚统治的基础。691年,马立克与佐法尔·哈里斯订立和约,倭马亚王朝的军队停止进攻凯斯部落占据的卡其西亚,佐法尔·哈里斯则承认马立克作为哈里发的合法地位。②凯斯部落与倭马亚王朝及凯勒卜部落之间的对立得以初步缓解,佐法尔·哈里斯及其子胡宰勒和凯乌萨尔遂成为马立克宫廷的显贵人物。③此后,马立克娶吉尼斯部落女子沃拉德为妻,马立克之子麦斯拉玛亦与佐法尔·哈里斯之女拉巴卜订立婚约。④马立克的政策改善了倭马亚王朝与凯斯部落的关系,凯斯部落在叙利亚的地位逐渐提高。

---

① Wellhausen,J.,*The Arab Kingdom and Its Fall*,p.170,pp.181-182.

② Dixon,A.A.,*The Umayyad Caliphate 684-705*,pp.90-92,p.93.

③ Wellhausen,J.,*The Arab Kingdom and Its Fall*,p.212.

④ Dixon,A.A.,*The Umayyad Caliphate 684-705*,p.113.

马立克死后,哈里发韦里德和苏莱曼均为凯斯部落女人所生,北方阿拉伯人的地位进一步提高,凯斯部落的政治势力达到顶峰,凯勒卜部落和其他的南方阿拉伯人大都被排斥于国家政权机构之外。欧默尔二世当政期间,凯斯部落地位下降,南方阿拉伯人首领重新出任重要官职。叶齐德二世和韦里德二世当政期间,恢复倚重凯斯部落势力的政策。744年,叶齐德三世依靠南方阿拉伯人的支持,击败韦里德二世,被拥立为哈里发。然而,叶齐德三世在位时间不足一年。叶齐德三世死后,麦尔旺二世在北方阿拉伯人的支持下从豪兰起兵,击败叶齐德三世之子易卜拉欣,成为倭马亚王朝最后一位哈里发。麦尔旺二世当政期间,北方阿拉伯人在叙利亚的政治势力颇具影响,成为倭马亚王朝的统治支柱;南方阿拉伯人屡遭排斥,成为反对倭马亚王朝的重要势力。

广泛的迁徙改变了阿拉伯部落的分布范围和活动空间;后来的部落威胁和损害了早期移民的经济利益,形成对有限的生存环境的争夺,进而导致激烈的冲突。这是倭马亚时代阿萨比叶的第二种类型。塔格里布部落与苏莱姆部落在贾吉拉的冲突便属于这种类型。塔格里布部落属于北方阿拉伯人中的拉比尔分支,早在伊斯兰教诞生前便生活在幼发拉底河上游一带,占据摩苏尔周围的广大牧场。伴随着哈里发国家的军事扩张,属于北方阿拉伯人中穆达尔分支的苏莱姆部落自希贾兹移入贾吉拉,与塔格里布部落相邻为生。对土地和水源的争夺,导致塔格里布部落与苏莱姆部落之间的尖锐矛盾;苏莱姆部落极力扩大对土地和水源的占有,塔格里布部落则企图将苏莱姆部落赶出贾吉拉。在684年的拉希特草原战役中,苏莱姆部落构成反对倭马亚王朝的重要力量,塔格里布部落则由于与苏莱姆部落的矛盾而支持麦尔旺。尽管反对倭马亚王朝的势力在拉希特草原战役中失败,但是苏莱姆部落并没有因此离开贾吉拉。塔格里布部落与苏莱姆部落之间的矛盾由于在拉希特草原战役中的直接交锋而日趋加剧,双方关系明显恶化。不久,苏莱姆部落的成员杀死塔格里布部落的妇女乌姆·达乌巴勒的山羊,其子遂进行报复。于是,苏莱姆部落成员进攻塔格里布部落住地,杀死3人并抢走许多骆驼。塔格里布部落则派人前往卡其西亚,诉诸苏莱姆部落同属穆达尔分支的凯斯部落首领佐法尔·哈里斯,要求归还被抢走的骆驼和赔偿被害人的血金,并且要求苏莱姆部落离开贾吉拉。佐法尔·哈里斯拒绝了这些要求。后来,阿卜杜拉·祖拜尔委派佐法尔·哈里斯向塔格里布部落征收天课,而塔格里布部落成员杀死佐法尔·哈里斯派去的征税者。佐法尔·哈里斯于是唆使苏莱姆部落进攻塔格里布部落;塔格里布部落在麦克辛败于苏莱姆部落,其首领舒阿卜·穆莱勒战死。塔格里布部落求助于同属拉比尔分支的舍伊班部落和纳米尔·凯希特部落的支持并发动反攻,苏莱姆部落则求助于同属穆达尔分支的塔米姆部落和阿萨德部落却遭到拒绝。在第一次雅温·萨尔萨尔·阿沃勒战斗中,塔格里布部落在叶齐德·胡贝尔的率领下击败欧默尔·胡巴卜率领的苏莱姆部落。苏莱姆部落遂联合凯斯部落,在第二次雅温·萨尔萨尔·阿沃勒战斗中击败塔格里布部落。此后,塔格里布部落与苏莱姆部落先后在弗达因、苏凯尔、穆阿里克、卢巴、巴拉德、沙拉比尔和布莱赫等地发生冲突,互有胜负,延续多年。①

巴士拉和呼罗珊的阿萨比叶,主要是围绕着部落传统势力与国家权威之间的矛盾而展开,体现野蛮与文明的撞击。巴士拉的阿萨比叶始于麦地那哈里发时代末期;南方阿拉伯人阿兹德部落支持祖拜尔·阿沃姆和泰勒哈·欧拜杜拉,北方阿拉伯人拉比尔分支的巴克尔部落和阿卜杜勒·凯斯部落追随阿里,穆达尔分支的塔米姆部落处于中立状态而尚未介入冲突。②穆阿威叶当政期间,塔米姆部落与阿卜杜勒·凯斯部落结为盟友,巴克尔部落与阿兹德部落则恢复查希里叶时代订立的盟约,双方在巴士拉形成对峙,

①　Dixon,A.A.,*The Umayyad Caliphate 684–705*,pp.99–103.

②　Hasan,N.,*The Role of the Arab Tribes in the East During the Period of the Umayyad*,p.90.

而前者略占优势。①穆阿威叶当政末期和叶齐德当政期间,阿兹德·阿曼部落移入巴士拉,加入巴克尔部落与阿兹德部落的联盟。阿兹德·阿曼部落的到来改变了巴士拉阿拉伯部落的力量对比,塔米姆部落和阿卜杜勒·凯斯部落的地位受到威胁,部落之间的敌对倾向渐趋加剧。683年哈里发叶齐德死后,阿兹德·阿曼部落、阿兹德部落和巴克尔部落支持倭马亚王朝任命的伊拉克总督欧拜杜拉·齐亚德,塔米姆部落和阿卜拉勒·凯斯部落则倾向于阿卜杜拉·祖拜尔而反对倭马亚王朝,于是双方发生冲突。欧拜杜拉·齐亚德无力控制巴士拉的局势,遂离职返回叙利亚。阿兹德·阿曼部落、阿兹德部落和巴克尔部落随后拥立麦斯欧德·阿慕尔出任总督,亦被塔米姆部落成员所杀。直到塔米姆部落向对方赔偿血金之后,部落仇杀得到暂时的平息。②

倭马亚时代初期,呼罗珊的阿拉伯人主要来自四个部落:北方阿拉伯人穆达尔分支的塔米姆部落与阿卜杜勒·凯斯部落结为联盟,北方阿拉伯人拉比尔分支的巴克尔部落与南方阿拉伯人阿兹德部落订立盟约。双方在呼罗珊处于对立状态,其中塔米姆部落因先期征服呼罗珊而占有优势。第二次内战期间,呼罗珊总督萨勒姆·齐亚德任命阿兹德部落的苏莱曼·麦尔沙德治理木鹿—卢泽、法尔叶布、塔里干和朱兹占诸地,任命巴克尔部落的奥斯·萨尔拉巴作为哈拉特的统治者,继而又举荐阿卜杜勒·凯斯部落的阿卜杜拉·哈吉姆治理整个呼罗珊。③阿卜杜拉·哈吉姆依靠阿卜杜勒·凯斯部落和塔米姆部落的支持,在木鹿—卢泽击败阿兹德部落和巴克尔部落,苏莱曼·麦尔沙德被杀。683年,阿卜杜拉·哈吉姆进攻哈拉特,巴克尔部落战

---

① Sharon,M.,*Black Banners from the East, the Establishment of the Abbasid State*,Jerusalem 1983, pp.54–55.

② Wellhausen,J.,*The Arab Kingdom and Its Fall*,pp.209–210.

③ 泰伯里:《历代先知与君王史》,第2卷,第490—496页,第489页。

败投降,8000 余人阵亡。①阿卜杜拉·哈吉姆确立其在呼罗珊的统治地位之后,开始排斥塔米姆部落,进而形成塔米姆部落与阿卜杜勒·凯斯部落的对抗。阿卜杜拉·哈吉姆的儿子穆罕默德在哈拉特处死塔米姆部落的两名成员,塔米姆部落于是杀死穆罕默德,占据哈拉特、突斯、内沙浦尔,拥立哈里什·阿卜杜勒·库拉伊出任呼罗珊的统治者,并且围攻木鹿。最后,阿卜杜拉·哈吉姆取胜,阿卜杜勒·凯斯部落击败塔米姆部落。691 年阿卜杜拉·祖拜尔在麦加死后,阿卜杜拉·哈吉姆拒绝承认马立克作为哈里发的权力,马立克遂任命塔米姆部落的布凯尔·瓦沙赫作为呼罗珊总督,对抗阿卜杜拉·哈吉姆和阿卜杜勒·凯斯部落。阿卜杜拉·哈吉姆死后,阿卜杜勒·凯斯部落势力日衰,塔米姆部落在呼罗珊占居上风。②693 年,马立克任命古莱西人倭马亚·阿卜杜勒·哈立德为呼罗珊总督,塔米姆部落则分裂为两派,巴希尔·瓦尔卡及其追随者支持倭马亚·阿卜杜勒·哈立德,布凯尔·瓦沙赫率领塔米姆部落许多成员反叛倭马亚王朝并占领木鹿。③布凯尔·瓦沙赫曾说:"我们为征服呼罗珊而奋力苦战,付出巨大的代价,这个古莱西人却将我们视作奴仆。"④冲突的实质由此可见。倭马亚·阿卜杜勒·哈立德无力平定反叛,遂与布凯尔·瓦沙赫议和。698 年,阿兹德·阿曼部落的穆哈拉布·苏弗拉出任呼罗珊总督,来自该部落的 2000 名战士随同穆哈拉布·苏弗拉自巴士拉移至木鹿。⑤此后,阿兹德·阿曼部落逐渐取代塔米姆部落而成为呼罗萨珊阿拉伯人中的主要政治势力。

---

① Al-Baladhuri,*Kitab Futuh al-Buldan*,pp.414–415.

② 泰伯里:《历代先知与君王史》,第 2 卷,第 593 页,第 696—698 页,第 1028—1031 页。

③ Al-Baladhuri,*Kitab Futuh al-Buldan*,p.416.

④ Hasan,N.,*The Role of the Arab Tribes in the East During the Period of the Umayyad*,p.173.

⑤ Sharon,M.,*Black Banners from the East*,pp.55–56.

3

　　倭马亚时代的阿萨比叶作为阿拉伯人社会矛盾的外在形式,体现查希里叶时代野蛮传统的影响,毕竟为文明的物质环境所不容。国家权威的不断发展否定着阿拉伯人的传统势力,制约着部落之间的对立冲突。穆阿威叶当政期间,伊拉克总督齐亚德·阿比希在库法和巴士拉打破传统的部落关系,按照地域的原则划分阿拉伯人的居住区,各居住区的首领不是产生于部落成员的选举,而是改由总督任命。齐亚德·阿比希还扩大称为舒尔塔的警察机构,实行高压政策,旨在控制部落势力的骚乱。在贾吉拉地区,塔格里布部落与苏莱姆部落的冲突不断受到马立克的干涉;倭马亚王朝作为超越血缘界限而凌驾于各个部落之上的统治力量,迫使冲突的双方接受国家权威的约束而逐渐放弃相互之间的仇杀。欧默尔二世即位后,极力平衡各个部落的政治力量,广泛接受南方阿拉伯人和北方阿拉伯人参与倭马亚王朝的统治,一定程度地缓解了部落之间的矛盾冲突。

　　倭马亚时代呼罗珊历史的一个重要方面,是国家权威对于阿拉伯人部落势力的否定倾向。阿拉伯人征服呼罗珊的初期,国家权威的有效控制远未形成,尚无完整的税收体系。阿拉伯人部落将呼罗珊的岁入作为战利品据为己有,仅将其中的五分之一上缴大马士革。因此,倭马亚王朝极力强化对于呼罗珊阿拉伯人部落的财政控制。679年阿卜杜勒·拉赫曼·齐亚德出任呼罗珊总督以后,逮捕阿卜杜勒·凯斯部落首领阿斯拉姆·祖拉,将其私产约30万迪尔罕悉数没收,并且向大马士革上缴岁入2000万迪尔罕。[①]苏莱曼即位以后,任命塔米姆部落首领瓦吉尔·阿比·苏德作为呼罗珊的总

---

① 　泰伯里:《历代先知与君王史》,第2卷,第189页。

督,同时指派阿布·米只拉兹·拉希克掌管呼罗珊的财政岁入。①分权的政策限制了部落的势力,强化了国家的权威。希沙姆当政期间,将呼罗珊的阿拉伯人划分为战士和定居者,部落势力受到进一步的排斥。

倭马亚时代,随着分布范围的扩展和生活方式的变革,阿拉伯人的血缘关系渐趋削弱,地域倾向明显增强。地域关系的发展瓦解着部落冲突的社会基础,进而导致超越血缘界限的政治组合,社会对抗的表现形式随之逐渐改变。685—686 年发生于库法的穆赫塔尔起义,体现了政治矛盾超越血缘界限的初步倾向。穆赫塔尔的追随者来自哈姆丹部落、凯斯阿姆部落、舍伊班部落、阿萨德部落、哈尼法部落、阿兹德部落、穆宰纳部落和巴克尔部落的下层, 他们分别属于南方阿拉伯人和北方阿拉伯人的不同分支;另一方面,称为阿什拉夫的各个部落上层特权集团则成为起义者所攻击的目标。②701 年,"孔雀军"在伊拉克发动反叛;"孔雀军"首领阿卜杜勒·拉赫曼·阿什阿斯属于南方阿拉伯人肯德部落, 北方阿拉伯人塔米姆部落的许多成员却加入反叛的队伍。③720 年叶齐德二世即位后,叶齐德·穆哈拉布在伊拉克反叛倭马亚王朝;叶齐德·穆哈拉布虽然来自南方阿拉伯人阿兹德部落,但是其支持者却包括属于北方阿拉伯人塔米姆部落、凯斯部落、巴克尔部落的大批战士。④叙利亚、伊拉克和呼罗珊诸地区的许多阿拉伯人虽属同一部落,但因所处环境不同,其政治态度差异甚大,直至相互攻杀。744年,呼罗珊的阿拉伯人发生内讧,呼罗珊总督纳绥尔·赛亚尔一方称作穆达尔派,阿兹德部落首领贾迪尔·阿里·克尔曼尼一方称作拉比尔派。⑤然而,

① Al-Baladhuri,*Kitab Futuh al-Buldan*,p.424.

② 泰伯里:《历代先知与君王史》,第 2 卷,第 619 页。

③ Wellhausen,J.,*The Arab Kingdom and Its Fall*,pp.234–250.

④ Shaban,M.A.,*The Abbasid Revolution*, Cambridge 1970, p.93.

⑤ 泰伯里:《历代先知与君王史》,第 2 卷,第 1855 页。

穆达尔族诸部落的许多阿拉伯人加入贾迪尔·阿里·克尔曼尼的队伍,纳绥尔·赛亚尔的队伍中亦不乏来自拉比尔族诸部落的阿拉伯人。显然,随着社会分化的加剧,阿拉伯人的血缘联系与政治利益不再具有共同之处,所谓的部落丧失原有的内涵。阿萨比叶尽管形式犹存,但是已非传统意义上的血族仇杀,所谓的部落冲突在一些地区仅仅徒具虚名。因此,倭马亚时代的阿萨比叶并非愈演愈烈直至最终导致倭马亚王朝的灭亡,而是呈现日渐衰微的趋势。

阿拉伯人生存空间的扩展和生活方式的变革,导致倭马亚时代广泛的社会交往,征服者与被征服者之间相互同化的现象十分明显。在呼罗珊,土著的波斯贵族在阿拉伯人征服前大都各自为政,与萨珊王朝联系甚少。因此,波斯帝国的灭亡并没有直接导致伊朗土著贵族在呼罗珊统治权力的结束,阿拉伯征服者在呼罗珊往往只是与土著贵族订立条约和征收贡税,同时保留后者原有的诸多特权。阿拉伯人在放弃征战而务农经商时,竟然遭到呼罗珊土著贵族的盘剥勒索,甚至沦为后者的隶属民。文献资料屡屡提及阿拉伯人中解甲务农的定居者,由于遭受呼罗珊总督与土著波斯贵族的统治而怨声载道。土著的波斯贵族往往支持倭马亚王朝的统治,阿拉伯定居者的社会地位则与土著的波斯农民日趋接近。政治对立与种族差异并非相互一致,而是错综交织。696 年,许多波斯贵族追随呼罗珊总督倭马亚·阿卜杜拉攻击反叛的塔米姆部落首领布凯尔·瓦沙赫,后者则以免除土地税作为条件争取土著农民的支持。712 年,呼罗珊总督古太白·穆斯林招募土著战士围攻撒马尔罕;撒马尔罕王公指责古太白·穆斯林唆使土著居民自相残杀,古太白·穆斯林则指责撒马尔罕王公煽动阿拉伯人反叛倭马亚王朝。正是在这样的社会背景下,阿布·穆斯林于 747 年在呼罗珊发动起义,得到阿拉伯定居者和土著波斯农民的广泛响应,进而掀开伊斯兰历史的崭新一页。阿拔斯王朝建立后,阿萨比叶尽管并未绝迹,但已极为有限,其政治影响微乎其微。伴随着阿萨比叶的衰微,阿拉伯人的民族性日趋增强。

四、麦瓦利

1

麦瓦利在阿拉伯语中意为从属者和被保护者。在查希里叶时代阿拉伯半岛的部落社会,麦瓦利指非部落民的社会成员,包括获得自由以后仍旧依附于原主人的被释放奴隶和接受氏族部落保护的外来者, 其地位介于部落民与奴隶之间。①他们不能被随意伤害或出售给他人,但是在婚姻和财产继承等方面却不能享有与部落民同等的权利。由于种种原因,一些阿拉伯人丧失与自己部落的联系,被迫依附于其他部落,成为麦瓦利。更多的麦瓦利并不具有阿拉伯血统,而是来自半岛以外的其他地区。先知穆罕默德曾经拥有 4 名麦瓦利,他们分别是埃塞俄比亚人、希腊人、科普特人和波斯人。②

伊斯兰教兴起以后,麦瓦利的内涵发生变化。皈依伊斯兰教的非阿拉伯人成为麦瓦利的主体,出身奴隶的穆斯林在获得自由以后亦加入麦瓦利的行列。③麦瓦利中还包括一些信奉伊斯兰教的阿拉伯人,他们"由于某些原因失去或者不可能取得作为阿拉伯统治阶级成员的十足资格"④。

《古兰经》明确规定伊斯兰教是属于全人类的世界性宗教,先知穆罕默德极力强调凡穆斯林皆为兄弟的平等原则。然而,宗教原则与社会现实不尽一致,两者之间差异甚大。欧默尔继任哈里发以后,阿拉伯人逐渐完成伊

---

① Hoyland,R.,ed,*Muslims and Others in Early Islamic Society*,Hants 2004,p.280.

② Jaydan,J.,*History of Islamic Civilization*,p.19.

③ Hoyland,R.,ed,*Muslims and Others in Early Islamic Society*,p.281.

④ 路易斯:《历史上的阿拉伯人》,第 73 页。

斯兰教化的进程,从而构成穆斯林社会的主体,民族差异与宗教对立的界限日趋吻合,阿拉伯人与伊斯兰教的合而为一成为哈里发国家统治制度的首要原则。因此,阿拉伯人往往将伊斯兰教看作是只属于自己的信仰,或者将自己看作是高于其他穆斯林的优秀民族,歧视皈依伊斯兰教的非阿拉伯人。

倭马亚时代,阿拉伯人依然保留着血缘组织的外壳形式,血缘关系的残存明显助长着阿拉伯人排斥异族穆斯林的社会倾向;凡处于阿拉伯氏族部落组织之外的穆斯林,皆被视作麦瓦利。阿拉伯氏族部落成员与麦瓦利虽然同为穆斯林,但是两者之间的社会地位却存在着很大的差别。异族穆斯林,尤其是被征服地区皈依伊斯兰教的土著居民,往往被阿拉伯部落拒之门外,不能被阿拉伯部落吸收为新的成员,无法成为哈里发国家的全权公民,而仍被视作阿拉伯统治者的臣民。麦瓦利的广泛存在,不仅根源于种族的差异,而且体现了阿拉伯部落的封闭性和排他性。

2

麦瓦利与阿拉伯部落民虽然均为穆斯林,其社会地位却不相同。在许多场合,麦瓦利不得与阿拉伯部落民并肩站立和并列行走,不得在人群中位居阿拉伯部落民的前面。阿拉伯人通常使用姓氏相互尊称,如阿布·某某或伊本·某某,称呼麦瓦利时却往往只提其名。麦瓦利如果应邀赴宴,往往不能与阿拉伯部落民同席就座,只能站立进餐,或者被安排在侧房就座。阿拉伯男子如果欲娶麦瓦利中的女子,只需向后者的阿拉伯血统保护人求婚。至于麦瓦利中的男子娶阿拉伯女子为妻,则被视作有严重缺陷的婚姻。相传,卢哈的一名麦瓦利曾因娶阿拉伯人苏莱姆部落女子为妻而遭200皮鞭的责打。波斯血统的著名圣门弟子赛勒曼·法里西曾经向哈里发欧默尔的女儿求婚,亦遭拒绝。阿拉伯人巴吉拉部落一名女子,虽然家境贫寒,却曾拒绝麦瓦利中某个富有者的求婚，备受时人的称道。①阿拉伯人常常向麦瓦利炫耀："即便我们没有为你们做过其他的事情，但是我们拯救了你们的灵魂；即便我们未曾向你们施加恩惠，但是我们引导你们走出了迷途，给你们带来了真正的信仰，使你们放弃了愚昧的崇拜。"胡姆兰是麦地那哈里发奥斯曼的麦瓦利，曾经指责阿拉伯人阿米尔·阿卜杜勒·凯斯出言不逊，有侮辱哈里发的言语，并且诅咒道："愿安拉不要在我们中间增加像你一样的人。"阿米尔·阿卜杜勒·凯斯却说："愿安拉在我们中间增加像你一样的人。"于是有人问阿米尔·阿卜杜勒·凯斯："为什么他诅咒你，而你却祝福他？"阿米尔·阿卜杜勒·凯斯答道："因为他们清扫我们的路面，缝补我们的鞋子，制作我们的衣服。"麦地那的纳菲·祖拜尔·穆提姆在参加穆斯林的葬礼时，每每询问死者的身份。如果死者是古莱西人，他便向死者的亲属表示沉痛的悼念；如果死者是普通的阿拉伯人，他也向死者的亲属表示悲哀的心情；如果死者是麦瓦利，他便说道："他是安拉之物，安拉取走所欲取走的，留下所欲留下的。"②有些阿拉伯人甚至将驴、狗、麦瓦利三者相提并论，等同视之。

麦瓦利则常常在自己的名字之前冠以主人的尊号，或者冠以所属部落的名称，表示相应的隶属关系和保护关系。由于阿拉伯人身世高贵，库尔德人、柏柏尔人和黑人皈依伊斯兰教后，大都希望自己的祖先具有阿拉伯血统。波斯人成为穆斯林后，多采用阿拉伯人的名字，甚至虚构与阿拉伯人的亲缘关系，以求提高自身的地位。阿里的次子侯赛因曾娶萨珊王朝末代皇帝叶兹德吉尔德三世之女沙赫尔·巴努为妻，波斯人常以此作为荣耀。③

---

①　Jaydan,J.,*History of Islamic Civilization*,p.117,p.118,p.73.

②　Lewis,B.,*Islam,from the Prophet Muhammed to the Capture of Constantinpole*,Vol.2, pp.203–204.

③　Levy,R.,*The Social Structure of Islam*, Cambridge 1965, p.60.

3

　　麦地那哈里发时代,麦瓦利人数尚少,他们与阿拉伯人之间的矛盾并不明显。倭马亚时代,伴随着广泛的社会交往,被征服地区的伊斯兰教化逐渐加深。自马立克当政以后,以波斯人和柏柏尔人为主体的被征服民族中的皈依伊斯兰教者在数量上逐渐超过阿拉伯血统的穆斯林。广泛的宗教皈依加剧了麦瓦利与阿拉伯穆斯林之间的社会对立,年金的分配和税收制度则是矛盾的焦点。

　　麦瓦利是哈里发国家的重要兵源,与阿拉伯人并肩作战。麦地那哈里发时代,麦瓦利仅占穆斯林战士的五分之一。到倭马亚时代,麦瓦利中的从军人数逐渐超过阿拉伯战士。[1]在哈里发国家征服中亚和西南欧的过程中,麦瓦利的参战具有举足轻重的作用。712年,呼罗珊总督古太白·穆斯林曾经在布哈拉、基什、纳斯夫和花刺子模招募土著战士2万人,参与穆斯林在粟特的征服战争。[2]然而,麦瓦利中的从军者大都只能组成步兵,不能充任骑兵,所得薪俸的数额与阿拉伯战士差异甚大,战利品的分配更是微乎其微。倭马亚王朝为了安抚麦瓦利,曾经将某些麦瓦利列入迪万的名册;穆阿威叶为他们规定的年金标准为15迪尔罕,马立克规定的年金标准为20迪尔罕,希沙姆时增至30迪尔罕。[3]但是,此类规定很少能够付诸实施,大都只是一纸公文。

　　倭马亚时代,阿拉伯血统的穆斯林往往只纳什一税,麦瓦利却需承担全额的土地税,甚至缴纳人丁税,其纳税总额几乎与非穆斯林人口即所谓

---

① Jaydan,J.,*History of Islamic Civilization*,p.114.

② Hasan,N.,*The Role of the Arab Tribes in the East During the Period of the Umayyad*,p.184.

③ Jaydan,J.,*History of Islamic Civilization*,p.116.

的吉玛人等同无异。马立克当政期间,伊拉克和伊朗高原皈依伊斯兰教的土著农民为了摆脱沉重的纳税义务并且参与年金的分配,纷纷遗弃土地而移居巴士拉和库法等阿拉伯人聚集的城市。伊拉克总督哈查只·尤素夫采取高压政策,不惜使用暴力手段遣返移入城市的土著农民,并且继续向他们征收皈依伊斯兰教以前所承担的种种赋税。

717 年欧默尔二世即位后,着力实行税制改革。欧默尔二世税制改革的要点是,一方面规定凡是穆斯林不论属于阿拉伯血统还是来自其他民族,只承担天课作为当然的义务,无需缴纳其他贡税;另一方面规定,土地税的征收取决于土地的性质而不取决于耕作者的身份。欧默尔二世的税制改革,旨在减轻麦瓦利的赋税负担,消除穆斯林社会内部不同民族之地位的差异,进而鼓励被征服地区的土著居民改宗伊斯兰教。然而,欧默尔二世的税制改革只是昙花一现。720 年叶齐德二世即位后,废止新的税制,依旧向麦瓦利征收重税。

倭马亚时代,哈里发国家的臣民分为四个等级:阿拉伯人、麦瓦利、非穆斯林和奴隶,其中只有阿拉伯人享有种种特权。哈里发国家在任命各级官职时,十分重视血统的因素。麦瓦利大都被排斥于政权机构之外,绝无仅有的几次任命亦曾引起阿拉伯人的公愤。伴随着伊斯兰教在非阿拉伯人中的广泛传播和麦瓦利的急剧增多,欧默尔的设想即阿拉伯人与伊斯兰教合而为一的原则和阿拉伯穆斯林统治非阿拉伯血统异教人口的制度渐趋丧失赖以存在的现实基础,麦瓦利的强烈不满和激烈反抗使得倭马亚王朝的阿拉伯人统治陷于无法克服的社会矛盾。

五、阿拔斯时代的穆斯林社会

1

早在 685 年,库法的起义首领穆赫塔尔曾经首倡超越民族界限的社会平等,然而由于客观条件尚未成熟,影响甚微。8 世纪中叶,阿拔斯人顺应伊斯兰世界社会结构深刻变革的历史趋势, 承袭穆赫塔尔阐述的原则,强调麦瓦利所应享有的权利和地位, 得到非阿拉伯血统穆斯林的广泛响应。欧默尔的著名设想即阿拉伯人与伊斯兰教合而为一的政治原则,曾经是哈里发国家的重要基石, 后来却成为倭马亚王朝覆灭的根源所在。750 年阿拔斯王朝的建立, 结束了阿拉伯人作为征服者统治中东诸民族的历史,阿拉伯人作为哈里发国家和伊斯兰教的唯一捍卫者的时代不复存在。

阿拔斯时代,哈里发国家放弃歧视非阿拉伯人的统治政策,不再将麦瓦利视作等而下之的社会阶层,异族穆斯林广泛享有因信奉伊斯兰教而理应享有的各种权利。阿拔斯王朝前期库塔卜的出现、维齐尔的设置和巴尔麦克家族的权倾一时,阿拔斯王朝后期萨法尔王朝、萨曼王朝、白益王朝、加兹尼王朝、塞尔柱苏丹国的建立以及马格里布的崛起,表明波斯人、突厥人和柏柏尔人不再屈居阿拉伯人之下, 开始涉足哈里发国家的政治舞台,成为伊斯兰世界中颇具影响的社会势力。穆斯林诸民族的多元并立和相互依存,标志着阿拔斯时代伊斯兰世界社会关系的深刻变化。旨在否定阿拉伯人的特殊地位甚至诋毁阿拉伯人的舒欧布运动(舒欧布系"阿拉伯语之民族"一词的复数音译),发轫于伊朗高原,风行于诸多民族之中,是阿拔斯时代伊斯兰世界社会结构的剧烈变革在意识形态领域的集中反映。[1]

---

①   Grunebaum,G.E.,*Medieval Islam*, Chicago 1961, p.204.

2

尽管如此,阿拉伯人仍然不失为哈里发国家中举足轻重的社会势力,其影响遍及伊斯兰世界的各个角落。"阿拔斯王朝的哈里发是哈希姆族阿拉伯人,至少从父系来说是这样,他们……决不会忘记自己的阿拉伯属性。一旦感到波斯人在与自己争权夺利,就会像曼苏尔惩罚阿布·穆斯林、哈伦·拉希德惩罚巴尔麦克家族、马蒙惩罚法德勒·萨赫勒一样地惩罚波斯人。"

在阿拉伯人中,身世和谱系对于社会地位具有至关重要的影响,所谓的圣族依旧高居伊斯兰世界贵族社会的顶端。阿拔斯时代,圣族的后裔大都生活在希贾兹的两座圣城和首都巴格达以及巴士拉、库法、弗斯塔特等地。据泰伯里记载,9世纪时,巴格达的圣族后裔约有3万余人。他们长期从哈里发国家领取年金,往往在宗教和司法机构担任要职,享有种种特权。除圣族后裔以外,圣门弟子的后裔亦是伊斯兰世界贵族社会的重要来源,在许多领域颇具势力。

尤其值得注意的是,在阿拔斯时代,阿拉伯人的民族意识和民族情感得到长足的发展。查希里叶时代,阿拉伯人处于野蛮状态,尚无民族意识和民族情感可言,宛若一盘散沙。那时的阿拉伯人生活在各自的血族群体之中,仅仅属于自己的氏族和部落,他们的诗歌只限于称颂本氏族和本部落的功业和美德,相互诋毁的诗作比比皆是,却无超越血缘群体的界限而称颂阿拉伯民族的诗句。"我们很少看到,在哪一首阿拉伯诗歌中,阿拉伯人以自己是阿拉伯人而自豪,或以自己属于阿拉伯民族而夸耀。"①伊斯兰教

① 艾哈迈德·爱敏:《阿拉伯伊斯兰文化史》,第2册,朱凯、史希同译,商务印书馆,1990年,第14页,第31页。

诞生以后,阿拉伯人在温麦的形式下开始聚合为地域性的社会群体。但是,阿拉伯人传统的血亲观念和部落意识并未随之销声匿迹。倭马亚时代的阿萨比叶现象,反映了阿拉伯民族的非完善性。阿拔斯时代,随着地域因素的增长和政治生活的发展,阿拉伯人残存的血亲观念和部落倾向进一步削弱。广泛的社会交往和诸多共同利益的形成,密切了阿拉伯人之间的相互联系,从而使阿拉伯人最终排除了内在的隔阂,真正跨入了统一民族的历史阶段。

3

阿拔斯时代,伊斯兰教得到广泛的发展,伊斯兰教内部的分裂倾向随之逐渐加剧,不同教派的穆斯林之间形成错综复杂的社会关系。哈瓦立及派在倭马亚时代曾经是哈里发国家腹地的主要敌对势力,至阿拔斯时代逐渐丧失原有的影响,仅在马格里布的柏柏尔人以及阿曼一带的贝都因人中尚有少量追随者。相比之下,什叶派的社会势力在阿拔斯时代呈逐渐上升的趋势,什叶派穆斯林遍及伊斯兰世界的大部地区。伊拉克依旧是什叶派社会势力的中心所在,与伊拉克相邻的阿拉伯半岛东部沿海和伊朗西南部胡齐斯坦亦有数量众多的什叶派穆斯林。在伊朗高原腹地,库姆是什叶派穆斯林的重要据点。什叶派第八位伊玛目阿里·里达的胞妹法蒂玛·麦尔苏玛816年病故后葬在库姆,什叶派穆斯林于是将库姆尊为圣地。卡尔马特派兴起于9世纪后期,总部设在叙利亚北部的萨拉米叶,什叶派因此一度在叙利亚颇具影响。什叶派的另外两个重要分支栽德派和伊斯马仪派在柏柏尔人中的传播,为伊德利斯王朝和法蒂玛王朝在马格里布的建立奠定了基础。

伊斯兰教的派别分裂,无疑是哈里发国家政治对抗的延伸。卡尔马特派运动以及伊德利斯王朝和法蒂玛王朝的建立,体现了什叶派穆斯林与正统穆斯林之间的尖锐矛盾。白益王公统治时期,什叶派穆斯林与正统穆斯林的冲突尤为激烈。双方的冲突首先发生在巴格达,逐渐扩展到周围的许多区域,加剧了伊拉克的社会分裂。然而,在阿拔斯时代的伊斯兰世界,什叶派穆斯林与正统穆斯林之间亦存在相容的一面。阿拔斯哈里发自居为全体穆斯林的宗教领袖,往往对什叶派采取怀柔政策,吸收什叶派首领参与哈里发国家的政治生活。马蒙甚至一度指定什叶派伊玛目阿里·里达作为哈里发的继承人。什叶派的主流派别十二伊玛目派则趋于放弃与阿拔斯哈里发的政治对抗,致力发展神学思想。白益王公尽管尊奉什叶派伊斯兰教,却在入主巴格达以后,依旧将阿拔斯哈里发视作整个伊斯兰世界的宗教领袖。在法蒂玛王朝统治下的埃及,新都开罗成为传布伊斯马仪派思想的中心所在,而旧城弗斯塔特仍然盛行原有的正统信仰。尊奉什叶派教义的法蒂玛哈里发与信仰正统伊斯兰教的埃及居民并没有因教派的差异而发生冲突,爱资哈尔清真寺与阿慕尔清真寺、伊本·土伦清真寺在尼罗河畔交相辉映。

六、吉玛人

1

　　"吉玛"在阿拉伯语中意为保护性的契约;吉玛人亦称吉米,意为根据契约受到保护的人,特指在伊斯兰国家的疆域内通过订立契约的形式而接受保护的非穆斯林臣民。吉玛人的概念源于《古兰经》的相关启示。《古兰经》严格区分多神崇拜的阿拉伯人与一神信仰的犹太人和基督徒,将前者称作"以物配主的人",而将后者称作"有经典的人"。

　　先知穆罕默德时代,伊斯兰国家局限于阿拉伯半岛的范围,曾受天经是非穆斯林接受伊斯兰国家保护的先决条件,吉玛人则是所谓"有经典的人"之宗教概念在现实领域的逻辑延伸。先知穆罕默德去世后,伊斯兰国家征服阿拉伯半岛以外的广大区域,非穆斯林臣民数量剧增,犹太人和基督徒无疑处于被保护者的地位,琐罗亚斯德教徒亦被纳入吉玛人的行列。①

　　保护与人身依附之间无疑具有内在的逻辑联系;吉玛人作为被哈里发国家保护的社会群体,长期处于依附和从属的地位。与穆斯林相比,吉玛人至少在理论上处于无权的地位。另一方面,吉玛人在缴纳人丁税的前提下构成相对自治的社会群体。吉玛人有权自行征税,自行审理诉讼,自行选择宗教信仰。②

　　"伊斯兰世界的历史并非只是穆斯林的历史。自伊斯兰教兴起以来,非穆斯林在伊斯兰世界的社会生活中占据重要的地位。无视非穆斯林的作

① Lambton,A.K.S.,*State and Government in the Medieval Islam*, Oxford 1985, p.204.

② Yeor,B.,*The Dhimmis, Jews and Christians under Islam*, London,1985, p.49.

用，便难以完整认识伊斯兰世界的工商业、科学和医学以及政府管理。"①吉玛人作为区别于穆斯林的社会群体，亦非处于孤立和封闭的状态。吉玛人与穆斯林的长期并存和密切交往，是伊斯兰文明不同于其他诸多文明的显著特征。吉玛人与穆斯林之间的信仰差异和宗教冲突，贯穿伊斯兰世界的历史进程。

2

　　伊斯兰教的传统政治理论将世界划分为截然对立的两大区域：达尔·伊斯兰即穆斯林统治的区域与达尔·哈尔卜即战争的区域抑或异教徒统治的区域；圣战是穆斯林对异教徒发动的战争，圣战的目的是穆斯林最终征服异教徒统治的区域。②吉玛人的产生，根源于先知穆罕默德时代阿拉伯人自野蛮向文明过渡的历史进程中社会结构的深刻变革，是先知穆罕默德在麦地那期间宗教矛盾的体现和穆斯林圣战实践的直接结果。

　　在伊斯兰教诞生前的阿拉伯半岛，部族仇杀充斥于阿拉伯半岛的各个角落，社会矛盾主要表现为血缘群体的尖锐对立。伊斯兰教的诞生，标志着阿拉伯半岛社会结构的深刻变革。启示的传布和信仰的皈依，为阿拉伯人的社会变革提供了必要的宗教形式。610—632 年，先知穆罕默德先后在麦加和麦地那以安拉的名义传布启示，阐述伊斯兰教的信条，规定相应的义务。然而，《古兰经》并未局限于信仰的说教，先知穆罕默德传布的启示包含着广泛的现实内容，其中一个重要方面是强调信仰的纽带作用和穆斯林的宗教联系。"你们当全体坚持安拉的绳索，不要自己分裂。你们当铭记安拉所赐你们的恩典，当时，你们原是仇敌，而安拉联合你们的心，你们借他的

---

① Humphreys,R.S.,*Islamic History,A Framework for Inquiry*,Princeton,1991,p.255.

② Lambton,A.K.S.,*State and Government in the Medieval Islam*,p.201.

恩典才变成教胞。""信士们皆为教胞,故你们当排解教胞间的纠纷,你们应当敬畏安拉,以便你们蒙安拉的怜恤。"与此同时,《古兰经》阐述了社会对立的相应原则;信仰的差异取代血缘关系的亲疏,构成划分社会群体的首要原则。"你们不会发现确信安拉和末日的民众,会与违抗安拉和使者的人相亲相爱。即使那等人是他们的父亲,或儿子,或兄弟,或亲戚。""你们不要以你们的父兄为保护人,如果他们弃正道而取迷信的话。你们中谁以他们为保护人,谁是不义者。""不信道者,确是你们的明显的仇敌。"①启示的传布导致信仰的皈依。相当数量的阿拉伯人放弃多神崇拜的传统宗教,加入穆斯林的行列。《古兰经》阐述的诸多原则随之转化为社会现实,来源各异的穆斯林借助信仰的纽带和温麦的形式聚合为崭新的宗教群体。穆斯林和非穆斯林之间的宗教对立逐渐取代传统的部族仇杀,上升为阿拉伯社会的主要矛盾。

国家是社会矛盾的产物和体现。在先知穆罕默德时代阿拉伯半岛的特定历史条件下,温麦的形成与伊斯兰教的兴起密切相关,麦地那国家的统治则是穆斯林与非穆斯林之间矛盾对抗的集中体现。根据《古兰经》的相关启示,穆斯林、"以物配主的人"和"有经典的人"分别构成截然不同的社会群体,信仰的差异成为确定社会成员权利和地位的基本准则。穆斯林被视作安拉在大地的代治者,"以物配主的人"即多神崇拜的阿拉伯人"在大地上没有任何保护者,也没有任何援助者",而所谓"有经典的人"即犹太人和基督徒"无论在哪里出现,都要陷于卑贱之中,除非借安拉的和约与众人的和约不能安居"。②

特定的社会矛盾决定着相应的政治对立。徙志初年,穆斯林与非穆斯林之间的政治对立首先表现为称作艾曼(Aman)的保护关系。保护关系在

---

① 《古兰经》,马坚译,中国社会科学出版社,1978年,3:103,4:101,9:23,49:10,58:22。

② 《古兰经》,3:112,9:74,24:55。

阿拉伯半岛是由来已久的传统习俗。伊斯兰教诞生前,所谓的保护关系往往存在于强悍的游牧群体与地寡人稀的绿洲之间;在叶斯里卜,犹太人凯努卡部落、纳迪尔部落和古来宰部落亦曾分别处于阿拉伯人奥斯部落和哈兹拉只部落的保护之下。先知穆罕默德于 622 年移居麦地那以后,携麦加的迁士与麦地那的土著穆斯林奥斯部落和哈兹拉只部落以及犹太人凯努卡部落、纳迪尔部落、古来宰部落订立契约。《麦地那宪章》明确规定穆斯林与犹太人之间的社会界限:穆斯林享有充分的政治权利,构成温麦的主体;犹太人作为"有经典的人",构成区别于穆斯林的臣属群体,是"跟随穆斯林的人、依附穆斯林的人和与穆斯林一同作战的人"。①先知穆罕默德通过订立契约的形式确定穆斯林与犹太人的保护关系,而契约的实质在于顺从与保护的交换。顺从先知穆罕默德的绝对权力,是犹太人借助契约的形式接受穆斯林保护的前提条件;被保护的地位意味着犹太人诸部落依附于穆斯林的社会状态。《麦地那宪章》关于穆斯林与犹太人之保护关系的规定,一方面体现阿拉伯半岛血缘社会之传统习俗的延续,另一方面包含着与传统习俗的本质区别,具有浓厚的地域色彩。

自 624 年巴德尔战斗开始,阿拉伯半岛的宗教对立集中体现为穆斯林的圣战实践。先知穆罕默德在麦地那期间,穆斯林的圣战目标包括"以物配主的人"和"有经典的人"。《古兰经》在严格区分"以物配主的人"和"有经典的人"的同时,规定穆斯林圣战的相应原则。"以物配主的人"诋毁安拉,罪不容赦,其宗教信仰必须予以铲除。"安拉必不赦宥以物配主的罪恶。""当禁月逝去的时候,你们在哪里发现以物配主者就在那里杀戮他们,俘虏他们,围攻他们,在各个要隘侦候他们。"至于"有经典的人",因为曾受天经的启示,穆斯林在一定程度上对其宗教信仰予以承认。"当抵抗不信安拉和末日,不尊安拉及其使者的戒律,不奉真教的人,即曾受天经的人,你们要与

---

① Rodinson,M.,*Muhammed*, New York,1977, p.152

他们战斗,直到他们依照自己的能力,规规矩矩地交纳丁税。"①《古兰经》的相关启示表明,穆斯林对"以物配主的人"和"有经典的人"发动的圣战具有相同的性质,即通过穆斯林的暴力征服,在整个半岛的范围内确立先知穆罕默德的绝对权威,以有序的文明取代无序的野蛮状态,实现阿拉伯社会的深刻历史变革。另一方面,两种圣战的终止条件迥然各异;"以物配主的人"只能在皈依伊斯兰教与死亡之间做出选择,"有经典的人"则可以通过缴纳贡税的形式换取穆斯林的保护。

穆斯林的圣战实践,最初局限于讨伐麦地那绿洲的周边区域和抵御麦加古莱西人的攻击。627年壕沟战斗结束以后,穆斯林与非穆斯林之间的力量对比发生改变,圣战的范围随之逐渐扩大。628年,先知穆罕默德与麦加古莱西人订立《侯德比耶和约》,继而挥师北进,讨伐希贾兹北部犹太人定居的海拜尔绿洲。海拜尔绿洲的犹太人殊死抵抗,终因力不能支,立约投降。先知穆罕默德在海拜尔绿洲宣称:"土地属于安拉和使者。"与此同时,先知穆罕默德准许犹太人保留原有的宗教信仰,继续耕作于海拜尔绿洲的土地。他们被视作吉玛人,向麦地那国家缴纳贡税,同时接受穆斯林的保护;是为伊斯兰世界最初的吉玛人。②海拜尔绿洲附近法达克、泰马、瓦迪库拉诸地的犹太人,摄于穆斯林的威力,纷纷屈从于先知穆罕默德。他们如同海拜尔绿洲的犹太人一样,获准留居原有的土地,按照分成制的原则每年缴纳一定数量的农产品。630年穆斯林攻占麦加以后,也门北部城市纳季兰的基督徒遣使谒见先知穆罕默德,以每年缴纳8万迪尔罕的财物作为条件,接受穆斯林的保护。630年底,穆斯林远征叙利亚边境重镇泰布克,亚喀巴湾沿岸城市埃拉的基督徒和相邻绿洲阿兹鲁赫、贾尔巴、麦格纳的犹太人亦向先知穆罕默德交纳贡税,处于穆斯林的保护之

---

① 《古兰经》,4:45,9:5,9:29。

② Yeor,B.,*The Dhimmis, Jews and Christians under Islam*,p.45,p.44.

下,成为麦地那国家的臣民。①

3

632 年先知穆罕默德去世后,阿布·伯克尔出任哈里发,麦地那国家开始自阿拉伯半岛向周边区域发动扩张。至哈里发欧默尔当政期间,麦地那国家的军事扩张达到高峰,穆斯林相继征服拜占廷帝国和波斯帝国的诸多辖地。麦地那哈里发时代,阿拉伯半岛业已完成从野蛮向文明的过渡,穆斯林的征服不再表现为文明否定野蛮的暴力过程,而是表现为领土的争夺和疆域的拓展。麦地那哈里发国家的扩张与先知穆罕默德时代的圣战尽管性质各异,但是两者之间无疑存在密切的内在联系。麦地那哈里发国家的扩张既是阿拉伯人步入文明的直接结果,亦是先知穆罕默德时代穆斯林与非穆斯林之间深刻社会对立和伊斯兰教统治的逻辑延伸,具有浓厚的宗教色彩。麦地那哈里发国家援引《古兰经》的相关启示和先知穆罕默德时代的圣战先例,与被征服区域的土著居民订立契约,将被征服者视作"有经典的人",使被征服者处于吉玛人的地位,保留其原有的宗教信仰,并且予以相应的保护。麦地那哈里发时代,穆斯林人数尚少,吉玛人构成社会成员的绝对多数。穆斯林作为征服者,至少在理论上享有充分的权利,构成凌驾于吉玛人之上而居统治地位的社会群体。吉玛人作为被征服者,丧失原有的政治权利,构成依附于穆斯林的社会群体。

先知穆罕默德时代,伊斯兰教只是在阿拉伯半岛的范围内得到有限的传播;相当数量的阿拉伯人,包括分布于半岛各地及周边区域的诸多部落,尚未加入穆斯林的行列。穆斯林与吉玛人之间的矛盾仅仅表现为信仰的差异,尚无种族对立的明显倾向。阿布·伯克尔当政期间,麦地那国家通过发

---

① Al-Baladhuri,*Kitab Futuh al-Buldan*,pp.42–59,pp.92–94,pp.98–100.

动平息"里达"的战争,在整个半岛的范围内基本完成伊斯兰教化的进程。欧默尔即位以后,援引"阿拉伯半岛不可存在非伊斯兰教信仰"的圣训原则,驱逐希贾兹北部海拜尔等地的犹太人和纳季兰一带的基督徒。[1]与此同时,分布在半岛周边区域的阿拉伯人亦大都改奉伊斯兰教,加入穆斯林的行列。[2]叙利亚南部颇具势力的阿拉伯人加萨尼部落因此被称作"蒙昧时代的君王和伊斯兰时代的晨星"[3]。针对阿拉伯人的分布区域与伊斯兰教的信仰界限趋于吻合的社会现实,欧默尔极力奉行阿拉伯人与伊斯兰教合而为一的政治原则,伊斯兰教被视作阿拉伯人的宗教,阿拉伯人构成伊斯兰教的载体。欧默尔的原则表明,穆斯林与吉玛人的矛盾不仅在于信仰的差异,而且包含着种族对立的社会内容。麦地那国家对于吉玛人的统治,既是伊斯兰教对于基督教、犹太教和琐罗亚斯德教的神权统治,亦是阿拉伯人对于信仰基督教、犹太教和琐罗亚斯德教的阿拉马人、科普特人、犹太人和波斯人的种族统治。

　　吉玛人作为麦地那国家的非穆斯林臣民,其与穆斯林之间的矛盾不仅体现为信仰的差异和种族的对立,而且具有特定的经济内涵。由于吉玛人除少量生活在城市外,绝大多数处于农居状态,因此吉玛人的经济地位与麦地那国家的土地制度密切相关。先知穆罕默德时代国家土地所有制的初步建立和征服过程中地权的改变,构成吉玛人与穆斯林之间经济对立的客观基础。《古兰经》规定一切土地皆属安拉及其使者,标志着土地关系的崭新原则通过宗教的形式被引入阿拉伯半岛的传统社会。尽管血缘群体在绝大多数情况下依旧构成世袭占有土地的基本单位,但是麦地那国家至少在理论上开始超越血缘群体的狭隘界限,获得支配土地的最高权力,进而作

---

[1]　Al-Baladhuri,*Kitab Futuh al-Buldan*,pp.101–102.

[2]　Muir,W.,*Annals of the Early Caliphate*,London 1913,p.177.

[3]　Arnold,T.W.,*Preaching of Islam*,London 1935,p.47.

为"凌驾于所有这一切小的共同体之上的总和的统一体表现为更高的所有者或唯一的所有者"①。先知穆罕默德时代，国家土地所有制的理论原则得以付诸实践的重要杠杆是穆斯林的圣战实践。根据《古兰经》的相关启示，非穆斯林拥有土地系非法现象，圣战的目的之一便是收回非穆斯林拥有的土地。《古兰经》同时规定：穆斯林在圣战中获取的财富包括两种类型，一类是可以分割支配的战利品，称作加尼玛，其中五分之一属于安拉的使者即先知穆罕默德，余者分配给穆斯林战士；另一类是不可分割支配的战利品，称作斐伊。斐伊在阿拉伯语中本意是归还，特指穆斯林通过圣战而征服的土地，其支配权仅属先知穆罕默德。②628 年，穆斯林征服希贾兹北部的犹太人，海拜尔、法达克、泰马和瓦迪库拉诸地相继被纳入斐伊的范围。先知穆罕默德并未将所征服的土地分配给穆斯林战士，而是以麦地那国家的名义直接役使土著的犹太人耕作。与徙志初年加盟温麦的犹太人相比，希贾兹北部诸地的犹太人作为斐伊的耕作者，其与穆斯林的关系开始出现明显的变化。犹太人获得麦地那国家保护的条件，由政治的顺从发展为贡税的缴纳。贡税的征收意味着穆斯林对于希贾兹北部诸地犹太人剩余劳动的占有，初步体现两者之间封建性质的经济关系。斐伊作为国家土地所有制的外在形式，决定了希贾兹北部诸地犹太人的群体依附状态。

麦地那哈里发时代，穆斯林的广泛征服在阿拉伯半岛以外的诸多区域导致地权的改变。麦地那诸哈里发依据《古兰经》的相关启示，援引先知穆罕默德时代的圣战先例，在所征服的地区实行国家土地所有制。欧默尔规定，穆斯林征服者不得将所征服地区的吉玛人视作奴隶，亦不得随意侵吞吉玛人的财产，尤其禁止穆斯林征服者在阿拉伯半岛以外直接占有土地和从事农耕；安拉赐予的土地作为法伊构成全体穆斯林的共同财产，任何穆

---

① 《马克思恩格斯全集》，第 46 卷，人民出版社，1973 年，第 473 页。

② 《古兰经》，8：41，59：6—7。

斯林征服者均不得擅自据为己有。①麦地那哈里发在穆斯林征服的诸多区域建立的国家土地所有制,并非"法律的虚构",而是客观存在的经济现实。穆斯林通过订立契约,强行规定吉玛人必须承担缴纳贡税的义务。贡税的征收不仅标志着麦地那国家在所征服区域的主权和统治,而且是国家土地所有制"借以实现的经济形式"。另一方面,麦地那哈里发时代,穆斯林与吉玛人之间存在明确的社会分工。穆斯林征服者多数屯驻于库法、巴士拉、查比叶、弗斯塔特等军事营地,致力于圣战,构成军事贵族阶层。吉玛人大都处于农耕状态,依附于穆斯林,构成从事生产的社会群体。吉玛人的劳作,是穆斯林得以致力于圣战的前提和保证。贡税的征收,集中体现穆斯林与吉玛人的深刻经济矛盾,标志着麦地那国家封建关系的广泛确立。麦地那哈里发国家将征收于吉玛人的贡税通过迪万制度和年金支付的途径分配给穆斯林,构成穆斯林占有吉玛人剩余劳动的表现形式。

麦地那哈里发时代,斐伊作为国家土地所有制的外在形式,大体分为两种类型。在埃及、叙利亚和伊朗诸地,国家土地所有权局限为贡税的征收;吉玛人耕种斐伊的土地,在向麦地那国家缴纳贡税的前提下,往往保留相对自主的土地支配权。由于土地构成征收贡税的主要对象,而土地占有状况的改变并不直接影响贡税的征收,所以麦地那国家在大多数情况下允许土地的继承、转让和买卖,文献资料关于吉玛人土地交易的记载亦不鲜见。后来的伊斯兰教法学家将吉玛人支配的这种地产称作穆勒克。在伊拉克一带,麦地那哈里发将所征服的土地收归国家直接经营;后来的伊斯兰教法学家将这种土地称作萨瓦菲。欧默尔当政期间,萨瓦菲包括萨珊波斯的国有土地、萨珊王室成员的土地、琐罗亚斯德教神庙和祭司、战死者的土地、无主的荒地和沼泽地等十种土地,面积约 3600 万加里卜。麦地那国家

---

① Abu Yusuf,Kitab al -Kharaj, from Lewis,B.,*Islam from the Prophet Muhammed to the Capture of Constantinpole*,Vol.2,pp.223–224.

役使吉玛人耕种萨瓦菲的土地,采用租佃制,根据土地的面积和质量以及作物的种类和灌溉方式确定租赋的数额。萨瓦菲不同于穆勒克。欧默尔严格禁止萨瓦菲土地的转让和买卖;耕种萨瓦菲的吉玛人缺乏支配土地的相对自主权,同时享有世袭租佃权。他们世代依附于土地,是隶属国家的封建佃农。由此可见,穆斯林对于吉玛人的统治,不仅是伊斯兰教的神权统治和阿拉伯人的种族统治,更是麦地那国家的封建统治。穆斯林对于吉玛人剩余劳动的占有,是麦地那国家封建统治的外在形式。麦地那国家土地所有制的广泛建立,导致吉玛人对于穆斯林的群体依附状态。

4

哈里发国家在理论上允许吉玛人生活在除阿拉伯半岛外的伊斯兰世界的任何地区。[1]"除阿拉伯半岛外,几乎所有的城市都有基督徒和犹太人的居住区。"[2]阿拔斯时代,基督徒主要分布在尼罗河流域和"肥沃的新月地带",其中埃及和叙利亚的基督徒人数皆超过百万,分别属于希腊正教以及科普特派、雅各派、聂斯脱里派和马龙派。10世纪时的巴格达约有5万基督徒,同一时期爱德萨和提克里特的居民则大都信奉基督教。[3]犹太人不及基督徒数量多,但是分布范围甚广,城居现象突出。在叙利亚,约有0.3万名犹太人生活在大马士革,0.5万名犹太人生活在阿勒颇。在伊拉克,0.4万名犹太人生活在贾吉拉·欧麦尔,0.7万名犹太人生活在摩苏尔,1.5万名犹太人生活在哈尔巴赫,1万名犹太人生活在希拉,1万名犹太人生活在瓦西兑,1万名犹太人生活在欧克巴拉,0.7万名犹太人生活在库法,0.2万名犹

---

①   Ashtor,E.,*The Medieval Near East:Social and Economic History*,London 1978,p.86.

②   Hourani, A.,*A History of the Arab Peoples*,p.117.

③   Mez,A.,*The Renaissance of Islam*,pp.37–38.

太人生活在巴士拉,0.1万名犹太人生活在巴格达,而10世纪初苏拉和纳赫尔·马立克两地的居民几乎皆为犹太人。在伊朗高原及中亚一带,哈马丹有3万犹太人,伊斯法罕有1.5万犹太人,设拉子有1万犹太人,加兹尼有8万犹太人,撒马尔罕有3万犹太人。在埃及,开罗有0.7万犹太人,亚里山大有0.3万犹太人,尼罗河三角洲其他地区另有0.3万犹太人,上埃及亦有600名犹太人。此外,伊朗南部诸地尚有相当数量的琐罗亚斯德教徒,而萨比教徒到11世纪时则已所剩无几。①

吉玛人在保留原有宗教信仰的同时,依旧操各自的传统语言。吉玛人与穆斯林同为哈里发国家的臣民,两者之间的差异在于:穆斯林必须履行天课义务,吉玛人必须缴纳人丁税。人丁税的征收对象,是吉玛人中的成年男性;至于吉玛人中的未成年人、女性和教士,则免纳人丁税。②人丁税的数额,大体上沿袭欧默尔当政期间制定的标准,即按照财产状况的不同,在东部的银币区每年向纳税者分别征收12、24、48个迪尔罕,在西部的金币区每年向纳税者分别征收1、2、4个第纳尔。穆斯林在缴纳天课的同时,还需服兵役。吉玛人缴纳人丁税,却免服兵役。吉玛人中的神职人员则免缴人丁税。924年,埃及总督曾经向那里的基督教教士征纳人丁税,后者向哈里发穆格台迪尔申诉,于是穆格台迪尔命令埃及总督取消征自基督教教士的人丁税。③

伊斯兰世界的吉玛人与中世纪西欧的农奴作为封建时代抑或传统文明时代的社会成分,均处于依附的状态。然而,伊斯兰世界的吉玛人与中世纪西欧的农奴所处的历史环境存在明显的差异。吉玛人从属于伊斯兰教的国家而不是依附于作为个体的穆斯林,在缴纳人丁税的前提下享有相对自

---

① Mez,A.,*The Renaissance of Islam*,pp.36–38.

② 哈桑·穆阿尼斯,《古代中世纪的阿拉伯国家与文明》,第162页。

③ Mez,A.,*The Renaissance of Islam*,p.48.

治的权利。相比之下,中世纪西欧的农奴制根源于特定的地租形态,存在于公权私化的政治环境;农奴承担劳役制地租,从属于封建庄园的领主。另一方面,伊斯兰世界的吉玛人制度具有浓厚的宗教色彩,中世纪西欧的农奴制度则表现为明显的世俗倾向。

5

根据伊斯兰教法,穆斯林不得将吉玛人作为奴隶。吉玛人在依附于哈里发国家的前提下享有相对的自由和有限的自治,其经济社会地位介于穆斯林与奴隶之间。[1]在理论上,伊斯兰世界抑或穆斯林统治的地区必须执行伊斯兰教法。然而,伊斯兰教法在大多数情况下仅仅限于规范穆斯林的社会行为,对于吉玛人并无约束效用。哈里发国家通常允许犹太人和基督徒沿袭各自原有的宗教法律,吉玛人在法律上享有广泛的自治权利,其司法仲裁诉诸各自的宗教首领,执行各自的宗教法律。但是,如果涉及吉玛人与穆斯林之间的诉讼,或者涉及犹太人与基督徒之间的诉讼,必须依据伊斯兰教法予以裁决。穆斯林法庭在裁决时,往往拒绝接受吉玛人的誓言和所提供的证据。[2]《古兰经》承认奴隶存在的合法地位,然而吉玛人却不得拥有穆斯林作为奴隶。伊斯兰教法允许吉玛人改奉伊斯兰教,却禁止穆斯林改奉其他宗教,规定基督徒和犹太人不得改奉除伊斯兰教外的其他宗教;禁止吉玛人娶穆斯林妇女为妻,却允许穆斯林娶吉玛人之女为妻。[3]

《古兰经》规定,"你们只可信任你们的教友",至于"有经典的人",则不可信任。"信道的人,不可舍同教而以外教为盟友;谁犯此禁令,谁不得安拉

---

[1] Lambton,A.K.S.,*State and Government in the Medieval Islam*,p.205.

[2] Hoyland,R.,*Muslims and Others in Early Islamic Society*,p.89.

[3] Lambton,A.K.S.,*State and Government in the Medieval Islam*,p.206.

的保佑。""他们(即吉玛人)无论在哪里出现,都要陷于卑贱之中,除非借安拉的和约与众人的和约不能安居,他们应受安拉的谴怒,他们要陷于困苦之中。"①麦地那哈里发国家依据启示的原则,将吉玛人排斥于公职之外;吉玛人不得享有与穆斯林同等的政治权利,吉玛人担任政府官职进而对穆斯林行使权力被视作非法。库法总督阿布·穆萨曾经任用一名基督徒掌管伊拉克的财政收支,欧默尔获悉此事之后愤然说道:"不要与基督徒接触,因为安拉不喜欢他们;不要信任基督徒,因为安拉不信任他们;不要提高基督徒的地位,因为安拉使他们陷于卑贱之中。"叙利亚总督穆阿威叶亦曾有意任用一名基督徒协助自己征收贡税,致信请求欧默尔的准许,欧默尔答复如下:"该基督徒应当被认为已经死去或者出走他乡。"欧默尔二世当政期间,发现许多吉玛人担任官职,遂下令罢免担任官职的吉玛人。欧默尔二世曾经告诫属下:"吉玛人是肮脏的人。安拉创造非穆斯林作为撒旦的伙伴,他们是最不可靠的人。"②"欧默尔法令"规定:吉玛人不得在城市及其周围建立新的教堂,不得在穆斯林居住的地区修复被毁的教堂,不得在教堂外部安放十字架,不得在邻近穆斯林居住区的教堂高声祈祷和诵经,不得在穆斯林的市场展示十字架和《圣经》,不得在邻近穆斯林居住的地区养猪和售酒,不得公开传教,不得阻止皈依伊斯兰教,不得携带武器,所建房屋不得高于相邻的穆斯林住所,不得向穆斯林购买战俘,不得伤害穆斯林,必须身着特殊的服饰以区别于穆斯林。③阿拔斯时代,哈伦再度颁布法令,禁止吉玛人出任公职,并于807年拆毁叙利亚北部的基督教教堂和穆斯林征服以后各地新建的基督教教堂,禁止基督徒在复活节时竖立十字架和在教堂门前设置木制的撒旦像,要求基督徒和犹太人身着特殊的服饰以区别于穆斯

---

① 《古兰经》,3:11,3:28,3:73,3:75。

② Yeor,B.,The Dhimmis, *Jews and Christians under Islam*,p.55,p.181,p.182.

③ Hoyland,R.,*Muslims and Others in Early Islamic Society*,pp.104–106.

林。穆台瓦基勒即位以后,曾于849年和854年两次颁布法令,禁止吉玛人出任政府官职,禁止吉玛人就读于讲授阿拉伯语的学校,并且规定基督徒和犹太人的宅门必须钉上画有撒旦图像的木牌,基督徒和犹太人必须身着淡黄色的服饰,不得乘马而只能骑驴,死后葬身的陵墓不得高出地面。①法蒂玛王朝的哈里发哈基木以奉行宗教歧视和宗教迫害政策著称,规定基督徒和犹太人必须头戴黑帽,身着黑色服饰,直至下令拆毁耶路撒冷的圣陵教堂,震动欧洲的基督教世界。阿拔斯王朝后期,大马士革、拉姆拉、阿斯卡伦、耶路撒冷和巴格达等地相继发生基督教堂遭到穆斯林抢劫和拆毁的事件。马木路克苏丹曾经于1301年颁布法令,规定基督徒只能戴蓝色的头巾,犹太人只能戴黄色的头巾,撒玛利亚人(古代犹太人的分支)只能戴红色的头巾,以明确区分穆斯林与吉玛人。②

　　然而,更多的哈里发并未严格遵循上述启示,宗教规定与社会现实常常不尽吻合,差异甚大。综观哈里发时代的伊斯兰世界,穆斯林对吉玛人的歧视和迫害的程度十分有限。基督教欧洲的宗教裁判所,以及骇人听闻的"圣巴托罗缪之夜"和15—16世纪西班牙基督徒屠杀穆斯林的惨剧,在伊斯兰世界从未发生。相反,在伊斯兰世界,宗教关系的主要方面是穆斯林与吉玛人之间的和睦相处,绝大多数的哈里发奉行宗教宽容的政策。"中古时代,伊斯兰国家与基督教欧洲的区别在于:大批信奉伊斯兰教以外其他宗教的臣民生活在伊斯兰国家,而穆斯林在基督教欧洲却无法生存。此外,在伊斯兰国家里,基督徒和犹太人的教堂和修道院遍布各地,似乎并不隶属于政府权力的管辖,仿佛是国中之国,享有穆斯林给予的种种权利,基督徒和犹太人得以与穆斯林平安相处,从而形成一种基督教欧洲所无法想象的和睦气氛。基督徒和犹太人皆有信仰的自由,但是他们改奉伊斯兰教以后

① 泰伯里:《历代先知与君王史》,第2卷,第712—713页,第3卷,第1389—1393页。

② Ashtor,E.,*The Medieval Near East: Social and Economic History*,p.76,p.77.

再背叛伊斯兰教则必须处死。相比之下，在拜占廷帝国，凡改奉伊斯兰教者则一律处死。"①哈里发国家长期赋予吉玛人以相当广泛的自治权利，倭马亚时代颇为盛行的宗教辩论直至阿拔斯时代仍屡见不鲜。781年，巴格达的景教教长提摩太曾经与哈里发马赫迪探讨信仰的真伪，并且为基督教辩护，其辩护辞至今尚存。819年，马蒙在其宫廷举行神学辩论，辩论的主题是比较伊斯兰教与基督教的优劣。穆台瓦基勒当政期间，穆斯林学者阿里·泰伯里撰写《论宗教与国家》一书，仅以温和的言辞为伊斯兰教辩护。穆台瓦基勒尽管颁布法令禁止吉玛人出任政府官职，却将伊拉克的河道管理和哈里发宫廷的营建托付于基督徒。哈基木当政期间，吉玛人备受歧视，屡遭迫害。然而，狂热的宗教情感并没能阻止哈基木任命基督徒曼苏尔·萨顿作为维齐尔和在开罗的宫中聘用基督徒出任御医。1019年，依照哈基木的旨意，位于开罗郊外穆卡坦山的库赛尔修道院在被毁数年之后得以重建。阿拔斯时代，基督徒是文职书吏库塔卜的重要来源，犹太人则在金融兑换业中独占鳌头。吉玛人中出任各级税吏者比比皆是，哈里发宫廷的御医大都来自基督徒，穆格台迪尔甚至破例任命一名基督徒掌管军事部。在法蒂玛王朝统治下的埃及，基督徒曼苏尔·萨顿和伊萨·纳斯图里斯相继高居维齐尔要职。②

阿拔斯时代，伊斯兰世界的基督徒大都分别属于聂斯脱里派和雅各派。伊拉克和叙利亚的基督徒信奉聂斯脱里派基督教，隶属于巴格达的聂斯脱里派教长。埃及一带的基督徒信奉雅各教基督教，隶属于亚历山大和安条克的雅各派教长。聂斯脱里派教长在巴格达的住地，称为罗马人修道院；修道院的周围是基督徒的居住区，称为罗马人住区。聂斯脱里派教长下辖巴士拉、摩苏尔、奈绥宾等7个大主教区。当选的聂斯脱里派教长由阿拔

① Mez,A.,*The Renaissance of Islam*,p.32.

② Ashtor,E.,*A Social and Economic History of the Near East in the Middle Ages*,pp.145–146,p.192.

斯哈里发授职,被视作伊斯兰世界中全体基督徒的宗教领袖。雅各派在巴格达亦设有修道院,并在巴格达以北的提克里特设立主教区。912 年,雅各派教长曾经要求将自己的驻节地从安条克迁到巴格达,遭哈里发的拒绝。与雅各派相比,聂斯脱里派势力较大。阿拔斯时代,聂斯脱里派传入中国,是为景教。"大秦景教流行中国碑"781 年建于唐都长安,印度西海岸马拉巴尔一带的基督徒隶属巴格达的聂斯脱里派教长,聂斯脱里派影响之广泛由此可见。如同信奉聂斯脱里派和雅各派的基督徒一样,犹太人亦有自己的首领,其管辖范围不仅包括宗教领域,而且涉及世俗生活的诸多方面。11 世纪,阿拔斯王朝与法蒂玛王朝处于东西对峙的状态,伊斯兰世界的犹太人随之分裂。巴格达的犹太人追随阿拔斯王朝,其首领称赛雅达纳,意为我们的君主;开罗的犹太人追随法蒂玛王朝,其首领称萨尔·哈萨里姆,意为诸王之王。[1]

---

[1]　Mez,A.,*The Renaissance of Islam*,p.34,p.35,p.36,pp.43–44.

七、奴隶

1

伊斯兰教诞生前,阿拉伯半岛有许多奴隶。那时,奴隶的来源之一是部落间的战争。战败被俘的阿拉伯人或被处死,或被战胜者蓄为奴隶。奴隶的另一来源是奴隶贸易。"古莱西人不仅从事货物贩运,而且经营奴隶贸易。"[1]麦加附近的欧卡兹集市曾经是阿拉伯半岛著名的奴隶市场。著名的圣门弟子栽德·哈里萨原为奴隶,主人将他带到欧卡兹集市,卖给麦加的富商赫蒂彻,赫蒂彻将栽德·哈里萨赠与先知穆罕默德。[2]628年,两名奴隶逃离主人,来到侯德比耶,皈依伊斯兰教,得到先知穆罕默德的庇护。[3]亦有一些奴隶来自阿拉伯半岛周围地区。著名圣门弟子比拉勒原籍埃塞俄比亚,曾是古莱西人倭马亚·哈谢夫的奴隶。另一圣门弟子赛勒曼·法里西原籍伊朗,后来被凯勒卡部落卖为奴隶,流落叶斯里卜。

伊斯兰教并没有废除奴隶制度。《古兰经》一方面禁止债务奴役,另一方面承认奴隶的存在具有合法的地位,同时提倡改善奴隶的处境和释放奴隶。自由人与奴隶的长期并存,是伊斯兰世界社会结构的重要方面。根据伊斯兰教的法律,奴隶的来源是异教徒在战争中成为穆斯林的俘虏;因此,异教和被俘构成自由人沦为奴隶的基本条件。

与查希里叶时代的阿拉伯半岛相比,伊斯兰世界中奴隶的成分发生变化。阿拉伯人或者皈依伊斯兰教,或者被处死,却不得被蓄养为奴隶。麦地

---

[1]　Jaydan,J.,*History of Islamic Civilization*,p.14.

[2]　Watt,W.M.,*Muhammed at Medina*, Oxford 1956, p.293.

[3]　艾哈迈德·爱敏:《阿拉伯伊斯兰文化史》,第 1 册,第 94 页。

那时代和倭马亚时代,哈里发国家发动一系列的扩张战争。被征服地区的土著居民,或者改奉伊斯兰教,作为麦瓦利加入穆斯林的行列,或者保留原来的信仰,以吉玛人的身份接受哈里发国家的保护。亦有大量兵败被俘的异族官兵及其眷属沦为穆斯林的奴隶。征服战争期间,奴隶市场随处可见。相传,古太白·穆斯林曾经从中亚的粟特俘获奴隶 10 万人,穆萨·努赛尔则从马格里布俘获奴隶达 30 万人之多。这样的数字或许存在夸张的倾向,却毕竟反映了一定的历史事实。频繁的征战为哈里发国家提供了充足的奴隶来源,蓄养奴隶的现象在伊斯兰世界风靡一时,拥有成百上千名奴隶的穆斯林比比皆是。据说,哈里发奥斯曼每逢聚礼日便释放一名奴隶,或者为其他人的奴隶支付赎金。[1]

阿拔斯时代,军事扩张趋于停止,战俘来源濒临枯竭。然而,伴随着哈里发国家与伊斯兰世界周边区域之间贸易交往的日渐频繁,奴隶买卖颇为盛行。包括贵族、地主和商人在内的社会上层拥有奴隶者甚多,巴格达的哈里发则是最大的奴隶所有者。奴隶来源广泛,种类繁多。来自非洲内陆的黑奴大都经过埃及和也门流入伊斯兰世界诸地,白奴多来自东南欧的斯拉夫人地区,突厥奴隶则来自中亚一带,阿拉伯人沦为奴隶的现象亦时有发生。[2]白奴作为来自保加尔的主要商品被大量销往阿姆河流域,撒马尔罕则以白奴交易而闻名遐迩。[3]黑奴的价格较为低廉。伊赫希德王朝的著名摄政者阿布·米斯克·卡富尔出身奴隶,924 年从埃塞俄比亚被卖往埃及时的身价只有 18 第纳尔。在阿曼,黑奴的平均价格约为 200 迪尔罕。[4]有时,个别貌美的非洲女奴可以卖至数百第纳尔。相比之下,白奴的价格大都高于

① Engineer,A.A.,*The Origin and Development of Islam*, Bombay 1980, p.80,p.163.

② Morony,M.G.,*Manufacturing and Labour in the Classical Islamic World*,p.253,p.254,p.257.

③ Lombard,M.,*The Golden Age of Islam*,p.196.

④ Mez,A.,*The Renaissance of Islam*,p.157.

黑奴。来自斯拉夫地区的女奴,其身价往往超过 1000 第纳尔,个别斯拉夫血统的女奴甚至价值万余第纳尔。伊斯兰世界的许多城市设有奴隶市场,由哈里发国家派驻官吏,专司其事,其中撒马尔罕的奴隶市场最负盛名。①11 世纪初的基督徒伊本·布勒塔曾经写有专门的著作,介绍印度奴隶、柏柏尔奴隶、埃塞俄比亚奴隶、努比亚奴隶、希腊奴隶、亚美尼亚奴隶和突厥奴隶的特征和功用,作为穆斯林选购奴隶的指南。②

2

奴隶被视作主人的财产,可由主人买卖、转让、继承和出租。奴隶不得拥有财产,其所得财富仅被视作属于主人。在法律上,奴隶处于无权的地位,在法庭提供的证据毫无效力。自由人如果伤害他人的奴隶,只需按价赔偿,而不必支付血金。奴隶往往被允许建立家庭,但须经主人同意,否则便被视作私通。伊斯兰教法学的哈奈菲派和沙菲仪派允许奴隶至多娶两妻,马立克派允许奴隶至多可娶四妻,使之与自由人相同。奴隶娶妻亦需支付彩礼,将自己劳动所得交女方的主人。男女奴隶成婚后,所生子女仍是奴隶,属于女奴的主人。

在哈里发时代的伊斯兰世界,社会生产力的发展水平普遍超越奴隶制生产关系所能适应的限度,奴隶劳动在生产领域大都受到排斥,非生产性活动成为蓄养奴隶的主要目的,家内奴隶数量繁多。麦地那和巴格达设有多所学校,专门培训奴隶的歌舞技能。巴格达的哈里发宫廷拥有大量的奴隶;哈伦的妻子祖拜德有 2000 侍女,穆尔台绥姆在临终时一次释放奴隶达

---

① Morony,M.G.,*Manufacturing and Labour in the Classical Islamic World*,p.255.

② Lewis,B.,*Islam, from the Prophet Muhammed to the Capture of Constantinpole*, pp.240–250.

8000人之多。①阿卜杜勒·拉赫曼当政期间,科尔多瓦的宫廷中有女奴6000余人;在开罗,法蒂玛哈里发的宫廷豢养奴隶多达1.2万人。②伊斯兰教禁止阉割行为,③但是哈里发的宫廷却不乏阉奴。爱敏首创使用阉奴的先例,其后的历代哈里发竞相效法。穆格台迪尔当政期间,巴格达的宫内蓄养阉奴万余名,执行阉割者多为犹太人和基督徒。埃塞俄比亚的哈贾赫在11世纪曾是贩卖阉奴的著名市场。奴隶被阉割之后,往往身价倍涨。④

基督教禁止其信徒纳女奴为妾。曼苏尔曾经将3名希腊女奴和3000第纳尔赐予信奉聂斯脱里派基督教的御医朱尔吉斯·巴赫帖舒,后者却只接受第纳尔,拒绝接受女奴。然而,在穆斯林中,蓄奴纳妾的现象极为普遍。"倭马亚王朝时的众哈里发中,只有韦里德的两个儿子叶齐德和伊卜拉欣为女奴所生;阿拔斯人当中,除了哈里发赛法赫、麦赫迪和艾敏的生母是自由人以外,其他诸哈里发的母亲都是女奴;而安德鲁斯的倭马亚王朝的埃米尔们和哈里发们,其生母皆非自由人。"⑤拜占廷帝国禁止非基督徒拥有信奉基督教的奴隶,哈里发国家却允许基督徒和犹太人拥有信奉伊斯兰教的奴隶。伊斯兰教法规定,男人在两种情况下可以占有女人,即据婚约娶妻和纳女奴为妾。然而,男人通过婚约的形式至多只能同时娶四人为妻,并且受到许多约束,纳女奴为妾则可随心所欲,且限制甚少。因此,穆斯林纳女奴为妾者数量极多。女奴为妾以后,所生子嗣具有自由人的身份,女奴本人则被称作"孩子的母亲",尽管依旧隶属主人所有,但是不得被主人出售或转赠,待主人死后即可获得自由。然而,实际情况也不尽如此。据《乐府诗

---

① Mez,A.,*The Renaissance of Islam*,p.163.

② Lombard,M.,*The Golden Age of Islam*,p.195.

③ 《古兰经》,4:119。

④ Mez,A.,*The Renaissance of Islam*,p.353.

⑤ 艾哈迈德·爱敏:《阿拉伯伊斯兰文化史》,第2册,第75页;第5册,第122页。

集》记载,女奴沙利叶出生于巴士拉,其父为阿拉伯血统的自由人,生母却是奴隶;沙利叶出生后,其父将沙利叶作为奴隶卖给他人。[①]许多奴隶贩子还挑选貌美的女奴加以训练,使她们成为通晓文学和擅长歌舞的艺妓。阿拔斯时代,麦加和麦地那是训练艺妓的中心。女奴成为艺妓以后,身价飞涨,备受青睐。哈伦曾经出价 10 万第纳尔,购买一名色艺双绝的女奴。[②]

　　阿拔斯时代,奴隶从军者甚多。曼苏尔当政期间,驻守摩苏尔的阿拔斯王朝军队中包括称作赞吉的黑奴战士 4000 人。[③]在 9 世纪以后的巴格达和萨马拉,奴隶出身的外籍将领甚至左右政局,势力颇大。土伦王朝和萨曼王朝亦有大量奴隶士兵。塞尔柱苏丹国的维齐尔尼扎姆·穆勒克在其名著《政治论》中,曾经专门论及奴隶从军以后的训练程序直至成为将领的诸多条件。至于大规模使用奴隶从事生产的现象,在伊斯兰世界并不多见。倭马亚时代, 伊拉克总督哈查只·尤素夫曾经在伊拉克南部的沼泽地带使用称为赞吉的黑奴,从事繁重的体力劳动,引发小规模的黑奴起义。阿拔斯哈里发曼苏尔当政期间,伊拉克南部的沼泽地带再次爆发小规模的黑奴起义。869年,伊拉克南部爆发大规模的黑奴起义,威胁巴士拉、瓦西兑和乌布拉,持续 14 年之久,直至 882 年被阿拔斯王朝军队镇压。[④]

[①] Levy,R.,*The Social Strcture of Islam*,p.76.

[②] Morony,M.G.,*Manufacturing and Labour in the Classical Islamic World*,p.256.

[③] 阿拉伯人通常将班图族黑人称作"赞吉",用于区别柏柏尔人和阿比西尼亚人。见 Morony,M.G.,*Manufacturing and Labour in the Classical Islamic World*,p.259。

[④] Morony,M.G.,*Manufacturing and Labour in the Classical Islamic World*,pp.261–262.

八、时尚与习俗

1

倭马亚时代的阿拉伯人保留着纯朴淡泊的习俗和浓厚的贝都因色彩，崇尚阿拉伯半岛的传统美德。至阿拔斯时代，随着广泛的社会交往和民族融合，异族情调的生活方式风靡伊斯兰世界，与阿拉伯人的传统习俗交相辉映，展现出绚丽多姿的生活画卷。

阿拔斯王朝建立之初，天下未定，百废待举，哈里发面临内忧外患，致力铲除政敌和巩固统治，无暇顾及享乐，宫廷生活较为简朴。阿布·阿拔斯冷酷无情，杀人如麻，但是鄙视追求奢侈生活。据说，他在与乌姆·赛勒麦成婚时曾经发誓，除她之外不再娶妻，亦不纳妾。曼苏尔即位以后，洁身自好，简朴如旧，对于奢侈享乐的生活深恶痛绝。据泰伯里记载，曼苏尔之子阿卜杜勒·阿齐兹头缠布巾，身背弓箭，完全是一副贝都因少年的打扮。曼苏尔的仆人曾经在宫中弹奏四弦琴，吟唱取乐，受到哈里发的斥责和惩罚。

自从马赫迪即位以后，巴格达享乐成风，宫廷生活日渐奢华。哈伦当政期间，国库殷实，哈里发挥金如土。诗人麦尔旺·阿比·哈福赛赋诗称颂哈伦，得到10万迪尔罕的赏赐，另一歌手吟唱此诗，也得到10万迪尔罕的赏赐。哈伦的妻子祖拜德只许将金银器皿和宝石镶嵌的用具摆在桌上，甚至足下的鞋履亦用宝石点缀。爱敏即位以后，遣人从各地搜罗乐工弄臣和珍禽异兽，供其享乐。爱敏曾经在底格里斯河上建造5艘巨船，各呈狮、象、莺、蛇、马的形状，耗资千万迪尔罕。①艾敏甚至不惜败坏名声，豢养大批娈童，其生活堕落的程度可想而知。825年，马蒙举行成婚大典，耗资5200万

---

① 艾哈迈德·爱敏：《阿拉伯伊斯兰文化史》，第2册，第95页，第106页。

迪尔罕,相当于法尔斯和阿瓦士两省岁入的总和。婚礼之夜,金碧辉煌的内宫宛若仙境,身着艳装的新娘令在场者相顾失色,重达 200 磅的龙涎香烛光芒四射,使黑夜通明如昼。917 年,穆格台迪尔在宫中召见拜占廷皇帝君士坦丁七世的使臣,其规模之宏大和场面之豪华令来者惊叹不已。①

2

查希里叶时代的阿拉伯半岛盛行溺杀女婴的陋习,贫困的生活环境无疑是溺杀女婴的重要原因。《古兰经》明确禁止溺杀女婴,溺杀女婴的陋习自伊斯兰教诞生后逐渐消失。②

查希里叶时代,妇女不得继承丈夫的遗产。伊斯兰教诞生后,根据《古兰经》的相关启示,穆斯林妇女在宗教生活和婚姻家庭的诸多方面享有与男性同等的权利,包括出嫁对象的选择权、彩礼的支配权、遗产的继承权、离婚权。③男女之间的社会职责不尽相同,然而其宗教地位并无差异。④

伊斯兰教反对独身寡居,结婚被视作穆斯林的社会义务,忽视结婚则往往招致众人的非议,甚至苏非派的隐修士亦非终身不娶。女子长到一定年龄以后,经媒人介绍,与男子成婚。男女双方在婚前互不相识,只能听凭媒人的介绍,婚后男方若不满意可以退婚。女子如果已过成年而尚未出嫁,则由自己寻找配偶。妇女在婚后的职责,是服侍丈夫、照管子女和料理家务;妻子如果有不贞的行为,将会受到严厉的惩罚。

麦地那时代和倭马亚时代,妇女往往有较多的自由,面纱的披戴并无严格的规定。阿拔斯时代,穆斯林妇女的社会地位呈下降的趋势。两性之间

① 希提:《阿拉伯通史》,第 352 页。

② Levy,R.,*The Social Structure of Islam*,pp.91–92.

③ Lindsay,J.E.,*Daily Life in the Medieval Islamic World*,p.182.

④ Levy,R.,*The Social Structure of Islam*,p.99.

的封闭和隔阂导致闺房的盛行;妇女逐渐被排除于公共生活和社会交往之外,以至于无法履行某些必要的宗教义务。①寡妇再嫁曾经是十分正常的现象,后来逐渐与时尚不符,屡遭非议和歧视。②

下层妇女由于受到各种限制,极少获得受教育的机会。上层妇女往往知书达理,显赫一时者大有人在。马赫迪的妻子赫祖兰系哈迪和哈伦两位哈里发的生母,身居宫闱,擅权三代,时间之长,权势之大,前所未有,被誉为阿拔斯王朝的第一夫人。哈伦的妻子祖拜德系艾敏的生母,曾于796年在麦加大兴土木,凿穿山岩,开通长达25千米的河渠,将岩层深处的泉水引至克尔白,至今犹可见;她为哀悼爱敏的遇害所作的诗句,可谓阿拉伯文坛之绝唱。③

3

在伊斯兰世界,小麦是最主要的食物,里海南岸、尼罗河三角洲和伊拉克南部多食用稻米,贫困者常以椰枣充饥,高粱亦是穷人的重要食物。④在伊斯兰世界,大麦的种植范围不及同时期的欧洲。埃及的大麦种植范围自希腊化时代逐渐缩小,大麦主要作为牲畜的饲料。黎巴嫩山区的居民以大麦作为主要食物,11世纪的波斯旅行家曾经对此感到惊奇。⑤

《古兰经》明文规定穆斯林饮酒属非法行为,禁酒是穆斯林在饮食方面的显著特征。曼苏尔从不饮酒,马赫迪虽允许歌手饮酒,自己却滴酒不沾。

---

① Grunebaum,G.E.,*Medieval Islam*,p.175.

② Mez,A.,*The Renaissance of Islam*,p.364.

③ 希提:《阿拉伯通史》,第351页。

④ Lindsay,J.E.,*Daily Life in the Medieval Islamic World*,p.128.

⑤ Ashtor,E.,*The Medieval Near East: Social and Economic History*,p.2.

然而,自从哈伦即位以后,饮酒之风逐渐盛行,《乐府诗集》和《天方夜谭》中描述饮酒狂欢的内容比比皆是。著名教法学家马立克、沙菲仪、罕百里都认为,凡是醉人的饮品均应戒绝。教法学家哈奈菲则认为,可以有条件地饮用椰枣或葡萄制成的色酒,以不醉为限。哈伦和马蒙当政期间,流行一种名为纳比兹的色酒,用椰枣和葡萄作为原料,经过稍许发酵,可使人不醉,是穆斯林的合法饮品。

4

倭马亚时代,穆斯林相互之间在服饰方面尚无明显的区别。至阿拔斯时代,服饰区别渐大,不同的职业群体和社会阶层均有各自的服饰,波斯传统的服饰风格尤为盛行。

头饰主要是帽子和头巾,质地多为丝绸。阿拔斯时代,黑色是官方服饰抑或官袍的标志性颜色。曼苏尔曾经采用萨珊皇族的头饰,顶戴黑色高帽,样式如同锥形酒坛,王公贵族竞相效仿。哈伦当政期间,一度淘汰这种头饰。穆尔台绥姆即位以后,锥形的黑色高帽重新风靡巴格达。

阿拔斯时代的衣着,主要有衬衫、灯笼裤、短上衣和斗篷。巴尔麦克家族的贾法尔·叶赫亚率先身着波斯风格的圆领套头衬衫和灯笼裤,成为巴格达的流行时装。穆格台迪尔头缠黑色布巾,身着金丝绒长衫,肩披先知穆罕默德遗存的斗篷,手撑圣杖,堪称哈里发的典型服饰。穆斯台因当政期间,长衫增加3拃宽的袖套,时人常将某些物品放于其中。

伊斯兰世界盛行素色,妇女和奴仆常身着杂色服饰,男性身着杂色则被视为粗俗。贵族大多身着白色服饰,寡居的妇女也常以白色服饰作为标记,蓝色的服饰往往适用于哀悼亡者的场合。许多宗教学者效仿阿布·尤素夫,头裹黑色缠头,身披黑色斗篷,此种服饰至今犹存。上层社会的妇女十分讲究衣着和首饰,身披黑色长袍,头顶黑帽,面罩黑纱,饰以耳环、项链、戒指、手镯和足镯,珠光宝气,颇显富丽。①

5

阿拔斯时代,娱乐活动名目繁多,五花八门。

骰子是阿拉伯人传统的室内游戏。后来,印度的象棋在伊斯兰世界逐渐盛行,哈伦是第一位乐于此道的哈里发。据说,哈伦曾经将一个棋盘作为礼物赠予法兰克王国的查理曼。马蒙曾在宫中豢养棋手,与之共乐。另一种较为流行的室内游戏,是源于印度的双陆,在 12 或 14 个方格的棋盘上投掷双骰,偶然性极大,常被用于赌博。宗教学者大都反对上述游戏,认为下棋乃是不文明的行为,棋手如同牲畜一样相互对峙,棋间胜负常使朋友不悦,至于双陆,具有赌博功效,更是与魔鬼相近。

相比之下,竞技和箭术是穆斯林广为称道的户外娱乐项目。②相传,先知穆罕默德曾与他人赛马。然而,宗教学者反对赛马者以财物作为赌注。③在埃及,赛鸽颇为盛行。法蒂玛王朝哈里发阿齐兹曾经因其维齐尔常在赛鸽游戏中胜过自己而心存妒意。④马球源于波斯,是贵族阶层的户外游戏。⑤德拉姆人酷爱摔跤,并常有乐手在场外助威。白益王公称雄时期,摔跤场遍布巴格达的各个角落,获胜者常可得到穆仪兹·道莱的赏赐。

王公贵族大都擅长狩猎活动,艾敏酷爱猎狮,阿布·穆斯林和穆尔台绥姆喜好驯服的猎豹。使用鹰隼猎取动物是波斯人传统的狩猎方式,阿拔斯

---

① Ahsan,M.,*Social Life under the Abbasids 786–902*,p.51.

② Ahsan,M.,*Social Life under the Abbasids 786–902*,p.256 ,p.266,p.268.

③ Mez,A.,*The Renaissance of Islam*,p.404.

④ Ahsan,M.,*Social Life under the Abbasids 786–902*,p.250.

⑤ Mez,A.,*The Renaissance of Islam*,p.406.

时代盛行于伊拉克和叙利亚诸地。穆尔台绥姆曾在底格里斯河畔建造马蹄形围场,穆斯太尔绥姆则引进塞尔柱人的围猎技巧,穆斯台基德甚至组建狩猎团。①尽管《古兰经》的相关启示明确规定穆斯林的食物禁忌,猎杀的各种动物通常被视作合法的食物,只有猪在任何场合下不得作为合法食物。②平民多好玩弄猴子和羊羔,或在街头听奇闻逸事,消遣取乐。说书人擅长各地的方言土语,极具口才,或学犬吠,或学驴鸣,诙谐有趣,惟妙惟肖。③

6

穆斯林最重要的节日是开斋节、宰牲节和圣纪。

开斋节的时间是伊斯兰教历的 10 月 1 日,意在庆祝斋月的结束。该日清晨,穆斯林解除斋戒,熏香沐浴,聚集在清真寺内,举行会礼。会礼之后,穆斯林相互握手,共诵赞美言辞,并互致问候。穆斯林还在该日宴请宾客,相互馈赠食品,诵读《古兰经》,祈求安拉赐福。

宰牲节的时间是伊斯兰教历的 12 月 10 日,以会礼和宰牲为主要内容。相传,古代的先知易卜拉欣常常宰杀牛、羊和骆驼作为献祭,并为遵从安拉的意旨而甘愿舍弃爱子伊斯马仪的性命,宰牲节意在纪念此事。宰牲之日亦是朝觐之日,穆斯林或前往麦加履行朝觐义务,或聚集在清真寺举行会礼。④

圣纪是先知穆罕默德诞辰纪念日,时间是伊斯兰教历的 3 月 12 日。圣

---

① Ahsan,M.,*Social Life under the Abbasids 786–902*,p.208,p.216,p.239p.259.

② Lindsay,J.E.,*Daily Life in the Medieval Islamic World*,p.200.

③ Ahsan,M.,*Social Life under the Abbasids 786–902*,p.263.

④ Ahsan,M.,*Social Life under the Abbasids 786–902*,p.278,p.283.

纪作为穆斯林的节日，开始于 912 年的埃及，后来逐渐流行于伊斯兰世界各地。圣纪的内容，主要是穆斯林在清真寺诵经祈祷，追忆先知穆罕默德的生平经历。

阿拔斯时代，穆斯林的社会生活深受波斯传统习俗的影响，波斯人的元旦诺鲁兹节(即公历 5 月 27 日)在伊斯兰世界几乎成为普天同庆的节日。另外，哈里发国家长期奉行宗教宽容的政策，使伊斯兰世界的社会生活具有明显的世俗倾向。许多穆斯林在摒弃宗教内容的前提下，甚至同庆基督教的各种节日。①

7

宗教教育是伊斯兰世界传统教育的基本形式。穆斯林自幼学习《古兰经》、伊斯兰教常识和阿拉伯语法，清真寺是穆斯林接受教育的主要场所。麦克台卜(阿拉伯语中意为书写的场所)和麦德莱塞(阿拉伯语中意为研究的场所)特指附属于清真寺的宗教学校，遍布伊斯兰世界的城市和乡村，课程包括圣训学、教义学、伊斯兰教法和文学。

"圣训"中有如下的内容："知识即使远在中国亦当求之。"游学即以求学作为目的的旅行是穆斯林研习学问的重要方式，穆斯林学者通常具有长期的游学经历。通过游学的方式，穆斯林学者开阔视野，传播知识，交流思想。12 世纪的著名学者伊本·阿萨吉尔曾经自大马士革出发，游访希贾兹、伊拉克、伊朗和中亚，在麦加、麦地那、库法、巴格达、伊斯法罕、木鹿、内沙普尔和哈拉特等地与约 1300 名男性学者以及约 80 名女性学者交流学术，历时 15 年之久，最终写成《大马士革史》。②

① Mez,A.,*The Renaissance of Islam*,p.418,p.425,p.427.

② Lindsay,J.E.,*Daily Life in the Medieval Islamic World*,p.196.

　　塞尔柱人于 1066 年在巴格达创办的尼扎米耶大学，是伊斯兰世界最早的高等教育机构，开设宗教课程和人文课程。安萨里于 1091—1095 年出任尼扎米耶大学的校长，波斯诗人萨迪(1213—1291 年)曾经就读于尼扎米耶大学。[1]阿拔斯哈里发穆斯坦绥尔于 1234 年在巴格达创办穆斯坦绥里耶大学，规模超过尼扎米耶大学。旅行家伊本·白图泰曾经于 1327 年游历巴格达，谈及穆斯坦绥里耶大学同时开设逊尼派四大教法学派的课程。[2]开罗的爱资哈尔大学始建于 10 世纪末，是伊斯兰世界现存最古老和规模最大的高等宗教学府。

---

[1]　Ahmad,K.J.,*Heritage of Islam*,Lahore 1956,pp.164–165.

[2]　伊本·白图泰:《伊本·白图泰游记》,马金鹏译,宁夏人民出版社,1985 年,第 180 页。

第六章

伊斯兰教的发展

一、哈瓦立及派的兴衰

1

自 610 年先知穆罕默德在麦加开始传布启示,至 1258 年蒙古铁骑攻陷巴格达,伊斯兰世界历经 600 余年的演变进程。此间,随着伊斯兰教的广泛传播和穆斯林分布范围的急剧扩展,伊斯兰教自身发生深刻的变化。政治观点的分歧和文化背景的差异决定着穆斯林社会中各个阶层对于伊斯兰教具有不同的理解和认识,古代东方的禁欲传统、佛教的转世轮回学说、基督教的救世主概念和希腊哲学的思辨倾向亦对穆斯林的宗教生活产生不同程度的影响,诸多的伊斯兰教流派相继出现。

在哈里发时代的伊斯兰世界,由于宗教权力与政治权力高度结合,纯粹世俗的政治行为几乎无法想象,政治理论不可避免地包含相应的宗教思想,政治群体往往表现为宗教集团,政治对抗大都采取教派运动的形式,政治斗争的首要方式便是信仰的指责。换言之,诸多教派运动皆有相应的政治基础、政治目的和政治手段,体现不同的社会群体之间政治利益的矛盾对抗。政治冲突是教派运动的根源所在,哈里发权位的归属构成诸多教派之分歧和对立的核心内容。

哈瓦立及派是伊斯兰世界中最早出现的宗教政治派别,起源于麦地那时代末期哈里发国家的权位争夺。656年,麦地那国家第四任哈里发阿里即位。次年,阿里率军自库法北上,讨伐叙利亚总督穆阿威叶,双方相持于幼发拉底河上游的绥芬平原。由于阿里一方在军事上占有优势,穆阿威叶难以取胜,只好诉诸政治手段,建议双方议和,并依据《古兰经》裁决争端。阿里接受了穆阿威叶的建议,中止军事行动,遣使议和。然而,万余名伊拉克战士对阿里试图与穆阿威叶妥协的行为极度不满,要求阿里放弃议和,遭到拒绝。于是,主战派愤然陈辞:"信仰安拉和服从安拉法度的人,不应该迷恋尘世。舍去尘世,应该不顾利害地起来劝善止恶,宣传正义。今生虽受迫害,来世必得安拉的报酬,享受永久的乐园。走吧,弟兄们!我们离开这人心亏损的地方,走到山洞里去,或走到别的地方去,离开这迷惘的异端。"①随后,约4000人撤离阿里一方的营地,聚集在库法附近的哈鲁拉村,推举阿兹德部落的阿卜杜勒·瓦哈布出任哈里发,是为哈瓦立及派的开端。②

哈瓦立及是阿拉伯语之"出走者"一词复数形式的音译,其单数形式称哈列哲,哈瓦立及派故而亦称哈列哲派。哈瓦立及作为教派的名称,特指出走到安拉的道路,源于《古兰经》的如下启示:"谁若从家中出走,欲迁至安拉和使者那里,而中途死亡,安拉必予以报酬。"③哈瓦立及派的出现,对阿里的政权构成严重的威胁。658年,阿里的军队在库法与巴士拉之间的纳赫拉万重创哈瓦立及派。此后,哈瓦立及派极度仇视阿里,直至661年将阿里

---

① 艾哈迈德·爱敏:《阿拉伯伊斯兰文化史》,第1册,第272页。

② Grunebaum,G.E.,*Classical Islam*,p.60.

③ 《古兰经》,4:100。

暗杀。倭马亚时代,哈瓦立及派成为大马士革哈里发的劲敌,多次以罕见的勇猛攻击倭马亚王朝的军队,倭马亚王朝哈里发韦里德二世在征讨哈瓦立及派时毙命于战场。阿拔斯王朝建立以后,哈瓦立及派在伊斯兰世界腹地的势力逐渐衰微。①

哈瓦立及派崇尚朴素的民主与平等原则。一方面,哈瓦立及派反对古莱西人享有出任哈里发的特殊权利, 主张凡是穆斯林皆可被推选为哈里发,不应区分古莱西人与非古莱西人、阿拉伯人与麦瓦利、自由人与奴隶。另一方面,哈瓦立及派否认哈里发存在的必要性,强调穆斯林民众的权利和价值。②哈瓦立及派的政治理念适合 "游离于伊斯兰世界边缘的部落社会。在这样的社会中,人们需要的是仲裁者而不是统治者。"③

哈瓦立及派的出发点是辨别信仰的真伪,强调行为的宗教意义,将罪恶多端的穆斯林视作异教徒,将犯有"大罪"者视作圣战的攻击目标。在此基础上,哈瓦立及派承认阿布·伯克尔和欧默尔是合法的哈里发,承认在位前六年的奥斯曼是合法的哈里发,承认"古兰裁决"以前的阿里具有哈里发的合法地位。在哈瓦立及派看来,奥斯曼在位的后六年,其行为已经背离启示的原则和先知的教诲,故死有余辜,而阿里接受穆阿威叶的建议,诉诸所谓的"古兰裁决",亦毫无道理。④哈瓦立及派谴责奥斯曼当政后期的行为,否认阿里在"古兰裁决"以后作为哈里发的合法地位,反对倭马亚人的统治,攻击追随阿里和支持穆阿威叶的穆斯林,其政治倾向显而易见。"除安拉外,别无裁决"是哈瓦立及派的政治纲领,表明该派具有否认国家权威的极端思想倾向。相传,阿里曾经对哈瓦立及派有如下的评述:"除安拉外别无

---

① Lambton,A.K.S.,*State and Government in the Medieval Islam*,p.22.

② Gordon,M.S.,*The Rise of Islam*,p.77.

③ Hourani,A.,*A History of the Arab Peoples*,p.39.

④ Lambton,A.K.S.,*State and Government in the Medieval Islam*,p.23.

裁决本来是正确的,而他们故意曲解。不错,除安拉外,别无裁决,但是他们的用意乃是否认领袖,只承认安拉,却不知世人必须有自己的领袖,无论领袖的贤愚,这样才能使信士和非信士都安居乐业,获取战利,抵御仇敌,保障道路,抑强扶弱,使善良者得以安心,不受坏人的干扰。"①

倭马亚时代,哈瓦立及派逐渐形成了特有的神学思想,从而由最初单纯的政治反对派演变为自成体系的宗教政治流派。哈瓦立及派认为,信仰不只是内心的功修,礼拜、斋戒、诚实和公正都是信仰的必要内容,真正的穆斯林不仅要表白自己的信仰,更要严格履行宗教义务,戒绝一切奢侈行为。"他们紧闭双眼,不视邪恶,稳定足跟,不蹈虚伪;为修持而消瘦,为夜功而孱弱。在深更静夜之时,他们屈着背儿,念诵《古兰经》,念到说天园的时候,他们涕泣流泪,企望天园的福泽;念到说地狱的时候,他们气喘唏嘘,恐惧未来的罪罚,好像地狱中的呼啸呐喊,在他们的耳边缭绕。从白昼到黑夜,从黑夜到白昼,他们不断地劳作。地面毁伤了他们的两腿、两手、鼻端、前额,他们静心地向着安拉。虽然敌人的箭在弦上,矛头举起,利剑出鞘,而千军万马奔腾而来。因为他们在安拉的罪罚的恐怖中,觉得战争的恐怖算不得什么。"

哈瓦立及派恪守宗教功修的虔敬行为,博得其他许多穆斯林的称赞。著名穆斯林学者沙赫列斯塔尼(1086—1153 年)曾经将哈瓦立及派穆斯林称作"严守斋戒和礼拜仪式的人"。然而,哈瓦立及派的思想倾向颇为极端。他们往往将哈瓦立及派以外的其他穆斯林视作伊斯兰教的叛逆和主要的攻击目标,对于异教派却能宽容相待。相传,穆尔太齐勒派的首领瓦绥勒·阿塔(699—749 年)曾经被哈瓦立及派擒获,为求得宽恕,只好假意表白自己是多神教徒。②

---

① 艾哈迈德·爱敏:《阿拉伯伊斯兰文化史》,第 1 册,第 275 页。

② 艾哈迈德·爱敏:《阿拉伯伊斯兰文化史》,第 1 册,第 278—279 页。

2

哈瓦立及派朴素的民主原则和非国家权威的思想倾向,体现了查希里叶时代阿拉伯半岛政治传统的延续,在伊斯兰世界的诸多游牧地区颇具影响。哈瓦立及派强调穆斯林绝对平等的社会理论,在倭马亚时代阿拉伯人统治的历史条件下,得到麦瓦利的广泛支持。但是,哈瓦立及派除主张民主选举哈里发和强调恪守宗教功修之外,缺乏完整的信仰基础和系统的宗教政治学说,内部分歧甚大,未能形成统一的社会群体,诸多地区的哈瓦立及派成员分别隶属于不同的支派。

纳菲尔·阿兹拉格(?—685年)的追随者称阿扎里加派(阿兹拉格的复数音译为阿扎里加,故名),属于哈瓦立及派中的激进派别。纳菲尔·阿兹拉格曾经以《古兰经》的如下启示教诲自己的追随者:"努哈说:我的主啊!求你不要留一个不信道者在大地上,如果你留下他们,他们将使你的众仆迷误,他们只生育不道德的、不感恩的子女。"①阿扎里加派据此强调圣战的极端原则,认为非哈瓦立及派的穆斯林均属犯有不赦之罪的叛逆者,皆应予以杀戮。②阿扎里加派禁止自己的信徒与其他穆斯林交往,不得跟随其他穆斯林礼拜,不得食用其他穆斯林宰杀的牲畜,不得与其他穆斯林通婚。阿扎里加派尤其强调信仰的表白,反对所谓的塔基亚原则即仅在内心保持信仰而在表面上与敌人妥协,因为《古兰经》谴责这样的行为。阿扎里加派最初活动于巴士拉周围,后来曾在伊朗南部的法尔斯和克尔曼一带建立国家。该派思想倾向偏激,缺乏广泛的社会基础,树敌过多,7世纪末被伊拉克总

---

① 《古兰经》,26:27。

② Lambton,A.K.S.,*State and Government in the Medieval Islam*,p.24.

督哈查只·尤素夫击败,此后逐渐销声匿迹。①

伊巴迪叶派是阿卜杜拉·伊巴德(650—705 年)的追随者,属于哈瓦立及派中的温和派别。该派注重信仰,宽容行为,反对攻击和杀戮哈瓦立及派以外的穆斯林,承认其他派别的穆斯林政权具有合法的地位,允许哈瓦立及派成员与其他穆斯林的正常交往。②倭马亚时代末期,伊巴迪叶派主要活动于阿拉伯半岛东南部的阿曼。阿拔斯王朝建立后,伊巴迪叶派从阿曼传入马格里布,在柏柏尔人中广为流行。751 年,伊巴迪叶派成员在阿曼、也门和马格里布分别拥立三位互不隶属的伊玛目。776 年,阿卜杜勒·拉赫曼·鲁斯塔姆在柏柏尔人的支持下建立伊巴迪叶派政权鲁斯塔姆王朝,据有今阿尔及利亚西部,直到 10 世纪初被法蒂玛王朝灭亡。③伊巴迪叶派是哈瓦立及派中唯一尚存的流派,时至今日在阿曼和马格里布山区仍有众多的信徒。

纳吉迪叶派亦称哈鲁里叶派,是纳吉代·阿米尔·哈鲁里(?—692 年)的追随者,与伊巴迪叶派同属哈瓦立及派中的温和派别。该派将哈瓦立及派以外的穆斯林视作穆纳菲格(伪信者),允许生活在其他教派盛行地区的哈瓦立及派成员采用所谓的塔基亚原则,隐瞒自己的真实身份。纳吉迪叶派将信徒的行为区分为"基要"和"非基要"两种,偶尔犯罪属于"非基要"过错,经过悔改以后仍然可升入天园;屡犯不改属于"基要"的罪过,系叛教行为,死后必下火狱。685 年,纳吉迪叶派推举纳吉代·阿米尔·哈鲁里出任哈里发,占据叶麻麦、巴林、阿曼、哈德拉毛、也门诸地,与大马士革的哈里发马立克、麦加的哈里发阿卜杜拉以及库法的起义首领穆赫塔尔分庭抗礼,使伊斯兰世界一度出现四分天下的局面。692 年纳吉代·阿米尔·哈鲁里死

① Gordon,M.S.,*The Rise of Islam*,p.76.

② Lambton,A.K.S.,*State and Government in the Medieval Islam*,p.25.

③ Hourani,A.,*A History of the Arab Peoples*,p.39.

后,该派成员内讧不已,力量大为削弱,到8世纪前期被倭马亚王朝的军队各个消灭。[①]

　　苏福里叶派是萨利赫·穆萨里赫(？—695年)和沙比卜·叶齐德·谢巴尼(？—696年)的追随者,系介于阿扎里加派与伊巴迪叶派、纳吉迪叶派之间的中庸派别。苏福里叶派主张可以暂停攻击其他派别的穆斯林,可以在必要时隐瞒自己的真实信仰,反对杀戮异教妇孺。自695年起,苏福里叶派在库法一带活动频繁,多次击败伊拉克总督哈查只·尤素夫的军队。阿拔斯王朝前期,苏福里叶派的活动中心移至马格里布,在柏柏尔人中颇具影响。苏福里叶派的首领伊萨·叶齐德·艾斯沃德一度在马格里布的希吉勒马萨建立国家,至10世纪后期被柏柏尔人桑贾部落击败。阿曼的苏福里叶派曾经与伊巴迪叶派长期对峙,最终被伊巴迪叶派吞并。[②]

①　Gordon,M.S.,*The Rise of Islam*,p.77.

②　Gordon,M.S.,*The Rise of Islam*,p.78.

二、什叶派的演变

1

什叶派是哈里发时代穆斯林另一重要的宗教政治派别。"什叶"一词在阿拉伯语中意为"追随者";什叶派作为伊斯兰教的派别,特指阿里及其后裔的追随者。通常认为,什叶派兴起于伊朗高原,波斯人与阿拉伯人之间的民族差异构成什叶派穆斯林与正统伊斯兰教徒长期对立的社会基础。这种看法并不正确。什叶派最初仅仅表现为温麦内部的某种政治倾向,起源于围绕哈里发的继承权而展开的斗争,可以追溯到先知穆罕默德去世的初期。那时,伊斯兰教尚被视作阿拉伯人的信仰,波斯血统的穆斯林屈指可数。

先知穆罕默德作为伊斯兰国家的宗教领袖和政治首脑,生前并没有明确指定自己的继承人选。632年先知穆罕默德去世以后,古莱西部落的阿布·伯克尔、欧默尔、奥斯曼相继出任哈里发。在此期间,圣门弟子赛勒曼·法里西、阿布·扎尔、阿卜杜拉·萨巴伊、哈立德·赛义德等人宣称:古莱西部落如同树干,圣裔乃是树之果实,果实比树干更加尊贵。他们认为,哈里发作为温麦的栋梁,应当出自先知穆罕默德的家族,而阿里身为先知穆罕默德的堂弟和女婿,是哈里发的唯一合法人选,至于阿布·伯克尔、欧默尔和奥斯曼出任哈里发,皆属违背先知穆罕默德遗愿和窃夺温麦权位的非法行为。

656年,阿里出任哈里发,首都自麦地那移至库法,追随阿里的穆斯林逐渐汇聚于伊拉克。661年阿里死后,穆阿威叶迫使阿里的长子哈桑退位,继而在大马士革出任哈里发,建立倭马亚王朝,阿里的追随者开始遭到排斥和迫害。680年穆阿威叶死后,追随阿里的伊拉克人拒绝承认穆阿威叶之子叶齐德的统治地位,迎请阿里的次子侯赛因离开麦加,前往库法出任哈里发。侯赛因在途经卡尔巴拉时,遇到倭马亚王朝军队的袭击,遇害身亡。[①]卡尔巴拉事件激化了穆斯林内部的矛盾冲突,什叶派作为伊斯兰世界的政治反对派始露端倪,"为殉教者侯赛因复仇"成为什叶派的最初纲领。684年,所谓的"悔罪者"[②]在库法举行暴动,首开什叶派武装起义的先河。685年,"悔罪者"在贾吉拉的艾因·瓦尔达与倭马亚军队交战,损失惨重,起义失败。

倭马亚王朝前期,什叶派最具威胁的政治行为是穆赫塔尔起义。穆赫塔尔出身于塔伊夫的萨奇夫部落,自从其父阿布·乌巴德于634年在伊拉克阵亡之后,由欧默尔和阿里相继抚养。680年,穆赫塔尔追随阿里之子侯赛因,后参加"悔罪者"起义,遭倭马亚王朝监禁。穆赫塔尔获释后,最初投奔麦加的哈里发阿卜杜拉,并以阿卜杜拉的名义在库法从事反对倭马亚王朝的活动。不久,穆赫塔尔脱离阿卜杜拉,拥戴阿里第三子伊本·哈奈菲叶作为宗教领袖,以"为殉教者侯赛因复仇"作为口号,占据库法。穆赫塔尔声称,伊玛目具有隐秘的灵知和超凡的神性,前任伊玛目死后,其灵知和神性传至下代伊玛目,伊本·哈奈菲叶继承了阿里的灵知和神性,是在世的伊玛目。穆赫塔尔将伊本·哈奈菲叶视作马赫迪,自称马赫迪的代理人和先知穆罕默德的维齐尔,受命匡扶正义,铲除暴虐,推翻倭马亚人的统治,恢复阿里家族的后裔在伊斯兰世界的合法政治地位。穆赫塔尔还阐述了相应的社会纲领,反对歧视麦瓦利,主张穆斯林平等的原则。穆赫塔尔起义声势浩大,起义者几乎占据伊拉克全境,屡败倭马亚军队,斩杀卡尔巴拉事件的元

---

① Jafri,S.H.M.,*Origins and Early Development of Shi'a Islam*,p.192.

② 680年,库法的什叶派致书迎请侯赛因出任哈里发。不久,伊拉克总督欧拜杜拉率军进入库法,处死奉侯赛因之命先期到达的穆斯林·阿基勒。库法的什叶派迫于欧拜杜拉的压力,一度倒向倭马亚王朝,致使侯赛因在卡尔巴拉陷于孤立无援的困境,惨遭杀害。侯赛因死后,库法的什叶派对自己的背叛行为悔恨不已,决意为侯赛因复仇,故称"悔罪者"。

凶欧拜杜拉·齐亚德。穆赫塔尔及其追随者所攻击的目标,无疑是倭马亚王朝。然而,阿卜杜拉不能容忍穆赫塔尔改弦更张的行为和支持阿里家族后裔的政治倾向。687年,阿卜杜拉遣其弟穆斯阿卜自巴士拉率军攻击库法,双方交战数月。穆赫塔尔终因寡不敌众,兵败身亡。[1]穆赫塔尔死后,其追随者继续反对倭马亚王朝,是为什叶派的早期分支凯桑尼派。[2]

阿拔斯时代,伊斯兰教得到广泛的发展,穆斯林的神学思想体系日趋完善。在新的形势下,什叶派不再仅仅强调"为殉教者侯赛因复仇"的政治纲领,逐渐形成相应的宗教学说,在伊朗高原、阿拉伯半岛南部和北非一带颇具势力。公元10世纪可谓"什叶派的世纪",伊朗西部和伊拉克的白益王朝、叙利亚的哈姆丹王朝、埃及的法蒂玛王朝、马格里布的伊德利斯王朝以及也门的栽德王朝和巴林的卡尔马特派国家称雄伊斯兰世界,集中反映了什叶派在这一时期的广泛影响。10世纪的著名学者花剌子密称伊拉克是什叶派的圣地,称库法和阿里的陵墓所在即纳杰夫是什叶派的精神家园。[3]

2

什叶派穆斯林与正统伊斯兰教徒同样尊奉《古兰经》规定的各项基本信条,履行念、拜、斋、课、朝诸多宗教义务,不同之处主要在于什叶派特有的伊玛目学说。众所周知,所有的穆斯林皆须表白独尊安拉和崇奉先知穆罕默德为安拉之使者的信仰,什叶派则在此基础上增加了信仰和绝对服从伊玛目的内容。"相信至尊的安拉,相信安拉的使者,拥戴阿里及正道的伊玛目,远离他们的敌人而崇拜至尊的安拉。我们就这样认知安拉。""谁信仰

---

[1] Kennedy,H.,*The Early Abbasid Caliphate*,pp.39–40.

[2] Jafri,S.H.M.,*Origins and Early Development of Shi'a Islam*,pp.236–237.

[3] Mez,A.,*The Renaissance of Islam*,p.59.

安拉,而不信仰安拉派遣的伊玛目,谁的信仰就不被接受,谁就是迷惘者,安拉憎恶他的行为。"与正统伊斯兰教相比,什叶派的突出特征在于强调伊玛目的必要性。什叶派认为,"至尊的安拉是伟大的,不会让大地上没有公正的伊玛目。在信士们狂热时,伊玛目予以降温;在信士们动摇时,伊玛目使其坚定。他是安拉对众仆的证据,若无伊玛目——安拉对众仆的证据,大地便不复存在。大地上即使只剩下两个人,其中必有一个权威,他就是伊玛目"。"伊玛目的地位相当于先知,是合法的继承人。伊玛目是安拉和使者的继承人,处在穆民领袖的地位……伊玛目是宗教的中坚,穆民的支柱,世界的砥柱,信士的骄傲……依靠伊玛目,才能完成礼拜、天课、斋戒、朝觐、圣战,才能增加战利品及施舍,才能制定法令,实行裁决,才能防止疏漏和偏差。伊玛目准许安拉之所准,禁止安拉之所禁,立安拉之法度,卫安拉之宗教。"①

什叶派的伊玛目理论,首先是伊玛目的继承权和所谓的遗嘱思想;这是什叶派特有的政治学说。正统穆斯林认为,哈里发应当产生于选举,穆斯林公议的选择是确定哈里发权位归属的首要原则。什叶派反对公议的原则,强调伊玛目的世袭继承。什叶派认为,先知穆罕默德去世以后,阿里及其后裔理应以伊玛目的身份继承伊斯兰世界的领袖权位,这是安拉钦定的人选,也是先知穆罕默德的遗愿所在;伊玛目的继承权只属于先知的家族,即阿里、阿里与法蒂玛的长子哈桑和次子侯赛因,以及侯赛因的直系后裔。②什叶派援引《古兰经》的如下启示:"大地确是安拉的,他使他意欲的臣仆继承它","你的主,创造他所意欲的,选择他所意欲的,他们没有选择的权利",③进而声称:"哈里发的位置不是大众的权利;不能由大众推选和大众议定。因为哈里发是宗教的栋梁,是伊斯兰教的基础。先知不会疏忽这样的问

---

① 　艾哈迈德·爱敏:《阿拉伯伊斯兰文化史》,第 4 册,朱凯译,纳忠审校,商务印书馆,1995 年,第193—198 页。

② 　Jafri,S.H.M.,*Origins and Early Development of Shi'a Islam*,pp.236–237.

③ 　《古兰经》,7:128,28:68。

题,也不会把它交给大众的。先知应该为伊斯兰教人指定一个领袖,指定一个没有犯过大小罪过的领袖,而阿里就是穆罕默德圣人所指定的伊斯兰教人的领袖","谁不认知至尊的安拉,谁不知道伊玛目必出自先知的家族,谁认知和崇拜的就非安拉"。[①]根据什叶派的"圣训",先知穆罕默德曾经提及自己死后留给温麦的两种重要遗产,即《古兰经》和先知的家族,先知穆罕默德于 632 年自麦加返回麦地那途中,在盖迪尔·胡姆向众人宣称:"我是谁的主人,阿里就是谁的主人。"[②]什叶派的所谓"封职纪念日"即由此而来。白益王公入主巴格达期间,"盖迪尔·胡姆节"(伊斯兰教历 12 月 18 日)被确定为什叶派特有的两大节日之一。

什叶派的伊玛目理论,还包含伊玛目隐遁说和所谓的转世思想;这是什叶派宗教学说的重要内容。什叶派认为,伊玛目从阿里开始,经历数代的传承,末代的伊玛目虽然已经离开人间,但是并非真正的死亡,而只是暂时的隐遁,隐遁期间通过称作纳吉卜或穆智台希丁的代理人行使宗教领袖的权力,在世界末日到来的前夕将以马赫迪(阿拉伯语中"被引上正道的人"一词的音译)的身份重返尘世,惩治邪恶,恢复正义。相传,改奉伊斯兰教的犹太人阿卜杜拉·萨巴伊曾经声称先知穆罕默德将如同耶稣一样在世界末日到来之际复临人间,后来又以阿里的转世取代先知穆罕默德的转世,逐渐形成什叶派的所谓转世思想。[③]

什叶派宗教学说的另一重要内容,是《古兰经》的隐义说。什叶派认为,安拉所启示世人的《古兰经》具有表义和隐义的区分,前者是《古兰经》的字面内容,后者是隐于经文之内的奥义和信仰的真谛;只有阿里及其后的历代伊玛目通晓《古兰经》的隐义,包括其中的章首字母、预言、比喻、暗示以

---

① 艾哈迈德·爱敏:《阿拉伯伊斯兰文化史》,第 1 册,第 283 页;第 4 册,第 193 页。

② Ibn Khaldun,*The Muqaddimah*,Vol.1,p.403.

③ Gordon,M.S.,*The Rise of Islam*,p.80.

及安拉启示的玄机、安拉的创世、万物的由来、安拉与受造者的关系、安拉的本体、安拉的前定、先知的使命、马赫迪的降临,而其他的穆斯林仅仅认识《古兰经》的表义,只能通过伊玛目的教诲理解《古兰经》的隐义。[①]

什叶派与正统伊斯兰教相区别的显著特征,是伊玛目的神圣地位。正统伊斯兰教认为,历代先知作为受造之物,皆属常人。什叶派则强调,阿里及其后的历代伊玛目不仅具有先知穆罕默德的良好品质,而且具有安拉赋予的灵知和真光, 具有不谬性和免罪权, 是安拉与穆斯林之间的中介者。《古兰经》有如下启示:"你们当信仰安拉和使者,和他所降示的光明。"[②]什叶派据此声称,伊玛目便是安拉降示的光明。"伊玛目是光芒四射的圆月,是烁烁的夜明灯,是闪闪的光芒,是黑夜中的启明星。"[③]《古兰经》亦有如下启示:"每个民族都有一个引导者。"[④]什叶派据此声称,伊玛目即世人的引导者,穆斯林只有接受伊玛目的引领,才能进入天园的境界。什叶派的某些支派甚至认为伊玛目具有某种程度的神性,或者将伊玛目视作神的化身。他们声称:"神的一部分精灵,降于阿里的肉体,混合为一,所以阿里能预知未来,丝毫不爽,与敌战争,百战百胜……有时,雷声就是他的呐喊,闪电就是他的微笑。"[⑤]根据正统穆斯林的政治理论,哈里发只是先知穆罕默德的继承人,充其量不过是安拉在大地的代治者;哈里发绝无真正意义的立法权可言,而只能在遵循经训和沙里亚的前提下治理温麦,行使相应的职责;穆斯林民众具有选择哈里发的权利,他们不仅要顺从哈里发,更要顺从安拉的意志。相比之下,什叶派在强调伊玛目的高贵世系和神圣地位的基础上,

---

① Jafri,S.H.M.,*Origins and Early Development of Shi'a Islam*,p.291.

② 《古兰经》,64:8。

③ 艾哈迈德·爱敏:《阿拉伯伊斯兰文化史》,第3册,向培科、史希同、朱凯译,纳忠审校,商务印书馆,1991年,第194页。

④ 《古兰经》,13:7。

⑤ 艾哈迈德·爱敏:《阿拉伯伊斯兰文化史》,第1册,第285页。

赋予伊玛目包括立法在内的完整权力，直至在尘世间绝无仅有的无限权力，进而将承认伊玛目的继承权，尤其是绝对顺从伊玛目的政治原则，视作信仰的必要内容。

　　什叶派除崇尚伊玛目学说外，还普遍强调塔基亚的原则。塔基亚意为谨防和掩饰，指穆斯林在处境危险的时候隐讳内心的真实信仰。这一原则的依据，是《古兰经》中的如下启示："信道的人，不可舍同教而以外教为盟友；谁犯此禁令，谁不得安拉的佑护，除非你们对他们有所畏惧而假意应酬"，"既信奉安拉之后，又表示不信者——除非被迫宣称不信、内心却为信仰而坚定者——为不信而心情舒畅者将遭天谴，并受重大的刑罚"。[①]正统伊斯兰教并不反对塔基亚原则。然而，在哈里发国家统治时期，正统伊斯兰教占有绝对的优势，什叶派穆斯林屡遭迫害，处境颇为险恶。因此，什叶派不仅承认塔基亚原则，而且将这一原则视作宗教生活中极其重要的内容。

　　崇拜所谓的圣徒和圣墓，也是什叶派区别于正统穆斯林的明显特征。阿里、哈桑、侯赛因及其后的历代伊玛目，大都身遭横祸，被害而死。什叶派穆斯林因此将他们视作圣徒，其安葬之处便是圣墓的所在。除全体穆斯林公认的圣城麦加、麦地那、耶路撒冷外，什叶派另有若干朝拜的圣地。伊拉克的纳杰夫是阿里的遇害地，圣墓位于纳杰夫的哈伊达尔清真寺中央。伊拉克的卡尔巴拉是侯赛因的遇害地，圣墓所在是侯赛因清真寺，有镀金穹顶和 3 座高塔，十分壮观。818 年，第八代伊玛目阿里·里达死于伊朗东部的突斯附近；此后，其陵墓所在地改称马什哈德，前去拜谒的什叶派穆斯林络绎不绝。第七代伊玛目穆萨·卡兹姆和第九代伊玛目穆罕默德·贾瓦德均死于巴格达，陵墓所在的卡兹米耶清真寺被什叶派穆斯林尊为圣地。伊朗西部的库姆，是第八代伊玛目阿里·里达的胞妹法蒂玛·麦尔苏迈的葬身处，也是什叶派学者云集的著名圣城。朝拜上述圣地是什叶派的定制，在圣墓

---

① 《古兰经》,3:28,16:106。

哀悼圣徒则是什叶派的重要宗教仪式。

通常认为,什叶派只尊《古兰经》,而不尊"圣训",这是一种误见。实际上,什叶派与正统伊斯兰教同样尊奉《古兰经》和"圣训"。但是,什叶派只承认阿里和其后历代伊玛目传述的"圣训"(阿赫巴尔),而拒绝接受其他圣门弟子传述的"圣训"(哈迪斯)。什叶派尊奉的四部"圣训",即《宗教学大全》《教法学家不予光顾的人》《教法修正》和《圣训辨异》,成书于白益王公统治时期,汇编者皆为波斯血统的什叶派学者。上述"圣训"与正统穆斯林尊奉的"圣训"在内容上并无明显的差别,然而两种"圣训"的传述体系却迥然不同。①

3

什叶派并非浑然一体,而是派别纷立。其中,影响最大、信徒人数最多、分布范围最广的是十二伊玛目派,属于什叶派的温和派别。根据十二伊玛目派的理论,阿里是第一代伊玛目,其长子哈桑是第二代伊玛目,次子侯赛因是第三代伊玛目,此后历代伊玛目均为侯赛因的直系后裔。第十二代伊玛目穆罕默德·孟特宰尔于878年在萨马拉附近神秘失踪时,未达成年,尚无子嗣,于是被视作进入隐遁状态。穆罕默德·孟特宰尔的隐遁,最初称作小隐遁,至940年其在尘世的代理人阿里·萨马里死后,转入大隐遁。②十二伊玛目派的世系和教义学说,形成于10世纪初。伊本·穆萨·诺伯赫特(?—922年)著有《什叶派诸宗派之书》,系统阐述伊玛目的理论,奠定了十二伊玛目派政治纲领和神学思想的基础。穆罕默德·库莱尼(?—940年)编订《宗教学大全》,收录圣训1.6万段,成为十二伊玛目派的教法依据。

① Gordon,M.S.,*The Rise of Islam*,p.81.

② Gordon,M.S.,*The Rise of Islam*,p.79.

白益王公统治时期,十二伊玛目派在伊拉克南部和伊朗高原得到广泛的发展。11 世纪,十二伊玛目派又将穆尔太齐勒派的理性思想引入伊玛目的学说体系,强调启示和理性同为信仰的基础。

栽德是什叶派第四代伊玛目阿里·栽因·阿比丁之子,早年师从穆尔太齐勒派学者瓦绥勒·阿塔,深受唯理主义思想的影响,强调自由意志,抨击倭马亚王朝的统治。栽德于 739 年自麦地那潜入库法,740 年发动起义。他说:"我号召你们顺从安拉的经典和先知的逊奈,我号召你们参加反抗残暴统治者的圣战,驱逐压迫者,帮助穷苦人。让我们平均分配战利品,反抗暴虐的行为,召回久驻敌国的军队。圣裔支持我们战胜与我们为敌并剥夺我等权利的人。"[1]由于寡不敌众,起义失败,栽德在巷战中阵亡。其子叶赫亚逃往呼罗珊,743 年亦被倭马亚王朝处死。栽德死后,被其追随者尊奉为继阿里、哈桑、侯赛因、阿里·栽因·阿比丁之后的第五代伊玛目,是为栽德派之始。[2]针对倭马亚王朝统治的世俗倾向,栽德派强调穆斯林宗教实践的信仰价值,将是否履行法定的功修和善举视作辨别穆斯林的重要准则;这种思想与哈瓦立及派颇为相似。另一方面,栽德派认为,阿里固然是最杰出的哈里发,而阿布·伯克尔和欧默尔以及在位前 6 年的奥斯曼作为"逊色的哈里发"同样具有合法的地位;上述理论反映出栽德派相对温和的政治倾向。栽德派谴责奥斯曼当政后 6 年的统治,攻击所有反对阿里的政治势力。在他们看来,凡是阿里和法蒂玛的后裔,凡是哈桑和侯赛因的子孙,皆有出任哈里发的合法资格,只要他能挺身而出,履行圣战的职责,领导信士反抗暴虐的统治。"伊玛目属于我们的圣族,顺从这样的伊玛目是信士的当然义务:他拔剑而起,呼唤信士遵循经训;他的呼唤出自经训的指引,他的地位不容置疑,否认者则罪不可恕。但是,有人留在家中,躲在屋内,追随暴虐的

---

① 艾哈迈德·爱敏:《阿拉伯伊斯兰文化史》,第 4 册,第 247 页。

② Ibn Khaldun,*The Muqaddimah*,Vol.1,p.410.

统治者,不肯行善止恶,这绝不是伊玛目的行为。"①由于什叶派其他的伊玛目大都致力于神学宣传,放弃暴力斗争,栽德派仅尊栽德为末代伊玛目,故而亦称五伊玛目派。

阿拔斯时代,栽德派颇有政治作为。864 年,哈桑·栽德在里海南岸建立栽德派神权国家,控制泰伯里斯坦、德拉姆和吉兰一带长达 200 余年,1126年灭亡;其残余势力至今犹存,称诺克塔维派。901 年,叶赫亚·侯赛因在也门内陆山区建立栽德派神权国家,几经朝代更迭,延续至 1962 年。②目前也门人口的半数左右系栽德派穆斯林。

伊斯马仪派是什叶派的另一重要分支,形成于 8 世纪末至 9 世纪初,属于什叶派中的激进派别。什叶派第六代伊玛目贾法尔·萨迪克最初曾立长子伊斯马仪为继承人,后因伊斯马仪有酗酒的恶习,遂改立次子穆萨·卡兹姆为继承人。765 年贾法尔·萨迪克死后,伊斯马仪的追随者拒绝承认穆萨·卡兹姆作为伊玛目的合法继承人,什叶派出现分裂,伊斯马仪派由此初露端倪。③

十二伊玛目派作为什叶派的主体,与伊斯马仪派同样尊崇自阿里至贾法尔·萨迪克的最初六代伊玛目。两者的不同之处在于,十二伊玛目派承认贾法尔·萨迪克的次子穆萨·卡兹姆及其后裔为伊玛目,直至第十二代伊玛目穆罕默德·孟特宰尔于 878 年进入隐遁状态,伊斯马仪派则追随贾法尔·萨迪克的长子伊斯马仪为第七代伊玛目,760 年伊斯马仪死后,伊玛目进入隐遁状态。伊斯马仪派因此也称七伊玛目派。10 世纪以后,伊斯马仪派吸收穆尔太齐勒派的唯理主义、新柏拉图派的流溢说、毕达哥拉斯学派的数论以及佛教的某些思想倾向,建立起颇具哲理内容和极富神秘色彩的宗教哲

---

① Lambton,A.K.S.,*State and Government in Medieval Islam*,p.28,p.30.

② Hourani,A.,*A History of the Arab Peoples*,p.40.

③ Ibn Khaldun,*The Muqaddimah*,Vol.1,p.412.

学体系,"七"的概念成为伊斯马仪派教义学说的显著特征。伊斯马仪派认为,安拉作为唯一的最高实在,既不具有形象,亦不具有属性,超越世人的领悟能力。伊斯马仪派还认为,宇宙现象来源于安拉的意志,分为七个步骤渐趋流出,即:安拉→宇宙精神→宇宙灵魂→原始物质→空间→时间→人世。与宇宙现象的七个流溢步骤相适应,历史的演进亦经历七个周期的流溢过程,每个周期皆有一位立法先知降临人间,他们是阿丹、努哈、易卜拉欣、穆萨、尔撒、穆罕默德和末代伊玛目伊斯马仪之子穆罕默德·塔姆;每位立法先知各有七位圣徒辅佐,自阿里至伊斯马仪的七位伊玛目便是辅佐先知穆罕默德的七位圣徒。[1]什叶派将《古兰经》的启示区分为表义和隐义;与十二伊玛目派相比,伊斯马仪派更加强调《古兰经》的内在含义,将信徒对于启示的领悟分为七种境界,认为只有少数宗教学者才能达到领悟《古兰经》内在含义的最高境界。伊斯马仪派因此又称内学派。[2]伊玛目的隐遁说是什叶派神学理论的重要内容。十二伊玛目派认为,隐遁的伊玛目只是在遥远的未来复临人间,其政治思想因此具有温和的倾向。相比之下,伊斯马仪派强调隐遁的伊玛目复临人间的时刻即将到来,因此具有极力倡导暴力革命的激进政治倾向。

9世纪中叶以后,阿拔斯王朝日渐衰微,伊斯马仪派的势力随之急剧膨胀。该派著名领袖阿卜杜拉·马蒙(?—874年)曾在阿瓦士、耶路撒冷和巴士拉等地从事反对阿拔斯王朝的宗教政治活动,后来隐居于叙利亚北部的萨拉米叶,派出传教士前往各地,进行秘密宣传。库法、莱伊、设拉子是伊斯马仪派的重要中心。881年,伊斯马仪派传入也门一带。883年,伊斯马仪派又从也门传至印度的信德。893年,伊斯马仪派自也门传入马格里布;法蒂玛王朝的建立便是伊斯马仪派在马格里布的政治杰作。此外,伊斯马仪派

---

[1] Grunebaum,G.E.,*Classical Islam*,p.110.

[2] Ibn Khaldun,*The Muqaddimah*,Vol.1,p.413.

在呼罗珊、锡斯坦、克尔曼等地传播亦广，颇具影响。[1]

874 年阿卜杜拉·马蒙死后，伊拉克的伊斯马仪派传教士哈姆丹·卡尔马特(？—899 年)及其追随者脱离萨拉米叶的伊斯马仪派领袖赛义德·马蒙，独树一帜，是为卡尔马特派。[2]卡尔马特派承认伊斯马仪派的伊玛目学说以及宇宙现象的流溢等神秘信条，同时吸收苏非主义的某些思想，形成其特有的教义，强调社会平等和财产公有。然而，卡尔马特派不遵伊斯兰教法，亦不严格履行宗教义务，甚至不设清真寺，不斋戒，不礼拜，不朝觐。卡尔马特派声称："真理已经到来，马赫迪已经复临人间，阿拔斯人的统治即将结束。不必继续等待；我们的目标不仅是建立起新的政权，而是要废除旧的秩序。"890 年，卡尔马特派在瓦西兑发动起义，追随者甚多。899 年，卡尔马特派在巴林一带建立国家，定都艾哈萨(今胡富夫)。901—906 年，卡尔马特派在叙利亚和贾吉拉发动起义，攻城略地。903 年，卡尔马特派征服叶麻麦，继而攻入阿曼，袭击伊拉克。933 年，卡尔马特派在朝觐期间攻袭麦加，劫掠克尔白内的玄石，运至巴林。950 年，阿拔斯王朝向卡尔马特派支付重金，赎回玄石，重新安放于克尔白。1077 年，巴林的卡尔马特国灭亡。12 世纪，卡尔马特派重新融入伊斯马仪派。[3]

自 909 年起，法蒂玛王朝的哈里发成为伊斯马仪派的宗教领袖。第六代哈里发哈基姆在位末期，似乎由于精神失控，竭力神化本人，暗示自己便是隐遁伊玛目的复临。突厥人穆罕默德·伊斯马仪·德拉齐(？—1019 年)和波斯人哈姆扎·阿里(985—1022 年)迎合哈里发的自我神化心态，在开罗宣称哈基姆具有超凡的神性，是宇宙灵魂的化身和安拉在尘世的代理人，是穆斯林的"活主"。穆罕默德·伊斯马仪·德拉齐和哈姆扎·阿里的言论在埃

---

[1]　Gordon,M.S.,*The Rise of Islam*,p.80.

[2]　"卡尔马特"一词，据推测可能不是阿拉伯语，而是阿拉马语，意为秘密的导师。

[3]　Grunebaum,G.E.,*Classical Islam*,pp.112–113.

及遭到穆斯林的激烈抨击,两人于是相继移至黎巴嫩山区,追随者日渐增多,形成德鲁兹派。德鲁兹派承袭伊斯马仪派的伊玛目学说和宇宙论思想,同时强调灵魂转世的教义。德鲁兹派认为,该派的信徒在死亡时,其灵魂转至同时降生的婴儿体内;非该派信徒的其他人,死后将会遭到厄运,灵魂转至猪狗之身。如同卡尔马特派一样,德鲁兹派既不遵行伊斯兰教法,亦不恪守宗教义务,不设清真寺,不履行朝觐,甚至允许信徒饮酒和食用猪肉,仅仅保留宰牲节和阿舒拉日。与伊斯兰教的其他派别不同,德鲁兹派具有相对闭塞的组织形式,其成员分为知秘者和无知者两个层次,不增加教友人数,不对外界传教。某些学者因此将德鲁兹派视作特殊的民族。

法蒂玛王朝哈里发穆斯坦绥尔当政期间,初立长子尼扎尔作为继承人,后来以次子穆斯台尔里取而代之,埃及的伊斯马仪派逐渐分裂。伊斯马仪派传教士哈桑·萨巴赫反对穆斯坦绥尔废长立幼,被哈里发逐出埃及。1090年,哈桑·萨巴赫夺取伊朗北部德拉姆山区的阿拉穆特堡,作为自己的据点,建立严密的军事组织,训练刺客,从事恐怖活动。1094年穆斯坦绥尔死后,穆斯台尔里即位,尼扎尔举兵反叛,旋即失败。哈桑·萨巴赫于是以秘密扶养尼扎尔的幼子作为旗号,自称霍加,创立尼扎里叶派。尼扎里叶派承袭伊斯马仪派的神学体系,其特征在于广泛的暗杀行为,故而又称阿萨辛派(暗杀派)。尼扎里叶派曾经在伊朗北部建立阿拉穆特舍赫王朝,抗衡称雄西亚的塞尔柱苏丹国。12世纪初,尼扎里叶派的势力扩及叙利亚,阿勒颇一度成为该派在叙利亚的大本营。塞尔柱苏丹国的维齐尔尼扎姆·穆勒克、法蒂玛王朝的哈里发阿米尔以及欧洲十字军的耶路撒冷国王康拉德、的黎波里伯爵雷蒙相继死于尼扎里叶派的刺客之手,埃及阿尤布王朝的著名苏丹萨拉丁亦曾险遭尼扎里叶派的暗杀。1256年,旭烈兀率领蒙古大军攻陷阿拉穆特堡,尼扎里叶派从此一蹶不振。其残余势力迁至印度,称霍加派,延续至今。

阿拉维派形成于9世纪中叶,系什叶派第十代伊玛目阿里·哈迪(? —

868 年)的追随者穆罕默德·努赛尔创立,因此也叫努赛里叶派。穆罕默德·努赛尔原是巴士拉的什叶派学者,自称是阿里·哈迪的巴布（即代理人）。863 年阿里·哈迪的长子穆罕默德先于其父夭折,穆罕默德·努赛尔于是改弦更张,放弃追随阿里·哈迪,声称死去的穆罕默德便是隐遁的伊玛目,进而另立门户。阿拉维派承袭什叶派的神学思想,吸收基督教和佛教的某些内容,强调阿里是安拉的化身。阿拉维派最初将阿里、法蒂姆(即法蒂玛的男形)、哈桑、侯赛因与先知穆罕默德等同视之,后来改奉阿里、赛勒曼·法里西与先知穆罕默德三位一体。阿拉维派认为,阿里是世人与安拉联系和沟通的"理",先知穆罕默德是产生于"理"并且从属于"理"的"名",赛勒曼·法里西是阿里的先驱,即"门"。阿拉维派信奉灵魂转世,认为人的灵魂源于天空的星辰,阿里将人的灵魂从天空贬谪尘世;虔信者死后,其灵魂重新回到星辰之中,与阿里同在,作恶者死后,其灵魂不再重返天空,而是转入牲畜体内。阿拉维派不设清真寺,信徒通常在夜间祈祷,诵读《福音书》的有关段落,食圣餐,饮圣酒,除纪念开斋节、宰牲节和什叶派各种节日外,亦庆祝基督教的圣诞节和复活节,甚至采用基督徒的教名。在叙利亚、黎巴嫩和土耳其等地阿拉维派至今犹存。

上述卡尔马特派、德鲁兹派、尼扎里叶派和阿拉维派皆属什叶派中的极端派别,其教义学说已经背离《古兰经》的启示,与正统伊斯兰教的基本信仰相去甚远。即便什叶派中的十二伊玛目派和伊斯马仪派,亦拒绝承认上述极端派别的诸多理论,往往将这些派别的信徒视作异端或异教徒。

三、逊尼派思想体系的确立

1

在伊斯兰世界,哈瓦立及派和什叶派虽然影响较大,毕竟追随者人数有限。绝大多数的穆斯林尊奉正统伊斯兰教,统称逊奈与大众派,即逊尼派。逊奈是阿拉伯语之"行为"一词的音译,在伊斯兰教中特指先知的道路或先知的传统,而逊尼意为遵循逊奈的人。承认自阿布·伯克尔起历任哈里发的合法地位,是逊尼派穆斯林的基本政治原则。

伊斯兰教最初并不存在派别的划分,所谓的逊尼派尚无从谈起。自麦地那时代末期开始,哈瓦立及派和什叶派相继出现,或强调民主选举哈里发的政治原则,或追随阿里及其后裔。然而,绝大多数的穆斯林依旧尊奉正统的伊斯兰教。9世纪以后,尊奉正统伊斯兰教的穆斯林极力推崇先知的道路和先知的传统,自称遵循逊奈的人,以示区别于什叶派和哈瓦立及派的穆斯林,逊尼派由此形成。

2

在与什叶派和哈瓦立及派长期对立的过程中,尊奉正统伊斯兰教的穆斯林逐渐发展了相应的思想体系。穆尔吉叶派的出现,代表了正统穆斯林早期的温和倾向。

穆尔吉叶一词在阿拉伯语中本意为"延缓"。穆尔吉叶派依据《古兰经》"还有别的人留待安拉的命令;或惩罚他们,或饶恕他们"的启示,主张延缓判断穆斯林内部的诸多争端,待来世听候安拉裁决,故名。[1]

---

[1] 《古兰经》,9:106。

穆尔吉叶派最初只是具有中庸色彩的政治宗派,形成于麦地那时代后期穆斯林内部矛盾冲突日渐加剧的社会环境。当时,许多圣门弟子,包括赛耳德·阿比·瓦嘎斯、伊本·欧默尔、阿布·巴克拉、欧姆拉·侯赛尼在内,不愿附和其他政治势力而涉足权位争夺,竭力避免穆斯林之间的流血冲突,虽然身居险境,却恪守中立,洁身自好,成为穆尔吉叶派的先驱。相传,阿布·巴克拉曾经向众人传述如下的圣训:"穆圣说:祸患不久将至,那时,坐者强于行者,行者强于介入者;当祸患来临之时,赶驼者当去赶驼,牧羊者当去牧羊,耕田者当去耕田。有人问道:安拉的使者,若无驼可赶,无羊可牧,无田可耕,当如何?穆圣说:拿起利剑,用石击去剑锋,然后竭力自拔,切不可介入祸患。"①穆尔吉叶派倡导和平、反对暴力的无为思想,由此可见一斑。针对哈瓦立及派谴责奥斯曼和阿里的思想倾向,穆尔吉叶派认为:"阿里和奥斯曼都是安拉的仆人,安拉并未将罪过与他们两人联系起来;他们将依照各自的行为获得安拉的回报,安拉知晓他们所应得到的回报。"

倭马亚时代,穆尔吉叶派作为正统穆斯林的宗教派别,阐述区别于什叶派和哈瓦立及派的朴素理论,进而被视作"逊尼派的早期形式"②。一方面,穆尔吉叶派反对哈瓦立及派之过于强调恪守宗教功修的极端倾向,认为伊斯兰教的首要内容是内心的信仰及其表白,凡诵读沙哈达(即清真言)者,无论是否犯有大罪,皆应被视作穆斯林。另一方面,穆尔吉叶派反对什叶派追随阿里及其后裔的政治原则,认为历任哈里发的地位合法与否应当诉诸安拉定夺,反对穆斯林为此争执不休直至相互攻杀的暴力行为。③

---

① 艾哈迈德·爱敏:《阿拉伯伊斯兰文化史》,第 1 册,第 297 页。

② Watt,W.M.,*The Majesty That Was Islam, the Islamic World 661–1100*,pp.70–71.

③ Lambton,A.K.S.,*State and Government in the Medieval Islam*,pp.32–33.

3

　　自先知穆罕默德时代起,伊斯兰教便具有强调前定的思想倾向。《古兰经》中多处提及前定的概念,如:安拉"预定万物,而加以引导","任何民族都不能先其定期而灭亡,也不能后其定期而沦丧",安拉"创造你们和你们的行为"。"圣训"中也有如下的内容:"一个人不算有真正的信仰,除非相信善恶前定,相信正确者不会谬误而谬误者不会正确。"然而,《古兰经》在强调前定的同时,似乎又在一定程度上承认人的意志自由:"从你们的主发出的真理,确已降临你们。谁遵循正道,谁自受其益;谁误入歧途,谁自受其害","真理是从你们的主降示的,谁愿信道就让他信吧,谁不愿信道,就让他不信吧","每个人对自己的行为,都是要负责的"。[①]上述两种思想倾向在《古兰经》及"圣训"中的兼容并存,使正统穆斯林或者主张安拉前定,或者强调自由意志,见仁见智,观点各异。

　　麦地那时代,穆斯林大都尊奉安拉前定的信仰原则,否认人的自由意志。7 世纪末和 8 世纪初,随着穆斯林内部政治矛盾的加剧和教派分歧的扩大,逐渐出现与传统的前定论相反的思想倾向。盖德里叶一词在阿拉伯语中本意为"有能力选择"。盖德里叶派是伊斯兰世界反对前定论的先驱,巴士拉学者马尔白德·朱哈尼(? —699 年)和大马士革学者艾依拉尼(? —743 年)相继阐述盖德里叶派的自由意志论。他们认为,人具有意志的自由和选择善恶的能力,人的行为并不是出自安拉的前定,善举和恶行都是具有自由意志的人所选择的结果,应当由本人承担责任;所谓的前定论,将人的行为归结为安拉的前定, 无异等同于将人间的丑恶归结为安拉的意志,将人的罪责推卸于安拉,应当予以谴责。"盖德里叶派的追随者大都持反

---

　　① 《古兰经》,6:164,10:108,15:5,18:29,37:96,87:3。

对倭马亚王朝的政治立场。"①希沙姆当政期间,艾依拉尼公开反对前定论,宣传意志自由论,时人向哈里发告发,希沙姆遂下令断其手,刖其足,然后杀之。②

盖德里叶派的上述学说,遭到持传统观念的穆斯林的激烈反对。贾卜里叶派形成于8世纪前期,着力攻击自由意志论,进而论证前定至上的信仰原则。贾卜里叶一词在阿拉伯语中本意为"(安拉)使人的天性倾向于"。贾卜里叶派认为,人作为受造之物,绝无独立于安拉前定的自由意志可言,人的信仰、行为和命运皆系安拉前定,不可更改;所谓的自由意志论,强调人的意志不受安拉的支配,背离安拉独一的基本信仰,并有违抗安拉意旨的异端倾向,不可取之。呼罗珊人加赫姆·沙夫旺(? —745年)在论证前定思想的基础上,探讨安拉的本体属性。他认为,安拉是万物创造者,是使万物存在者,是决定万物运动者,是万物生死的赐予者,在安拉之外绝无独立存在的自由意志;安拉是唯一永恒的存在,天园、火狱乃至《古兰经》皆非永恒的存在,而是受造于安拉。

4

"穆尔太齐勒"一词在阿拉伯语中本意为"分离"。穆尔太齐勒派继承盖德里叶派的思想传统,进一步倡导自由意志的学说。

穆尔太齐勒派兴起于倭马亚王朝后期,创立者是巴士拉人瓦绥勒·阿塔(698—748年)和阿姆尔·欧拜德(699—762年)。两人曾经师从著名圣训学家哈桑·巴士里(642—728年),后因师生之间意见相左,于是另立门户,是为穆尔太齐勒派。

---

① Watt,W.M.,*The Majesty That Was Islam, the Islamic World 661–1100*,p.72.

② Lambton,A.K.S.,*State and Government in the Medieval Islam*,pp.34–35.

　　盖德里叶派出现较早,尚属朴素的自由意志论。自 8 世纪初开始,外来
思潮对伊斯兰世界的影响日渐扩大,穆尔太齐勒派在继承盖德里叶派的自
由意志论的基础上,广泛借鉴希腊哲学的思辨方式,尤其是以新柏拉图主
义的流溢说、亚里士多德的逻辑学和毕达哥拉斯的灵魂论等思想论证伊斯
兰教,形成伊斯兰教中的唯理主义信仰体系。[1]首先,穆尔太齐勒派将理性
的概念引入伊斯兰教的信仰体系,认为安拉作为万物的本原,通过理性创
造世界;灵魂是肉体的本质,理性是灵魂的源泉。其次,根据《古兰经》的相
关启示,安拉具有许多的属性,而安拉的本体与其属性的关系是穆斯林学
者长期争论的焦点问题。穆尔太齐勒派强调安拉本体的绝对独一,认为安
拉是超越时空的永恒存在,不具有独立于本体以外的任何属性。"至高无上
的安拉本身不是由多种事物组成的。对于由多种事物组成的复合物需要证
实各组成部分的存在,但各组成部分并不是复合物本身。因此,一切复合物
均需由它物组合而成。安拉是超绝的,是无需他物的。至高无上的安拉的本
质特性是独一无二的,其本身不存在任何复合形式,既没有量上的组合,如
身体之各部分,也没有概念上的认同,如人的本质和他的性格特征。安拉是
唯一的,具有绝对的唯一性,无论是在数量上或在概念上,均不可分。""安
拉其本体和属性是一个不可分割的整体,安拉的本体和属性不会发生任何
变化。"穆尔太齐勒派认为,使用各种拟人的属性形容安拉的行为,是对安
拉的亵渎,势必破坏安拉的独一存在和导致多神论倾向,应当坚决抵制,该
派因此称作"认主独一者"。再次,穆尔太齐勒派反对安拉前定的思想,将理
性视作信仰的基础,强调自由意志是世人选择善行或恶举的根源所在,安
拉将根据世人的自由意志所选择的行为予以公正的裁决,该派因此又称
"知主公道者"。"安拉非众仆行为(无论是善行还是恶行)之主动者。人的意

---

① Gordon,M.S.,*The Rise of Islam*,p.86.

志是自由的,人是自身行为之主动者。因此,人因其善行或恶行而得到不同的报应。"①最后,穆尔太齐勒派从独尊安拉的思想出发,承袭贾卜里叶派学者加赫姆·沙夫旺的观点,认为《古兰经》并非与安拉同在的永恒语言,而是受造于安拉和后于安拉的存在。②"《古兰经》是安拉创造的一种语言","是安拉将《古兰经》以排列有序的言语降下;是安拉根据需要分期降下;是安拉使《古兰经》以赞颂安拉开始,以祈求安拉保佑结束;是安拉使《古兰经》分成结构严密而又互相类似的两部分;是安拉将《古兰经》分成章节,使每一章节各有不同的段落和目的。这是创造的开始,这是发明的根源,这是前所未有的创造和发明才具有的特点。我们赞美独享'唯一'和'自有'而使其他一切都打上从无到有的后生之物的印记的安拉!是安拉降下《古兰经》这部词义明白、论证严密、富有启发性的、用标准阿拉伯语写成的读本"。③

穆尔太齐勒派在伊斯兰世界影响甚大,倭马亚时代末期曾经深受哈里发叶齐德二世和麦尔旺二世的赏识,阿拔斯时代一度成为哈里发国家的官方学说,直到 10 世纪被艾什尔里派取代。④

5

艾什尔里(874—935 年)全名阿布·哈桑·阿里·伊斯马仪·艾什尔里,系658 年阿兹鲁仲裁时阿里一方的代表阿布·穆萨·艾什尔里的后嗣,生于巴士拉。艾什尔里早年师从穆尔太齐勒派著名学者阿布·阿里·祖巴仪(850—915 年),潜心研读经训和教法,后与其师意见相左,于是宣称自悔前非,脱

---

① 艾哈迈德·爱敏:《阿拉伯伊斯兰文化史》,第 4 册,第 28 页,第 33 页,第 43 页。

② Ibn Khaldun, *The Muqaddimah*, Vol.3, p.49.

③ 艾哈迈德·爱敏:《阿拉伯伊斯兰文化史》,第 4 册,第 36 页。

④ Lambton, A.K.S., *State and Government in the Medieval Islam*, p.41.

离穆尔太齐勒派,另立门户,是为艾什尔里派。

艾什尔里精通伊斯兰教经典,并且熟知希腊哲学,著有《教义学原理的说明》和《伊斯兰教学派言论集》等,激烈抨击什叶派和哈瓦立及派的思想学说,同时极力弥合正统穆斯林内部诸学派之间的分歧,奠定了伊斯兰教的教义学基础。

关于安拉的本体及其属性,艾什尔里反对穆尔太齐勒派的否认安拉于本体以外存在属性的观点,强调安拉的本体与其属性是合而为一的永恒存在;然而,安拉的属性与人的属性具有本质的区别,不可将安拉的属性予以拟人化的形容。

关于安拉前定与自由意志,艾什尔里反对盖德里叶派和穆尔太齐勒派单纯强调自由意志的观点,亦与贾卜里叶派的安拉前定学说相异,而是兼顾《古兰经》中的安拉前定思想和自由意志倾向,认为安拉主宰宇宙万物并前定生死祸福,世人则可凭自由意志选择善恶。

关于理性与信仰,艾什尔里承认理性的作用,同时强调信仰之高于理性的地位,认为世人对安拉的认识不仅需要借助于理性的思辨,更要依靠经典的启示,理性的运用不能违背信仰的原则,理性必须服从信仰。

关于《古兰经》的性质,艾什尔里认为,《古兰经》是安拉本体的无始言语和永恒存在的绝对真理,《古兰经》的文辞形式则是非永恒的受造之物。[1]

艾什尔里派盛行于塞尔柱苏丹时期,尼扎姆·穆勒克曾在巴格达创办尼扎米耶大学,旨在传播艾什尔里派的教义学思想,抗衡开罗的爱资哈尔大学及其所传播的伊斯马仪派学说。

---

[1]　Schacht,J.,*The Legacy of Islam*, Oxford 1974, p.361.

6

呼罗珊人阿布·哈米德·穆罕默德·安萨里(1058—1111 年)继承和发展了艾什尔里的宗教学说,是哈里发时代逊尼派思想体系的集大成者。

安萨里早年师从艾什尔里派著名学者朱韦尼(1028—1085 年),并且求教于苏非派长老法尔玛基(？—1084 年),后来云游伊斯兰世界各地传教讲学,曾在大马士革的苏非派道堂隐居 10 年,体验精神修炼,著书立说。

安萨里的学说,以独尊安拉为核心,以《古兰经》和"圣训"为依据,博采伊斯兰教诸学派以及希腊哲学的思想精华,尤其是承袭艾什尔里关于安拉的本体及其属性的永恒存在和信仰高于理性的观点。[1]

安萨里的贡献在于将信仰区分为外在的信仰和内在的信仰,强调由外在信仰到内在信仰的升华。[2]为此,安萨里在摒弃苏非派关于泛神思想、漠视法定宗教功修和崇拜圣徒圣墓等内容的前提下,承认苏非派的强调内心直觉的信仰方式乃是实现由外在信仰到内在信仰升华的必要途径。[3]

安萨里的学说丰富了艾什尔里派的教义学思想,完善了伊斯兰宗教哲学的理论体系。安萨里因此被穆斯林誉为"伊斯兰教的伟大复兴者",西方学者则将安萨里称作"伊斯兰世界的奥古斯丁"。

---

[1] Schacht,J.,*The Legacy of Islam*,p.364.

[2] Ahmad,K.J.,*Heritage of Islam*,pp.290–291.

[3] Hourani,A.,*A History of the Arab Peoples*,pp.168–170.

四、正统伊斯兰教的宗教政治理论

1

历史唯物主义认为,社会存在决定社会意识;特定的政治环境,决定相应的政治理论。在哈里发时代的阿拉伯社会,正统伊斯兰教长期占据统治地位,正统穆斯林的政治理论得到广泛的发展,维护现存政治秩序的合法地位构成正统穆斯林政治理论的宗旨。

在中世纪的基督教世界,教会与国家长期并存,教权与俗权处于二元状态。"基督教的创立者吩咐他的信徒,将恺撒的权力交还恺撒,将上帝的权力交还上帝。"相比之下,"伊斯兰教的先知亦是穆斯林的君士坦丁","在伊斯兰教中,没有恺撒,只有安拉,穆罕默德是安拉的使者"。①

穆罕默德作为伊斯兰教的先知,兼有宗教权力和世俗权力,既是穆斯林的宗教领袖,亦是伊斯兰国家的化身。历代哈里发作为先知穆罕默德的继承人所统治的温麦,既是宗教意义的集合体,亦是政治意义的集合体。教会与国家被穆斯林视为同一概念,两者之间并无明显的界限。在穆斯林看来,只有信士与异教徒的差别,绝无教权与俗权的区分。因此,伊斯兰世界的宗教思想与政治理论浑然一体;宗教思想构成政治理论的前提,政治理论则体现为宗教思想的延伸和补充。

2

正统穆斯林政治理论的基本框架,是温麦的原则和沙里亚的学说。根

---

① Schacht,J.,*The Legacy of Islam*,p.156.

据正统穆斯林的政治理论,宗教是国家的基础,温麦是伊斯兰国家的外在形式;国家起源于安拉的意志,捍卫沙里亚的神圣地位是伊斯兰国家的目的。①

沙里亚一词在阿拉伯语中本意为"通向水源的道路",在伊斯兰教中特指安拉的法度,即伊斯兰教法,源于《古兰经》的如下启示:"我使你遵循关于此事的常道。你应当遵守那常道,不要顺从无知者的私欲。"②此处"常道"一词,在阿拉伯语中读为沙里亚。

正统穆斯林的政治理论认为,安拉是温麦的主宰,是世人的君王,而沙里亚是安拉意志的体现和安拉规定的法度,是先于国家的秩序和尽善尽美的制度,芸芸众生只有遵循沙里亚的义务,绝无更改沙里亚的权力。既然沙里亚是安拉的法度,而捍卫沙里亚规定的神圣秩序是国家的目的所在,那么国家无疑是合理的,国家的存在无疑是不可或缺的。

安萨里认为,君王是安拉在尘世的代治者,他所行使的权力应当使他的臣民望而生畏,从而使他的臣民相安无事,否则,安拉的法度将会无以维持,芸芸众生亦将受到无尽的伤害;因此,百年的苛政胜过一年的无序,而一日的公正治理强于 60 年的拜功。

伊本·泰米叶(1263—1328 年)则认为,世人无法孤立生活,只能相互依存,其本质是政治存在,因此,世人必须顺从自己的长官,顺从国家的秩序。"如果我们终生祈求安拉而仅有一次如愿,那么我们应当祈求安拉赐福我们的长官。"③

---

① Gibb,H.A.R.,*Studies on the Civilization of Islam*,London 1962,p.141.

② 《古兰经》,45:18。

③ Ibn Taymiyya,*Al-Siyasa al-shar'iyya*,Beirut 1966,p.139.

3

正统穆斯林政治理论的核心,是关于哈里发的学说。温麦作为伊斯兰国家的外在形式,其顶端是兼有宗教权力和世俗权力的哈里发。伊玛目是哈里发的宗教称谓,信士的长官则是哈里发的世俗称谓。[①]

麦地那时代末期,穆斯林内部矛盾加剧,冲突迭起,哈里发的权位归属成为穆斯林争执的焦点。倭马亚王朝的统治者极力强调,哈里发应当出自阿卜杜勒·麦纳夫的后裔,而阿卜杜勒·麦纳夫是倭马亚族和哈希姆族的共同祖先。麦地那时代诸哈里发均称作先知穆罕默德的继承人,倭马亚人则改称安拉的哈里发。马立克当政期间,出于其自身利益的需要,强调《古兰经》的前定思想,声称倭马亚王朝的统治是安拉的前定,不可更改,而反对倭马亚王朝即违背安拉的前定,是亵渎信仰和叛教的行为。诗人法拉兹德格(640—728年)曾有如下辞句:"大地属于安拉,安拉将大地上的一切托付给他的哈里发,哈里发的国家万世长存","麦尔旺的子孙是信仰的栋梁,仿佛天地以山岳作为支柱"。诗人贾里尔(653—733年)亦云:"安拉以启示和哈里发赐予世间,安拉所欲之事不可更改","如果没有启示和哈里发,世间便没有公正和聚礼"。

针对哈瓦立及派和什叶派的观点,正统穆斯林穆尔吉叶派崇尚前定的宗教倾向,主张延缓穆斯林内部的权位争执,留待安拉裁决。穆尔吉叶派强调顺从当政的哈里发,即使当政的哈里发罪恶多端,惩罚的权力只属于安拉而不属于臣民。穆尔吉叶派的代表人物阿布·哈尼法(700—767年)认为,哈里发应当出自古莱西部落;无论哪个古莱西人呼唤世人遵循经训的教诲,且行为公正,皆可被拥立为哈里发。穆尔吉叶派的上述思想,体现了维

---

① Lambton,A.K.S.,*State and Government in the Medieval Islam*,p.14.

护倭马亚王朝合法统治地位的政治倾向。

倭马亚时代正统穆斯林内部的政治反对派是盖德里叶派。盖德里叶派攻击穆尔吉叶派的前定倾向,崇尚意志自由,强调哈里发必须对自己的行为负责,认为哈里发如果缺乏公正的行为,即应自行退位,或被臣民罢免。科普特血统的盖德里叶派学者加伊兰·吉马士基(?—745年)否认具有古莱西人的身世是出任哈里发的必要条件,主张只有遵循经训的人方可成为合法的哈里发。他认为,哈里发"可以是古莱西人,也可以不是古莱西人,可以出自阿拉伯血统,亦可出自非阿拉伯血统,首要条件是虔敬安拉,通晓经训,行为公正……当古莱西人傲慢无礼、腐化堕落、作恶多端时,安拉必定使信士群起攻之,罢免其权力"[1]。

阿拔斯王朝建立后,正统穆斯林学者极力推崇麦地那哈里发国家是伊斯兰历史上的黄金时代,谴责倭马亚王朝的统治,称颂阿拔斯王朝的功绩,进而阐述君权神授和君权至上的政治理论。伊本·穆加法(724—759年)出身于法尔斯的摩尼教家庭,成年后改奉伊斯兰教。[2]伊本·穆加法认为,哈里发在遵循经训的前提下,具有至高无上的权力和地位,哈里发的统治无可争议,臣民无权约束哈里发的行为,只有顺从的义务。[3]"臣民无法找到实现自身幸福的出路,除非顺从哈里发的意志——因为臣民是软弱的和无知的。"阿布·尤素夫(731—798年)进一步指出,阿拔斯王朝的统治是安拉的选择,阿拔斯哈里发是安拉在尘世的代治者。"仁慈的安拉使拥有权力的人成为其在大地上的代治者,为民众设置光亮,启迪民众的心灵,规定民众的责任。拥有权力的人,其光亮的启迪包括维护神圣的教法、赋予民众相应的权利和义务。"[4]在此基础上,阿布·尤素夫阐述了绝对顺从当政哈里发的忠

---

[1] Lambton,A.K.S.,*State and Government in Medieval Islam*,pp.34-35.

[2] Lambton,A.K.S.,*State and Government in the Medieval Islam*,pp.49-50.

[3] Schacht,J.,*The Legacy of Islam*,p.408.

[4] Lambton,A.K.S.,*State and Government in the Medieval Islam*,p.53,p.56.

君思想,并且援引"圣训"如下:"畏惧安拉,顺从安拉;即便是一个鼻子扁平而面部丑陋的阿比西尼亚奴隶被赋予统治的权力,也要倾向于他的意志和顺从他的命令","顺从安拉的人便是顺从我的人,顺从伊玛目的人亦是顺从我的人。反叛我的人便是反叛安拉的人,反叛伊玛目的人亦是反叛我的人","如果伊玛目是公正的,报酬属于他,众人应当感谢。如果他是暴君,罪过属于他,众人应当忍耐"。阿布·尤素夫认为,统治者是臣民的牧人,他将为自己的行为和臣民的行为对安拉负责,而选择统治者和惩罚统治者的权力只属于安拉。"信士的长官!安拉赋予你(治理温麦的)重任,(这件事的)报酬将是最大的报酬,惩罚也将是最严厉的惩罚。"[1]

正统穆斯林与哈瓦立及派、什叶派之间最关键的区别在于"谁是合法的哈里发"。阿拔斯时代的正统穆斯林学者对此有大量的阐述。查希兹(775—869年)认为,教化臣民是哈里发的职责,博学则是出任哈里发的先决条件;哈里发应当是温麦中最杰出的人。[2]哈里发"应当勤于思考,学识渊博……或许有人在某些方面疏于这样的意念,成为统治者和哈里发,但他必须是同时代的人中最优秀的……只有像安拉的使者那样的人才能在各自的时代出任哈里发,才能行使相应的权力"[3]。巴格达迪(?—1037年)认为,出任哈里发应当具备四项条件:渊博的学识、虔诚的信仰、经国治世的才能和古莱西人的血统。

正统穆斯林政治理论的另一重要内容,是哈里发的产生方式。查希兹认为,哈里发可以产生于三种方式。首先,他援引阿布·伯克尔即位的先例,强调哈里发选举产生的原则。其次,他援引奥斯曼即位的先例,阐述协商确定哈里发人选的原则。最后,他援引阿拔斯王朝建立的先例,认为哈里发可

---

[1] Abu Yusuf,*Kitab al-Kharaj*,Cairo 1933,p.3,p.5,p.9.

[2] Schacht,J.,*The Legacy of Islam*,p.409.

[3] Pellat,C.,*The Life and Works of Jahiz*,London 1969,pp.65—66.

以产生于合法的暴力行为。巴格达迪认为,哈里发产生的最佳方式是民众的选举,哈里发的指定继承也是可以接受的方式;由于全体穆斯林参与的选举无法实现,选举者只能是少数具备相应资历的人;假如多人当选,且均符合条件,那么首先当选者应被视为合法的哈里发。[1]麦瓦尔迪(974—1058年)认为,哈里发应当产生于穆斯林的选举,选举者必须具备相应的条件,包括宗教资历、渊博的学识和公正的立场。他认为,哈里发具有十项权力和职责:一是保卫伊斯兰教信仰;二是执行伊斯兰教法律;三是保卫伊斯兰世界的疆域和穆斯林的安全;四是惩罚背叛信仰的行为;五是巩固伊斯兰世界的边防;六是致力圣战;七是征纳赋税;八是管理公共基金;九是任命官吏;十是监督公众生活。[2]他还援引如下经训作为理论依据:"达乌德啊!我确已任命你为大地的代治者,你当替人民秉公判决,不要顺从私欲,以免私欲使你叛离安拉的大道"[3],"你们当中的每一个人都是牧人,每一个牧人都要看管好自己的羊群"[4]。麦瓦尔迪的上述观点,从理论上赋予哈里发以广泛的宗教权力和世俗权力,反映其主张教俗合一权力体制的政治倾向。然而,在麦瓦尔迪生活的时代,哈里发的世俗权力丧失殆尽,哈里发国家名存实亡,其政治理论只能是对于鼎盛时代哈里发制度的历史回顾,而与当时的政治现实大相径庭。[5]

4

正统穆斯林的政治理论不仅阐述了温麦的思想和哈里发的学说,而且

---

① Lambton,A.K.S.,*State and Government in the Medieval Islam*,p.61,pp.78–79.

② Grunebaum,G.E.,*Medieval Islam*,p.159.

③ 《古兰经》,38:26。

④ Lambton,A.K.S.,*State and Government in the Medieval Islam*,p.92.

⑤ Schacht,J.,*The Legacy of Islam*,pp.411–412.

规定了穆斯林的相应义务。穆斯林作为臣民不仅要顺从哈里发的意志,更要遵循沙里亚和安拉的法度。民众顺从哈里发的前提条件,是哈里发的言行符合沙里亚的原则。否则,民众应当放弃对于哈里发的顺从,罢免哈里发的统治权力,直至诉诸暴力手段。因为,"圣训"中有如下内容:"众信士没有顺从罪恶的义务","不可顺从受造者而背离创造者"[1]。

伊本·穆加法和阿布·尤素夫强调君权至上和臣民绝对顺从的思想,查希兹则反对臣民无条件顺从哈里发的政治倾向。查希兹认为,无论何人,如果缺乏公正的行为,均应予以谴责,而无论何人禁止谴责不公正的行为,均应予以反对;如果统治者恐吓善良,纵容邪恶,偏袒固执,炫耀权势,蔑视民众,欺压臣属,以至于达到背离信仰的程度,穆斯林应当拒绝顺从并予以反抗;无端杀人者应当受到惩罚,即使统治者亦不例外;如果统治者忽视职责,滥用权力,臣民应当终止顺从的义务并予以谴责,直至罢免统治者。[2]

然而,穆斯林臣民终止顺从哈里发的义务,在正统穆斯林的政治理论中仅仅局限于笼统的阐述,缺乏明确的法律条文。相比之下,虽然哈里发必须遵循经训和执行沙里亚,但是何谓违背经训和沙里亚,教法学家却未作具体的规定。因此,臣民终止顺从哈里发的义务,往往只是理论上的虚构和道义上的制约,现实意义微乎其微,而忠君思想则是哈里发时代正统穆斯林政治理论的实质所在。

---

[1] Schacht,J.,*The Legacy of Islam*,p.161.

[2] Lambton,A.K.S.,*State and Government in the Medieval Islam*,p.63.

五、苏非主义的禁欲倾向与神秘色彩

1

　　"苏非"一词在阿拉伯语中本意为"羊毛"。苏非主义倡导禁欲和苦行的生活,其追随者大都身着羊毛粗衣,以示质朴,故得此名。苏非主义的禁欲倾向,源于《古兰经》的如下启示:"你们欲图今世生活的浮利,但是安拉那里有丰富的福利","你们欲得尘世的浮利,而安拉愿你们得享后世的报酬","你们应当知道:今世生活,只是游戏、娱乐、点缀、矜夸,以财产和子孙的富庶相争胜……在后世,有严厉的刑罚,也有从安拉发出的赦宥和喜悦;今世生活,只是欺骗人的享受"[①]。

　　苏非主义是一种由来已久的宗教思潮。倭马亚时代,波斯血统的圣训学家哈桑·巴士里在巴士拉讲学,从者甚多。哈桑·巴士里倡导清贫和宁静的生活方式,强调通过沉思冥想和自我审慎的途径,追求凡人行为与安拉意志的和谐,被后人视作苏非主义的奠基者。[②]他认为,了解安拉的人必须热爱安拉,了解尘世的人必须抛开尘世;只有放弃尘世的享乐,才能在死后摆脱火狱的刑罚。[③]库法人阿布·哈希姆(?—718年)率先奉行上述原则,是第一位获得苏非称号的穆斯林。

　　早期的苏非主义,具有朴素的禁欲倾向,蔑视世俗的荣华富贵,提倡苦修、独身、冥思、节食,主张连续守夜和徒步朝觐。对于苏非主义的追随者来说,尘世的贫苦、谦卑、忍耐、忏悔、静默,会使自己从永久的惩罚中得到拯

[①]　《古兰经》,4:94,8:67,57:20.

[②]　Lapidus,M.A.,*A History of Islamic Societies*, Cambridge 1988, p.110.

[③]　Hourani,A.,*A History of the Arab Peoples*,p.73.

救,进而享受天园的快乐。苏非主义的禁欲倾向,体现了身居社会下层的穆斯林对统治者奢侈和荒淫的消极反抗。

2

阿拔斯时代,苏非主义在崇尚禁欲和苦行的基础上,吸收新柏拉图主义和印度瑜伽学派等外来思潮的某些内容,逐渐形成颇具神秘色彩的宗教思想,而追求凡人与安拉的合一构成苏非主义神秘思想的基本准则。

8世纪后期,苏非主义的神秘思想主要是以神爱论阐述凡人与安拉的关系。根据伊斯兰教的传统观点,安拉是宇宙的主宰,凡人受造于安拉,是安拉的奴仆,因此凡人只有敬畏安拉和顺从安拉。不同于上述的传统观点,苏非主义的神爱论将安拉视作爱的对象,强调爱是接近安拉的必经之路,凡人与安拉之间唯有爱与被爱的关系。巴士拉人拉比尔·阿德威叶(717—801年)曾说:"我崇拜安拉,不是出于畏惧,也不是贪图天园,而是因为喜爱安拉,向往安拉。"①

9世纪初,苏非主义开始追求凡人与安拉之间的某种直觉和内心的领悟,进而形成神智论的思想。埃及人祖农·米斯里(796—860年)认为,人生的目标在于真正认识安拉并且与安拉合而为一,而达到这种境界的途径并非通过智力和理性,只能通过沉思冥想,使自我消失在安拉的神智之中,最终实现人的心灵与安拉之光的沟通。②

9世纪后期,苏非主义的神秘思想进入泛神论的发展阶段。波斯人比斯塔米(?—874年)将佛教的寂灭概念引入伊斯兰教,阐述无我的思想。比斯塔米认为,安拉存在于万物之中,大千世界即是安拉;人生的真谛不仅在

---

① Schacht,J.,*The Legacy of Islam*,p.369.

② Holt,P.M.,Lambton,A.K.S.&Lewis,B.,*The Cambridge History of Islam*,Vol.2B,p.607.

于认识安拉,而且要使自身消融于安拉之中,直至丧失自我意识,达到与安拉合一的状态。[1]继比斯塔米之后,波斯人哈拉智(857—922 年)发展了苏非主义的泛神论思想。哈拉智认为,安拉的本体是唯一的实在,大千世界只是幻象;凡人通过精神的修炼和灵魂的升华,最终可以超脱幻象,与安拉的本体合而为一,成为永恒的存在。[2]哈拉智声称"我就是安拉",并且写有如下的诗句:"他我分彼此,同是一精神;他想我所思,我思他所想";"我即我所爱,所爱即是我。精神分彼此,同寓一躯壳。见我便见他,见他便见我"。[3]哈拉智的观点无疑构成苏非主义神秘思想的极端内容,然而苏非主义的泛神论倾向却由此可见一斑。哈拉智于 922 年被阿拔斯王朝处以磔刑,死后被苏非派尊为殉道者。[4]

3

苏非主义的宗教实践,最初只是建立在个人基础之上的无组织的信仰方式。自塞尔柱苏丹时代开始,苏非主义的追随者逐渐出现聚合的倾向,进而在伊斯兰世界各地形成诸多教团组织。

苏非教团的成员通称"德尔维什"(源于波斯语,本意为贫民、乞丐),他们根据个人修炼的不同水平,分为若干等级。德尔维什即内心无任何念头的人,言而无语,视而不见,听而不闻,食而无味,无动无静,无喜无忧。每个教团都有称作道堂的宗教中心,也有各自的活动区域。

教团成员的主要功修内容是迪克尔,即时刻纪念安拉,反复赞颂安拉,

---

[1]　Watt,W.M.,*The Majesty That Was Islam, the Islamic World 661–1100*,p.189.

[2]　Schacht,J.,*The Legacy of Islam*,p.371.

[3]　Mez,A.,*The Renaissance of Islam*,p.301.

[4]　Hourani,A.,*A History of the Arab Peoples*,p.75.

直至达到无尽无休的程度。①迪克尔作为苏非教团的功修,源于《古兰经》的如下启示:"信士们啊! 你们应当常常纪念安拉,你们应当朝夕赞颂他超绝万物。"②迪克尔的念词,包括称作沙哈达的清真言、《古兰经》的启示、赞颂安拉和先知穆罕默德的内容, 以及某些具有神秘色彩的苏非派诗歌和散文。教团成员或高声赞念,修炼肉体,或低声默念,启迪心灵,或伴以和谐悦耳的音乐,或伴以婆娑旋转的舞蹈,种类多样,形式各异。

苏非教团的首领对于普通成员拥有绝对的权威,教团的创始人则往往被后来者视作圣徒并加以尊崇,由此形成苏非教团特有的圣墓崇拜。圣墓在阿拉伯语中称作"拱北",波斯语中称作"麻札"。个别教团常以朝拜圣墓取代朝觐克尔白。③

苏非教团数量繁多,大体分为三个系统。卡迪里教团、苏哈拉迪教团和里法伊教团始建于 12 世纪,分别以巴格达和巴士拉作为道堂所在,构成苏非教团中的伊拉克系。13 世纪,沙兹里叶教团兴起于突尼斯,巴达维教团兴起于埃及,构成苏非教团中的非洲系。阿萨维教团、库布拉维教团和契斯提教团分布在中亚和印度诸地,统称"苏非教团中的呼罗珊系"。

苏非主义并非独立的宗教政治派别, 只是表现为特定的信仰方式和生活原则。所谓的"苏非派",泛指追求禁欲生活和神秘信仰的穆斯林,他们中的一些人尊奉什叶派伊斯兰教,而更多的人属于逊尼派伊斯兰教,其政治观点和宗教信条或与什叶派相同,或与逊尼派吻合。苏非教团改变伊斯兰教以往不在民间传播的习俗,致力于在异教地区的传教事业。中亚、南亚、东南亚和非洲内陆的许多民族,皆因苏非的布道,相继皈依伊斯兰教。另外,苏非的传教活动并不诉诸武力,而采取和平的劝说方式;由于其布道对象大都是文化相对落后的民族,因此允许皈依者保留固有的生活习俗,颇为宽容。

---

①   Lapidus,M.A.,*A History of Islamic Societies*,p.110.

②   《古兰经》,30:17。

③   Mez,A.,*The Renaissance of Islam*,p.286,p.293.

六、伊斯兰教的法学流派

1

在伊斯兰世界,《古兰经》作为安拉的启示,是规范穆斯林社会行为的基本准则,是阿拉伯人最早的成文法典和伊斯兰教法律制度的原型。《古兰经》中有数节经文直接涉及法律的内容,然而它们大都只是原则的规定,缺乏具体的条款。"圣训"作为穆斯林尊奉的重要经典,广泛补充《古兰经》所规定的诸多原则,是伊斯兰教法律体系的另一基石。[①]但是,《古兰经》和"圣训"主要是针对先知穆罕默德时代阿拉伯半岛的特定社会环境,阐述相应的法律,具有明显的局限性。随着阿拉伯人的征服和伊斯兰世界的拓展,诸多法律问题在《古兰经》和"圣训"中无明文可循,只能由各级法官或宗教学者裁决。于是,区域性的教法学派应运而生。

倭马亚时代,圣门弟子及其再传弟子大都生活在希贾兹,尤其是聚集在圣城麦地那。他们在法律的理论和实践方面强调严格遵循《古兰经》的有关启示,广泛参照"圣训"确定的诸多条款,进而形成较为保守的麦地那学派,亦称圣训派。

伊拉克是倭马亚时代伊斯兰世界的另一文化中心,那里的圣门弟子及其再传弟子数量较少,尤其是阿拉伯人与非阿拉伯人以及穆斯林与异教徒杂居生活,法律诉讼颇为繁杂。由于环境的差异,教法学家不得不在没有《古兰经》和"圣训"的明文可凭遵循时,依靠个人的主观判断,广泛采用公议和类比的原则,进而形成教法实践相对自由的库法学派,亦称意志派。

圣训派和意志派的形成,集中体现了伊斯兰教早期法律思想的两种倾向。

---

①   Gibb,H.A.R.,*Studies on the Civilization of Islam*,p.198.

2

　　阿拔斯时代,伊斯兰教的法律制度日臻完善,形成著名的哈奈菲派、马立克派、沙菲仪派和罕百里派四大教法学派。

　　哈奈菲学派兴起于阿拔斯王朝初期,主要承袭库法的意志派传统,在遵循《古兰经》和审慎参照"圣训"条款的前提下,积极倡导类比和公议的法律原则,是伊斯兰世界最具自由倾向和宽容色彩的法律学派。哈奈菲学派创始人阿布·哈尼法(699—767 年)祖籍波斯,生于库法,早年经商,后来师从教法学家哈马德和圣训学家阿米尔以及什叶派第六代伊玛目贾法尔·萨迪克,研读经训,造诣颇深。阿布·哈尼法强调"圣训"条文的严格选用,主张缩小"圣训"作为司法依据的使用范围。在此基础之上,阿布·哈尼法重视执法者个人意见的价值和个人判决的必要性,积极倡导公道至上的法学思想,代表了伊斯兰教法学的最高成就。"阿布·哈尼法精通类比并大量使用类比,加之推论的广泛运用和对词义含混的经文的明确解释,为法学权威做出法律决断提供了有力的武器,这对伊斯兰教法产生了巨大的影响。"①阿布·哈尼法曾在库法和巴格达广招弟子,但是生前并无著述。他的弟子阿布·尤素夫著有《赋税论》一书,较为完整地阐述了阿布·哈尼法的法学观点。②

　　马立克学派的出现略晚于哈奈菲学派, 主要承袭麦地那的圣训派传统,强调遵循"圣训"规定的法律原则,反对执法者依照个人意见进行司法裁决。马立克学派创始人马立克·艾奈斯(715—795 年)生于麦地那,曾任麦地那大教长,在圣训学方面极有造诣,将自己的法学体系建立在"圣训"的基石之上。与阿布·哈尼法的明显不同之处在于,马立克·艾奈斯强调"圣

---

①　艾哈迈德·爱敏:《阿拉伯伊斯兰文化史》,第 3 册,第 183—184 页。

②　Watt,W.M.,*The Majesty That Was Islam, the Islamic World 661–1100*,pp.122–123.

训"条文的广泛选用,主张扩大"圣训"作为司法依据的使用范围,积极倡导遵循圣训学家的司法实践,而在采用类比和公议方面持相对审慎和保守的态度。马立克·艾奈斯著有《圣训易读》一书,收集整理有关法律的"圣训"条文 1700 余项,阐述当时盛行于麦地那的各种司法准则,作为马立克学派的教律,是流传至今的最古老的伊斯兰教法学文献。[1]

沙菲仪学派汲取麦地那学派和库法学派的思想精华,兼重"圣训"条文和公议原则,是颇具中庸色彩的法律学派。沙菲仪学派创始人穆罕默德·伊德利斯·沙菲仪(767—820 年)属于古莱西部落,出生于加沙,后移居麦加,继而定居于麦地那,幼年丧父,家境贫寒,曾经长期师从马立克·艾奈斯研习教法,亦谙熟哈奈菲派教法,后在巴格达和弗斯塔特执教。沙菲仪的贡献在于,赋予伊斯兰教法律的传统概念和原则以崭新的含义,系统阐述伊斯兰教的法律渊源,进而形成较为完备的法学思想体系。沙菲仪学派的特点是广泛采用公议的原则,将公议视作最高的司法权威,使公议的裁决由允许使用的方法上升为必须遵行的原则。沙菲仪学派的另一特点,是强调严格的类比推理原则,主张类比的运用必须局限于经训条文未作明确规定的情况下,推理必须依据《古兰经》和"圣训"以及公议所核准的原则予以引申,反对违背上述原则的随意解释。[2]相传,沙菲仪曾经告诫弟子如下:"经训是根本。若无经训,可用类比","学问的要旨是经训、公议和名言,其次是类比……只有掌握了类比本领,即精通《古兰经》的律例、义务、礼仪、新旧章节的人,才能使用类比;只有对圣训、先人的主张、众人的公议极其了如指掌,并精通阿拉伯语的人,才可使用类比;只有头脑健全、思维清楚、善解疑难、审慎稳重、不轻易下结论又不拒绝听取不同意见以减少疏忽和增强信心的人,才有资格使用类比。为此,使用类比的人需鞠躬尽瘁,倾全力秉

---

[1] Watt,W.M.,*The Majesty That Was Islam, the Islamic World 661–1100*,p.123.

[2] Watt,W.M.,*The Majesty That Was Islam, the Islamic World 661–1100*,pp.127–128.

公执法,方知言出何处,所断何因"。①

艾哈迈德·罕百里(780—855年)系移居呼罗珊的阿拉伯人后裔,属于舍伊班部落,祖居木鹿,生于巴格达,早年游历各地搜集"圣训",并且师从沙菲仪研习教法,曾因反对穆尔太齐勒派的"《古兰经》受造说"而遭阿拔斯王朝的监禁。罕百里学派承袭麦地那学派和马立克学派的法学传统,恪守《古兰经》的字面经文和"圣训"的法律条款,将《古兰经》和"圣训"视作不谬的法学原则,认为理性判断和公议类比不足凭信,故而又称经典派。②"罕百里教法的大部分是建立在圣训基础上的。即如果他找到一条正确的圣训,就不再顾及其他;如果找到圣门弟子的一项裁决,就遵照执行;如果发现圣门弟子对律例有多种解释,就择其最符合经训者用之;有时圣门弟子对同一案例有两种不同的裁决,就将两种裁决都传述之;如果只有再传弟子传述的圣训或不大可靠的圣训,他也宁肯选用而不使用类比。总之,不到万不得已,罕百里是不使用类比的。"③罕百里学派是伊斯兰教法学流派中保守主义的主要代表,具有明显的复古倾向。艾哈迈德·罕百里曾经以其渊博的学识和虔诚的信仰得到穆斯林的广泛崇敬,但是罕百里学派却由于守旧和死板而在伊斯兰世界影响其微,追随者寥寥无几。

---

① 艾哈迈德·爱敏:《阿拉伯伊斯兰文化史》,第3册,第219页,第221页。

② Watt,W.M.,*The Majesty That Was Islam, the Islamic World 661–1100*,pp.129–130.

③ 艾哈迈德·爱敏:《阿拉伯伊斯兰文化史》,第3册,第231—232页。

第七章

伊斯兰世界的文化成就

伊斯兰文化演进的社会氛围

文学

艺术

历史学

哲学

自然科学

一、伊斯兰文化演进的社会氛围

1

伊斯兰文化是信奉伊斯兰教的阿拉伯人、波斯人、突厥人、柏柏尔人诸多民族共同创造的文化,由于他们使用阿拉伯语作为文化创造的载体,所以常被称作阿拉伯文化。伊斯兰文化是一种兼容并蓄的复合文化,主要包括三个方面的文化因素:阿拉伯人固有的文化与伊斯兰教、古典时代的希腊文化与罗马文化、古代东方的波斯文化与印度文化。伊斯兰文化的演进,仿佛涓涓溪流汇成滔滔江河一般,长达数百年之久。阿拔斯时代无疑是伊斯兰文化的鼎盛时代,然而伊斯兰文化的源头却要追溯到 7 世纪初的阿拉伯半岛。

哈里发国家发动大规模对外扩张之前,生活在半岛的阿拉伯人多是不识字的文盲,游牧群体尤为如此。[①]据历史家白拉祖里记载,伊斯兰教诞生

---

①   Ibn Khaldun,*The Muqaddimah*,Vol.3,p.311.

初期,麦加的古莱西部落中能书写者只有 17 人,麦地那的奥斯部落和哈兹拉只部落中能书写者只有 11 人。[①]两座圣城尚且如此,其他地区能书写者更是凤毛麟角。

先知穆罕默德和最初四位哈里发当政期间,麦地那和麦加是伊斯兰世界的两大文化中心。那时的学者主要是阿拉伯血统的圣门弟子,他们大都长于宗教学的研究。例如:欧默尔精通教法,被时人誉为"立法的栋梁";其子阿卜杜拉致力于"圣训"的搜集和研究,可谓圣训学的奠基者;阿卜杜拉·阿拔斯深谙《古兰经》,是经注学的创始人,有"经典诠释的宗师"之美称;栽德·萨比特能够背诵全部《古兰经》,曾经受阿布·伯克尔和奥斯曼的委托,两次主持整理和汇集《古兰经》,并且在诵经学方面颇具权威。圣门弟子中阿拉伯人居多的状态,导致纯粹阿拉伯风格的文化在伊斯兰世界中的主导地位。

2

倭马亚时代,圣门弟子相继去世,再传弟子成为伊斯兰文化的主要代表,伊拉克的巴士拉和库法逐渐取代希贾兹的麦地那和麦加,成为新的文化中心。再传弟子中固然不乏阿拉伯人,但是异族血统的穆斯林日渐增多,其中一些学者在伊斯兰世界闻名遐迩。相比之下,阿拉伯血统的再传弟子大为逊色。随着伊斯兰教的广泛传播和再传弟子中异族穆斯林的增多,非阿拉伯风格的文化倾向在伊斯兰世界日趋显见。

许多犹太人和基督徒改奉伊斯兰教以后,往往根据《圣经》中的相关传说诠释《古兰经》中的某些启示,从而形成"基督教式与以色列式"的经注学。[②]例如,犹太血统的穆斯林阿卜杜拉·赛兰在诠释《古兰经》中关于安拉

---

① 　艾哈迈德·爱敏:《阿拉伯伊斯兰文化史》,第 1 册,第 149—150 页。

② 　Ibn Khaldun,*The Muqaddimah*,Vol.2,p.445.

创世的启示时写道:安拉于礼拜日开始创造宇宙万物,礼拜日和礼拜一造化地面,礼拜二和礼拜三造化粮食和山岩,礼拜四和礼拜五造化诸天,到了礼拜五的最后一个时辰,才忙着把阿丹造化出来,末日天地的毁灭,就是发生在造化阿丹的这个时辰。[①]诸如此类的《古兰经》诠释比比皆是,不胜枚举,且在穆斯林中传播甚广,影响极大。

希腊哲学博大精深,堪称西方古典文化的精髓。倭马亚时代,许多穆斯林学者对希腊哲学颇有研究,试图借鉴希腊哲学的逻辑推导和理性思辨的原则论证伊斯兰教信仰,探讨诸如安拉的本体与其属性的关系、安拉前定与自由意志的关系以及宇宙观、认识论等神学命题和哲学命题,进而形成穆斯林特有的宗教哲学体系即教义学。

另外,拉丁语及希腊语与阿拉伯语的法学术语颇多相似,体现了地中海古典世界的法学思想和法律概念对于伊斯兰教法的广泛影响;基督教中关于救世主的概念则应是什叶派伊斯兰教之马赫迪思想的原型。

3

阿拉伯人的征服、哈里发国家的统治、社会结构的变化、诸多民族的融合、伊斯兰教的传播和阿拉伯语的流行,无疑构成伊斯兰文化演进的深层背景。阿拔斯王朝前期长达百年之久的翻译运动,则为伊斯兰世界"智力的觉醒"提供了重要的条件。

历代哈里发大都奉行较为宽容的宗教政策,积极倡导翻译非伊斯兰教的典籍文献。曼苏尔不仅以建造巴格达著称于世,而且酷爱学术,尤其对异族文化情有独钟,命人将波斯语的医学典籍、梵语的天文学典籍和希腊语的数学典籍译成阿拉伯语,首开阿拔斯时代百年翻译运动的先河。

---

① 艾哈迈德·爱敏:《阿拉伯伊斯兰文化史》,第1册,第168页。

马蒙当政期间是百年翻译运动的鼎盛阶段,巴格达、军迪沙浦尔、亚历山大、豪兰、安条克、爱德萨和奈绥宾成为伊斯兰世界文献典籍的翻译中心。830年,马蒙耗资20万第纳尔,在巴格达建立综合性的学术机构,名为智慧宫,包括翻译局、图书馆和科学院,重金聘请穆斯林学者和非穆斯林学者从事翻译和著述。阿拔斯王朝前期最负盛名的翻译家侯奈因·伊斯哈格(809—873年),是阿拉伯血统的景教徒,精通希腊语,曾经将柏拉图的《理想国》、亚里士多德的《范畴篇》《物理学》和《伦理学》、盖伦和希波克拉底的全部医学著作以及《圣经·旧约》译成阿拉伯语。据说,马蒙依照侯奈因·伊斯哈格译著的重量,付以等量的黄金作为报酬。[1]另一著名的翻译家萨比特·古赖(836—901年),是豪兰的萨比教徒,以翻译数学和天文学典籍而著称,其子嗣三代数人皆在翻译领域颇有建树。

广泛的翻译运动使内容丰富的异教文化逐渐植根于伊斯兰世界的沃土,亦使穆斯林学者得以博采众长,而翻译的过程本身往往包含着文化的创造。自9世纪中叶起,阿拔斯哈里发国家趋于解体,伊斯兰文化却开始进入日渐繁荣的黄金时代,异彩纷呈,成就斐然。

---

[1]　Watt,W.M.,*The Majesty That Was Islam, the Islamic World 661–1100*,p.135.

二、文学

1

阿拉伯人擅长诗歌,诗歌是阿拉伯人最重要的文学体裁。查希里叶时代,各个部落的诗人往往汇聚在欧卡兹集市,举行赛诗会。那时的诗歌,分为称作麦格图阿的短诗和称作格绥达的长诗。诗歌的内容,主要是夸耀部落的高贵谱系、称颂部落的征战业绩、思念情侣和诽谤仇敌。①麦加克尔白神殿墙壁上的七首"悬诗",被视为阿拉伯诗歌的精品,代表了查希里叶时代阿拉伯诗歌创作的最高成就。②

伊斯兰教诞生初期,宗教的炽热情感和圣战的狂潮使阿拉伯人似乎忘却了自己的诗歌,诗人的地位急剧下降。倭马亚王朝建立后,诗歌创作再度兴盛。

在希贾兹的两座圣城,歌舞升平,娱乐成风,爱情诗颇为盛行。麦加人欧默尔·阿比·拉比尔(? —712 年)出生于古莱西部落的麦赫朱姆氏族,家境殷实,相貌俊美,几乎将一生倾注在爱河之中。其诗作在形式上打破了古体诗的传统格局,语言清新明快,长于叙事,富于激情,放荡不羁,玩世不恭,被西方人称作"阿拉伯的奥维德"。贾米勒(? —701 年)属于欧兹拉部落,出生于麦地那,钟爱本部落的女子卜赛娜,却未能结成良缘,所作长诗表达了其柏拉图式的恋爱心理,语言朴实而不乏柔情,后来曾被谱成歌曲,在民间广为吟唱。

"肥沃的新月地带"是阿拉伯人权力角逐的舞台,政治斗争成为诗歌创

---

① Ibn Khaldun,*The Muqaddimah*,Vol.2,p.402.

② Ibn Khaldun,*The Muqaddimah*,Vol.3,p.410.

作的重要素材。艾赫泰勒(640—710年)、法拉兹德格(640—728年)和贾里尔(653—733年)长于政治诗,号称"文学三杰"。艾赫泰勒系塔格里布部落的基督教徒,后来移居大马士革,成为哈里发的宫廷诗人,赞颂倭马亚家族的高贵血统和辉煌政绩。相传,艾赫泰勒由于嗜酒如命,始终不肯皈依伊斯兰教。艾赫泰勒的诗作选材广泛,想象丰富,观察敏锐,描写细腻,生动记述了倭马亚王朝前期的政治情况。法拉兹德格和贾里尔均属于塔米姆部落。其中,法拉兹德格出生于巴士拉,少年随父学诗,青年时崭露头角,常以刻薄的语言讥诮达官贵人,后入大马士革,为哈里发歌功颂德。其诗作语言丰富,气势宏大,颇有贝都因人的粗犷风格。贾里尔出生于叶麻麦的贝都因家庭,天资聪颖,自幼擅长赋诗,后来移居巴士拉,曾在大马士革效力于倭马亚哈里发。其诗作继承了查希里叶时代阿拉伯诗歌的风格,对沙漠旷野和游牧生活独具情感,称赞贝都因人的侠肝义胆、辞藻华美,风格婉约。①

阿拔斯王朝前期,阿拉伯人传统的诗歌风格在伊斯兰世界仍然占据主导地位。阿布·泰马姆(788—845年)出身叙利亚的基督教家庭,后来改奉伊斯兰教,马蒙和穆尔台绥姆当政期间曾是巴格达哈里发的宫廷诗人。阿布·泰马姆深受希腊哲学思想的影响,所作诗歌大都取材于宫廷逸事,沿袭阿拉伯古诗风格,语言纯正,辞藻华丽,富于哲理,寓意颇深。阿布·泰马姆还曾编选诗集多部,其中《穆法德勒诗选》和《坚贞诗集》收录自查希里叶时代至阿拔斯王朝前期阿拉伯人的诗歌佳作800余首,流传至今。

由于异族文化的广泛影响,阿拔斯时代伊斯兰世界的诗歌创作开始突破阿拉伯古诗风格的界限, 新的诗歌形式渐趋盛行。阿布·努瓦斯(757—814年)生于波斯南部的胡齐斯坦,曾在伊拉克求学,通晓经训和诗律,后来博得哈伦和爱敏的赏识,成为宫廷诗人。阿布·努瓦斯长于情诗和酒诗,格律严谨,内容诙谐生动;其情诗自由奔放,极富情感,酒诗色彩绚丽,构思奇

---

① Watt,W.M.,*The Majesty That Was Islam, the Islamic World 661–1100*,pp.90–91.

特。阿布·努瓦斯在生活方面反对禁欲苦行,鼓吹尽情享乐,在艺术方面反对因循守旧,刻意追求新颖,是当时新诗创作的杰出代表。阿拔斯王朝前期新诗创作的另一代表人物阿布·阿塔希叶(748—825 年),出身伊拉克的麦瓦利家庭,早年境况寒微,后来成为巴格达的宫廷诗人,曾经钟爱马赫迪后宫的侍女欧特白,常赋诗抒发情感,并且一度因此事而身陷囹圄。哈伦当政期间,阿布·阿塔希叶放弃哈里发赐予的高额年俸和奢侈豪华的宫廷生活,追随苏非主义,隐居苦修。阿布·阿塔希叶的前期诗作取材于巴格达的宫廷生活,多为情诗和颂诗,后期诗作取材于隐居苦修的生活经历,颇具苏非主义的神秘思想和悲观厌世的浓厚色彩。[1]阿布·阿塔希叶曾被后人誉为"阿拉伯宗教诗之父",其诗作的生活观与阿布·努瓦斯的享乐主义形成鲜明的对比。

阿拔斯王朝中期,最著名的诗人是穆泰奈比(915—968 年)。穆泰奈比生于库法的阿拉伯人家庭,信奉什叶派伊斯兰教,曾因参与卡尔马特派的起义而遭监禁。948 年,穆泰奈比来到叙利亚北部的阿勒颇,在赛弗·道莱的宫廷创作诗歌。后来,穆泰奈比游历开罗、巴格达和设拉子,直至死于盗匪的袭击。他的诗作取材于颠沛流离的生活,其中 80 余首是献给赛弗·道莱的精品,隐喻微妙,风格夸张,富于伊斯兰哲理,对后来的诗歌发展影响甚大。[2]叙利亚的阿布·阿拉·麦阿里(973—1057 年)是略晚于穆泰奈比的另一著名诗人,出身于塔努赫部落,幼年因患天花,双目失明,后来辗转各地求学,深受穆尔太齐勒派影响,崇尚理性,直到 1009 年返回家乡,素食隐居,专心著述。麦阿里的诗作《燧火》,记述了其坎坷的身世,抒发了思念亲人和探索人生真谛的内心情感。长诗《作茧集》反映了麦阿里对于宇宙、社会、宗教和人生诸多问题的一系列观点,富有哲理性和思辨倾向,麦阿里因

①   Watt,W.M.,*The Majesty That Was Islam, the Islamic World 661–1100*,p.148.

②   Hourani,A.,*A History of the Arab Peoples*,p.51.

此被誉为"诗人中的哲圣,哲人中的诗圣"。

2

散文是阿拉伯文学的另一重要的体裁形式。伊斯兰教的经典《古兰经》,风格质朴,语言简洁,气势宏伟,意境奇妙,抑扬顿挫,娓娓动听,堪称阿拉伯散文的典范佳作,甚至西方的基督教学者亦对《古兰经》的文学价值多有称道。[①]

阿拔斯时代,刻意追求辞藻华丽和风格优雅成为伊斯兰世界的文学时尚,具有波斯文学之浓厚色彩的艺术散文逐渐风行。伊本·穆加法生于伊朗南部的法尔斯省,原系波斯血统的琐罗亚斯德教徒,阿拔斯王朝建立后改奉伊斯兰教,756 年被曼苏尔以"伪信者"的罪名处死。伊本·穆加法自幼受到良好的教育,博览群书,著述颇丰,曾经将印度的梵语典籍《五卷书》从古波斯语译成阿拉伯语,并且按照时人的习俗和情趣,予以改编和加工,取名《卡里莱和迪木乃》。该书以狮、猴、牛、狐、鼠、鱼等数十种动物作为角色,包括 60 余个故事,其中半数系伊本·穆加法增添的内容;卡里莱和迪木乃是两只狐狸的名字,分别代表善的形象与恶的形象。伊本·穆加法在该书的前言中提及作者的四个目的:第一,用没有理智的禽兽间的对话作为题材,是为了吸引喜爱诙谐故事的少年人;第二,用各种动物的思想影射帝王的内心世界,借此规劝他们的行为;第三,用动物的形象作为体裁,投合帝王和民间的喜好,让众人口授笔录,流传后世;第四,向帝王提出忠谏,也使百姓明辨是非。[②]该书以动物界比喻人类社会,阐述作者的伦理观念和处世准则以及改革社会和治理国家的政治抱负,想象丰富,寓意深刻,颇具诱人的魅

---

① Schacht,J.,*The Legacy of Islam*,p.321.

② 艾哈迈德·爱敏:《阿拉伯伊斯兰文化史》,第 2 册,第 203 页。

力,开创了伊斯兰世界艺术散文的先河,并且对后世的文学发展产生了深远的影响。①

查希兹本名为阿布·奥斯曼·阿姆尔·巴赫尔,是巴士拉的黑奴后裔,曾经游历各地,阅历甚广,谙熟阿拉伯文化、希腊文化和波斯文化,著述多达数百种,但大都散佚,传世的主要著作是《动物志》②。该书依据亚里士多德的动物学著作,取材于各种动物的分布和特性,采用"养鸡人"与"养狗人"之间争论的形式,穿插大量的故事传说和经训典故。《古兰经》的许多章节以动物作为名称,如"黄牛""牲畜""蜜蜂""蚂蚁""蜘蛛""象",并且提及动物的奥妙和对人类的益处。查希兹在《动物志》中声称,该书的写作目的是通过描述动物来显示安拉的智慧和威力,进而阐明宗教哲理。查希兹在《动物志》中还曾讲述自己的写作方法:"从《古兰经》的启示到名言警句,从名言警句到史料,从史料到诗歌,从诗歌到趣闻,从趣闻到格言、戒律和教训,人们都可以读到。训诫部分最沉闷,令人生厌,故而需要幽默、戏谑,讲些笑话以及并不荒诞的神话","在进入正题之前,我们将会读到很多佳句妙语,以引起思绪和注入活力……假如不是有人要求学、有人要写书,我就不会在书中对他们这样循循善诱,这样小心翼翼,就不需要做这么冗长的铺陈和大量的解释了。"③查希兹继承和发展了伊本·穆加法艺术散文的写作风格,《动物志》堪称阿拔斯时代伊斯兰文坛的瑰宝,备受后人推崇。

脍炙人口的文学名著《一千零一夜》(即《天方夜谭》),最初取材于波斯故事集《海扎尔·阿弗纳萨》(意为《一千个故事》),后来增加阿拔斯时代巴格达的宫廷秘史和伊拉克的传闻逸事,直至补充来自马木路克时代的埃及民间故事。该书原系说书人在民间口传,10世纪时由巴格达人海什尔里整

---

① Hourani,A.,*A History of the Arab Peoples*,p.51.

② Hourani,A.,*A History of the Arab Peoples*,p.52.

③ 艾哈迈德·爱敏:《阿拉伯伊斯兰文化史》,第2册,第372页。

理,是最早的版本。15 世纪,《一千零一夜》在埃及最后定型。相传,古代的一位国王,名山鲁亚尔,因王后不忠,将其处死,但仍不解心头之恨,于是每晚娶一少女,次日天明杀之,延续数年,百姓惊恐万状,纷纷携家眷出逃。宰相之女山鲁佐德为拯救无辜姐妹,自愿进宫,陪伴国王,讲述故事,扣人心弦,意犹未尽,长达一千零一个夜晚,终于滴水穿石,感化国王,令国王痛改前非。《一千零一夜》一书由此得名。该书包括神话传说、宫廷逸闻、航海历险、名人趣事,所涉人物上至哈里发,下至庶民,构思奇妙,情节曲折,语言优美,塑造对象千姿百态,通过怪诞不经的题材、挥洒豪放的艺术手法和神秘莫测的东方色彩,生动地展示了哈里发时代伊斯兰世界社会生活的斑斓画面。①

---

① Schacht,J.,*The Legacy of Islam*,pp.336–337.

三、艺术

1

阿拉伯音乐起源于贝都因人的游牧生活,最早的韵律是赶驼者按照骆驼行进的节奏吟唱的曲调。查希里叶时代,出现了商旅驼队吟唱的民谣,多神崇拜的祭祀仪式往往也伴以相应的颂歌。

伊斯兰教鄙视音乐,认为歌唱是魔鬼的行为,迷恋歌唱会使人背离信仰和误入歧途。然而,倭马亚时代,宗教情感淡薄,娱乐成风。在希贾兹的两座圣城,云集着来自叙利亚和伊拉克的歌手,吟唱拜占廷和波斯的歌曲。[①]麦加的黑人歌手赛义德·米斯哲哈曾经在叙利亚和伊拉克学习拜占廷音乐和波斯音乐,将阿拉伯诗歌按照波斯人的旋律谱成曲调,可谓伊斯兰音乐的开山祖师。[②]继赛义德·米斯哲哈之后,伊斯兰世界的乐坛出现五位著名歌手:伊本·苏拉吉系突厥人,曾经师从赛义德·米斯哲哈学习音乐,相传伊本·苏拉吉将波斯琵琶引入希贾兹,并且首先使用乐鞭指挥演奏;盖立德系柏柏尔人,曾经向伊本·苏拉吉学习音乐,后来成为名声大噪的歌手;伊本·穆哈拉兹系波斯人,被誉为"阿拉伯的响板手";麦尔巴德系非洲黑人,曾在大马士革的宫廷演唱歌曲,备受哈里发的恩宠;麦地那的歌妓迦米拉,堪称希贾兹乐坛的佼佼者。

阿拉伯人原有的乐器,主要是手鼓、长笛、芦管和皮面琵琶。倭马亚时代,波斯的板面琵琶和木质笠笛等许多乐器相继传入。倭马亚王朝的哈里

---

① Ibn Khaldun,*The Muqaddimah*,Vol.2,p.402,p.404.

② Schacht,J.,*The Legacy of Islam*,p.495.

发和达官贵人大都效仿波斯风习,经常举办歌舞晚会。①

阿拔斯时代,乐坛歌手层出不穷,音乐成为巴格达人乐此不疲的谈论话题。②马赫迪当政期间,麦加人谢雅图和摩苏尔人易卜拉欣颇具音乐天赋。据说,谢雅图的歌声比洗热水澡更能使发冷的人感到温暖,易卜拉欣竟然在指挥数十名乐手演奏琵琶的时候发现其中一人的第二根琴弦拉得不够紧。后来,易卜拉欣成为哈伦的清客,受到哈里发的礼遇,经常得到数额可观的赏赐。穆哈里格曾经师从易卜拉欣学习音乐,是哈伦当政期间的宫廷歌手。一个夜晚,穆哈里格在底格里斯河边引吭高歌,无数听众纷至沓来,聆听他的美妙歌声,人们手中的火炬,使整个巴格达通明如昼。阿拔斯时代,穆斯林将音乐视作数学的分支,将希腊语的音乐著作译成阿拉伯语,进而发展了伊斯兰世界的音乐理论。③

巴格达的音乐家伊斯哈格·伊卜拉欣·摩绥里撰写数部著作,总结音乐理论和创作实践,论述旋律和节奏的构成。④著名学者法拉比深入探讨了音乐的结构、曲调和节奏,所撰写的《音乐大全》和《节奏分类法》,被时人视为音乐理论的权威之作,并对西方音乐产生一定的影响。⑤伊斯哈格·伊卜拉欣·摩绥里的仆人奇尔雅卜曾经在巴格达乐坛名噪一时,后流落安达卢斯,备受后倭马亚王朝埃米尔哈卡姆·希沙姆的青睐,直至入住埃米尔的宫廷,每日为埃米尔吟唱。⑥

---

① Ibn Khaldun,*The Muqaddimah*,Vol.2,p.396,p.404.

② Ibn Khaldun,*The Muqaddimah*,Vol.2,p.404.

③ Ibn Khaldun,*The Muqaddimah*,Vol.3,p.112.

④ Ibn Khaldun,*The Muqaddimah*,Vol.2,p.404.

⑤ Ahmad,K.J.,*Heritage of Islam*,pp.196–197.

⑥ Ibn Khaldun,*The Muqaddimah*,Vol.2,p.405.

2

　　伊斯兰教反对绘制人和动物的画像。相传,先知穆罕默德曾说:"复生日在真主面前,遭受烈刑者当为画有生命之物的像的画家","谁在今世绘制有生命之物的像,在复生日那人将被迫为其所画之像注入生命,而他是无法注入生命的"。当然,宗教规定与现实生活往往不尽一致。伊斯兰教禁止饮酒,却有许多穆斯林酗酒成性。伊斯兰教鄙视音乐,却有许多穆斯林沉溺于歌舞之中。同样,伊斯兰教反对绘像,却无法杜绝穆斯林中的某些人欣赏和绘制各种动物的图像和人像的行为。

　　倭马亚时代的著名建筑阿木赖宫,内有许多出自异教徒之手的精美壁画。阿拔斯王朝的哈里发穆尔台绥姆于836年营建萨马拉时,招募基督徒画匠用裸体人像和狩猎场面的壁画装饰新都的内宫。穆台瓦基勒当政期间,哈里发聘请的拜占廷画匠甚至将基督教堂和僧侣的图案画在萨马拉的内宫墙壁。①

　　但是,经训的规定毕竟限制着穆斯林绘制图像的行为,伊斯兰教的清真寺始终不允许使用任何有生命的形象装饰殿堂。

　　穆斯林长期遵循经训的教诲,崇尚书法艺术,誊抄《古兰经》蔚然成风。由于绘画内容的诸多限制,穆斯林大都在书法领域尽情显露自己的艺术才华。他们不断汲取异族和异教的绘画技巧,将自然的美感融会于书法艺术之中,使书法艺术达到炉火纯青的境界。

　　伊斯兰教诞生之初,皮革是最重要的书写材料。麦地那时代,库法体阿拉伯文颇为盛行。库法体古朴方正,棱角清晰,线条粗犷,近似于汉字中的篆书。奥斯曼当政期间确定版本的《古兰经》,便是用库法体誊抄。倭马亚时

---

① Ahmad,K.J.,*Heritage of Islam*,pp.209–210.

代,纳斯赫体阿拉伯文逐渐取代库法体,风行伊斯兰世界。纳斯赫体盘曲流畅,便于手写,近似汉字中的行书。迪瓦尼体字间聚散分明,字形委婉多姿,近似汉字中的楷书,主要用于公文的书写。苏勒斯体又称三分体,宛若几何图案,字形复杂,字体雍容华贵,近似汉字中的草书,多用于装饰性的文字书写。

3

生活在阿拉伯半岛的贝都因人,最初并无严格意义的建筑可言。流动的帐篷是他们的宅居,浩瀚的旷野是他们的庙宇,无垠的沙丘是他们的坟墓。

倭马亚时代,阿拉伯人初别自己的故土,对于沙漠生活尚有特殊的情感。哈里发似乎并不喜欢喧嚣的大马士革,而是偏爱静谧的去处。他们大都隐匿在叙利亚沙漠的边缘地带,建造行宫。这些行宫或者位于罗马要塞的废墟,或者仿照拜占廷和波斯的建筑风格。

马立克曾在叙利亚沙漠的西南侧建造穆瓦盖尔宫(荣誉宫),其子韦里德二世在穆瓦盖尔宫附近的罗马要塞遗址建造穆斯塔勒宫(堡宫)和阿兹拉格宫(蓝宫)。著名的穆沙塔宫(冬宫)位于上述行宫附近,用石块做建筑材料,是贝都因人沙漠建筑的杰作。整个建筑呈正方形,围墙环绕四周,围墙两侧筑有塔楼,正门两侧亦各有塔楼,巨大的水池位于庭院的中央,主殿和寝宫依次排列在水池的后面。寝宫的顶部呈三个半圆形,寝宫两侧各有筒形穹窿,采用波斯风格的尖形弓架结构。主殿内墙有许多壁龛和侧柱,与后来清真寺的殿内装饰如出一辙。阿木赖宫位于死海北端,建于韦里德一世当政期间,用红色石灰石做建筑材料,包括主殿和辅厅。主殿的顶部是三个筒形穹窿,外面的光线由筒形穹窿的六个窗口射入殿内。辅厅的屋顶各呈筒形穹窿、十字穹窿和三角穹窿,内设浴室和排水设备。主殿的正面墙壁画有哈里发的肖像,侧面墙壁是六个异族君王的画像,其中包括罗马的独裁者恺撒、波斯皇帝胡斯洛、埃塞俄比亚的阿克苏姆国王尼加斯、西班牙的西哥特国王罗德里克。其余墙壁以及辅厅亦有许多精美的壁画,包括竞技、狩猎的场面和裸体女人的肖像,波斯的艺术风格和拜占廷的绘画技巧尽显于壁画之中。[1]

宗教建筑历来是建筑艺术的典型佳作。遍布各地的清真寺堪称伊斯兰世界的标志性建筑,清真寺建筑风格的演变过程则是阿拉伯人传统文化风格与被征服地区异族异教艺术时尚渐趋融汇的缩影。

清真寺在阿拉伯语中称作麦斯只德,意为穆斯林礼拜的场所,殿堂和浴室是清真寺的基本要素。根据《古兰经》的相关启示,麦加的克尔白应是最古老的清真寺。麦地那的先知清真寺始建于 622 年,代表早期伊斯兰时代朴实无华的建筑风格。先知清真寺最初是一处长 50 余米、宽 40 余米的长方形院落,院内用石块铺地,院墙用土坯砌成,礼拜殿用枣椰树干做梁柱,用枣椰树枝和泥巴盖顶,并无任何装饰。先知穆罕默德曾经将一棵枣椰树的根部固定在殿内前部的地上作为讲台(阿拉伯语中称作敏白尔),后来改用柽柳木制成讲台,并且设置三级阶梯。[2]

伴随着哈里发国家的扩张,先知清真寺的建筑风格逐渐传入被阿拉伯人征服的广大地区。在伊拉克,始建于 638 年前后的巴士拉清真寺和库法清真寺,均为长方形的露天院落,院落的四周最初是芦苇编制的篱笆,后来改用土坯砌墙, 茅草盖顶。在北非, 弗斯塔特的阿慕尔清真寺始建于 642 年,凯鲁万的欧格白清真寺始建于 670 年,其建筑风格亦与麦地那的先知清真寺大体相同。

倭马亚时代,在被征服地区异族异教艺术时尚的影响下,清真寺的建

① Holt,P.M.,Lambton,A.K.S.&Lewis,B.,*The Cambridge History of Islam*,Vol.2B,p.706.

② Schacht,J.,*The Legacy of Islam*,p.249.

筑风格发生变化。穆斯林模仿基督教堂的供坛,首先在麦地那的先知清真寺殿内正墙增设凹壁(阿拉伯语中称作"米哈拉卜"),用来指示礼拜的朝向,其他诸地的清真寺于是竞相效法。穆斯林还模仿叙利亚原有的望楼和基督教堂的高塔。在清真寺的院墙增设宣礼塔(阿拉伯语中称作"米宰纳")。伊拉克总督齐亚德·阿比希曾在巴士拉清真寺增设七座宣礼塔,埃及总督麦斯莱麦·穆哈拉德于 672 年在弗斯塔特的阿慕尔清真寺四角增设四座宣礼塔,韦里德一世当政期间的希贾兹总督欧默尔亦曾在麦地那的先知清真寺增设宣礼塔。叙利亚的宣礼塔往往采用石块建造,呈四方形。埃及的宣礼塔多由泥砖砌成,建筑风格与亚历山大的著名灯塔颇为相似。在伊拉克,建于阿拔斯时代的萨马拉清真寺,其宣礼塔模仿古巴比伦的庙塔,分为七级,代表日、月和金、木、水、火、土五大行星。

马立克当政期间,在耶路撒冷建造萨赫莱清真寺,意在与阿卜杜拉·祖拜尔及其控制的希贾兹两座圣城分庭抗礼。萨赫莱在阿拉伯语中意为岩石,萨赫莱清真寺因此亦称岩石清真寺或磐石上的圆顶寺。该寺呈八角形,每边长约 20 米,高 9.5 米,墙壁用石块砌成,上面为一巨大的圆顶,由许多方柱和圆柱支撑。据说,萨赫莱清真寺的圆顶,系模仿布斯拉的大教堂和耶路撒冷的圣陵教堂建造。圆顶的表面和八角檐梁镶嵌着彩色的瓷砖,并且刻有精美的库法体《古兰经》经文。圆顶之下陈放着著名的圣石,长宽各约 10 余米。相传,先知穆罕默德于 622 年徙志前夕的一个夜晚踏此圣石登宵,遨游仙界。萨赫莱清真寺建成以后,巨型圆顶和镶嵌细工的建筑风格被穆斯林广为效仿,成为后世清真寺的重要特征。阿克萨在阿拉伯语中意为遥远,阿克萨清真寺亦称远寺,建于韦里德一世当政期间,是耶路撒冷的另一座著名的清真寺。该寺殿内有大理石圆柱 53 根,方柱 49 根,规模宏大,气势壮观。韦里德一世还曾在大马士革基督教圣约翰大教堂的原址(前身是罗马时代的朱庇特神庙)建造清真寺,名为"倭马亚"清真寺。哈里发征集拜占廷、埃及、波斯、印度的工匠设计建造,历时数年,耗资 1200 万迪尔罕。倭马亚清真寺的正面是高 10 余米的罗马式拱门,拱门两侧各有圆柱,柱顶呈皇冠形状;门内是正方形的露天院落,用瓷砖铺地,庭院的四墙是彩色的镶嵌壁画;主殿用石块砌成,长 136 米,宽 37 米,殿内墙壁和圆柱均用大理石和金银镶嵌,顶部呈圆形,正墙有四个半圆形大理石凹壁。穆斯林保留了圣约翰大教堂南侧原有的两座方形尖塔,并在倭马亚清真寺北侧增设一座更高的宣礼塔。[①]耶路撒冷的萨赫莱清真寺、阿克萨清真寺和大马士革的倭马亚清真寺,明显不同于麦地那的先知清真寺以及巴士拉、库法、弗斯塔特、凯鲁万等地最初建造的清真寺,体现了阿拉伯人的建筑风格与异族异教艺术时尚的完美结合。

阿拔斯时代,伊斯兰世界的建筑艺术日臻成熟。巴格达的绿圆顶宫、萨马拉的巴尔库瓦拉宫、科尔多瓦的阿萨哈拉宫以及萨马拉清真寺、科尔多瓦清真寺、菲斯的卡拉维因清真寺、弗斯塔特的伊本·土伦清真寺、开罗的爱资哈尔清真寺,皆可称作伊斯兰建筑艺术的瑰宝。

---

①   Holt,P.M.,Lambton,A.K.S.&Lewis,B.,*The Cambridge History of Islam*,Vol.2B,pp.704–705.

四、历史学

1

伊斯兰世界的历史学起源于圣训学的研究,最早研究历史的穆斯林皆为造诣极深的圣训学家,最初的历史著作主要是追寻阿拉伯人的历史,考证"圣训"中提及的诸多内容,如阿拉伯人的谱系、查希里叶时代的传说、先知穆罕默德的生平、历次圣战的始末。阿拔斯王朝建立以前穆斯林编写的历史著作大都失传已久,只有断章残篇散见于后世的著述之中。波斯血统的也门人瓦赫卜·穆奈比(? —728 年)原奉犹太教,后来改宗伊斯兰教,成为圣训学家,对于先知穆罕默德的生平经历颇有研究,但其著述大都未能传世。瓦赫卜·穆奈比所写《希米叶尔诸王史》一书虽然侥幸保存至今,内容却多有失实之处,不足凭信。

阿拔斯王朝建立以后,伊斯兰世界的历史学不再只是考证"圣训",逐渐成为独立的学科。然而,在阿拔斯王朝初期,历史学家的视野依旧局限于阿拉伯人的范围。伊本·伊斯哈格(704—768 年)全名穆罕默德·伊斯哈格·叶萨尔,祖籍伊拉克的艾因·塔姆尔,生于麦地那,曾经应曼苏尔的邀请在巴格达搜集圣训和从事著述,所著《先知传》是第一部全面记述先知穆罕默德的生平经历的历史著作。该书分为三部分:序幕部分叙述伊斯兰教诞生前诸先知和古代阿拉伯人的历史;起因部分叙述先知穆罕默德的身世和在麦加传教的经历;圣战部分叙述先知穆罕默德在麦地那的境况和此间圣战的过程。[①]

伊本·希沙姆(? —834 年)全名阿卜杜勒·马立克·希沙姆,祖籍巴士

---

① Watt,W.M.,*The Majesty That Was Islam, the Islamic World 661–1100*,p.145.

拉,另著《先知传》。该书以伊本·伊斯哈格的《先知传》作为蓝本,同时进行较大的删改和订正。伊本·希沙姆声称:"本书以易卜拉欣之子伊斯马仪为开篇,将涉及上自伊斯马仪下至先知穆罕默德的直系宗嗣的历史。为了概括起见,对伊斯马仪的其他子孙一概不提。关于先知穆罕默德的生平,伊本·伊斯哈格虽有记载,但先知穆罕默德没有提及,或《古兰经》中没有提到,或与本书无关的注释、证据,或那些不为诗人所知的诗,以及一些有争议的事或未经证实的传述等,一概弃之不用。除此之外,我将详加传述或引用。"①基于上述原则,伊本·希沙姆删除伊本·伊斯哈格所著《先知传》中自阿丹至易卜拉欣诸先知的历史、伊斯马仪后裔中先知穆罕默德世系之外其他分支的历史、古莱西部落之外其他部落的信仰,等等。伊本·伊斯哈格的《先知传》原书已经失传,但其中主要内容已由伊本·希沙姆的《先知传》转述。与伊本·伊斯哈格的《先知传》相比,伊本·希沙姆的《先知传》更为翔实,也更为可信,是后来历代学者研究先知穆罕默德的主要依据。

瓦基迪(747—823 年)全名穆罕默德·欧默尔·瓦基迪,生于麦地那,后移居巴格达,与巴尔麦克家族交往甚密,长期从事圣训学和圣战史的研究,著有《圣战史》《叙利亚的征服》《埃及的征服》《波斯的征服》和《非洲的征服》等书,其中以《圣战史》最负盛名,被誉为"伊斯兰圣战史学的长老"。"他的各种著作:圣战史、圣门弟子和再传弟子的传记、先知的生平及先知在世时和去世后的重大历史事件的史料,以及教法、各派的圣训等等,随着驼队传播到各地。"②瓦基迪治学严谨,考订年代较为精确,甚至逐个探寻圣门弟子阵亡后的墓地。其著作具有珍贵的史料价值,被后世研究者广为引用。③

白拉祖里(820—892 年)全名艾哈迈德·叶赫亚·贾比尔·白拉祖里,祖

---

① 艾哈迈德·爱敏:《阿拉伯伊斯兰文化史》,第 3 册,第 327 页。

② 艾哈迈德·爱敏:《阿拉伯伊斯兰文化史》,第 3 册,第 331 页。

③ Ahmad,K.J.,*Heritage of Islam*,pp.83-84.

籍波斯,生于巴格达。所著《诸国征服记》一书,采用编年体的形式,记述麦地那哈里发时代和倭马亚时代阿拉伯人的征服进程,兼及征服期间哈里发国家的经济社会状况和各个省区的历史。白拉祖里是把征服各城市和各地方的许多故事合并成一个整体的第一人;在他之前,编写历史的人都是采取专论的形式。白拉祖里的另一著作《贵族的谱系》,采用传记体的形式,记述先知穆罕默德的生平经历和主要的阿拉伯部族的历史变迁,并且提供了有关倭马亚社会和哈瓦立及派活动的丰富史料。[①]

2

自 9 世纪末期开始,历史学家的视野逐渐从阿拉伯人的历史扩展到其他穆斯林民族的历史,直至探寻伊斯兰世界周边地区各民族的历史,历史著作的编纂随之进入崭新的阶段。泰伯里(839—923 年)本名穆罕默德·贾里尔,出生于里海南岸的泰伯里斯坦。泰伯里长期游历伊朗、伊拉克、叙利亚、埃及和阿拉伯半岛各地,深谙东方古代的历史文化和典章制度,善于鉴别史料的真伪,长于驾驭史实的脉络。泰伯里所著《历代先知与君王史》独辟蹊径,突破以往历史著述的狭隘界限,改变前辈仅仅着眼于先知穆罕默德生平和圣战始末的编纂传统,将当时穆斯林所知的世界视作一个整体,是伊斯兰世界的第一部规模宏大的通史巨著。该书卷帙浩繁,原稿长达 6 万余页,现存的版本分为 13 册,7500 余页,由上下两编组成。上编从创世开始,自阿丹和易卜拉欣等传说时代诸位先知的生平经历,至查希里叶时代的阿拉伯人以及波斯人、罗马人、犹太人诸民族的古代社会状况。下编自先知穆罕默德的生平经历开始,记述哈里发国家的演变过程,至 914 年结束。该书采用追溯传述线索的传统方法,详细考证各种史料,取材精审,是伊斯

---

①   Ahmad,K.J.,*Heritage of Islam*,pp.84–85.

兰编年史的典范。①泰伯里"采用圣训学家的方法,在叙述一个事件时,列举多种传说,让读者自己从中选择最佳的传述"②。

麦斯欧迪(912—957 年)全名阿布·哈桑·阿里·侯赛因·麦斯欧迪,生于巴格达。麦斯欧迪博闻强记,游历甚广,足迹遍及叙利亚、埃及、巴勒斯坦、阿塞拜疆、伊朗、中亚、南亚和东非诸地。麦斯欧迪所著《黄金草原与珠玑宝藏》,亦译作《金牧场》,原书 30 巨册,但是大都佚失,只有四卷本的摘要流传至今。第一卷包括远古时代,记述埃及、巴比伦、亚述、巴勒斯坦、印度、中国、希腊、罗马、拜占廷的历史和宗教,所录史料颇为珍贵,其中一章曾经提及唐朝末年的黄巢起义。第二卷记述伊斯兰教诞生前夕的阿拉伯半岛及其周边地区的历史, 以及先知穆罕默德生平经历和麦地那哈里发国家的兴衰。第三卷记述倭马亚王朝和阿拔斯王朝初期的历史。第四卷始于马蒙即位,止于 947 年。麦斯欧迪声称:"本书以时间为序,分门别类记述事实。首先涉及的是地球的地貌、高山、深壑、海洋、河流,丰富的矿藏、城市的奇迹,接着我们记述远古帝王、民族的故事……接下的一卷,我们遵循年代追溯以往的历史。多年来,我们远足旅行,跋山涉水,浪迹天涯,观察、思考、比较,以了解各民族的掌故,探求各地区的风情。呼罗珊、亚美尼亚、阿塞拜疆、伊拉克、沙姆地区无不留下我们的足迹。"③该书在伊斯兰世界首创纪事本末的编纂体例,虽然通篇形似零散琐碎,有如满盘珠玑,却慧眼独识,可于其中窥见全貌。麦斯欧迪在伊斯兰世界被誉为"史学的伊玛目",西方学者则将麦斯欧迪称作"阿拉伯世界的希罗多德和普林尼。"④

伊本·阿西尔 (1160—1234 年) 本名阿布·哈桑·阿里·穆罕默德·谢巴

① Ahmad,K.J.,*Heritage of Islam*,pp.86–87.

② 艾哈迈德·爱敏:《阿拉伯伊斯兰文化史》,第 5 册,第 184 页。

③ 艾哈迈德·爱敏:《阿拉伯伊斯兰文化史》,第 5 册,第 186 页。

④ Ahmad,K.J.,*Heritage of Islam*,p.88.

尼,生于伊拉克北部。伊本·阿西尔所著《历史大全》,上自创世伊始,下至1231年,记述波斯和拜占廷的历史、查希里叶时代的阿拉伯社会、先知穆罕默德的生平、伊斯兰教的传播、哈里发国家的兴衰。其中关于西班牙和马格里布的内容颇为珍贵,引用史料翔实可靠,备受后人的推崇。该书撷取前人著述的精华,补其所缺,弃其所短,史料准确,文笔流畅,堪称史学名著。伊本·阿西尔所处的时代,正值十字军东侵和蒙古西征,作者目睹伊斯兰世界遭受的空前浩劫,故而对此记述颇多。①伊本·阿西尔被西方学者称作"十字军战史家",《历史大全》中关于蒙古西征的记述则为法国学者多桑所著《蒙古史》屡屡选录。

伊本·赫勒敦(1332—1406年)是西班牙阿拉伯人的后裔,长期生活于马格里布地区。伊本·赫勒敦所著《历史大全》,上起远古祖先,下至当代,包括阿拉伯人、柏柏尔人、波斯人、希腊人和罗马人诸民族的历史。伊本·赫勒敦的《历史大全》并未局限于叙述历史现象,着重分析自然环境与人类社会、游牧世界与定居社会、部落制度与国家秩序、物质生产与文化生活之相互之间的逻辑联系,强调历史进程的内在规律。②伊本·赫勒敦认为,宗教是推动人类从野蛮向文明过渡的关键因素,每个民族的历史均表现为诞生、成长、鼎盛、衰败和灭亡之周而复始的循环过程。③伊本·赫勒敦在历史哲学方面独树一帜,被后人誉为"中世纪最伟大的历史学家"④。

① Ahmad,K.J.,*Heritage of Islam*,p.90.

② Schacht,J.,*The Legacy of Islam*,pp.328–329.

③ Lambton,A.K.S.,*State and Government in the Medieval Islam*,pp.160–161.

④ Ahmad,K.J.,*Heritage of Islam*,pp.94–95.

五、哲学

1

伊斯兰世界的哲学,包括经院哲学、苏非哲学和新哲学。其中经院哲学旨在探讨安拉的本体及其属性等一系列教义学命题,苏非哲学的核心思想在于探讨俗人与安拉的关系,前文已有陈述。伊斯兰世界的新哲学脱胎于伊斯兰教的神学,其目的在于论证伊斯兰教的合理性。另一方面,伊斯兰世界的新哲学承袭柏拉图、亚里士多德、毕达哥拉斯和新柏拉图主义的传统,崇尚理性,强调思辨,与希腊哲学颇多相似之处。相对于经院哲学和苏非哲学而言,伊斯兰世界的新哲学较多论及宇宙观和认识论方面的命题。

阿拔斯时代,伊斯兰世界新哲学的发展大体经历两个阶段,研究中心亦由东方渐趋西移。肯迪(796—873 年)本名阿布·尤素夫·叶尔孤卜·伊斯哈格·萨巴赫·肯迪,祖籍阿拉伯半岛南部,生于库法,曾被誉为"阿拉伯哲学的先驱"。肯迪深受亚里士多德、毕达哥拉斯和新柏拉图主义的影响,注重自然哲学的研究, 极力使希腊哲学融会于伊斯兰教之中。[1]在宇宙观方面,肯迪认为,安拉作为永恒的精神,以"流溢"的形式创造万物,并且通过若干媒介间接作用于万物;万物之间并不是孤立地存在,而是具有因果联系,相互依存;物质先于形式,各种物质借助于不同的形式而得以相互区别。在认识论方面,肯迪认为,人的认识或来自感官,或来自理性;来自感官的认识局限于事物的外在形式,即形而下的世界,来自理性的认识则延伸至事物的内在实质,即形而上的世界。肯迪还认为,人的灵魂介于安拉与物质世界之间,来自永恒精神的"流溢";灵魂虽然附着于肉体,却是独立于肉

---

[1]　Watt,W.M.,*The Majesty That Was Islam, the Islamic World 661—1100*,p.137.

体的存在,人死后,其灵魂离开肉体,归向安拉。①

法拉比(874—950年)本名阿布·奈斯尔·穆罕默德·穆罕默德·泰尔罕·法拉比,生于中亚的法拉布附近,其父是波斯人,其母是突厥人。法拉比不仅承袭古代希腊的哲学传统和肯迪的哲学思想,而且深受苏非主义神秘思想的影响。法拉比认为,安拉是永恒不变的第一存在,宇宙现象始于安拉的"流溢",万物的形式蕴涵于安拉的本体之中;"流溢"过程的起点是作为最高精神的安拉,终点是人的精神;自安拉"流溢"的外部世界包括土、水、火、空气诸种物质,运动和变化是物质的特性。法拉比认为,人具有认识外部世界的能力,感官的认识与理性的认识具有内在的联系;认识开始于感官的认识,最终上升到理性的认识,从而达到认识的目的。法拉比还认为,人的灵魂并非独立于肉体的存在,而是与肉体具有密切的联系;人死后,其灵魂回归永恒的宇宙灵魂。②"法拉比是突厥学派哲学的奠基人,其哲学体系融汇柏拉图和亚里士多德的古典世俗哲学思想与苏非主义的神秘学说。"③法拉比深谙亚里士多德的著作,被誉为继亚里士多德之后的"第二导师"和"伊斯兰东方最伟大的哲学权威"。

伊本·西那(980—1037年)全名阿布·阿里·侯赛因·阿卜杜拉·西那,西方人称之为"阿维森纳",生于中亚的布哈拉。伊本·西那认为,安拉作为创造者,首先创造"原初理性",继而"流溢"天地万物。伊本·西那认为,"一般"具有三种存在形式:"一般"作为理念,存在于安拉的本体,先于个别事物而存在;"一般"作为个别事物的本质,与个别事物同存;"一般"作为概念,后于个别事物而存在。换言之,安拉的理念先于个别事物,人的理性后于个别

---

① Ahmad,K.J.,*Heritage of Islam*,pp.286-287.

② Holt,P.M.,Lambton,A.K.S.&Lewis,B.,*The Cambridge History of Islam*,Vol.2B,pp.795-797.

③ Ahmad,K.J.,*Heritage of Islam*,p.287.

事物。①伊本·西那承袭法拉比的哲学思想,主张"双重真理论",即建立在启示基础上的信仰与建立在理性基础上的哲学并不相悖,皆为真理。②

2

自肯迪开始经法拉比直至伊本·西那所系统阐述的伊斯兰世界新哲学,旨在借助古代希腊的哲学思想论证伊斯兰教的信仰。肯迪率先将亚里士多德的学说和新柏拉图主义引入伊斯兰世界,伊本·西那则最终完成希腊哲学与伊斯兰教的融会过程。相比之下,12世纪出现在西班牙的伊斯兰世界新哲学,却极力实现哲学与宗教的分离,其诸多思想尽管未能被大多数穆斯林所接受,但是在基督教欧洲影响甚广。

伊本·巴哲（1082—1138年）全名阿布·伯克尔·穆罕默德·叶赫亚·巴哲,西方人称之为阿维帕格,生于西班牙的萨拉戈萨,长期在塞维利亚和马格里布的菲斯从事著述。伊本·巴哲认为,安拉的能动理性"流溢"天地万物,物质处于永恒运动的状态,理性是物质存在的最高形式。伊本·巴哲强调科学和哲学是认识自然界的唯一途径,是沟通人与安拉的能动理性之间相互联系的桥梁;人通过灵魂认识世界,认识的过程是由个别到一般、由特称到全称、由物质的世界到理念的世界。伊本·巴哲认为,人只有具备理性思维的能力,只有掌握科学和哲学,才能成为真正意义的人。③

伊本·图菲利(1100—1185年)全名阿布·伯克尔·穆罕默德·阿卜杜勒·马立克·穆罕默德·图菲利,西方人称之为亚勒巴瑟,生于西班牙的格拉纳达,后移居马格里布的马拉喀什。伊本·图菲利认为,安拉的理念是世界的

---

① Engineer,A.A.,*The Origin and Development of Islam*, Bombay 1980,pp.145–146.

② Hourani,A.,*A History of the Arab Peoples*,pp.172–173.

③ Ahmad,K.J.,*Heritage of Islam*,p.293.

本原,天地万物皆系安拉的理念的"流溢";人的认识包括直观认识和理性认识,人可以在不借助天启的条件下,通过直观认识的不断积累,实现理性认识,直至获得对于宇宙和安拉的全部认识。①

伊本·鲁世德(1126—1198年)全名穆罕默德·艾哈迈德·穆罕默德·鲁世德,西方人称之为阿维罗伊,生于西班牙的科尔多瓦,后来在马拉喀什、塞维利亚和科尔多瓦等地著述和讲学。伊本·鲁世德在伊本·巴哲和伊本·图菲利的基础上,进一步发展了哲学的世俗倾向。伊本·鲁世德承认安拉是无始的最高存在和世界的第一推动者,同时强调物质和运动及其固有规律的永恒性,强调物质与其外在形式的统一性和不可分割性,尤其否认"无中生有"和"先有而后无"的传统神学观念。②伊本·鲁世德认为,灵魂并非独立于肉体的存在,而是与肉体不可分离,灵魂将随肉体的死亡而消失。③伊本·鲁世德发展了伊本·西那的"双重真理论",强调哲学与宗教的不悖性和理性与天启的不悖性,认为宗教的真理来源于天启,具有象征性和寓意的形式,是对世人的训诫和约束世人行为的规范,而哲学的真理来自理性和思辨,是真理的最高形式。伊本·鲁世德甚至认为,哲学的论证高于宗教的信条,声称"相信宗教的人不应当惧怕哲学的不同论断"④。

① Holt,P.M.,Lambton,A.K.S.&Lewis,B.,*The Cambridge History of Islam*,Vol.2B,pp.816–817.

② Schacht,J.,*The Legacy of Islam*,p.357.

③ Ahmad,K.J.,*Heritage of Islam*,p.292..

④ Hourani,A.,*A History of the Arab Peoples*,pp.174–175.

六、自然科学

1

　　天文学的前身是占星术。自古以来,阿拉伯人便对天象颇感兴趣,往往根据星宿的变化判断气候,预卜吉凶。阿拔斯王朝建立以后,印度学者拜尔赫姆卡特所著的天文学典籍《西德罕塔》和罗马时代亚历山大学者托勒密的著作《天文学大全》相继被译成阿拉伯文,穆斯林随之开始对天文学的研究。《西德罕塔》的翻译者穆罕默德·易卜拉欣·法扎里(? —796年),成为伊斯兰世界的第一位天文学家。[1]

　　马蒙当政期间,阿拔斯王朝在首都巴格达和撒马尔罕、内沙浦尔、军迪沙浦尔、设拉子、拉卡、大马士革、弗斯塔特等地设置有天文台,借助于浑天仪、天象仪、象限仪、天球仪、地球仪、星盘等各种较为精密的仪器观测天体运动。马蒙曾经命天文学家在幼发拉底河上游的辛贾尔平原与叙利亚的帕尔米拉之间实地测量子午线一度的距离, 据此推算地球的直径和周长的数值。

　　花拉子密(780—850年)全名穆罕默德·穆萨·花拉子密,西方人称之为阿尔戈利兹姆,生于中亚的花剌子模。花拉子密汲取印度、波斯、希腊和罗马天文历算的成就,参照新的观测资料,编制《花拉子密历表》,是为伊斯兰世界的第一部天文历表。该表后来被译成拉丁文,在基督教欧洲广泛流传,成为西方人编制天文历表的蓝本。

　　白塔尼(850—929年)全名穆罕默德·贾比尔·希南·哈拉尼,西方人称之为阿尔巴特尼乌斯, 是继花拉子密之后伊斯兰世界又一杰出的天文学

---

　　① Ahmad,K.J.,*Heritage of Islam*,p.36.

家。白塔尼生于美索不达米亚北部的哈兰,原系萨比教徒,后来改奉伊斯兰教,曾在拉卡的天文台观测天象长达 40 余年,被誉为"阿拉伯世界的托勒密"。白塔尼在希腊天文学理论的基础之上,根据长期的天体观测,运用精确的数学计算和严密的逻辑推理,编制《恒星表》(亦称《萨比天文历表》)。白塔尼改进了天体运行的计算方法,所得数值的精确度超过前人,其在天文学领域的突出贡献是发现地球的近日点运动,即地球运行的轨道呈经常变化的椭圆。白塔尼还在《恒星表》中引用《古兰经》关于太阳和月亮按其轨道运行的经文,依照天文观测的事实予以解释,进而证明安拉创造天地万物的伟大。[①]如同《花拉子密历表》一样,白塔尼的《恒星表》亦被译成拉丁文,对基督教欧洲的天文学影响甚大,曾经被哥白尼和拉普拉斯等人多次引用。

阿布·瓦法(940—998 年)生于呼罗珊的布兹占,曾在巴格达从事天文学研究和天象观测,主持建造用于观测星体的象限仪台。阿布·瓦法将三角学的正切函数和余切函数应用于天象的观测,最早发现月球运行的"二均差",即月球的中心差和出差在朔望和上下弦以及弦望之间皆有盈缩的偏差。阿布·瓦法的这一发现,曾被误认为是 600 年后文艺复兴时期丹麦天文学家第谷·布拉赫的功绩。阿布·瓦法还对地球呈球体形状的传统观点进行科学论证,提出地球绕太阳运行的假说,进而纠正了托勒密"地球中心说"的错误理论。

比鲁尼 (973—1048 年) 全名阿布·拉哈尼·穆罕默德·艾哈迈德·比鲁尼,生于中亚的花剌子模,曾在加兹尼王朝苏丹马哈茂德和麦斯欧德的庇护下从事学术研究,著述颇丰。所著《麦斯欧德的天文学与占星学原理》,总结穆斯林在天文学领域的研究成果,论证地球自转的理论和地球绕太阳公转的学说,并且对地球的经度和纬度加以缜密的测量,堪称伊斯兰世界的天文学百科全书。

① Schacht,J.,*The Legacy of Islam*,pp.478–479.

欧默尔·赫亚姆(1040—1123 年)生于呼罗珊的内沙浦尔,曾在塞尔柱苏丹马立克沙的庇护下主持天象观测。欧默尔·赫亚姆参与编订的太阳历称作"哲拉里历",根据这种历法,平年为 365 天,闰年增设 1 日即 366 天,每 128 年中设闰年 31 次。当时在基督教欧洲流行的格里哥利历每积 3330 年便相差 1 日,"哲拉里历"则积 5000 年方差 1 日。[①]

2

数学是自然科学的基础,尤其与天文学具有密切的关系。伴随着伊斯兰世界天文学的发展,穆斯林在数学领域取得了巨大的成就。异族异教典籍文献的翻译,是伊斯兰世界数学研究的起点。

曼苏尔当政期间,穆罕默德·易卜拉欣·法扎里在翻译印度天文学典籍《西德罕塔》的过程中,将印度的数字符号和十进位法介绍到伊斯兰世界。在此基础之上,花拉子密系统阐述了印度数字和十进位法的种种优点,如 10 个数码可以组成所有的数字,零的符号可以用来填补多位数中个位、十位、百位等数字的空白,书写和运算也极为便捷。在花拉子密之后,印度的数字符号和十进位法在伊斯兰世界得以推广。花拉子密的著作被译成拉丁文后,印度的数字符号传入基督教欧洲,西方人称这种数字为阿拉伯数字。希腊数学亦是阿拉伯数学的主要来源。阿拔斯王朝初期,欧几里得、托勒密、亚里士多德和阿基米德的著作被译成阿拉伯文,成为阿拉伯数学研究的起点。[②]

许多著名的天文学家,同时也是杰出的数学家。花拉子密不仅在天文学领域颇具贡献,而且在数学领域成就斐然,所著《积分与方程的计算》(亦

---

① Ahmad,K.J.,*Heritage of Islam*,pp.41–43.

② Ahmad,K.J.,*Heritage of Islam*,p.47.

译《还原与对消的科学》)一书,论证解一次方程和二次方程的基本方法以及求二次方根的计算公式,提出代数、已知数、未知数、根、移项、并项、无理数诸多概念,从而使代数学发展为数学的基本分支。拉丁文及现代西方文字中的代数学,便系该书之还原一词的音译。花拉子密论证的解方程的两种基本方法,即还原和对消,对西方数学产生很大的影响,直至演变为现代数学中常用的代数运算法则移项与合并同类项。①花拉子密因此被后人誉为"代数学之父"。阿布·瓦法在三角学方面极有造诣,尤其是论证弦、切、割之间的函数关系,确定三角学计算公式和三角函数表,从而使三角学开始脱离天文学,逐渐成为数学的分支。欧默尔·赫亚姆著有《代数》一书,着重研究一次方程的解法和多次方程根的几何作图法,系统阐述采用圆锥曲线求根的理论,并且采用圆锥曲线交割的方法解三次方程,奠定了解析几何的重要基础。②

3

化学起源于炼金术,寻找点金石和金丹以求获得黄金,导致最初的化学实验。从古希腊人的模糊思辨到穆斯林学者的具体实验,是阿拔斯时代的伊斯兰世界在化学领域的重大进步。

曾被誉为"阿拉伯化学之父"的贾比尔·哈彦(720—815 年),早年师从什叶派第六代伊玛目贾法尔·萨迪克,后任巴格达哈里发的宫廷御医。贾比尔·哈彦认为,从宇宙灵魂到天地万物乃是流溢生成的过程,相互之间存在着和谐与统一。③基于上述理论,贾比尔·哈彦认为,所有的金属皆为硫与汞

---

① Schacht,J.,*The Legacy of Islam*,pp.466–467.

② Ahmad,K.J.,*Heritage of Islam*,p.53,p.54,p.50.

③ Schacht,J.,*The Legacy of Islam*,p.444.

相结合的产物,不同的金属可以通过特定的媒介实现相互的转化,金属的贵贱之分取决于硫与汞的含量差异,铁、铜、铅等可以通过汞作为媒介转化为黄金。在实验方面,贾比尔·哈彦论证了燃烧和还原两种基本的化学过程,改进了蒸馏、过滤、结晶、熔化、升华等实验手段,制成硫酸、硝酸、氧化汞、硫化汞、氢氧化钠等化合物,进而修正了亚里士多德关于金属由火、土、水、空气四种要素构成的学说。贾比尔·哈彦的化学著作自 14 世纪传入欧洲,译成多种文字,影响广泛,直至 18 世纪被近代化学理论取代。[①]

伊本·海赛姆(965—1039 年)生于巴士拉,曾在开罗的科学馆从事研究,在光学领域颇有建树。伊本·海赛姆研究人眼的构造和功能,否定古希腊学者关于人借助于眼球发出的光线观察物体的传统理论,阐述视觉产生于光线冲击的学说,论证物体光线的反射定律和折射定律。伊本·海赛姆以其卓越的学识,成为古希腊学者欧几里得与近代学者开普勒之间 1800 余年中光学领域最重要的人物,曾被誉为"光学之父。"[②]

4

伊斯兰世界的医学理论,主要来源于古代希腊以及波斯、印度医学典籍的翻译和研究。穆斯林学者并没有从根本上触动古代医学的理论体系,却在长期的医学实践过程中极大地丰富了诊断和治疗的诸多技术。穆台瓦基勒当政期间,哈里发的宫廷御医阿里·赛海勒·拉班·泰伯里根据希腊和印度的医学理论,写成《智慧的乐园》一书,是为伊斯兰世界最早的医学纲要。

拉齐(865—925 年)全名阿布·伯克尔·穆罕默德·宰克里亚·拉齐,生于

---

① Ahmad,K.J.,*Heritage of Islam*,pp.17–18.

② Holt,P.M.,Lambton,A.K.S.&Lewis,B.,*The Cambridge History of Islam*,Vol.2B,p.755.

伊朗的莱伊,曾在萨曼王朝和阿拔斯哈里发的庇护下行医,并从事著述。拉齐所著《曼苏尔医书》《医学集成》和《天花与麻疹》,皆被译成拉丁文,在基督教欧洲长期被视为医学领域的经典作品。《曼苏尔医书》论及解剖学、生理学、皮肤病、热病、毒物、诊断和治疗各个方面,颇有见地。《医学集成》系统阐述了希腊、波斯、印度的医学理论和伊斯兰世界的医学成就,堪称医学领域的百科全书。《天花与麻疹》是有史以来关于天花、麻疹两种疾病的第一部专门性著作,在传染病的诊断和治疗方面影响甚大。

伊本·西那不仅在哲学领域颇负盛名,而且精通医学,所著《医典》一书广泛继承了古代世界的医学遗产,全面总结了穆斯林学者在医学实践过程中取得的丰硕成果。伊本·西那首次将疾病划分为内科、外科、脑科、胸科、精神科、眼科和妇产科,系统论述各种疾病的病理症状和诊断治疗方法,强调养生、药物和手术兼施并用。《医典》一书代表了古典伊斯兰世界医学领域的最高成就,伊本·西那被后人誉为"医学之王"①。

---

①　　Holt,P.M.,Lambton,A.K.S.&Lewis,B.,*The Cambridge History of Islam*,Vol.2B,pp.769–773.

本书引用的参考文献

一、中阿文部分

《古兰经》,马坚译,中国社会科学出版社,1978年。

布罗克尔曼:《伊斯兰各民族与国家史》,孙硕人等译,商务印书馆,1985年。

哈桑·穆阿尼斯:《古代中世纪的阿拉伯国家与文明》,科威特,1978年。

路易斯:《历史上的阿拉伯人》,马贤等译,中国社会科学出版社,1979年。

马茂德:《伊斯兰教简史》,吴云贵等译,中国社会科学出版社,1981年。

穆罕默德·胡泽里:《穆罕默德传》,秦德茂、田希宝译,宁夏人民出版社,1983年。

穆罕默德·穆斯塔法·齐亚德:《阿拉伯世界的历史与文明:古代与伊斯兰时代》,开罗,1964年。

泰伯里:《历代先知与君王史》,开罗,1908年。

希提:《阿拉伯通史》,马坚译,商务印书馆,1979年。

伊本·阿希尔:《历史大全》,开罗,1884年。

伊本·白图泰:《伊本·白图泰游记》,马金鹏译,宁夏人民出版社,1985年。

伊本·胡尔达兹比赫:《道里邦国志》,宋岘译,中华书局,1991年。

艾哈迈德·爱敏:《阿拉伯伊斯兰文化史》,第1册,纳忠译,商务印书馆,1982年。

艾哈迈德·爱敏:《阿拉伯伊斯兰文化史》,第2册,朱凯、史希同译,商务印书馆,1990年。

艾哈迈德·爱敏:《阿拉伯伊斯兰文化史》,第3册,向培科、史希同、朱凯译,纳忠审校,商务印书馆,1991年。

艾哈迈德·爱敏:《阿拉伯伊斯兰文化史》,第4册,朱凯译,纳忠审校,商务印书馆,1995年。

艾哈迈德·爱敏:《阿拉伯伊斯兰文化史》,第5册,史希同译,商务印书馆,2001年。

《马克思恩格斯全集》,人民出版社,1973 年。

二、英文部分

Ali,A.,*A Short History of the Saracens,from the Earliest Times to the Destruction of Baghdad*, New Delhi 1977.

Ashtor,E.,*A Social and Economic History of the Near East in the Middle Ages*,Berkeley 1976.

Al-Baladhuri,*Kitab Futuh al-Buldan*,New York 1968.

Bulliet,R.W.,*Conversion to Islam in the Medieval Period*,Harvard 1979.

Bury,J.B.,*The Cambridge Medieval History*,New York 1924.

Crone,P.,*Slaves on Horses,the Evolution of the Islamic Polity*,Cambridge 1980.

Donner,F.M.,*The Early Islamic Conquest*,Princeton 1981.

Engineer,A.A.,*The Origin and Development of Islam*,Bombay 1980.

Frye,R.N.,*The Golden Age of Persia,the Arabs in the East*,London 1975.

Glubb,J.,*The Great Arab Conqust*,London 1963.

Goitein,S.D.,*Studies in Islamic History and Institution*,Leiden 1963.

Gordon,M.S.,*The Rise of Islam*,Westport 2005.

Grunebaum,G.E.,*Medieval Islam*,Chicago 1961.

Hill,D.R.,*The Termination of Hostilities in the Early Arab Conquest 634–656*,London 1971.

Hodgson,G.S.,*The Venture of Islam*,Chicago 1974.

Holt,P.M.,Lambton, A.K.S. &Lewis,B.,*The Cambridge History of Islam*,Cambridge 1970.

Hourani,A.,*A History of the Arab Peoples*,London 1991.

Husain,S.A.,*Arab Administration*,Lahore 1966.

Husain,S.A.,*The Glorious Caliphate*,Lucknow 1974.

Ibn Khaldun,*The Muqaddimah*,Princeton 1980.

Imamuddin,S.M.,*A Political History of the Muslims*,Dacca 1970.

Jafri,S.H.M.,*Origins and Early Development of Shi'a Islam*,Tehran 1989.

Jaydan,J.,*History of Islamic Civilization*,New Delhi 1978.

Kennedy,H.,*The Early Abbasid Caliphate*,Princeton 1981.

Kennedy,H.,*The Prophet and the Age of the Caliphate*,London 1986.

Kremer, A.F.,*The Orient under the Caliphs*,London 1923.

Lambton,A.K.S.,*State and Government in the Medieval Islam*,Oxford 1985.

Lapidus,M.A.,*A History of Islamic Societies*,Cambridge 1988.

Lassner,J.,*The Shape of Abbasid Rule*,Princeton 1980.

Levy,R.,*The Social Structure of Islam*,Cambridge 1965.

Lindsay,J.E.,*Daily Life in the Medieval Islamic World*,Westport 2005.

Lombard,M.,*The Golden Age of Islam*,North Holland 1975.

Mez,A.,*The Renaissance of Islam*,Patna 1937.

Muir,W.,*The Caliphate,Its Rise,Decline and Fall*,Edinburgh 1963.

Omar,F.,*The Abbasid Caliphate 750–786*,Baghdad 1969.

Saunders,J.J.,*A History of Medieval Islam*,London 1978.

Shaban,M.A.,*Islamic History, A New Interpretation 600–750*,Cambridge 1971.

Shaban,M.A.,*Islamic History,A New Interpretation 750–1055*,Cambridge 1976.

Shaban,M.A.,*The Abbasid Revolution*,Cambridge 1970.

Sharon,M.,*Black Banners from the East,the Establishment of the Abbasid State*,Jerusalem 1983.

Shoufany,E.,*Al-Riddah and the Muslim Conquest of Arabia*,Toronto 1972.

Siddiqi,A.H.,*The Origins and Development of Muslim Institutions*,Karachi 1962.

Strange,G.,*The Lands of the Eastern Caliphate*,Cambridge 1905.

Al-Suyuti,J.,*History of the Caliphs*,Karachi 1977.

Wagstaff,J.M.,*The Evolution of the Middle East Landscapes*,New Jersey 1985.

Watt,W.M.,*Early Islam*,Edinburgh 1990.

Watt,W.M.,*Muhammed at Medina*,Oxford 1956.

Watt,W.M.,*The Majesty That Was Islam,the Islamic World 661–1100*,London 1974.

Wellhausen,J.,*The Arab Kingdom and Its Fall*,London 1973.

Yeor,B.,*The Dhimmis, Jews and Christians under Islam*,London,1985.

Abu Yusuf,*Kitab al-Kharaj*,Cairo 1933.

Ahmad,K.J.,*Heritage of Islam*,Lahore 1956.

Ahsan,M.,*Social Life under the Abbasids 786-902*,London 1979.

Ali,A.,*A Short History of the Saracens,from the Earliest Times to the Destruction of Baghdad*, New Delhi 1977.

Arnold,T.W.,*Preaching of Islam*,London,1935.

Ashtor,E.,*A Social and Economic History of the Near East in the Middle Ages*,Berkeley 1976.

Ashtor,E.,*The Medieval Near East: Social and Economic History*,London 1978.

Al-Baladhuri,*Kitab Futuh al-Buldan*,New York 1968.

Dixon,A.A.,*The Umayyad Caliphate 684-705*,London 1971.

Donner,F.M.,*The Early Islamic Conquest*,Princeton 1981.

Engineer,A.A.,*The Origin and Development of Islam*,Bombay 1980.

Frye,R.N.,*The Golden Age of Persia, the Arabs in the East*,London 1975.

Gibb,H.A.R.,*Studies on the Civilization of Islam*,London 1962.

Gordon,M.S.,*The Rise of Islam*,Westport 2005.

Grunebaum,G.E.,*Classical Islam*, London 1970.

Grunebaum,G.E.,*Medieval Islam*,Chicago 1961.

Hasan,N.,*The Role of the Arab Tribes in the East During the Period of the Umayyad*,Baghdad 1976.

Hill,D.R.,*The Termination of Hostilities in the Early Arab Conquest 634-656*,London 1971.

Holt,P.M.,Lambton, A.K.S. &Lewis,B.,*The Cambridge History of Islam*,Cambridge 1970.

Hourani,A.,*A History of the Arab Peoples*,London 1991.

Hoyland,R.,ed,*Muslims and Others in Early Islamic Society*,Hants 2004.

Humphreys,R.S.,*Islamic History,A Framework for Inquiry*,Princeton,1991.

Husain,S.A.,*Arab Administration*,Lahore 1966.

Husain,S.A.,*The Glorious Caliphate*,Lucknow 1974.

Ibn Khaldun,*The Muqaddimah*,Princeton 1980.

Ibn Taymiyya,*Al-Siyasa al-shar'iyya*,Beirut 1966.

Jafri,S.H.M.,*Origins and Early Development of Shi'a Islam*,Tehran 1989.

Jaydan,J.,*History of Islamic Civilization*,New Delhi 1978.

Kennedy,H.,*The Early Abbasid Caliphate*,Princeton 1981.

Kennedy,H.,*The Prophet and the Age of the Caliphate*,London 1986.

Kremer, A.F.,*The Orient under the Caliphs*,London 1923.

Lambton,A.K.S.,*State and Government in the Medieval Islam*,Oxford 1985.

Lapidus,M.A.,*A History of Islamic Societies*,Cambridge 1988.

Levy,R.,*The Social Structure of Islam*,Cambridge 1965.

Lewis,B.,*Islam,from the Prophet Muhammed to the Capture of Constantinpole*,London 1976.

Lindsay,J.E.,*Daily Life in the Medieval Islamic World*,Westport 2005.

Lokkegaard,F.,*Islamic Taxation in the Classic Period*,Copenhagen 1950.

Lombard,M.,*The Golden Age of Islam*,North Holland 1975.

Mez,A.,*The Renaissance of Islam*,Patna 1937.

Miskawayh,*Tajarib al-Umam*,Oxford 1921.

Morony,M.G.,*Manufacturing and Labour in the Classical Islamic World*,Hampshire 2003.

Muir,W.,*Annals of the Early Caliphate*,London,1913.

Nizam al-Mulk,*Siyasat Nama*,Paris 1891.

Ochsenwald,W.,*The Middle East:A History*,Boston 2003.

Pellat,C.,*The Life and Works of Jahiz*,London 1969.

Rodinson,M.,*Muhammed*,New York,1977.

Saunders,J.J.,*A History of Medieval Islam*,London 1978.

Schacht,J.,*The Legacy of Islam*,Oxford 1974.

Shaban,M.A.,*Islamic History, A New Interpretation 600–750*,Cambridge 1971.

Shaban,M.A.,*Islamic History,A New Interpretation 750–1055*,Cambridge 1976.

Shaban,M.A.,*The Abbasid Revolution*,Cambridge 1970.

Sharon,M.,*Black Banners from the East,the Establishment of the Abbasid State*, Jerusalem 1983.

Siddiqi,M.Y.M.,*Development of Islamic State and Society*,Lahore 1956.

Strange,G.,*The Lands of the Eastern Caliphate*,Cambridge 1905.

Udovitch,A.L.,*The Islamic Middle East 700–1900*,Princeton 1981.

Wagstaff,J.M.,*The Evolution of the Middle East Landscapes*,New Jersey 1985.

Watt,W.M.,*Muhammed at Medina*,Oxford 1956.

Watt,W.M.,*The Majesty That Was Islam,the Islamic World 661–1100*,London 1974.

Wellhausen,J.,*The Arab Kingdom and Its Fall*,London 1973.

Yahya b.Adam,*Kitab al-Kharaj*,Leiden 1967.

Yeor,B.,*The Dhimmis, Jews and Christians under Islam*,London,1985.

索　引